北京市高等教育精品教材

科学出版社“十三五”普通高等教育本科规划教材

微　积　分

（下册）

（第二版）

刘迎东　编

科　学　出　版　社

北　京

内 容 简 介

本书对传统的微积分内容的写作次序作了较大调整，贯彻把数学建模思想融入大学数学基础课程教学的想法，强调微分的概念和应用，叙述精炼，选材及示例经典，习题丰富，并且很多例题提倡“一题多解”. 本书分上、下两册，本部分是下册，下册内容是多元函数微积分学和无穷级数，包括多元函数微分法及其应用、重积分、曲线积分与曲面积分和无穷级数等内容. 书中还附有二维码，读者可以扫码观看讲课视频学习课程.

本书适合用作大学工科各专业微积分或高等数学教材或参考书，也可供相关的科技人员参考.

图书在版编目(CIP)数据

微积分. 下册/刘迎东编. —2 版. —北京：科学出版社，2017. 8
北京市高等教育精品教材 · 科学出版社“十三五”普通高等教育本科规划教材
ISBN 978-7-03-053756-0

Ⅰ. ①微… Ⅱ. ①刘… Ⅲ. ①微积分-高等学校-教材 Ⅳ. ①O172

中国版本图书馆 CIP 数据核字(2017)第 138729 号

责任编辑：张中兴 / 责任校对：张凤琴
责任印制：师艳茹 / 封面设计：迷底书装

科学出版社 出版
北京东黄城根北街 16 号
邮政编码：100717
http://www.sciencep.com
北京厚诚则铭印刷科技有限公司印刷
科学出版社发行 各地新华书店经销
*
2010 年 6 月第 一 版 开本：720×1000 1/16
2017 年 8 月第 二 版 印张：17 1/2
2024 年 8 月第十九次印刷 字数：353 000

定价：37.00 元

（如有印装质量问题，我社负责调换）

目　　录

第 8 章　多元函数微分法及其应用

在此以前，本书讨论的函数都是只依赖于一个自变量的函数，即**一元函数**. 但是，在许多问题中，经常会遇到多个自变量的情形，因此需要研究**多元函数**.

多元函数微分学是一元函数微分学的推广和发展，这两者既有许多类似之处，又有不少本质差别. 这里着重讨论二元函数，因为从一元函数发展到二元函数，许多方法和结论有着本质的不同，但是从二元函数到三元函数或更多元函数，却没有重大差别.

8.1　多元函数的基本概念

8.1.1　平面点集

当在平面上引入了一个直角坐标系后，平面上的点 P 与有序二元实数组 (x,y) 之间就建立了一一对应关系. 于是，常把有序实数组 (x,y) 与平面上的点 P 看成是等同的. 这种建立了坐标系的平面称为**坐标平面**.

设 $P_0(x_0,y_0)$ 是 xOy 平面上的一个点，δ 是某一正数. 与点 $P_0(x_0,y_0)$ 距离小于 δ 的点 $P(x,y)$ 的全体，称为**点 P_0 的 δ 邻域**，记作 $U(P_0,\delta)$，即

$$U(P_0,\delta)=\{P \mid |PP_0|<\delta\},$$

也就是

$$U(P_0,\delta)=\{(x,y) \mid \sqrt{(x-x_0)^2+(y-y_0)^2}<\delta\}.$$

点 P_0 的去心 δ 邻域，记作 $\mathring{U}(P_0,\delta)$，即

$$\mathring{U}(P_0,\delta)=\{P \mid 0<|PP_0|<\delta\}.$$

在几何上，$U(P_0,\delta)$ 就是 xOy 平面上以点 $P_0(x_0,y_0)$ 为中心、$\delta>0$ 为半径的圆内部的点 $P(x,y)$ 的全体.

如果不需要强调邻域的半径 δ，则用 $U(P_0)$ 表示点 P_0 的某个邻域，点 P_0 的去心邻域记作 $\mathring{U}(P_0)$.

任意一点 $P\in\mathbf{R}^2$ 与任意一个点集 $E\subset\mathbf{R}^2$ 之间必有以下三种关系中的一种：

(1) **内点**　如果存在点 P 的某个邻域 $U(P)$，使得 $U(P)\subset E$，则称 P 为 E 的内点(如图 8.1 中，P_1 为 E 的内点)；

(2) **外点**　如果存在点 P 的某个邻域 $U(P)$，使得 $U(P)\cap E=\varnothing$，则称 P 为 E 的外点(如图 8.1 中，P_2 为 E 的外点)；

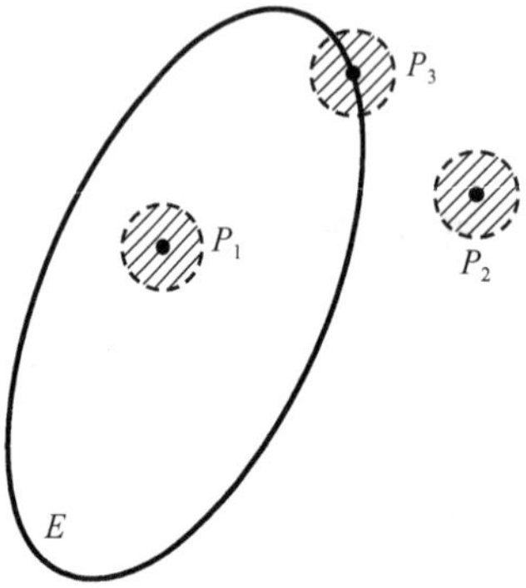

图 8.1

(3) **边界点**　如果点 P 的任一邻域内既含有属于 E 的点，又含有不属于 E 的点，则称 P 为 E 的**边界点**(如图 8.1 中，P_3 为 E 的边界点).

E 的边界点的全体，称为 E 的**边界**，记作 ∂E.

E 的内点必属于 E；E 的外点必不属于 E；而 E 的边界点既可能属于 E，也可能不属于 E.

任意一点 $P\in\mathbf{R}^2$ 与任意一个点集 $E\subset\mathbf{R}^2$ 之间也可以用另外一种关系来刻画，即**聚点**.

聚点　如果对于任意给定的 $\delta>0$，点 P 的去心邻域 $\mathring{U}(P,\delta)$ 内总有 E 中的点，则称 P 是 E 的**聚点**.

点集 E 的聚点 P 本身，可以属于 E，也可以不属于 E.

例如，设平面点集

$$E=\{(x,y)\mid 1\leqslant x^2+y^2<2\}.$$

满足 $1<x^2+y^2<2$ 的一切点 (x,y) 都是 E 的内点；满足 $x^2+y^2=1$ 的一切点 (x,y) 都是 E 的边界点，它们都属于 E；满足 $x^2+y^2=2$ 的一切点 (x,y) 也都是 E 的边界点，它们都不属于 E；点集 E 以及它的边界 ∂E 上的一切点都是 E 的聚点.

下面再定义一些平面点集的概念.

开集　如果点集 E 的点都是 E 的内点，则称 E 为**开集**.

闭集　如果点集 E 的边界 $\partial E\subset E$，则称 E 为**闭集**.

例如，集合 $\{(x,y)\mid 1<x^2+y^2<2\}$ 是开集；集合 $\{(x,y)\mid 1\leqslant x^2+y^2\leqslant 2\}$ 是闭集；而集合 $\{(x,y)\mid 1\leqslant x^2+y^2<2\}$ 既非开集，也非闭集.

连通集　如果点集 E 内任何两点，都可用折线连接起来，且该折线上的点都属于 E，则称 E 为**连通集**.

区域(或开区域)　连通的开集称为**区域(或开区域)**.

闭区域　开区域连同其边界一起所构成的点集称为**闭区域**.

例如，集合 $\{(x,y)\mid 1<x^2+y^2<2\}$ 是区域；而集合 $\{(x,y)\mid 1\leqslant x^2+y^2\leqslant 2\}$ 是闭区域.

有界集　对于平面点集 E，如果存在某一正数 r，使得

$$E\subset U(O,r),$$

其中 O 是坐标原点，则称 E 为**有界集**.

无界集　一个集合如果不是有界集，就称这集合为**无界集**.

例如，集合 $\{(x,y)\mid 1\leqslant x^2+y^2\leqslant 2\}$ 是有界闭区域；集合 $\{(x,y)\mid x+y>0\}$ 是无界开区域，集合 $\{(x,y)\mid x+y\geqslant 0\}$ 是无界闭区域.

8.1.2　多元函数概念

在很多自然现象以及实际问题中，经常会遇到多个变量之间的依赖关系，举例

如下：

例 8.1 一定质量的理想气体，其压强 p 和容积 V 以及热力学温度 T 之间满足关系式(称为**气态方程**)

$$p=\frac{RT}{V},\quad T>T_0,V>0,R\text{ 是摩尔气体常数}.$$

当 T,V 的值分别给定时，按照这个关系式，p 就有一个确定的值与它们对应.

例 8.2 设 R 是电阻 R_1,R_2 并联后的总电阻，由电学知道，它们之间具有关系

$$R=\frac{R_1R_2}{R_1+R_2},\quad R_1>0,R_2>0.$$

当 R_1,R_2 取定后，R 的值就唯一确定了.

由上面两个例子，可以归纳出**二元函数**的定义.

定义 8.1 设 D 是 $\mathbf{R}^2$ 的一个非空子集，若按照某个对应法则 f，对任意一个 $(x,y)\in D$，都存在唯一的数 $z\in\mathbf{R}$ 与之对应，则称 $f:D\to\mathbf{R}$ 为定义在 D 上的二元函数，通常记为

$$z=f(x,y),\quad (x,y)\in D$$

或

$$z=f(P),\quad P\in D,$$

其中点集 D 称为该**函数的定义域**，x、y 称为**自变量**；z 称为**因变量**. 函数值 $f(x,y)$ 的全体构成的集合称为**函数 f 的值域**，记作 $f(D)$，即

$$f(D)=\{z\mid z=f(x,y),(x,y)\in D\}.$$

类似地，可以定义**三元函数** $u=f(x,y,z),(x,y,z)\in D$ 以及**三元以上的函数**.

多元函数的概念

当 $n=1$ 时，n 元函数就是**一元函数**. 当 $n\geqslant 2$ 时，n 元函数统称为**多元函数**.

关于多元函数的定义域，与一元函数相类似，我们作如下约定：一般在讨论用算式表达的多元函数 $u=f(P)$ 时，就以使这个算式有意义的变元 P 所组成的点集为这个**多元函数的自然定义域**.

在空间直角坐标系 $Oxyz$ 中，对于 D 中的每一点 $P(x,y)$，依照函数关系 $z=f(x,y)$，有空间中一点 M 与之对应，M 的坐标为 $(x,y,f(x,y))$. 在空间中，点 M 的全体称为**函数 $z=f(x,y)$ 的图形**. 一般说来，它是一张曲面，任何一条平行于 z 轴且通过区域 D 的直线与它都有且只有一个交点(图 8.2).

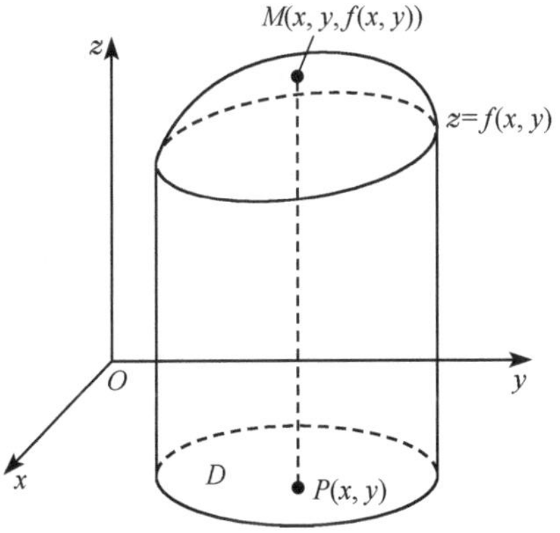

图 8.2

例 8.3　求函数 $z=\sqrt{1-x^2-y^2}$ 的定义域,并作函数的图形.

解　定义域为 $\{(x,y)\mid x^2+y^2\leqslant 1\}$(图 8.3). 函数的图形是**上半球面**(图 8.4).

例 8.4　研究函数 $z=x^2+y^2$ 的定义域和图形.

解　定义域为整个 xOy 平面. 函数的图形是**旋转抛物面**.

对于一般的二元函数 $z=f(x,y)$,其图形往往难以画出. 在实际工作中,有时利用"**等值线**"来了解函数的图形. 可用函数值 $z=$ 常数(即一组与水平面平行的平面)去截曲面 $z=f(x,y)$,所得到的截痕是一组平面曲线,把它们投影到 xOy 平面上,就是**等值线**,或称**等高线**(图 8.5,图 8.6).

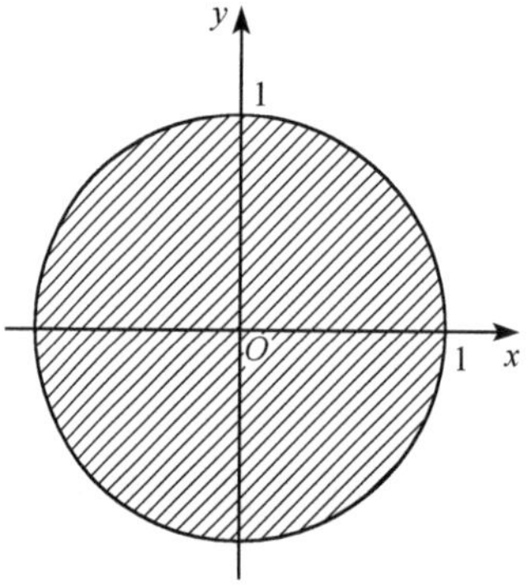

图 8.3

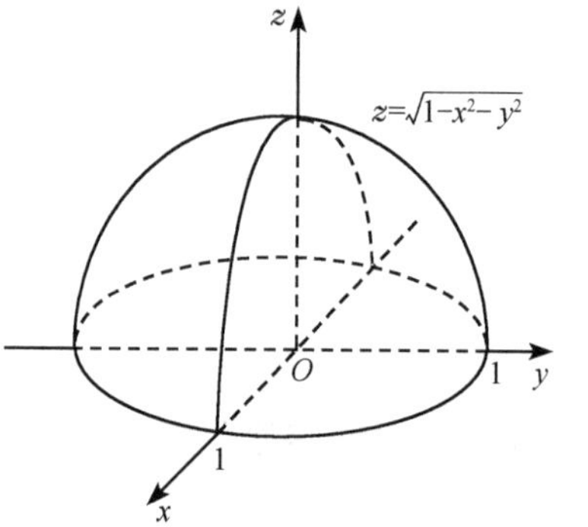

图 8.4

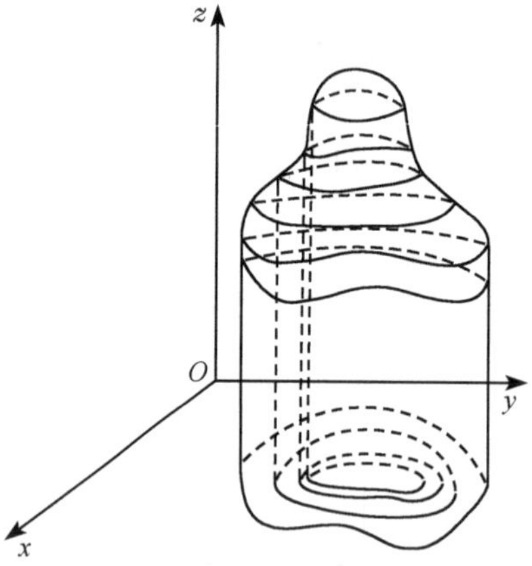

图 8.5

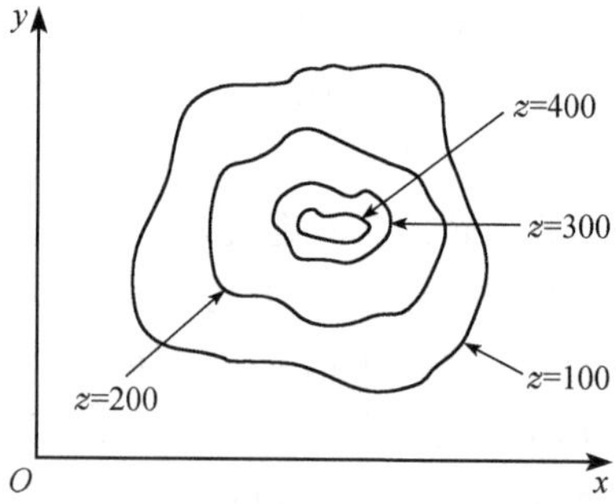

图 8.6

8.1.3 多元函数的极限

先讨论二元函数 $z=f(x,y)$ 当 $(x,y)\to(x_0,y_0)$，即 $P(x,y)\to P_0(x_0,y_0)$ 时的极限.

这里 $P\to P_0$ 表示点 P 以任何方式趋于点 P_0，也就是点 P 与点 P_0 间的距离趋于零，即

$$|PP_0|=\sqrt{(x-x_0)^2+(y-y_0)^2}\to 0.$$

如果在 $P(x,y)\to P_0(x_0,y_0)$ 的过程中，对应的函数值 $f(x,y)$ 无限接近于一个确定的常数 A，就说 A 是函数 $f(x,y)$ 当 $(x,y)\to(x_0,y_0)$ 时的**极限**.

定义 8.2 设二元函数 $f(P)=f(x,y)$ 的定义域为 D，$P_0(x_0,y_0)$ 是 D 的聚点. 如果存在常数 A，对于任意给定的正数 ε，总存在正数 δ，使得当点 $P(x,y)\in D\cap\mathring{U}(P_0,\delta)$ 时，都有

$$|f(P)-A|=|f(x,y)-A|<\varepsilon$$

成立，就称常数 A 为函数 $f(x,y)$ 当 $(x,y)\to(x_0,y_0)$ 时的**极限**，记作

$$\lim_{(x,y)\to(x_0,y_0)} f(x,y)=A \quad 或 \quad f(x,y)\to A((x,y)\to(x_0,y_0)),$$

也记作

$$\lim_{P\to P_0} f(P)=A \quad 或 \quad f(P)\to A(P\to P_0).$$

为了区别于一元函数的极限，把二元函数的极限叫做**二重极限**.

例 8.5 设 $f(x,y)=(x^2+y^2)\cos\dfrac{1}{x^2+y^2}$，求证 $\lim\limits_{(x,y)\to(0,0)} f(x,y)=0$.

证 因为

$$|f(x,y)-0|=\left|(x^2+y^2)\cos\frac{1}{x^2+y^2}-0\right|\leqslant x^2+y^2,$$

多元函数的极限

可见，$\forall\varepsilon>0$，取 $\delta=\sqrt{\varepsilon}$，则当

$$0<\sqrt{(x-0)^2+(y-0)^2}<\delta,$$

即 $P(x,y)\in D\cap\mathring{U}(O,\delta)$ 时，总有

$$|f(x,y)-0|<\varepsilon$$

成立，所以

$$\lim_{(x,y)\to(0,0)} f(x,y)=0.$$

必须注意，所谓二重极限存在，是指 $P(x,y)$ 以任何方式趋于 $P_0(x_0,y_0)$ 时，$f(x,y)$ 都无限接近于 A. 因此，如果 $P(x,y)$ 以某一特殊方式，如沿着一条定直线或定曲线趋于 $P_0(x_0,y_0)$ 时，即使 $f(x,y)$ 无限接近于某一确定值，仍然不能由此断定函数的极限存在. 但是反过来，如果当 $P(x,y)$ 以不同方式趋于 $P_0(x_0,y_0)$ 时，$f(x,y)$ 趋于不同的值，就可以断定这函数的极限不存在.

例 8.6　证明:函数 $f(x,y)=\dfrac{xy}{x^2+y^2}$ 在点(0,0)处的极限不存在.

证　点(x,y)沿直线 $y=kx$ 趋向于点(0,0)时,有

$$\lim_{\substack{y=kx \\ (x,y)\to(0,0)}} \frac{xy}{x^2+y^2}=\lim_{x\to 0}\frac{kx^2}{x^2+k^2x^2}=\frac{k}{1+k^2}.$$

当 k 不同时,此极限值显然不同,因此该函数在点(0,0)的极限不存在.

例 8.7　证明:函数 $f(x,y)=\sin\dfrac{y}{x^2}$ 在点(0,0)处的极限不存在.

证　点(x,y)沿直线 $y=x$ 趋向于点(0,0)时,有

$$\sin\frac{y}{x^2}=\sin\frac{1}{x},$$

而 $\lim\limits_{x\to 0}\sin\dfrac{1}{x}$ 不存在,因此 $f(x,y)=\sin\dfrac{y}{x^2}$ 在点(0,0)的极限不存在.

例 8.8　证明:函数 $f(x,y)=\dfrac{x^2y}{x^4+y^2}$ 当点(x,y)沿任一直线趋于点(0,0)时,极限都为 0,但 $f(x,y)$ 在点(0,0)处没有极限.

证　对任意实数 k,显然有

$$\lim_{\substack{y=kx \\ x\to 0}} f(x,y)=\lim_{x\to 0}\frac{kx}{x^2+k^2}=0,$$

它表明,点(x,y)沿除 y 轴以外的过原点的任一直线趋于点(0,0)时,极限都为 0. 另外

$$\lim_{\substack{x=0 \\ y\to 0}} f(x,y)=\lim_{y\to 0}0=0,$$

即点(x,y)沿 y 轴趋于点(0,0)时,$f(x,y)$的极限也为 0. 这说明,函数 $f(x,y)=\dfrac{x^2y}{x^4+y^2}$ 当点(x,y)沿任一直线趋于点(0,0)时,极限都为 0. 但是

$$\lim_{\substack{y=x^2 \\ x\to 0}} f(x,y)=\lim_{x\to 0}\frac{x^4}{x^4+x^4}=\frac{1}{2},$$

所以,$f(x,y)$在点(0,0)处没有极限.

以上关于二元函数的极限概念,可相应地推广到 n 元函数 $u=f(P)=f(x_1,x_2,\cdots,x_n)$ 上去.

关于多元函数的极限运算,有与一元函数类似的运算法则.

例 8.9　求 $\lim\limits_{(x,y)\to(0,1)}\dfrac{\sin(xy)}{x}$.

解

$$\lim_{(x,y)\to(0,1)}\frac{\sin(xy)}{x}=\lim_{(x,y)\to(0,1)}\left[\frac{\sin(xy)}{xy}\cdot y\right]=\lim_{xy\to 0}\frac{\sin(xy)}{xy}\cdot\lim_{y\to 1}y$$

$$= 1 \cdot 1 = 1.$$

若 x_0 与 y_0 有一个或两个是∞或±∞,则有类似的极限定义及其运算定理.

例 8.10 求极限 $I = \lim\limits_{\substack{x \to +\infty \\ y \to +\infty}} (x^2 + y^2) e^{-(x+y)}$.

解 易知,若一元函数 $f(x)$ 的极限存在,且 $\lim\limits_{x \to x_0} f(x) = A$,则把 $f(x)$ 看成关于 x, y 的二元函数时,其极限也存在,且

$$\lim_{\substack{x \to x_0 \\ y \to y_0}} f(x) = A.$$

由极限的四则运算法得

$$\begin{aligned} I &= \lim_{\substack{x \to +\infty \\ y \to +\infty}} [x^2 e^{-x} e^{-y} + y^2 e^{-x} e^{-y}] \\ &= \lim_{\substack{x \to +\infty \\ y \to +\infty}} x^2 e^{-x} \cdot \lim_{\substack{x \to +\infty \\ y \to +\infty}} e^{-y} + \lim_{\substack{x \to +\infty \\ y \to +\infty}} y^2 e^{-y} \cdot \lim_{\substack{x \to +\infty \\ y \to +\infty}} e^{-x} \\ &= 0 \cdot 0 + 0 \cdot 0 = 0. \end{aligned}$$

8.1.4 多元函数的连续性

定义 8.3 设二元函数 $f(P) = f(x, y)$ 的定义域为 D,$P_0(x_0, y_0)$ 为 D 的聚点,且 $P_0 \in D$. 如果

$$\lim_{(x,y) \to (x_0, y_0)} f(x, y) = f(x_0, y_0),$$

则称函数 $f(x, y)$ 在点 $P_0(x_0, y_0)$ **连续**.

设函数 $f(x, y)$ 在 D 上有定义,D 内的每一点都是函数定义域的聚点. 如果函数 $f(x, y)$ 在 D 的每一点都连续,就称函数 $f(x, y)$ 在 D 上连续,或者称 $f(x, y)$ 是 D 上的**连续函数**.

以上关于二元函数的连续性概念,可相应地推广到 n 元函数 $f(P)$ 上去.

例 8.11 设

$$f(x, y) = \begin{cases} xy\ln(x^2 + y^2), & x^2 + y^2 \neq 0, \\ 0, & x^2 + y^2 = 0, \end{cases}$$

证明:$f(x, y)$ 在点 $(0,0)$ 处连续.

证 令 $x = r\cos\theta, y = r\sin\theta$. 当 $(x, y) \to (0,0)$ 时,显然有 $r = \sqrt{x^2 + y^2} \to 0$,于是

$$\lim_{\substack{x \to 0 \\ y \to 0}} f(x, y) = \lim_{r \to 0} r^2 \cos\theta \cdot \sin\theta \cdot \ln r^2 = 0 = f(0,0),$$

所以 $f(x, y)$ 在点 $(0,0)$ 处连续.

由于若一元函数 $f(x)$ 的极限存在:$\lim\limits_{x \to x_0} f(x) = A$,则把 $f(x)$ 看成 x, y 的二元函数时,其极限也存在,且

$$\lim_{\substack{x \to x_0 \\ y \to y_0}} f(x) = A.$$

所以，如果把一元连续函数看成二元函数或者二元以上的多元函数，它们在各自的定义域内都是连续的. 特别地，一元基本初等函数看成二元函数或者二元以上的多元函数时，它们在各自的定义域内都是连续的.

定义 8.4　设函数 $f(x,y)$ 的定义域为 D，$P_0(x_0,y_0)$ 为 D 的聚点，如果函数 $f(x,y)$ 在点 $P_0(x_0,y_0)$ 不连续，则称 $P_0(x_0,y_0)$ 为函数 $f(x,y)$ 的**间断点**.

例如，(0,0) 为函数

$$f(x,y)=\begin{cases}\dfrac{xy}{x^2+y^2}, & x^2+y^2\neq 0,\\ 0, & x^2+y^2=0\end{cases}$$

的间断点.

一元函数中关于极限的运算法则，对于多元函数仍然适用. 根据多元函数的极限运算法则，可以证明**多元连续函数的和、差、积仍为连续函数；连续函数的商在分母不为零处仍连续；多元连续函数的复合函数也是连续函数.**

多元初等函数是指可用一个式子表示的多元函数，这个式子是由常数及具有不同自变量的一元基本初等函数经过有限次的四则运算和复合运算而得到的.

根据连续函数的和、差、积、商的连续性以及连续函数的复合函数的连续性，再利用基本初等函数的连续性，可得如下结论：

多元函数的连续性

一切多元初等函数在其定义区域内是连续的. 所谓**定义区域**是指包含在定义域内的区域或闭区域.

由多元初等函数的连续性，如果要求它在点 P_0 处的极限，而该点又在此函数的定义区域内，则极限值就是函数在该点的函数值，即

$$\lim_{P\to P_0} f(P)=f(P_0).$$

例 8.12　求极限

$$I=\lim_{\substack{x\to 2\\ y\to 1}}\frac{\ln x+y^2\sin xy}{e^y\sin(x^2+y^2)}.$$

解

$$I=\frac{\ln 2+1^2\sin(2\cdot 1)}{e^1\sin(2^2+1^2)}=\frac{\ln 2+\sin 2}{e\sin 5}.$$

例 8.13　求极限 $\lim\limits_{(x,y)\to(0,0)}\dfrac{\sqrt{xy+1}-1}{xy}$.

解

$$\lim_{(x,y)\to(0,0)}\frac{\sqrt{xy+1}-1}{xy}=\lim_{(x,y)\to(0,0)}\frac{xy+1-1}{xy(\sqrt{xy+1}+1)}$$
$$=\lim_{(x,y)\to(0,0)}\frac{1}{\sqrt{xy+1}+1}=\frac{1}{2}.$$

最后列举一些有界闭区域上多元连续函数的好的性质.

性质 8.1(有界性与最大值最小值定理) 在有界闭区域 D 上的多元连续函数,存在最大值和最小值,因而有界.

性质 8.2(介值定理) 在有界闭区域 D 上的多元连续函数必取得介于最大值和最小值之间的任何值.

习题 8.1

1. 判定下列平面点集中哪些是开集、闭集、区域、有界集、无界集?并分别指出它们的聚点所成的点集(称为**导集**)和边界.

(1) $\{(x,y)\mid x\neq0,y\neq0\}$; (2) $\{(x,y)\mid 1<x^2+y^2\leqslant4\}$;

(3) $\{(x,y)\mid y>x^2\}$; (4) $\{(x,y)\mid x^2+(y-1)^2\geqslant1\}\cap\{(x,y)\mid x^2+(y-2)^2\leqslant4\}$.

2. 已知函数 $f(x,y)=x^2+y^2-xy\tan\dfrac{x}{y}$,试求 $f(tx,ty)$.

3. 试证函数 $F(x,y)=\ln x\cdot\ln y$ 满足关系式

$$F(xy,uv)=F(x,u)+F(x,v)+F(y,u)+F(y,v).$$

4. 已知函数 $f(u,v,w)=u^w+w^{u+v}$,试求 $f(x+y,x-y,xy)$.

5. 求下列函数的定义域:

(1) $z=\ln(y^2-2x+1)$; (2) $z=\dfrac{1}{\sqrt{x+y}}+\dfrac{1}{\sqrt{x-y}}$;

(3) $z=\sqrt{x-\sqrt{y}}$; (4) $z=\ln(y-x)+\dfrac{\sqrt{x}}{\sqrt{1-x^2-y^2}}$;

(5) $u=\sqrt{R^2-x^2-y^2-z^2}+\dfrac{1}{\sqrt{x^2+y^2+z^2-r^2}}\ (R>r>0)$;

(6) $u=\arccos\dfrac{z}{\sqrt{x^2+y^2}}$; (7) $z=\sqrt{x}+\sqrt{y}$;

(8) $z=\ln(-x-y)$; (9) $z=\arcsin\dfrac{x^2+y^2}{4}+\arccos\dfrac{1}{x^2+y^2}$;

(10) $z=\arcsin\dfrac{y}{x}$; (11) $u=\ln(z^2-x^2-y^2)$.

6. 求下列各极限:

(1) $\lim\limits_{(x,y)\to(0,1)}\dfrac{1-xy}{x^2+y^2}$; (2) $\lim\limits_{(x,y)\to(1,0)}\dfrac{\ln(x+e^y)}{\sqrt{x^2+y^2}}$;

(3) $\lim\limits_{(x,y)\to(0,0)}\dfrac{2-\sqrt{xy+4}}{xy}$；(4) $\lim\limits_{(x,y)\to(0,0)}\dfrac{xy}{\sqrt{2-e^{xy}}-1}$；

(5) $\lim\limits_{(x,y)\to(2,0)}\dfrac{\tan(xy)}{y}$；(6) $\lim\limits_{(x,y)\to(0,0)}\dfrac{1-\cos(x^2+y^2)}{(x^2+y^2)e^{x^2y^2}}$；

(7) $\lim\limits_{(x,y)\to(0,0)}\dfrac{xy}{\sqrt{xy+1}-1}$；(8) $\lim\limits_{(x,y)\to(0,a)}\dfrac{\sin xy}{x}$；

(9) $\lim\limits_{(x,y)\to(0,0)}(x+y)\sin\dfrac{1}{x}\cos\dfrac{1}{y}$；(10) $\lim\limits_{\substack{x\to\infty\\ y\to\infty}}\dfrac{1+x^2+y^2}{x^2+y^2}$；

(11) $\lim\limits_{(x,y)\to(0,0)}\dfrac{x^3+y^3}{x^2+y^2}$；(12) $\lim\limits_{(x,y)\to(0,0)}\dfrac{\sin(x^3+y^3)}{x^2+y^2}$；

(13) $\lim\limits_{(x,y)\to(0,0)}(x^2+y^2)^{x^2y^2}$；(14) $\lim\limits_{(x,y)\to(1,0)}\dfrac{\ln(x+e^y)}{\sqrt{x^2+y^2}}$；

(15) $\lim\limits_{(x,y,z)\to(0,1,2)}e^{xy}\sin\left(\dfrac{\pi}{4}yz\right)$；(16) $\lim\limits_{(x,y)\to(1,2)}\dfrac{3xy+x^2y^2}{x+y}$.

7. 证明下列极限不存在：

(1) $\lim\limits_{(x,y)\to(0,0)}\dfrac{x+y}{x-y}$；(2) $\lim\limits_{(x,y)\to(0,0)}\dfrac{x^2y^2}{x^2y^2+(x-y)^2}$；

(3) $\lim\limits_{\substack{x\to+\infty\\ y\to+\infty}}\left(1+\dfrac{1}{x}\right)^{\frac{x^2}{x+y}}$；(4) $f(x,y)=\dfrac{x^2+y^2}{x^2+y^2+(x-y)^2}$在(0,0)点；

(5) $f(x,y)=\begin{cases}\dfrac{x-y}{x+y}, & y\neq -x,\\ 0, & y=-x\end{cases}$在(0,0)点.

8. 函数 $z=\dfrac{y^2+2x}{y^2-2x}$在何处是间断的？

9. 证明 $\lim\limits_{(x,y)\to(0,0)}\dfrac{xy}{\sqrt{x^2+y^2}}=0$.

10. 设 $F(x,y)=f(x)$，$f(x)$在 x_0 处连续，证明：对任意 $y_0\in\mathbf{R}$，$F(x,y)$在(x_0,y_0)处连续.

11. 求函数 $f(x,y)=\dfrac{\sqrt{4x-y^2}}{\ln(1-x^2-y^2)}$的定义域，并求 $\lim\limits_{(x,y)\to\left(\frac{1}{2},0\right)}f(x,y)$.

12. 证明：极限 $\lim\limits_{(x,y)\to(0,0)}\dfrac{xy^2}{x^2+y^4}$不存在.

13. 证明 $f(x,y)$在区域 D 上连续，则$|f(x,y)|$在区域 D 上连续.

14. 设 $\bar{D}$ 是平面上的有界闭区域，$P_0(x_0,y_0)$为 $\bar{D}$ 外一点. 证明：在 $\bar{D}$ 内一定存在一点与 P_0 最近，也存在一点与 P_0 最远.

15. 如果在区域 D 内，函数 $f(x,y)$对变量 x 是连续，而对变量 y 满足利普希茨条件，即存在常数 k，对$\forall(x,y_1),(x,y_2)\in D$，有

$$|f(x,y_1)-f(x,y_2)|<k|y_1-y_2|,$$

则函数 $f(x,y)$在区域 D 内是二元连续的.

16. 设 $f(x,y)$ 在区域 D 上连续，

$$(x_i,y_i)\in D,\quad i=1,2,\cdots,n.$$

证明:在 D 上存在一点 (ξ,η)，使得

$$f(\xi,\eta)=\frac{f(x_1,y_1)+f(x_2,y_2)+\cdots+f(x_n,y_n)}{n}.$$

8.2 偏 导 数

8.2.1 偏导数的定义及其计算法

在研究一元函数时，从研究函数的变化率引入了导数概念. 对于多元函数同样需要讨论它的变化率. 但多元函数的自变量不止一个，因变量与自变量的关系要比一元函数复杂得多. 本节首先考虑多元函数关于其中一个自变量的变化率. 以二元函数 $z=f(x,y)$ 为例，如果只有自变量 x 变化，而自变量 y 固定(即看成常量)，这时它就是 x 的一元函数，此函数对 x 的导数，就称为**二元函数 $z=f(x,y)$ 对于 x 的偏导数**.

定义 8.5 设函数 $z=f(x,y)$ 在点 (x_0,y_0) 的某邻域内有定义，当 y 固定在 y_0 而 x 在 x_0 处有增量 Δx 时，相应的函数有增量

$$f(x_0+\Delta x,y_0)-f(x_0,y_0).$$

如果

$$\lim_{\Delta x\to 0}\frac{f(x_0+\Delta x,y_0)-f(x_0,y_0)}{\Delta x}$$

存在，则称此极限为函数 $z=f(x,y)$ 在点 (x_0,y_0) 处对 x 的**偏导数**，记作

$$\left.\frac{\partial z}{\partial x}\right|_{\substack{x=x_0\\y=y_0}},\quad \left.\frac{\partial f}{\partial x}\right|_{\substack{x=x_0\\y=y_0}},\quad z_x\Big|_{\substack{x=x_0\\y=y_0}}\quad 或\quad f_x(x_0,y_0).$$

类似地，函数 $z=f(x,y)$ 在点 (x_0,y_0) 处对 y 的偏导数定义为

$$\lim_{\Delta y\to 0}\frac{f(x_0,y_0+\Delta y)-f(x_0,y_0)}{\Delta y},$$

记作

$$\left.\frac{\partial z}{\partial y}\right|_{\substack{x=x_0\\y=y_0}},\quad \left.\frac{\partial f}{\partial y}\right|_{\substack{x=x_0\\y=y_0}},\quad z_y\Big|_{\substack{x=x_0\\y=y_0}}\quad 或\quad f_y(x_0,y_0).$$

如果函数 $z=f(x,y)$ 在区域 D 内每一点 (x,y) 处对 x 的偏导数都存在，那么这个偏导数就是 x,y 的函数，它就称为函数 $z=f(x,y)$ 对自变量 x 的偏导函数，记作

$$\frac{\partial z}{\partial x},\quad \frac{\partial f}{\partial x},\quad z_x\quad 或\quad f_x(x,y).$$

类似地，可以定义函数 $z=f(x,y)$ 对自变量 y 的偏导函数，记作

$$\frac{\partial z}{\partial y},\quad \frac{\partial f}{\partial y},\quad z_y \quad \text{或} \quad f_y(x,y).$$

由偏导函数的概念可知，$f(x,y)$ 在点 (x_0,y_0) 处对 x 的偏导数 $f_x(x_0,y_0)$ 就是偏导函数 $f_x(x,y)$ 在点 (x_0,y_0) 处的函数值.

至于实际求 $z=f(x,y)$ 的偏导数，并不需要新的方法，因为这里只有一个自变量在变动，所以仍旧是一元函数的微分法问题.

偏导数的概念还可推广到二元以上的函数. 例如，三元函数 $u=f(x,y,z)$ 在点 (x,y,z) 处对 x 的偏导数定义为

$$f_x(x,y,z)=\lim_{\Delta x\to 0}\frac{f(x+\Delta x,y,z)-f(x,y,z)}{\Delta x}.$$

例 8.14　设 $z=x^2y+y^2$，求 $z_x(2,3)$，$z_y(2,3)$.

解　因为 $\frac{\partial z}{\partial x}=2xy$，$\frac{\partial z}{\partial y}=x^2+2y$，所以

$$z_x(2,3)=2xy\big|_{(2,3)}=12,$$
$$z_y(2,3)=(x^2+2y)\big|_{(2,3)}=10.$$

例 8.15　求函数 $z=x^y+\ln x\cdot\sin(xy)\ (x>0)$ 的偏导数.

解

$$z_x=yx^{y-1}+\frac{\sin(xy)}{x}+y\ln x\cdot\cos(xy),$$
$$z_y=x^y\ln x+x\ln x\cdot\cos(xy).$$

例 8.16　设 $z=x^y\ (x>0,x\neq 1)$，求证

$$\frac{x}{y}\frac{\partial z}{\partial x}+\frac{1}{\ln x}\frac{\partial z}{\partial y}=2z.$$

证　因为

$$\frac{\partial z}{\partial x}=yx^{y-1},\quad \frac{\partial z}{\partial y}=x^y\ln x,$$

所以

$$\frac{x}{y}\frac{\partial z}{\partial x}+\frac{1}{\ln x}\frac{\partial z}{\partial y}=\frac{x}{y}yx^{y-1}+\frac{1}{\ln x}x^y\ln x=x^y+x^y=2z.$$

例 8.17　一定质量的理想气体，其压强 p 和容积 V 以及热力学温度 T 之间满足气态方程 $pV=RT$（R 为摩尔气体常数），求 $\frac{\partial p}{\partial V}$，$\frac{\partial V}{\partial T}$，$\frac{\partial T}{\partial p}$，并验证热力学公式

$$\frac{\partial p}{\partial V}\cdot\frac{\partial V}{\partial T}\cdot\frac{\partial T}{\partial p}=-1.$$

解　由 $p=\frac{RT}{V}$，得 $\frac{\partial p}{\partial V}=-\frac{RT}{V^2}$；由 $V=\frac{RT}{p}$，得 $\frac{\partial V}{\partial T}=\frac{R}{p}$；由 $T=\frac{pV}{R}$，得 $\frac{\partial T}{\partial p}=\frac{V}{R}$.

于是得

$$\frac{\partial p}{\partial V}\cdot\frac{\partial V}{\partial T}\cdot\frac{\partial T}{\partial p}=-\frac{RT}{V^2}\cdot\frac{R}{p}\cdot\frac{V}{R}=-\frac{RT}{pV}=-1.$$

由此可知,偏导数的符号是一个整体符号,不能像一元函数的导数那样看成分子与分母之商.

例 8.18 求三元函数 $u=\frac{1}{\sqrt{x^2+y^2+z^2}}$ 的偏导数.

解 $$\frac{\partial u}{\partial x}=-\frac{1}{2}(x^2+y^2+z^2)^{-3/2}\cdot(2x)=-\frac{x}{(x^2+y^2+z^2)^{3/2}}.$$

同理可得

$$\frac{\partial u}{\partial y}=-\frac{y}{(x^2+y^2+z^2)^{3/2}},$$

$$\frac{\partial u}{\partial z}=-\frac{z}{(x^2+y^2+z^2)^{3/2}}.$$

二元函数 $z=f(x,y)$ 在点 (x_0,y_0) 的偏导数有下述几何意义:

设 $M_0(x_0,y_0,f(x_0,y_0))$ 为曲面 $z=f(x,y)$ 上的一点,过 M_0 作平面 $y=y_0$,截此曲面得一曲线,此曲线在平面 $y=y_0$ 上的方程为 $z=f(x,y_0)$,则导数 $\frac{\mathrm{d}}{\mathrm{d}x}f(x,y_0)\big|_{x=x_0}$,即偏导数 $f_x(x_0,y_0)$ 就是此曲线在点 M_0 处的切线 M_0T_x 对 x 轴的斜率. 同样,偏导数 $f_y(x_0,y_0)$ 的几何意义是曲面被平面 $x=x_0$ 所截得的曲线在点 M_0 处的切线 M_0T_y 对 y 轴的斜率(图 8.7).

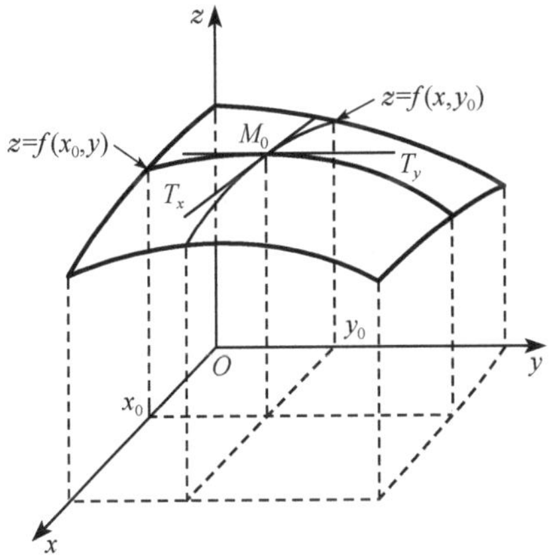

图 8.7

例 8.19 证明:函数

$$f(x,y)=\begin{cases}\dfrac{xy}{x^2+y^2}, & (x,y)\neq(0,0),\\ 0, & (x,y)=(0,0)\end{cases}$$

在点(0,0)处的两个偏导数都存在,但函数在该点不连续.

证 由

$$\lim_{\Delta x\to 0}\frac{f(\Delta x,0)-f(0,0)}{\Delta x}=\lim_{\Delta x\to 0}\frac{0-0}{\Delta x}=0$$

知 $f_x(0,0)=0$,同样有 $f_y(0,0)=0$. 但是

$$\lim_{\substack{(x,y)\to(0,0)\\ y=x}} f(x,y) = \lim_{\substack{(x,y)\to(0,0)\\ y=x}} \frac{x^2}{x^2+x^2} = \frac{1}{2} \neq f(0,0),$$

因此，$f(x,y)$在点$(0,0)$处不连续.

偏导数的定义及计算法　　　　高阶偏导数

8.2.2　高阶偏导数

设函数 $z=f(x,y)$在区域 D 内具有偏导数

$$\frac{\partial z}{\partial x} = f_x(x,y), \quad \frac{\partial z}{\partial y} = f_y(x,y),$$

那么在 D 内 $f_x(x,y)$，$f_y(x,y)$都是 x，y 的函数. 如果这两个函数的偏导数也存在，则称它们为函数 $z=f(x,y)$的**二阶偏导数**. 按照对变量求导次序的不同有下列 4 个二阶偏导数：

$$\frac{\partial}{\partial x}\left(\frac{\partial z}{\partial x}\right) = \frac{\partial^2 z}{\partial x^2} = f_{xx}(x,y), \quad \frac{\partial}{\partial y}\left(\frac{\partial z}{\partial x}\right) = \frac{\partial^2 z}{\partial x \partial y} = f_{xy}(x,y),$$

$$\frac{\partial}{\partial x}\left(\frac{\partial z}{\partial y}\right) = \frac{\partial^2 z}{\partial y \partial x} = f_{yx}(x,y), \quad \frac{\partial}{\partial y}\left(\frac{\partial z}{\partial y}\right) = \frac{\partial^2 z}{\partial y^2} = f_{yy}(x,y),$$

其中第二、第三两个偏导数称为**混合偏导数**. 同样可得三阶，四阶，…，n 阶偏导数. 二阶及二阶以上的偏导数统称为**高阶偏导数**.

例 8.20　求 $z=xy+\cos(x-2y)$的二阶偏导数.

解　由$\frac{\partial z}{\partial x}=y-\sin(x-2y)$，$\frac{\partial z}{\partial y}=x+2\sin(x-2y)$，得

$$\frac{\partial^2 z}{\partial x^2} = -\cos(x-2y), \quad \frac{\partial^2 z}{\partial y^2} = -4\cos(x-2y),$$

$$\frac{\partial^2 z}{\partial x \partial y} = \frac{\partial^2 z}{\partial y \partial x} = 1 + 2\cos(x-2y).$$

例 8.21　求 $z=e^{xy}$的二阶偏导数.

解　由$\frac{\partial z}{\partial x}=ye^{xy}$，得

$$\frac{\partial^2 z}{\partial x^2} = y^2 e^{xy}, \quad \frac{\partial^2 z}{\partial x \partial y} = (1+xy)e^{xy}.$$

再由表达式 $z=e^{xy}$中 x，y 的对称性知

$$\frac{\partial z}{\partial y} = xe^{xy}, \quad \frac{\partial^2 z}{\partial y^2} = x^2 e^{xy}, \quad \frac{\partial^2 z}{\partial y \partial x} = (1+xy)e^{xy}.$$

在上面两个例子中，两个混合偏导数相等，即

$$\frac{\partial^2 z}{\partial x \partial y} = \frac{\partial^2 z}{\partial y \partial x}.$$

这并不是偶然的，事实上，有下述定理.

定理 8.1 若函数 $z=f(x,y)$ 的两个混合偏导数 $f_{xy}(x,y)$ 和 $f_{yx}(x,y)$ 在点 $P_0(x_0,y_0)$ 处连续，则它们必相等.

换句话说，二阶混合偏导数在连续的条件下与求导的次序无关.

对于二元以上的函数，也可以类似地定义高阶偏导数，而且高阶混合偏导数在偏导数连续的条件下也与求导的次序无关.

例 8.22 验证函数 $z=\ln\sqrt{x^2+y^2}$ 满足方程

$$\frac{\partial^2 z}{\partial x^2} + \frac{\partial^2 z}{\partial y^2} = 0.$$

证 因为

$$z = \ln\sqrt{x^2+y^2} = \frac{1}{2}\ln(x^2+y^2),$$

所以

$$\frac{\partial z}{\partial x} = \frac{x}{x^2+y^2}, \quad \frac{\partial z}{\partial y} = \frac{y}{x^2+y^2},$$

$$\frac{\partial^2 z}{\partial x^2} = \frac{y^2-x^2}{(x^2+y^2)^2}, \quad \frac{\partial^2 z}{\partial y^2} = \frac{x^2-y^2}{(x^2+y^2)^2}.$$

因此

$$\frac{\partial^2 z}{\partial x^2} + \frac{\partial^2 z}{\partial y^2} = 0.$$

例 8.23 验证函数 $u=\frac{1}{r}$ 满足方程

$$\frac{\partial^2 u}{\partial x^2} + \frac{\partial^2 u}{\partial y^2} + \frac{\partial^2 u}{\partial z^2} = 0,$$

其中 $r=\sqrt{x^2+y^2+z^2}$.

证

$$\frac{\partial u}{\partial x} = -\frac{1}{r^2}\frac{\partial r}{\partial x} = -\frac{1}{r^2}\cdot\frac{x}{r} = -\frac{x}{r^3},$$

$$\frac{\partial^2 u}{\partial x^2} = -\frac{1}{r^3} + \frac{3x}{r^4}\cdot\frac{\partial r}{\partial x} = -\frac{1}{r^3} + \frac{3x^2}{r^5}.$$

由于函数关于自变量的对称性，所以

$$\frac{\partial^2 u}{\partial y^2} = -\frac{1}{r^3} + \frac{3y^2}{r^5}, \quad \frac{\partial^2 u}{\partial z^2} = -\frac{1}{r^3} + \frac{3z^2}{r^5}.$$

因此

$$\frac{\partial^2 u}{\partial x^2}+\frac{\partial^2 u}{\partial y^2}+\frac{\partial^2 u}{\partial z^2}=-\frac{3}{r^3}+\frac{3(x^2+y^2+z^2)}{r^5}=0.$$

例 8.24　设

$$f(x,y)=\begin{cases} xy\dfrac{x^2-y^2}{x^2+y^2}, & x^2+y^2\neq 0, \\ 0, & x^2+y^2=0, \end{cases}$$

求 $f_{xy}(0,0)$ 及 $f_{yx}(0,0)$.

解

$$f_x(x,y)=\begin{cases} y\dfrac{x^2-y^2}{x^2+y^2}+\dfrac{4x^2y^3}{(x^2+y^2)^2}, & x^2+y^2\neq 0, \\ 0, & x^2+y^2=0, \end{cases}$$

所以

$$f_{xy}(0,0)=\lim_{y\to 0}\frac{f_x(0,y)-f_x(0,0)}{y-0}=\lim_{y\to 0}\frac{-y}{y}=-1.$$

$$f_y(x,y)=\begin{cases} x\dfrac{x^2-y^2}{x^2+y^2}-\dfrac{4x^3y^2}{(x^2+y^2)^2}, & x^2+y^2\neq 0, \\ 0, & x^2+y^2=0, \end{cases}$$

所以

$$f_{yx}(0,0)=\lim_{x\to 0}\frac{f_y(x,0)-f_y(0,0)}{x-0}=\lim_{x\to 0}\frac{x}{x}=1.$$

习题 8.2

1. 求下列函数的偏导数：

(1) $z=x^3y-y^3x$；(2) $s=\dfrac{u^2+v^2}{uv}$；(3) $z=\sqrt{\ln(xy)}$；(4) $z=\sin(xy)+\cos^2(xy)$；

(5) $z=\ln\tan\dfrac{x}{y}$；(6) $z=(1+xy)^y$；(7) $u=x^{\frac{y}{z}}$；(8) $u=\arctan(x-y)^z$；

(9) $z=x^4+y^4-4x^2y^2$；(10) $z=xy+\dfrac{x}{y}$；(11) $z=x\sin(x+y)$；(12) $z=\arctan\dfrac{x}{y}$；

(13) $u=\left(\dfrac{x}{y}\right)^z$；(14) $u=z^{xy}$；(15) $u=\tan\dfrac{x^2}{y}$.

2. 求下列指定点的偏导数：

(1) $z=x+(y-1)\arcsin\sqrt{\dfrac{x}{y}}$，求 $z_x(x,1)$，$z_y(1,y)$；

(2) $z=\dfrac{x}{\sqrt{x^2+y^2}}$，求 $z_x(1,0)$，$z_y(0,1)$；

(3) $z=\arctan\dfrac{x+y}{1+xy}$,求 $z_x(0,0)$,$z_y(1,1)$;

(4) $z=\dfrac{x\cos y-y\cos x}{1+\sin x+\sin y}$,求 $z_x(0,0)$,$z_y(0,0)$.

3. 证明:函数

$$f(x,y)=\begin{cases}\sqrt{x^2+y^2}, & x^2+y^2\neq 0,\\ 0, & x^2+y^2=0\end{cases}$$

在(0,0)处连续,但 $f_x(0,0)$不存在.

4. 设 $u=\ln(x^3+y^3+z^3-3xyz)$,证明

$$\frac{\partial u}{\partial x}+\frac{\partial u}{\partial y}+\frac{\partial u}{\partial z}=\frac{3}{x+y+z}.$$

5. 设 $x=\rho\cos\varphi$,$y=\rho\sin\varphi$,求行列式$\begin{vmatrix}\dfrac{\partial x}{\partial\rho} & \dfrac{\partial x}{\partial\varphi}\\ \dfrac{\partial y}{\partial\rho} & \dfrac{\partial y}{\partial\varphi}\end{vmatrix}$的值.

6. 设 $x=\rho\sin\varphi\cos\theta$,$y=\rho\sin\varphi\sin\theta$,$z=\rho\cos\varphi$,证明雅可比行列式

$$\frac{\partial(x,y,z)}{\partial(\rho,\varphi,\theta)}=\begin{vmatrix}\dfrac{\partial x}{\partial\rho} & \dfrac{\partial y}{\partial\rho} & \dfrac{\partial z}{\partial\rho}\\ \dfrac{\partial x}{\partial\varphi} & \dfrac{\partial y}{\partial\varphi} & \dfrac{\partial z}{\partial\varphi}\\ \dfrac{\partial x}{\partial\theta} & \dfrac{\partial y}{\partial\theta} & \dfrac{\partial z}{\partial\theta}\end{vmatrix}=\rho^2\sin\varphi.$$

7. 求函数

$$f(x,y)=\begin{cases}\dfrac{xy}{\sqrt{x^2+y^2}}, & x^2+y^2\neq 0,\\ 0, & x^2+y^2=0\end{cases}$$

的偏导数,并证明它在全平面上有界.

8. 设 $u=\arctan(2x-t)$,证明$\dfrac{\partial^2 u}{\partial x^2}+2\dfrac{\partial^2 u}{\partial x\partial t}=0$.

9. 证明:函数 $u=\dfrac{1}{2a\sqrt{\pi t}}\mathrm{e}^{-\frac{(x-b)^2}{4a^2t}}$满足热传导方程

$$\frac{\partial u}{\partial t}=a^2\frac{\partial^2 u}{\partial x^2}.$$

10. 设 $u=u(x,y)$,$v=v(x,y)$在区域 D 上有二阶连续的偏导数,且一阶偏导数满足方程

$$\frac{\partial u}{\partial x}=\frac{\partial v}{\partial y},\quad \frac{\partial u}{\partial y}=-\frac{\partial v}{\partial x}.$$

证明:$u=u(x,y)$,$v=v(x,y)$在区域 D 上满足拉普拉斯方程,即

$$\Delta u=\frac{\partial^2 u}{\partial x^2}+\frac{\partial^2 u}{\partial y^2}=0,\quad \Delta v=0.$$

11. 设函数

$$f(x,y)=\begin{cases}\dfrac{xy}{\sqrt{x^2+y^2}}, & x^2+y^2\neq 0,\\ 0, & x^2+y^2=0.\end{cases}$$

求 $f_{xx}(0,0)$，$f_{yy}(0,0)$，并证明 $f_{xy}(0,0)$不存在.

12. 设 $T=2\pi\sqrt{\dfrac{l}{g}}$，求证 $l\dfrac{\partial T}{\partial l}+g\dfrac{\partial T}{\partial g}=0$.

13. 设 $z=\mathrm{e}^{-\left(\frac{1}{x}+\frac{1}{y}\right)}$，求证 $x^2\dfrac{\partial z}{\partial x}+y^2\dfrac{\partial z}{\partial y}=2z$.

14. 曲线 $\begin{cases}z=\dfrac{x^2+y^2}{4},\\ y=4\end{cases}$ 在点(2,4,5)处的切线对于 x 轴的倾角是多少？

15. 求下列函数的$\dfrac{\partial^2 z}{\partial x^2}$，$\dfrac{\partial^2 z}{\partial y^2}$和$\dfrac{\partial^2 z}{\partial x\partial y}$：

(1) $z=x^4+y^4-4x^2y^2$；

(2) $z=\arctan\dfrac{y}{x}$；

(3) $z=y^x$；

(4) $z=\ln(x+y^2)$；

(5) $u=\arctan\dfrac{x+y}{1-xy}$.

16. 设 $f(x,y,z)=xy^2+yz^2+zx^2$，求 $f_{xx}(0,0,1)$，$f_{xz}(1,0,2)$，$f_{yz}(0,-1,0)$及 $f_{zzx}(2,0,1)$.

17. 设 $z=x\ln(xy)$，求$\dfrac{\partial^3 z}{\partial x^2\partial y}$及$\dfrac{\partial^3 z}{\partial x\partial y^2}$.

18. 设 $u=\sin(x^2+y^2)$，求 u_{x_3}，u_{y_3}.

19. 设 $u=(x-x_0)^m(y-y_0)^n$，m,n 为正整数，求 $u_{x_m y_n}$.

20. 验证：

(1) $y=\mathrm{e}^{-kn^2t}\sin nx$ 满足$\dfrac{\partial y}{\partial t}=k\dfrac{\partial^2 y}{\partial x^2}$；

(2) $r=\sqrt{x^2+y^2+z^2}$满足$\dfrac{\partial^2 r}{\partial x^2}+\dfrac{\partial^2 r}{\partial y^2}+\dfrac{\partial^2 r}{\partial z^2}=\dfrac{2}{r}$.

21. 设

$$f(x,y)=\begin{cases}\dfrac{x^2y}{x^2+y^2}, & x^2+y^2\neq 0,\\ 0, & x^2+y^2=0.\end{cases}$$

求 $f_x(x,y)$及 $f_y(x,y)$.

8.3　全　微　分

8.3.1　全微分的定义

一元函数 $y=f(x)$在点 x_0 处的微分是 $\mathrm{d}y=A\Delta x$，它具有两个特性：①$\mathrm{d}y$ 是

Δx 的线性函数;②当 $\Delta x \to 0$ 时,它与函数改变量 Δy 之差是比 Δx 更高阶的无穷小,即有

$$\Delta y = A\Delta x + o(\Delta x) = \mathrm{d}y + o(\Delta x)(\Delta x \to 0).$$

在几何上,微分 $\mathrm{d}y$ 表示曲线 $y=f(x)$ 在点 $(x_0, f(x_0))$ 处的切线的纵坐标的改变量.

如果研究二元函数 $z=f(x,y)$,可以发现,在一定条件下,它也有一个具有类似性质的量,这就是**全微分**.

定义 8.6 设函数 $z=f(x,y)$ 在点 (x_0,y_0) 的某个邻域内有定义. 给 x_0, y_0 以改变量 $\Delta x, \Delta y$,得到函数 z 的改变量

$$\Delta z = f(x_0+\Delta x, y_0+\Delta y) - f(x_0, y_0).$$

若 Δz 可以表示为

$$\Delta z = A\Delta x + B\Delta y + o(\rho) \quad (\rho \to 0),$$

其中 A, B 仅与点 (x_0,y_0) 有关,与 $\Delta x, \Delta y$ 无关;且 $\rho=\sqrt{(\Delta x)^2+(\Delta y)^2}$,则称函数 $z=f(x,y)$ 在点 (x_0,y_0) 处**可微**,并称 $A\Delta x+B\Delta y$ 为函数 $z=f(x,y)$ 在点 (x_0,y_0) 处的**全微分**,记作

$$\mathrm{d}z = A\Delta x + B\Delta y.$$

若函数在区域 D 内各点处都可微,则称**函数在 D 内可微**.

显然,全微分也具有两个特性:

(1) 它是 $\Delta x, \Delta y$ 的线性函数;

(2) 当 $\rho \to 0$ 时,$\mathrm{d}z$ 与 Δz 之差是比 ρ 更高阶的无穷小量.

定理 8.2 若函数 $z=f(x,y)$ 在点 (x_0,y_0) 处可微,则必在点 (x_0,y_0) 处连续.

证 由函数可微即有

$$\Delta z = A\Delta x + B\Delta y + o(\rho) \quad (\rho \to 0).$$

令 $\rho \to 0$,则 $\Delta x \to 0, \Delta y \to 0$,从而 $\Delta z \to 0$,即 $z=f(x,y)$ 在点 (x_0,y_0) 处连续.

定理 8.3(可微的必要条件) 若函数 $z=f(x,y)$ 在点 (x,y) 处可微,则 $z=f(x,y)$ 在点 (x,y) 的两个偏导数存在,且

$$\mathrm{d}z = \frac{\partial z}{\partial x}\Delta x + \frac{\partial z}{\partial y}\Delta y.$$

证 设函数 $z=f(x,y)$ 在点 $P(x,y)$ 处可微. 于是对点 P 的某个邻域内的任意一点 $P'(x+\Delta x, y+\Delta y)$,

$$\Delta z = A\Delta x + B\Delta y + o(\rho) \quad (\rho \to 0)$$

总成立. 令 $\Delta y=0$,得

$$f(x+\Delta x, y) - f(x,y) = A\cdot\Delta x + o(|\Delta x|).$$

上式两边各除以 Δx,再令 $\Delta x \to 0$,取极限得

$$\frac{\partial z}{\partial x}=\lim_{\Delta x\to 0}\frac{f(x+\Delta x,y)-f(x,y)}{\Delta x}=A,$$

同样可证$\frac{\partial z}{\partial y}=B$.

例 8.25 考察函数

$$f(x,y)=\begin{cases}\frac{xy}{\sqrt{x^2+y^2}}, & x^2+y^2\neq 0,\\ 0, & x^2+y^2=0,\end{cases}$$

在(0,0)处的可微性.

解 易得 $f_x(0,0)=f_y(0,0)=0$,所以

$$\Delta z-[f_x(0,0)\Delta x+f_y(0,0)\Delta y]=\frac{\Delta x\cdot\Delta y}{\sqrt{(\Delta x)^2+(\Delta y)^2}},$$

如果考虑点 $P'(\Delta x,\Delta y)$沿着直线 $y=x$ 趋于(0,0),则

$$\frac{\frac{\Delta x\cdot\Delta y}{\sqrt{(\Delta x)^2+(\Delta y)^2}}}{\rho}=\frac{\Delta x\cdot\Delta x}{(\Delta x)^2+(\Delta x)^2}=\frac{1}{2},$$

所以它不是比 ρ 高阶的无穷小量,即函数在(0,0)处不可微.

此例说明,**偏导数存在是可微的必要条件但不是充分条件.**

定理 8.4(可微的充分条件) 若函数 $z=f(x,y)$的偏导数$\frac{\partial z}{\partial x},\frac{\partial z}{\partial y}$在点$(x,y)$处连续,则函数在该点可微.

例 8.26 设

$$f(x,y)=\begin{cases}xy\sin\frac{1}{x^2+y^2}, & x^2+y^2\neq 0,\\ 0, & x^2+y^2=0,\end{cases}$$

试证明:(1) $f(x,y)$在点(0,0)处可微;(2) $f_x(x,y)$在点(0,0)处不连续.

证 (1) 易得 $f_x(0,0)=f_y(0,0)=0$,又因

$$\Delta z-(0\cdot\Delta x+0\cdot\Delta y)=(\Delta x)(\Delta y)\sin\frac{1}{(\Delta x)^2+(\Delta y)^2}=o(\rho)\quad(\rho\to 0),$$

所以 $f(x,y)$在点(0,0)处可微.

(2) 当 $x^2+y^2\neq 0$ 时,有

$$f_x(x,y)=y\sin\frac{1}{x^2+y^2}-\frac{2x^2y}{(x^2+y^2)^2}\cos\frac{1}{x^2+y^2}.$$

让点(x,y)沿直线 $y=x$ 趋于点(0,0),则

$$\lim_{\substack{(x,y)\to(0,0)\\ y=x}}f_x(x,y)=\lim_{x\to 0}\left[x\sin\frac{1}{2x^2}-\frac{1}{2x}\cos\frac{1}{2x^2}\right].$$

易知上述极限不存在，所以 $f_x(x,y)$ 在点 $(0,0)$ 处不连续.

此例说明，**偏导数连续是函数可微的充分不必要的条件.**

以上关于二元函数全微分的定义及可微的必要条件和充分条件，可以完全类似地推广到三元和三元以上的多元函数.

习惯上，将自变量的增量 $\Delta x,\Delta y$ 分别记作 $\mathrm{d}x,\mathrm{d}y$，并分别称为**自变量** x,y **的微分**. 这样，函数 $z=f(x,y)$ 的全微分就可写为

$$\mathrm{d}z=\frac{\partial z}{\partial x}\mathrm{d}x+\frac{\partial z}{\partial y}\mathrm{d}y.$$

例 8.27 求函数 $z=\sin(x^2+y^2)$ 的全微分.

解 因为

$$\frac{\partial z}{\partial x}=2x\cos(x^2+y^2),\quad \frac{\partial z}{\partial y}=2y\cos(x^2+y^2),$$

所以

$$\mathrm{d}z=2x\cos(x^2+y^2)\mathrm{d}x+2y\cos(x^2+y^2)\mathrm{d}y.$$

例 8.28 计算函数 $z=\mathrm{e}^{xy}$ 在点 $(2,1)$ 处的全微分.

解 因为

$$\frac{\partial z}{\partial x}=y\mathrm{e}^{xy},\quad \frac{\partial z}{\partial y}=x\mathrm{e}^{xy},$$

所以

$$\left.\frac{\partial z}{\partial x}\right|_{\substack{x=2\\y=1}}=\mathrm{e}^2,\quad \left.\frac{\partial z}{\partial y}\right|_{\substack{x=2\\y=1}}=2\mathrm{e}^2,$$

$$\mathrm{d}z\,\Big|_{\substack{x=2\\y=1}}=\mathrm{e}^2\mathrm{d}x+2\mathrm{e}^2\mathrm{d}y.$$

例 8.29 求函数 $u=x^2y^2z^2$ 的全微分.

解 因为

$$\frac{\partial u}{\partial x}=2xy^2z^2,\quad \frac{\partial u}{\partial y}=2yx^2z^2,\quad \frac{\partial u}{\partial z}=2zx^2y^2,$$

所以

$$\mathrm{d}u=2xyz(yz\mathrm{d}x+xz\mathrm{d}y+xy\mathrm{d}z).$$

全微分　　　　全微分在近似计算中的应用

8.3.2 全微分在近似计算中的应用

函数 $z=f(x,y)$ 在点 (x_0,y_0) 处可微，即等式

$$\begin{aligned}\Delta z &= f(x_0+\Delta x, y_0+\Delta y)-f(x_0,y_0)\\ &= f_x(x_0,y_0)\Delta x+f_y(x_0,y_0)\Delta y+o(\rho)\quad (\rho\to 0)\end{aligned}$$

成立. 因此,当$|\Delta x|$,$|\Delta y|$都充分小时,有近似公式

$$\Delta z\approx \mathrm{d}z=f_x(x_0,y_0)\Delta x+f_y(x_0,y_0)\Delta y$$

或

$$f(x_0+\Delta x, y_0+\Delta y)\approx f(x_0,y_0)+f_x(x_0,y_0)\Delta x+f_y(x_0,y_0)\Delta y.$$

1. 利用近似公式作近似计算

例 8.30　近似计算$(1.04)^{2.02}$的值.

解　令

$$z=f(x,y)=x^y,\quad (x_0,y_0)=(1,2),\quad \Delta x=0.04,\quad \Delta y=0.02,$$

则

$$f_x(1,2)=yx^{y-1}\big|_{(1,2)}=2, f_y(1,2)=x^y\ln x\big|_{(1,2)}=0,$$

又因 $f(1,2)=1$,于是由近似公式得

$$(1.04)^{2.02}\approx f(1,2)+f_x(1,2)\Delta x+f_y(1,2)\Delta y=1.08.$$

例 8.31　有一圆柱体,受压后发生形变. 它的半径由 20cm 增大到 20.05cm,高度由 100cm 减少到 99cm,求此圆柱体体积变化的近似量.

解　设圆柱体的半径,高以及体积分别是 r,h,V,则

$$V=\pi r^2 h.$$

记 r,h,V 的改变量分别为 $\Delta r,\Delta h,\Delta V$,则由近似公式得

$$\begin{aligned}\Delta V\approx \mathrm{d}V &= \frac{\partial V}{\partial r}\Delta r+\frac{\partial V}{\partial h}\Delta h\\ &= 2\pi rh\Delta r+\pi r^2\Delta h.\end{aligned}$$

将 $r=20\text{cm}, h=100\text{cm}, \Delta r=0.05\text{cm}, \Delta h=-1\text{cm}$ 代入上式,得

$$\begin{aligned}\Delta V &\approx 2\pi\times 20\times 100\times 0.05\text{cm}^3+\pi\times 20^2\times(-1)\text{cm}^3\\ &=-200\pi\text{cm}^3,\end{aligned}$$

即此圆柱体受压后体积大约减少了 $200\pi\text{cm}^3$.

2. 利用近似公式作误差估计

设有二元函数 $z=f(x,y)$,x,y 可以直接测得,而 z 由 $z=f(x,y)$来计算. 由于测量 x,y 时有误差 $\Delta x,\Delta y$,因此计算出的 z 也有误差 Δz. 设 x,y 的最大绝对误差为 $\delta x,\delta y$,即$|\Delta x|\leqslant\delta x$,$|\Delta y|\leqslant\delta y$,则由近似公式知

$$\begin{aligned}|\Delta z| &\approx |\mathrm{d}z|=|f_x(x_0,y_0)\Delta x+f_y(x_0,y_0)\Delta y|\\ &\leqslant |f_x(x_0,y_0)|\delta x+|f_y(x_0,y_0)|\delta y=\delta z.\end{aligned}$$

$$\left|\frac{\Delta z}{z}\right|\leqslant\frac{|f_x(x_0,y_0)|\delta x+|f_y(x_0,y_0)|\delta y}{|f(x_0,y_0)|}=\frac{\delta z}{|f(x_0,y_0)|},$$

其中 $\delta z, \dfrac{\delta z}{|z|}$ 分别是近似值 $f(x_0, y_0)$ 的最大绝对误差与最大相对误差.

例 8.32 利用单摆测重力加速度 g 的公式是

$$g = \frac{4\pi^2 l}{T^2}.$$

现测得摆长 l 与振动周期 T 分别为

$$l = (100 \pm 0.1)\text{cm}, \quad T = (2 \pm 0.004)\text{s},$$

问由此引起的 g 的最大绝对误差和最大相对误差各是多少?

解 $\dfrac{\partial g}{\partial l} = \dfrac{4\pi^2}{T^2}, \dfrac{\partial g}{\partial T} = -\dfrac{8\pi^2 l}{T^3}$,所以 g 的最大绝对误差和最大相对误差分别为

$$\delta g = \left|\frac{\partial g}{\partial l}\right|\delta l + \left|\frac{\partial g}{\partial T}\right|\delta T = 4\pi^2\left(\frac{1}{T^2}\delta l + \frac{2l}{T^3}\delta T\right),$$

$$\frac{\delta g}{|g|} = \frac{\delta l}{l} + \frac{2\delta T}{T}.$$

将 $l=100\text{cm}, T=2\text{s}, \delta l=0.1\text{cm}, \delta T=0.004\text{s}$ 代入上式,得

$$\delta g = 0.5\pi^2\,\text{cm/s}^2 = 4.93\text{cm/s}^2,$$

$$\frac{\delta g}{|g|} = \frac{0.5\pi^2}{\dfrac{4\pi^2 \times 100}{2^2}} = 0.5\%.$$

习题 8.3

1. 求下列函数的全微分:

(1) $z = xy + \dfrac{x}{y}$; (2) $z = e^{\frac{y}{x}}$;

(3) $z = \dfrac{y}{\sqrt{x^2+y^2}}$; (4) $u = x^{yz}$;

(5) $z = x^m y^n$; (6) $r = \sqrt{x^2+y^2}$;

(7) $u = \dfrac{z}{x^2+y^2}$; (8) $u = \dfrac{1}{\sqrt{x^2+y^2}}$;

(9) $u = \sqrt{R^2 - x^2 - y^2 - z^2}$.

2. 求下列函数在给定点的全微分:

(1) $z = x^4 + y^4 - 4x^2y^2$, $(0,0)$, $(1,1)$;

(2) $z = x\sin(x+y)$, $(0,0)$, $\left(\dfrac{\pi}{4}, \dfrac{\pi}{4}\right)$;

(3) $u = \ln(x + y^2 + z^3)$, $(0,1,2)$.

3. 求函数 $u = \dfrac{x}{\sqrt{x^2+y^2}}$ 在下列给定点与给定 $\Delta x, \Delta y$ 的全微分:

(1) 点$(0,1)$，$\Delta x=0.1$，$\Delta y=0.2$；

(2) 点$(1,0)$，$\Delta x=0.2$，$\Delta y=0.1$.

4. 证明：$f(x,y)=\sqrt{|xy|}$在$(0,0)$点连续，$f_x(0,0)$，$f_y(0,0)$存在，但$f(x,y)$在$(0,0)$点不可微.

5. 设$f_x(x,y)$在(x_0,y_0)点存在，$f_y(x,y)$在(x_0,y_0)点连续，求证$f(x,y)$在(x_0,y_0)点可微.

6. 求函数$z=\ln(1+x^2+y^2)$当$x=1$，$y=2$时的全微分.

7. 求函数$z=\dfrac{y}{x}$当$x=2$，$y=1$，$\Delta x=0.1$，$\Delta y=-0.2$时的全增量和全微分.

8. 求函数$z=e^{xy}$当$x=1$，$y=1$，$\Delta x=0.15$，$\Delta y=0.1$时的全微分.

9. 设

$$f(x,y)=\begin{cases}\dfrac{x^2y^2}{(x^2+y^2)^{3/2}}, & x^2+y^2\neq 0,\\ 0, & x^2+y^2=0.\end{cases}$$

证明：$f(x,y)$在点$(0,0)$处连续且偏导数存在，但不可微.

8.4　多元复合函数的求导法则

8.4.1　复合函数微分法

定理 8.5　设$z=f(u,v)$与$u=u(x,y)$，$v=v(x,y)$构成x,y的复合函数$z=f[u(x,y),v(x,y)]$. 若$z=f(u,v)$可微，且$u(x,y)$，$v(x,y)$对x,y的偏导数存在，则复合函数$z=f[u(x,y),v(x,y)]$对x,y的偏导数存在，且有公式

$$\frac{\partial z}{\partial x}=\frac{\partial f}{\partial u}\cdot\frac{\partial u}{\partial x}+\frac{\partial f}{\partial v}\cdot\frac{\partial v}{\partial x},$$

$$\frac{\partial z}{\partial y}=\frac{\partial f}{\partial u}\cdot\frac{\partial u}{\partial y}+\frac{\partial f}{\partial v}\cdot\frac{\partial v}{\partial y}.$$

此公式称为**锁链法则**.

证　将y固定，若x有改变量Δx，相应地，u和v有改变量

$$\Delta u=u(x+\Delta x,y)-u(x,y),$$

$$\Delta v=v(x+\Delta x,y)-v(x,y),$$

从而函数$z=f(u,v)$也有相应的改变量

$$\Delta z=f(u+\Delta u,v+\Delta v)-f(u,v).$$

由$f(u,v)$可微知

$$\Delta z=\frac{\partial f}{\partial u}\Delta u+\frac{\partial f}{\partial v}\Delta v+o(\rho)\quad(\rho\to 0),$$

其中$\rho=\sqrt{(\Delta u)^2+(\Delta v)^2}$. 用$\Delta x$除上式各项，得

$$\frac{\Delta z}{\Delta x}=\frac{\partial f}{\partial u}\cdot\frac{\Delta u}{\Delta x}+\frac{\partial f}{\partial v}\cdot\frac{\Delta v}{\Delta x}+\frac{o(\rho)}{\Delta x}.$$

显然

$$\left|\frac{o(\rho)}{\Delta x}\right|=\left|\frac{o(\rho)}{\rho}\right|\cdot\left|\frac{\rho}{\Delta x}\right|=\left|\frac{o(\rho)}{\rho}\right|\cdot\sqrt{\left(\frac{\Delta u}{\Delta x}\right)^2+\left(\frac{\Delta v}{\Delta x}\right)^2}.$$

由于已知 $u(x,y)$，$v(x,y)$对 x 的偏导数存在，因此当 $\Delta x\to 0$ 时，有 $\Delta u\to 0$，$\Delta v\to 0$，从而 $\rho\to 0$，且

$$\lim_{\Delta x\to 0}\frac{\Delta z}{\Delta x}=\frac{\partial f}{\partial u}\lim_{\Delta x\to 0}\frac{\Delta u}{\Delta x}+\frac{\partial f}{\partial v}\lim_{\Delta x\to 0}\frac{\Delta v}{\Delta x},$$

则

$$\frac{\partial z}{\partial x}=\frac{\partial f}{\partial u}\cdot\frac{\partial u}{\partial x}+\frac{\partial f}{\partial v}\cdot\frac{\partial v}{\partial x}.$$

同理可证

$$\frac{\partial z}{\partial y}=\frac{\partial f}{\partial u}\cdot\frac{\partial u}{\partial y}+\frac{\partial f}{\partial v}\cdot\frac{\partial v}{\partial y}.$$

例 8.33 设 $z=f(u,v)$可微，且 $u=x^2+y^2$，$v=xy$，求$\frac{\partial z}{\partial x}$，$\frac{\partial z}{\partial y}$.

解

$$\frac{\partial z}{\partial x}=2x\frac{\partial f}{\partial u}+y\frac{\partial f}{\partial v}.$$

再由对称性，知

$$\frac{\partial z}{\partial y}=2y\frac{\partial f}{\partial u}+x\frac{\partial f}{\partial v}.$$

例 8.34 设 $u=f(x,y)$的所有二阶偏导数连续，把下列表达式转换为极坐标系中的形式：

(1) $\left(\frac{\partial u}{\partial x}\right)^2+\left(\frac{\partial u}{\partial y}\right)^2$； (2) $\frac{\partial^2 u}{\partial x^2}+\frac{\partial^2 u}{\partial y^2}$.

解 (1) 由直角坐标与极坐标之间的关系式

$$\rho=\sqrt{x^2+y^2},\quad \theta=\arctan\frac{y}{x},$$

(当然，确切地说，当点 $P(x,y)$位于第一、第四象限时，规定 θ 的取值范围为 $-\frac{\pi}{2}<\theta<\frac{\pi}{2}$，则 $\theta=\arctan\frac{y}{x}$，当点 $P(x,y)$位于第二、第三象限时，规定 θ 的取值范围为$\frac{\pi}{2}<\theta<\frac{3\pi}{2}$，则 $\theta=\arctan\frac{y}{x}+\pi$，但按上述记法进行求导运算不会产生问题)，把 ρ，θ 看成中间变量，x，y 看成自变量. 注意到

$$\frac{\partial\rho}{\partial x}=\frac{x}{\sqrt{x^2+y^2}}=\cos\theta,\quad \frac{\partial\rho}{\partial y}=\frac{y}{\sqrt{x^2+y^2}}=\sin\theta,$$

$$\frac{\partial\theta}{\partial x}=-\frac{y}{x^2+y^2}=-\frac{\sin\theta}{\rho},\quad \frac{\partial\theta}{\partial y}=\frac{x}{x^2+y^2}=\frac{\cos\theta}{\rho},$$

有

$$\frac{\partial u}{\partial x}=\frac{\partial u}{\partial\rho}\cos\theta-\frac{\partial u}{\partial\theta}\frac{\sin\theta}{\rho},\quad \frac{\partial u}{\partial y}=\frac{\partial u}{\partial\rho}\sin\theta+\frac{\partial u}{\partial\theta}\frac{\cos\theta}{\rho}.$$

两式平方后相加，得

$$\left(\frac{\partial u}{\partial x}\right)^2+\left(\frac{\partial u}{\partial y}\right)^2=\left(\frac{\partial u}{\partial\rho}\right)^2+\frac{1}{\rho^2}\left(\frac{\partial u}{\partial\theta}\right)^2.$$

（2）

$$\begin{aligned}\frac{\partial^2 u}{\partial x^2}&=\frac{\partial}{\partial\rho}\left(\frac{\partial u}{\partial x}\right)\cdot\frac{\partial\rho}{\partial x}+\frac{\partial}{\partial\theta}\left(\frac{\partial u}{\partial x}\right)\cdot\frac{\partial\theta}{\partial x}\\&=\frac{\partial}{\partial\rho}\left(\frac{\partial u}{\partial\rho}\cos\theta-\frac{\partial u}{\partial\theta}\frac{\sin\theta}{\rho}\right)\cdot\cos\theta-\frac{\partial}{\partial\theta}\left(\frac{\partial u}{\partial\rho}\cos\theta-\frac{\partial u}{\partial\theta}\frac{\sin\theta}{\rho}\right)\cdot\frac{\sin\theta}{\rho}\\&=\frac{\partial^2 u}{\partial\rho^2}\cos^2\theta-2\frac{\partial^2 u}{\partial\rho\partial\theta}\frac{\sin\theta\cos\theta}{\rho}+\frac{\partial^2 u}{\partial\theta^2}\frac{\sin^2\theta}{\rho^2}+\frac{\partial u}{\partial\theta}\frac{2\sin\theta\cos\theta}{\rho^2}+\frac{\partial u}{\partial\rho}\frac{\sin^2\theta}{\rho}.\end{aligned}$$

同理可得

$$\frac{\partial^2 u}{\partial y^2}=\frac{\partial^2 u}{\partial\rho^2}\sin^2\theta+2\frac{\partial^2 u}{\partial\rho\partial\theta}\frac{\sin\theta\cos\theta}{\rho}+\frac{\partial^2 u}{\partial\theta^2}\frac{\cos^2\theta}{\rho^2}-\frac{\partial u}{\partial\theta}\frac{2\sin\theta\cos\theta}{\rho^2}+\frac{\partial u}{\partial\rho}\frac{\cos^2\theta}{\rho}.$$

两式相加，得

$$\frac{\partial^2 u}{\partial x^2}+\frac{\partial^2 u}{\partial y^2}=\frac{\partial^2 u}{\partial\rho^2}+\frac{1}{\rho}\frac{\partial u}{\partial\rho}+\frac{1}{\rho^2}\frac{\partial^2 u}{\partial\theta^2}=\frac{1}{\rho^2}\left[\rho\frac{\partial}{\partial\rho}\left(\rho\frac{\partial u}{\partial\rho}\right)+\frac{\partial^2 u}{\partial\theta^2}\right].$$

当中间变量的个数增多时，有类似的锁链法则. 例如，当 $z=f(u,v,w)$ 可微，且 $u=u(x,y)$，$v=v(x,y)$，$w=w(x,y)$ 对 x,y 的偏导数存在时，有公式

$$\frac{\partial z}{\partial x}=\frac{\partial f}{\partial u}\cdot\frac{\partial u}{\partial x}+\frac{\partial f}{\partial v}\cdot\frac{\partial v}{\partial x}+\frac{\partial f}{\partial w}\cdot\frac{\partial w}{\partial x},$$

$$\frac{\partial z}{\partial y}=\frac{\partial f}{\partial u}\cdot\frac{\partial u}{\partial y}+\frac{\partial f}{\partial v}\cdot\frac{\partial v}{\partial y}+\frac{\partial f}{\partial w}\cdot\frac{\partial w}{\partial y}.$$

多元函数的复合关系是多种多样的，下面再对几种常见的情形给出求导公式.

情形 1　若函数 $z=f(u,v)$ 可微，且 $u=u(x)$ 和 $v=v(x)$ 对 x 的导数皆存在，则复合函数 $z=f[u(x),v(x)]$ 对 x 的导数存在，且有公式

$$\frac{dz}{dx}=\frac{\partial f}{\partial u}\cdot\frac{du}{dx}+\frac{\partial f}{\partial v}\cdot\frac{dv}{dx}.$$

情形 2　若函数 $z=f(u,x,y)$ 可微，而 $u=u(x,y)$ 对 x,y 的偏导数存在，则复合函数 $z=f[u(x,y),x,y]$ 对 x,y 的偏导数可按下面公式求得：

$$\frac{\partial z}{\partial x}=\frac{\partial f}{\partial u}\cdot\frac{\partial u}{\partial x}+\frac{\partial f}{\partial x},\quad \frac{\partial z}{\partial y}=\frac{\partial f}{\partial u}\cdot\frac{\partial u}{\partial y}+\frac{\partial f}{\partial y}.$$

其中，等式左端的$\frac{\partial z}{\partial x}$是在复合函数$z=f[u(x,y),x,y]$中将$y$看作常数时，对$x$求的偏导数；而等式右端的$\frac{\partial f}{\partial x}$是在函数$z=f(u,x,y)$中将$u,y$都看作常数时，对$x$求的偏导数. 一般说来，它们并不相等. 为了区别起见，有时把右端的$\frac{\partial f}{\partial x}$写成$f'_2$，表示函数$f(u,x,y)$仅对第二个变量$x$求偏导数. 于是上述两式又可写为

$$z_x=f'_1u_x+f'_2,\quad z_y=f'_1u_y+f'_3.$$

例 8.35 设$u=f(x,y,z)=e^{x^2+y^2+z^2}$，而$z=x^2\sin y$，求$\frac{\partial u}{\partial x}$和$\frac{\partial u}{\partial y}$.

解

$$\begin{aligned}\frac{\partial u}{\partial x}&=\frac{\partial f}{\partial x}+\frac{\partial f}{\partial z}\frac{\partial z}{\partial x}=2xe^{x^2+y^2+z^2}+2ze^{x^2+y^2+z^2}\cdot 2x\sin y\\&=2x(1+2x^2\sin^2 y)e^{x^2+y^2+x^4\sin^2 y}.\\\frac{\partial u}{\partial y}&=\frac{\partial f}{\partial y}+\frac{\partial f}{\partial z}\frac{\partial z}{\partial y}=2ye^{x^2+y^2+z^2}+2ze^{x^2+y^2+z^2}\cdot x^2\cos y\\&=2(y+x^4\sin y\cos y)e^{x^2+y^2+x^4\sin^2 y}.\end{aligned}$$

例 8.36 设$z=uv+\sin t$，而$u=e^t$，$v=\cos t$. 求$\frac{dz}{dt}$.

解

$$\begin{aligned}\frac{dz}{dt}&=\frac{\partial z}{\partial u}\frac{du}{dt}+\frac{\partial z}{\partial v}\frac{dv}{dt}+\frac{\partial z}{\partial t}=ve^t-u\sin t+\cos t\\&=e^t(\cos t-\sin t)+\cos t.\end{aligned}$$

例 8.37 设$u=f(x,xy,xyz)$，其中f具有二阶连续偏导数，求u_x,u_y,u_z及u_{zy}.

解

$$\begin{aligned}u_x&=f'_1+yf'_2+yzf'_3,\\u_y&=xf'_2+xzf'_3,\\u_z&=xyf'_3,\\u_{zy}&=xf'_3+xy(f''_{32}\cdot x+f''_{33}\cdot xz)=x^2yf''_{32}+x^2yzf''_{33}+xf'_3.\end{aligned}$$

复合函数的微分法

复合函数的微分法(续)

8.4.2　一阶全微分形式的不变性

定理 8.6　设 $z=f(u,v)$，$u=u(x,y)$，$v=v(x,y)$. 若函数 $f(u,v)$，$u(x,y)$，$v(x,y)$都有连续的偏导数，则复合函数

$$z=f[u(x,y),v(x,y)]$$

在点(x,y)处的全微分 $\mathrm{d}z$ 仍可表示为

$$\mathrm{d}z=\frac{\partial z}{\partial u}\mathrm{d}u+\frac{\partial z}{\partial v}\mathrm{d}v.$$

这说明**一阶全微分的形式是不变的**.

一阶全微分形式的不变性

证

$$\begin{aligned}\mathrm{d}z&=\frac{\partial z}{\partial x}\mathrm{d}x+\frac{\partial z}{\partial y}\mathrm{d}y\\&=\left(\frac{\partial z}{\partial u}\cdot\frac{\partial u}{\partial x}+\frac{\partial z}{\partial v}\cdot\frac{\partial v}{\partial x}\right)\mathrm{d}x+\left(\frac{\partial z}{\partial u}\cdot\frac{\partial u}{\partial y}+\frac{\partial z}{\partial v}\cdot\frac{\partial v}{\partial y}\right)\mathrm{d}y\\&=\frac{\partial z}{\partial u}\left(\frac{\partial u}{\partial x}\mathrm{d}x+\frac{\partial u}{\partial y}\mathrm{d}y\right)+\frac{\partial z}{\partial v}\left(\frac{\partial v}{\partial x}\mathrm{d}x+\frac{\partial v}{\partial y}\mathrm{d}y\right)\\&=\frac{\partial z}{\partial u}\mathrm{d}u+\frac{\partial z}{\partial v}\mathrm{d}v.\end{aligned}$$

利用一阶全微分形式的不变性，容易证明多元函数全微分的四则运算法则(设 u,v 为多元函数)：

(1) $\mathrm{d}(u\pm v)=\mathrm{d}u\pm\mathrm{d}v$；

(2) $\mathrm{d}(ku)=k\mathrm{d}u$($k$ 为常数)；

(3) $\mathrm{d}(uv)=v\mathrm{d}u+u\mathrm{d}v$；

(4) $\mathrm{d}\left(\frac{u}{v}\right)=\frac{v\mathrm{d}u-u\mathrm{d}v}{v^2}$.

例 8.38　求函数 $u=\frac{x}{x^2+y^2+z^2}$的全微分及三个偏导数.

解

$$\begin{aligned}\mathrm{d}u&=\frac{(x^2+y^2+z^2)\mathrm{d}x-x\mathrm{d}(x^2+y^2+z^2)}{(x^2+y^2+z^2)^2}\\&=\frac{(y^2+z^2-x^2)\mathrm{d}x-2xy\mathrm{d}y-2xz\mathrm{d}z}{(x^2+y^2+z^2)^2},\end{aligned}$$

于是得到三个偏导数

$$\frac{\partial u}{\partial x}=\frac{y^2+z^2-x^2}{(x^2+y^2+z^2)^2},$$

$$\frac{\partial u}{\partial y}=\frac{-2xy}{(x^2+y^2+z^2)^2},$$

$$\frac{\partial u}{\partial z}=\frac{-2xz}{(x^2+y^2+z^2)^2}.$$

例 8.39 设 $u=f(xy,yz,zx)$,求 u_x,u_y,u_z.

解

$$\begin{aligned}du&=f'_1d(xy)+f'_2d(yz)+f'_3d(zx)\\&=(yf'_1+zf'_3)dx+(xf'_1+zf'_2)dy+(yf'_2+xf'_3)dz,\end{aligned}$$

于是得到三个偏导数

$$u_x=yf'_1+zf'_3,$$

$$u_y=xf'_1+zf'_2,$$

$$u_z=yf'_2+xf'_3.$$

习题 8.4

1. 设 $z=u^2+v^2$,而 $u=x+y,v=x-y$,求$\frac{\partial z}{\partial x},\frac{\partial z}{\partial y}$.

2. 设 $u=f(x^2+y^2+z^2)$,求$\frac{\partial u}{\partial x},\frac{\partial^2 u}{\partial x^2},\frac{\partial^2 u}{\partial x\partial y}$.

3. 设 $z=f\left(x,\frac{x}{y}\right)$,求$\frac{\partial z}{\partial y},\frac{\partial^2 z}{\partial x\partial y}$.

4. 设 $u=f(x+y+z,x^2+y^2+z^2)$,求

$$\Delta u=\frac{\partial^2 u}{\partial x^2}+\frac{\partial^2 u}{\partial y^2}+\frac{\partial^2 u}{\partial z^2}.$$

5. 设 $u=f(x,y)$,$x=e^s\cos t$,$y=e^s\sin t$,求$\frac{\partial^2 u}{\partial s^2},\frac{\partial^2 u}{\partial t^2}$.

6. 设 $z=f(\xi,\eta)$,$\xi=x+y$,$\eta=x-y$,求$\frac{\partial z}{\partial x},\frac{\partial^2 z}{\partial x\partial y}$.

7. 设 $u=\frac{x+2y}{2x-y}$,$x=e^t$,$y=e^{-t}$,求$\frac{du}{dt}$.

8. 若可微函数 $z=f(x,y)$满足方程 $xz_x+yz_y=0$,证明:$f(x,y)$在极坐标系里只是 θ 的函数.

9. 若可微函数 $z=f(x,y)$满足方程$\frac{z_x}{x}-\frac{z_y}{y}$,证明:$f(x,y)$在极坐标系里只是 r 的函数.

10. 证明:函数 $z=x^nf\left(\frac{y}{x^2}\right)$($f$ 是可微函数)满足方程

$$x\frac{\partial z}{\partial x}+2y\frac{\partial z}{\partial y}=nz.$$

11. 设二元可微函数 $F(x,y)$ 在直角坐标系中可写为

$$F(x,y)=f(x)+g(y),$$

在极坐标系中可写为 $F(x,y)=S(r)$，试求出二元函数 $F(x,y)$.

12. 设二元可微函数 $F(x,y)$ 在直角坐标系中可写为

$$F(x,y)=f(x)g(y),$$

在极坐标系中可写为 $F(x,y)=\varphi(\theta)$，试求出二元函数 $F(x,y)$.

13. 若可微函数 $f(x,y,z)$ 对任意正实数 t 满足关系式

$$f(tx,ty,tz)=t^n f(x,y,z),$$

则称 $f(x,y,z)$ 为 n 次齐次函数. 证明：n 次齐次函数满足方程

$$xf_x+yf_y+zf_z=nf(x,y,z).$$

14. 设函数 $f(x,y,z)$ 在包含原点的区域上有连续的偏导数，且满足方程

$$xf_x+yf_y+zf_z=0,$$

证明：$u=f(x,y,z)$ 是零次齐次函数.

15. 求下列复合函数的全微分：

(1) $z=f(t)$，$t=x+y$；

(2) $z=f(t)$，$t=\sqrt{x^2+y^2}$.

16. 证明：函数 $u=\varphi(x-ct)+\psi(x+ct)$ 满足弦振动方程

$$c^2\frac{\partial^2 u}{\partial x^2}=\frac{\partial^2 u}{\partial t^2},$$

其中 φ,ψ 为任意次可微函数.

17. 若 $f(u,v)$ 的二阶偏导数连续，且满足拉普拉斯方程

$$\Delta f=\frac{\partial^2 f}{\partial u^2}+\frac{\partial^2 f}{\partial v^2}=0.$$

证明：函数 $z=f(x^2-y^2,2xy)$ 也满足拉普拉斯方程

$$\Delta z=\frac{\partial^2 z}{\partial x^2}+\frac{\partial^2 z}{\partial y^2}=0.$$

18. 设 $z=u^2\ln v$，而 $u=\dfrac{x}{y}$，$v=3x-2y$，求 $\dfrac{\partial z}{\partial x}$，$\dfrac{\partial z}{\partial y}$.

19. 设 $z=e^{x-2y}$，而 $x=\sin t$，$y=t^3$，求 $\dfrac{dz}{dt}$.

20. 设 $z=\arcsin(x-y)$，而 $x=3t$，$y=4t^3$，求 $\dfrac{dz}{dt}$.

21. 设 $z=\arctan(xy)$，而 $y=e^x$，求 $\dfrac{dz}{dx}$.

22. 设 $u=\dfrac{e^{ax}(y-z)}{a^2+1}$，而 $y=a\sin x$，$z=\cos x$，求 $\dfrac{du}{dx}$.

23. 设 $z=\arctan\dfrac{x}{y}$，而 $x=u+v$，$y=u-v$，验证

$$\frac{\partial z}{\partial u}+\frac{\partial z}{\partial v}=\frac{u-v}{u^2+v^2}.$$

24. 求下列函数的一阶偏导数(其中 f 具有一阶连续偏导数):

(1) $u=f(x^2-y^2,e^{xy})$; (2) $u=f\left(\frac{x}{y},\frac{y}{z}\right)$;

(3) $u=f(x,xy,xyz)$.

25. 设 $z=xy+xF(u)$,而 $u=\frac{y}{x}$,$F(u)$为可导函数. 证明

$$x\frac{\partial z}{\partial x}+y\frac{\partial z}{\partial y}=z+xy.$$

26. 设 $z=\frac{y}{f(x^2-y^2)}$,其中 $f(u)$为可导函数. 验证

$$\frac{1}{x}\frac{\partial z}{\partial x}+\frac{1}{y}\frac{\partial z}{\partial y}=\frac{z}{y^2}.$$

27. 设 $z=f(x^2+y^2)$,其中 f 具有二阶导数. 求$\frac{\partial^2 z}{\partial x^2}$,$\frac{\partial^2 z}{\partial x\partial y}$,$\frac{\partial^2 z}{\partial y^2}$.

28. 求下列函数的$\frac{\partial^2 z}{\partial x^2}$,$\frac{\partial^2 z}{\partial x\partial y}$,$\frac{\partial^2 z}{\partial y^2}$(其中 f 具有二阶连续偏导数):

(1) $z=f(xy,y)$; (2) $z=f\left(x,\frac{x}{y}\right)$;

(3) $z=f(xy^2,x^2y)$; (4) $z=f(\sin x,\cos y,e^{x+y})$.

29. 设 $u=f(x,y)$的所有二阶偏导数连续,而

$$x=\frac{s-\sqrt{3}t}{2},\quad y=\frac{\sqrt{3}s+t}{2}.$$

证明

$$\left(\frac{\partial u}{\partial x}\right)^2+\left(\frac{\partial u}{\partial y}\right)^2=\left(\frac{\partial u}{\partial s}\right)^2+\left(\frac{\partial u}{\partial t}\right)^2$$

及

$$\frac{\partial^2 u}{\partial x^2}+\frac{\partial^2 u}{\partial y^2}=\frac{\partial^2 u}{\partial s^2}+\frac{\partial^2 u}{\partial t^2}.$$

30. 设 $u=x^y$,而 $x=\varphi(t)$,$y=\psi(t)$都是可微函数. 求$\frac{du}{dt}$.

31. 作自变量变换 $\xi=x$,$\eta=y-x$,$\zeta=z-x$. 求方程

$$\frac{\partial u}{\partial x}+\frac{\partial u}{\partial y}+\frac{\partial u}{\partial z}=0$$

的解.

32. 作自变量变换 $u=x$,$v=xy$. 求方程

$$x\frac{\partial z}{\partial x}-y\frac{\partial z}{\partial y}=0$$

的解.

33. 作线性变换

$$\xi=ax+by,\quad \eta=cx+dy,$$

将方程

$$3\frac{\partial^2 u}{\partial x^2}-4\frac{\partial^2 u}{\partial x\partial y}+\frac{\partial^2 u}{\partial y^2}=0$$

化为$\dfrac{\partial^2 u}{\partial\xi\partial\eta}=0$,从而求方程的解.

34. 在函数类 $u=f(\sqrt{x^2+y^2+z^2})$中求解拉普拉斯方程

$$\frac{\partial^2 u}{\partial x^2}+\frac{\partial^2 u}{\partial y^2}+\frac{\partial^2 u}{\partial z^2}=0.$$

35. 试作自变量变换 $\xi=x+t,\eta=x-t$,求解弦振动方程 $u_{x^2}=u_{t^2}$.

36. 用变换 $x=e^s,y=e^t$ 来变换方程

$$ax^2u_{x^2}+2bxyu_{xy}+cy^2u_{y^2}=0.$$

37. 在函数类 $u=f(\sqrt{x^2+y^2+z^2},t)$中求解方程

$$\frac{\partial^2 u}{\partial x^2}+\frac{\partial^2 u}{\partial y^2}+\frac{\partial^2 u}{\partial z^2}=\frac{\partial^2 u}{\partial t^2}.$$

38. 设 $z=f(u,v,w)$具有连续偏导数,而

$$u=\eta-\zeta,\quad v=\zeta-\xi,\quad w=\xi-\eta,$$

求$\dfrac{\partial z}{\partial\xi},\dfrac{\partial z}{\partial\eta},\dfrac{\partial z}{\partial\zeta}$.

39. 设 $z=f(u,x,y),u=xe^y$,其中 f 具有连续的二阶偏导数.求$\dfrac{\partial^2 z}{\partial x\partial y}$.

8.5　隐函数的求导公式

8.5.1　一个方程的情形

隐函数存在定理 1　设函数 $F(x,y)$在点 $P(x_0,y_0)$的某一邻域内具有连续偏导数,且 $F(x_0,y_0)=0,F_y(x_0,y_0)\neq0$,则方程 $F(x,y)=0$ 在点(x_0,y_0)的某一邻域内恒能唯一确定一个连续且具有连续导数的函数 $y=f(x)$.它满足条件 $y_0=f(x_0)$,并有

$$\frac{dy}{dx}=-\frac{F_x}{F_y}.$$

方程式情形的求导法

这个定理本书不作证明,仅就导数公式作如下推导:

将 $F(x,y)=0$ 所确定的函数 $y=f(x)$代入 $F(x,y)=0$,得恒等式

$$F(x,f(x))\equiv0.$$

上式两边对 x 求导得

$$\frac{\partial F}{\partial x}+\frac{\partial F}{\partial y}\frac{dy}{dx}=0,$$

于是得

$$\frac{dy}{dx}=-\frac{F_x}{F_y}.$$

如果 $F(x,y)$的二阶偏导数都连续,则

$$\frac{d^2y}{dx^2}=-\frac{\left(F_{xx}+F_{xy}\dfrac{dy}{dx}\right)F_y-F_x\left(F_{yx}+F_{yy}\dfrac{dy}{dx}\right)}{(F_y)^2}$$
$$=-\frac{F_{xx}F_y^2-2F_{xy}F_xF_y+F_{yy}F_x^2}{F_y^3}.$$

例 8.40 验证方程 $x^2+y^2-1=0$ 在点(0,1)的某一邻域内能唯一确定一个有连续导数,当 $x=0$ 时 $y=1$ 的隐函数 $y=f(x)$,并求此函数的一阶与二阶导数在 $x=0$ 的值.

解 设 $F(x,y)=x^2+y^2-1$,则 $F_x=2x, F_y=2y, F(0,1)=0, F_y(0,1)=2\neq 0$. 因此由隐函数存在定理 1 可知,方程 $x^2+y^2-1=0$ 在点(0,1)的某邻域内能唯一确定一个有连续导数,当 $x=0$ 时 $y=1$ 的函数 $y=f(x)$.

下面求此函数的一阶及二阶导数.

$$\frac{dy}{dx}=-\frac{F_x}{F_y}=-\frac{x}{y},\quad \left.\frac{dy}{dx}\right|_{\substack{x=0\\y=1}}=0;$$
$$\frac{d^2y}{dx^2}=-\frac{y-xy'}{y^2},\quad \left.\frac{d^2y}{dx^2}\right|_{\substack{x=0\\y=1}}=-1.$$

隐函数定理还可以推广到更多元函数的情形.

隐函数存在定理 2 设函数 $F(x,y,z)$在点 $P(x_0,y_0,z_0)$的某一邻域内具有连续偏导数,且 $F(x_0,y_0,z_0)=0, F_z(x_0,y_0,z_0)\neq 0$,则方程 $F(x,y,z)=0$ 在点(x_0,y_0,z_0)的某一邻域内恒能唯一确定一个连续且具有连续导数的函数 $z=f(x,y)$,它满足条件 $z_0=f(x_0,y_0)$,且有

$$\frac{\partial z}{\partial x}=-\frac{F_x}{F_z},\quad \frac{\partial z}{\partial y}=-\frac{F_y}{F_z}.$$

这个定理本书也不作证明,仅就偏导数公式作如下推导:

由于

$$F(x,y,f(x,y))\equiv 0,$$

两边分别对 x 和 y 求偏导得

$$F_x+F_z\frac{\partial z}{\partial x}=0,\quad F_y+F_z\frac{\partial z}{\partial y}=0.$$

于是得

$$\frac{\partial z}{\partial x}=-\frac{F_x}{F_z},\quad \frac{\partial z}{\partial y}=-\frac{F_y}{F_z}.$$

例 8.41 求由方程 $e^{-xy}-2z+e^z=0$ 所确定的隐函数 $z=z(x,y)$的偏导数 z_x, z_y 及 z_{x^2}.

解 方法一 利用公式

设 $F(x,y,z)=e^{-xy}-2z+e^z$,则

$$F_x = -ye^{-xy},\quad F_y = -xe^{-xy},\quad F_z = -2+e^z,$$

所以

$$z_x = -\frac{F_x}{F_z} = \frac{ye^{-xy}}{e^z-2},\quad z_y = -\frac{F_y}{F_z} = \frac{xe^{-xy}}{e^z-2}.$$

进而

$$z_{x^2} = \frac{\partial}{\partial x}\left(\frac{ye^{-xy}}{e^z-2}\right) = y\frac{-ye^{-xy}(e^z-2)-e^{-xy}e^z\dfrac{ye^{-xy}}{e^z-2}}{(e^z-2)^2}$$
$$= -\frac{y^2e^{-xy}[(e^z-2)^2+e^ze^{-xy}]}{(e^z-2)^3}.$$

方法二　方程两边直接求偏导

$$-ye^{-xy}-2z_x+e^zz_x=0,$$

解得

$$z_x = \frac{ye^{-xy}}{e^z-2}.$$

由对称性得

$$z_y = \frac{xe^{-xy}}{e^z-2}.$$

在 $-ye^{-xy}-2z_x+e^zz_x=0$ 两边再对 x 求偏导,得

$$(-y)^2e^{-xy}-2z_{x^2}+e^zz_xz_x+e^zz_{x^2}=0.$$

解得

$$z_{x^2} = -\frac{y^2e^{-xy}[(e^z-2)^2+e^ze^{-xy}]}{(e^z-2)^3}.$$

方法三　利用全微分

$$d(e^{-xy}-2z+e^z)=0,$$

所以

$$-e^{-xy}(xdy+ydx)-2dz+e^zdz=0,$$

$$dz = \frac{ye^{-xy}}{e^z-2}dx + \frac{xe^{-xy}}{e^z-2}dy.$$

于是得

$$z_x = \frac{ye^{-xy}}{e^z-2},\quad z_y = \frac{xe^{-xy}}{e^z-2},$$

进而求得

$$z_{x^2} = -\frac{y^2e^{-xy}[(e^z-2)^2+e^ze^{-xy}]}{(e^z-2)^3}.$$

8.5.2 方程组的情形

隐函数存在定理 3 设 $F(x,y,u,v)$,$G(x,y,u,v)$在点 $P(x_0,y_0,u_0,v_0)$的某一邻域内具有对各个变量的连续偏导数,又 $F(x_0,y_0,u_0,v_0)=0$,$G(x_0,y_0,u_0,v_0)=0$,且偏导数所组成的雅可比行列式

$$J=\frac{\partial(F,G)}{\partial(u,v)}=\begin{vmatrix}\frac{\partial F}{\partial u} & \frac{\partial F}{\partial v}\\ \frac{\partial G}{\partial u} & \frac{\partial G}{\partial v}\end{vmatrix}$$

在点 $P(x_0,y_0,u_0,v_0)$不等于零,则方程组 $F(x,y,u,v)=0$,$G(x,y,u,v)=0$ 在点 $P(x_0,y_0,u_0,v_0)$的某一邻域内恒能唯一确定一组连续且具有连续偏导数的函数$u=u(x,y)$,$v=v(x,y)$,它们满足条件 $u_0=u(x_0,y_0)$,$v_0=v(x_0,y_0)$,并有

方程组情形的求导法

$$\frac{\partial u}{\partial x}=-\frac{1}{J}\frac{\partial(F,G)}{\partial(x,v)}=-\frac{\begin{vmatrix}F_x & F_v\\ G_x & G_v\end{vmatrix}}{\begin{vmatrix}F_u & F_v\\ G_u & G_v\end{vmatrix}},$$

$$\frac{\partial v}{\partial x}=-\frac{1}{J}\frac{\partial(F,G)}{\partial(u,x)}=-\frac{\begin{vmatrix}F_u & F_x\\ G_u & G_x\end{vmatrix}}{\begin{vmatrix}F_u & F_v\\ G_u & G_v\end{vmatrix}},$$

$$\frac{\partial u}{\partial y}=-\frac{1}{J}\frac{\partial(F,G)}{\partial(y,v)}=-\frac{\begin{vmatrix}F_y & F_v\\ G_y & G_v\end{vmatrix}}{\begin{vmatrix}F_u & F_v\\ G_u & G_v\end{vmatrix}},$$

$$\frac{\partial v}{\partial y}=-\frac{1}{J}\frac{\partial(F,G)}{\partial(u,y)}=-\frac{\begin{vmatrix}F_u & F_y\\ G_u & G_y\end{vmatrix}}{\begin{vmatrix}F_u & F_v\\ G_u & G_v\end{vmatrix}},$$

这个定理也不作证明,仅就偏导数公式作如下推导:

由于

$$F[x,y,u(x,y),v(x,y)]\equiv 0,$$
$$G[x,y,u(x,y),v(x,y)]\equiv 0,$$

两边分别对 x 求偏导,得

$$\begin{cases}F_x+F_u\frac{\partial u}{\partial x}+F_v\frac{\partial v}{\partial x}=0,\\ G_x+G_u\frac{\partial u}{\partial x}+G_v\frac{\partial v}{\partial x}=0.\end{cases}$$

解此方程组，得

$$\frac{\partial u}{\partial x}=-\frac{1}{J}\frac{\partial(F,G)}{\partial(x,v)}=-\frac{\begin{vmatrix}F_x & F_v\\ G_x & G_v\end{vmatrix}}{\begin{vmatrix}F_u & F_v\\ G_u & G_v\end{vmatrix}},\quad \frac{\partial v}{\partial x}=-\frac{1}{J}\frac{\partial(F,G)}{\partial(u,x)}=-\frac{\begin{vmatrix}F_u & F_x\\ G_u & G_x\end{vmatrix}}{\begin{vmatrix}F_u & F_v\\ G_u & G_v\end{vmatrix}}.$$

同理可得

$$\frac{\partial u}{\partial y}=-\frac{1}{J}\frac{\partial(F,G)}{\partial(y,v)}=-\frac{\begin{vmatrix}F_y & F_v\\ G_y & G_v\end{vmatrix}}{\begin{vmatrix}F_u & F_v\\ G_u & G_v\end{vmatrix}},\quad \frac{\partial v}{\partial y}=-\frac{1}{J}\frac{\partial(F,G)}{\partial(u,y)}=-\frac{\begin{vmatrix}F_u & F_y\\ G_u & G_y\end{vmatrix}}{\begin{vmatrix}F_u & F_v\\ G_u & G_v\end{vmatrix}}.$$

例 8.42　设 $xu-yv=0$，$yu+xv=1$，求$\frac{\partial u}{\partial x}$，$\frac{\partial u}{\partial y}$，$\frac{\partial v}{\partial x}$和$\frac{\partial v}{\partial y}$.

解　方法一　利用公式(略).

方法二　将所给方程两边求导，得

$$\begin{cases}x\dfrac{\partial u}{\partial x}-y\dfrac{\partial v}{\partial x}=-u,\\ y\dfrac{\partial u}{\partial x}+x\dfrac{\partial v}{\partial x}=-v.\end{cases}$$

解此方程组，得

$$\frac{\partial u}{\partial x}=-\frac{xu+yv}{x^2+y^2},\quad \frac{\partial v}{\partial x}=\frac{yu-xv}{x^2+y^2}.$$

同理可得

$$\frac{\partial u}{\partial y}=\frac{xv-yu}{x^2+y^2},\quad \frac{\partial v}{\partial y}=-\frac{xu+yv}{x^2+y^2}.$$

方法三　将所给方程两边求全微分，得

$$\begin{cases}x\mathrm{d}u-y\mathrm{d}v=-u\mathrm{d}x+v\mathrm{d}y,\\ y\mathrm{d}u+x\mathrm{d}v=-v\mathrm{d}x-u\mathrm{d}y.\end{cases}$$

解此方程组得

$$\mathrm{d}u=-\frac{xu+yv}{x^2+y^2}\mathrm{d}x+\frac{xv-yu}{x^2+y^2}\mathrm{d}y,\quad \mathrm{d}v=\frac{yu-xv}{x^2+y^2}\mathrm{d}x-\frac{xu+yv}{x^2+y^2}\mathrm{d}y.$$

所以

$$\frac{\partial u}{\partial x}=-\frac{xu+yv}{x^2+y^2},\quad \frac{\partial u}{\partial y}=\frac{xv-yu}{x^2+y^2},\quad \frac{\partial v}{\partial x}=\frac{yu-xv}{x^2+y^2},\quad \frac{\partial v}{\partial y}=-\frac{xu+yv}{x^2+y^2}.$$

例 8.43　设函数 $x=x(u,v)$，$y=y(u,v)$在点(u,v)的某一邻域内连续且有连续偏导数，且

$$\frac{\partial(x,y)}{\partial(u,v)}\neq 0.$$

(1) 证明方程组

$$\begin{cases} x = x(u,v), \\ y = y(u,v) \end{cases}$$

在点(x,y,u,v)的某一邻域内唯一确定一组连续且具有连续偏导数的反函数$u=u(x,y)$，$v=v(x,y)$.

(2) 求反函数$u=u(x,y)$，$v=v(x,y)$对x，y的偏导数.

解 (1) 将方程组改写成下面的形式：

$$\begin{cases} F(x,y,u,v) \equiv x - x(u,v) = 0, \\ G(x,y,u,v) \equiv y - y(u,v) = 0. \end{cases}$$

按假定

$$J = \frac{\partial(F,G)}{\partial(u,v)} = \frac{\partial(x,y)}{\partial(u,v)} \neq 0.$$

由隐函数存在定理3，即得结论.

(2) 将反函数$u=u(x,y)$，$v=v(x,y)$带入原方程组，得

$$\begin{cases} x \equiv x[u(x,y),v(x,y)], \\ y \equiv y[u(x,y),v(x,y)]. \end{cases}$$

两边分别对x求偏导数，得

$$\begin{cases} 1 = \dfrac{\partial x}{\partial u} \cdot \dfrac{\partial u}{\partial x} + \dfrac{\partial x}{\partial v} \cdot \dfrac{\partial v}{\partial x}, \\[2ex] 0 = \dfrac{\partial y}{\partial u} \cdot \dfrac{\partial u}{\partial x} + \dfrac{\partial y}{\partial v} \cdot \dfrac{\partial v}{\partial x}, \end{cases}$$

解得

$$\frac{\partial u}{\partial x} = \frac{1}{J}\frac{\partial y}{\partial v}, \quad \frac{\partial v}{\partial x} = -\frac{1}{J}\frac{\partial y}{\partial u}.$$

同理可得

$$\frac{\partial u}{\partial y} = -\frac{1}{J}\frac{\partial x}{\partial v}, \quad \frac{\partial v}{\partial y} = \frac{1}{J}\frac{\partial x}{\partial u}.$$

习题 8.5

1. 设$\sin y + e^x - xy^2 = 0$. 求$\dfrac{dy}{dx}$.

2. 求由下列方程确定的函数$z=z(x,y)$的所有一阶偏导数：

(1) $x^n + y^n + z^n = a^n$； (2) $x + y + z - e^{x+y+z}$；

(3) $\dfrac{x}{z} = \ln\dfrac{z}{y}$； (4) $z^x = y^z$.

3. 设$z^3 - 3xyz = a^3$. 求z_x，z_y，z_{x^2}.

4. 设$x + y + z = e^z$. 求$\dfrac{\partial^2 z}{\partial x \partial y}$.

5. 设 $z=\sqrt{x^2-y^2}\tan\frac{z}{\sqrt{x^2-y^2}}$. 求$\frac{\partial z}{\partial y},\frac{\partial^2 z}{\partial y^2}$.

6. 设 $F(x,x+y,x+y+z)=0$. 求 z_x,z_y.

7. 求由下列方程所确定的函数 $z=z(x,y)$的全微分：

(1) $z=f(xz,z-y)$；

(2) $f(x-y,y-z,z-x)=0$；

(3) $f(x,x+y,x+y+z)=0$.

8. 设 $x=u+v,y=u^2+v^2,z=u^3+v^3$ 确定函数 $z=z(x,y)$. 求$\frac{\partial z}{\partial x},\frac{\partial z}{\partial y}$.

9. 设 $x=\cos\varphi\cos\theta,y=\cos\varphi\sin\theta,z=\sin\varphi$,确定函数 $z=z(x,y)$. 求$\frac{\partial z}{\partial x}$.

10. 函数 $z=z(x,y)$由方程

$$x^2+y^2+z^2=yf\left(\frac{z}{y}\right)$$

所确定. 证明

$$(x^2-y^2-z^2)\frac{\partial z}{\partial x}+2xy\frac{\partial z}{\partial y}=2xz.$$

11. 函数 $z=z(x,y)$由方程

$$F\left(x+\frac{z}{y},y+\frac{z}{x}\right)=0$$

所确定. 证明

$$x\frac{\partial z}{\partial x}+y\frac{\partial z}{\partial y}=z-xy.$$

12. 函数 $u=u(x,y,z)$由方程

$$F(u^2-x^2,u^2-y^2,u^2-z^2)=0$$

所确定. 证明

$$\frac{u_x}{x}+\frac{u_y}{y}+\frac{u_z}{z}=\frac{1}{u}.$$

13. 设 $x^2+y^2=\frac{1}{2}z^2,x+y+z=2$. 求$\frac{\mathrm{d}x}{\mathrm{d}z},\frac{\mathrm{d}y}{\mathrm{d}z}$在 $x=1,y=-1,z=2$ 时的值.

14. 设 $u+v=x+y,\frac{\sin u}{\sin v}=\frac{x}{y}$. 求 $\mathrm{d}u,\mathrm{d}v$.

15. 设 $x=t+t^{-1},y=t^2+t^{-2},z=t^3+t^{-3}$. 求$\frac{\mathrm{d}y}{\mathrm{d}x},\frac{\mathrm{d}z}{\mathrm{d}x},\frac{\mathrm{d}^2y}{\mathrm{d}x^2}$和$\frac{\mathrm{d}^2z}{\mathrm{d}x^2}$.

16. 设 $\ln\sqrt{x^2+y^2}=\arctan\frac{y}{x}$. 求$\frac{\mathrm{d}y}{\mathrm{d}x}$.

17. 设 $x+2y+z-2\sqrt{xyz}=0$. 求$\frac{\partial z}{\partial x}$及$\frac{\partial z}{\partial y}$.

18. 设$\frac{x}{z}=\ln\frac{z}{y}$. 求$\frac{\partial z}{\partial x}$及$\frac{\partial z}{\partial y}$.

19. 设 $2\sin(x+2y-3z)=x+2y-3z$. 证明$\frac{\partial z}{\partial x}+\frac{\partial z}{\partial y}=1$.

20. 设 $x=x(y,z),y=y(x,z),z=z(x,y)$都是由方程 $F(x,y,z)=0$ 所确定的具有连续偏

导数的函数. 证明

$$\frac{\partial x}{\partial y}\cdot\frac{\partial y}{\partial z}\cdot\frac{\partial z}{\partial x}=-1.$$

21. 设 $\Phi(u,v)$ 具有连续偏函数. 证明:由方程 $\Phi(cx-az,cy-bz)=0$ 所确定的函数 $z=f(x,y)$ 满足 $a\frac{\partial z}{\partial x}+b\frac{\partial z}{\partial y}=c$.

22. 设 $e^z-xyz=0$,求$\frac{\partial^2 z}{\partial x^2}$.

23. 设 $z^3-3xyz=a^3$,求$\frac{\partial^2 z}{\partial x\partial y}$.

24. 求由下列方程组所确定的函数的导数或偏导数:

(1) 设$\begin{cases}z=x^2+y^2,\\ x^2+2y^2+3z^2=20,\end{cases}$求$\frac{\mathrm{d}y}{\mathrm{d}x},\frac{\mathrm{d}z}{\mathrm{d}x}$;

(2) 设$\begin{cases}x+y+z=0,\\ x^2+y^2+z^2=1,\end{cases}$求$\frac{\mathrm{d}x}{\mathrm{d}z},\frac{\mathrm{d}y}{\mathrm{d}z}$;

(3) 设$\begin{cases}u=f(ux,v+y),\\ v=g(u-x,v^2y),\end{cases}$其中 f,g 具有一阶连续偏导数,求$\frac{\partial u}{\partial x},\frac{\partial v}{\partial x}$;

(4) 设$\begin{cases}x=e^u+u\sin v,\\ y=e^u-u\cos v,\end{cases}$求$\frac{\partial u}{\partial x},\frac{\partial u}{\partial y},\frac{\partial v}{\partial x},\frac{\partial v}{\partial y}$.

25. 设 $y=f(x,t)$,而 $t=t(x,y)$ 是由方程 $F(x,y,t)=0$ 所确定的函数,其中 f,F 都具有一阶连续偏导数. 试证明

$$\frac{\mathrm{d}y}{\mathrm{d}x}=\frac{\frac{\partial f}{\partial x}\frac{\partial F}{\partial t}-\frac{\partial f}{\partial t}\frac{\partial F}{\partial x}}{\frac{\partial f}{\partial t}\frac{\partial F}{\partial y}+\frac{\partial F}{\partial t}}.$$

26. 设 $x=e^u\cos v,y=e^u\sin v,z=uv$. 试求$\frac{\partial z}{\partial x}$和$\frac{\partial z}{\partial y}$.

8.6 多元函数微分学的几何应用

8.6.1 空间曲线的切线与法平面

设空间曲线 L 的参数方程为

$$x=x(t),\quad y=y(t),\quad z=z(t)\quad (t\text{ 为参数}),$$

其中 $x'(t),y'(t),z'(t)$都存在. 点 $M_0(x_0,y_0,z_0)$为曲线 L 上一点,它对应于参数 t_0,即 $x_0=x(t_0),y_0=y(t_0),z_0=z(t_0)$. 设 $x'(t_0),y'(t_0),z'(t_0)$不全为零,试求曲线 L 在点 M_0 处的切线方程与法平面方程. 显然,关键是求出切线的方向向量 $\boldsymbol{T}$.

对于空间曲线,其切线的定义仍为割线的极限位置. 因此,只要先求割线的方向向量,再取极限即可.

在曲线 L 上点 M_0 附近任取一点 $M(x(t),y(t),z(t))$,于是割线 M_0M 的方向向量为

$$\{x(t)-x(t_0), y(t)-y(t_0), z(t)-z(t_0)\},$$

除以$(t-t_0)$后，向量

$$\left\{\frac{x(t)-x(t_0)}{t-t_0}, \frac{y(t)-y(t_0)}{t-t_0}, \frac{z(t)-z(t_0)}{t-t_0}\right\}$$

仍是割线 M_0M 的方向向量. 让点 M 沿着曲线 L 趋向于点 M_0，此时 $t\to t_0$，割线的方向向量就趋向于曲线 L 在点 M_0 处切线的方向向量 $\boldsymbol{T}$，即

$$\begin{aligned}\boldsymbol{T} &= \left\{\lim_{t\to t_0}\frac{x(t)-x(t_0)}{t-t_0}, \lim_{t\to t_0}\frac{y(t)-y(t_0)}{t-t_0}, \lim_{t\to t_0}\frac{z(t)-z(t_0)}{t-t_0}\right\} \\ &= \{x'(t_0), y'(t_0), z'(t_0)\}.\end{aligned}$$

从而得到曲线 L 在点 M_0 处的切线方程

$$\frac{x-x_0}{x'(t_0)} = \frac{y-y_0}{y'(t_0)} = \frac{z-z_0}{z'(t_0)},$$

以及曲线 L 在点 M_0 处的法平面方程

$$x'(t_0)(x-x_0)+y'(t_0)(y-y_0)+z'(t_0)(z-z_0)=0.$$

例 8.44　求曲线 $x=t, y=t^2, z=t^3$ 在点$(1,1,1)$处的切线方程与法平面方程.

解　易知点$(1,1,1)$对应于参数 $t=1$. 由

$$x'(t)=1,\quad y'(t)=2t,\quad z'(t)=3t^2,$$

得曲线在点$(1,1,1)$处切线的方向向量 $\boldsymbol{T}=\{1,2,3\}$. 所以，曲线在点$(1,1,1)$处的切线方程为

$$\frac{x-1}{1} = \frac{y-1}{2} = \frac{z-1}{3},$$

法平面方程为

$$(x-1)+2(y-1)+3(z-1)=0,$$

即

$$x+2y+3z-6=0.$$

如果空间曲线 Γ 的方程以

$$\begin{cases} y=\varphi(x), \\ z=\psi(x) \end{cases}$$

的形式给出，取 x 为参数，它就可以表示为参数方程的形式

$$\begin{cases} x=x, \\ y=\varphi(x), \\ z=\psi(x). \end{cases}$$

若 $\varphi(x)$，$\psi(x)$都在 $x=x_0$ 处可导，则切线的方向向量为 $\boldsymbol{T}=\{1, \varphi'(x_0), \psi'(x_0)\}$，因此曲线 Γ 在点 $M(x_0, y_0, z_0)$处的切线方程为

$$\frac{x-x_0}{1} = \frac{y-y_0}{\varphi'(x_0)} = \frac{z-z_0}{\psi'(x_0)},$$

在点 $M(x_0,y_0,z_0)$处的法平面方程为

$$(x-x_0)+\varphi'(x_0)(y-y_0)+\psi'(x_0)(z-z_0)=0.$$

设空间曲线 Γ 的方程以

$$\begin{cases}F(x,y,z)=0,\\ G(x,y,z)=0\end{cases}$$

的形式给出,$M(x_0,y_0,z_0)$是曲线 Γ 上的一个点. 又设 F,G 对各个变量有连续的偏导数. 这种形式意思是曲线 Γ 用曲面 $F(x,y,z)=0$ 和 $G(x,y,z)=0$ 的交线给出. 从几何上看,$M(x_0,y_0,z_0)$处曲线 Γ 的切线的方向向量垂直于两个曲面在点 $M(x_0,y_0,z_0)$处的切平面的法向量. 后面会导出曲面 $F(x,y,z)=0$ 在 $M(x_0,y_0,z_0)$处的切平面的法向量为 $\left(\frac{\partial F}{\partial x},\frac{\partial F}{\partial y},\frac{\partial F}{\partial z}\right)_{(x_0,y_0,z_0)}$,曲面 $G(x,y,z)=0$ 在 $M(x_0,y_0,z_0)$处的切平面的法向量为 $\left(\frac{\partial G}{\partial x},\frac{\partial G}{\partial y},\frac{\partial G}{\partial z}\right)_{(x_0,y_0,z_0)}$,所以 $M(x_0,y_0,z_0)$处曲线 Γ 的切线的方向向量 $\boldsymbol{T}$ 可取为

$$\boldsymbol{T}=\begin{vmatrix}\boldsymbol{i} & \boldsymbol{j} & \boldsymbol{k}\\ \frac{\partial F}{\partial x} & \frac{\partial F}{\partial y} & \frac{\partial F}{\partial z}\\ \frac{\partial G}{\partial x} & \frac{\partial G}{\partial y} & \frac{\partial G}{\partial z}\end{vmatrix}=\left\{\begin{vmatrix}F_y & F_z\\ G_y & G_z\end{vmatrix}_M,\begin{vmatrix}F_z & F_x\\ G_z & G_x\end{vmatrix}_M,\begin{vmatrix}F_x & F_y\\ G_x & G_y\end{vmatrix}_M\right\},$$

于是曲线 Γ 在 $M(x_0,y_0,z_0)$处的切线方程为

$$\frac{x-x_0}{\begin{vmatrix}F_y & F_z\\ G_y & G_z\end{vmatrix}_M}=\frac{y-y_0}{\begin{vmatrix}F_z & F_x\\ G_z & G_x\end{vmatrix}_M}=\frac{z-z_0}{\begin{vmatrix}F_x & F_y\\ G_x & G_y\end{vmatrix}_M},$$

在 $M(x_0,y_0,z_0)$处的法平面方程为

$$\begin{vmatrix}F_y & F_z\\ G_y & G_z\end{vmatrix}_M(x-x_0)+\begin{vmatrix}F_z & F_x\\ G_z & G_x\end{vmatrix}_M(y-y_0)+\begin{vmatrix}F_x & F_y\\ G_x & G_y\end{vmatrix}_M(z-z_0)=0.$$

例 8.45 求曲线 $x^2+y^2+z^2=6,x+y+z=0$ 在点$(1,-2,1)$处的切线方程与法平面方程.

解 方法一 利用公式(略).

方法二 把曲线的方程设想为以 x 为参数的参数方程来求切向量.

所给方程两边对 x 求导,得

$$\begin{cases}y\frac{\mathrm{d}y}{\mathrm{d}x}+z\frac{\mathrm{d}z}{\mathrm{d}x}=-x,\\ \frac{\mathrm{d}y}{\mathrm{d}x}+\frac{\mathrm{d}z}{\mathrm{d}x}=-1,\end{cases}$$

解得

$$\frac{\mathrm{d}y}{\mathrm{d}x}=\frac{z-x}{y-z},\quad \frac{\mathrm{d}z}{\mathrm{d}x}=\frac{x-y}{y-z},$$

$$\left.\frac{\mathrm{d}y}{\mathrm{d}x}\right|_{(1,-2,1)}=0,\quad \left.\frac{\mathrm{d}z}{\mathrm{d}x}\right|_{(1,-2,1)}=-1.$$

从而

$$\boldsymbol{T}=\{1,0,-1\}.$$

所求切线方程为

$$\frac{x-1}{1}=\frac{y+2}{0}=\frac{z-1}{-1}.$$

法平面方程为

$$(x-1)+0\cdot(y+2)-(z-1)=0,$$

即

$$x-z=0.$$

8.6.2　曲面的切平面与法线

本书先给出曲面的切平面定义与法线定义.

在曲面 S 上过点 M_0 任意作一条曲线,假定曲线在该点的切线存在. 如果所有这种曲线在点 M_0 处的切线都在同一平面上,那么这个平面就称为**曲面 S 在点 M_0 处的切平面**. 过点 M_0 且与切平面垂直的直线称为**曲面 S 在点 M_0 处的法线**.

曲面的切平面

下面求曲面的切平面方程与法线方程.

设曲面 S 的方程为

$$F(x,y,z)=0,$$

$M_0(x_0,y_0,z_0)$为曲面 S 上一点. 假定函数$F(x,y,z)$可微,且 F_x, F_y,F_z 在点 M_0 处不全为零.

在曲面 S 上过点 M_0 任作一条曲线 L(图 8.8),设其方程为

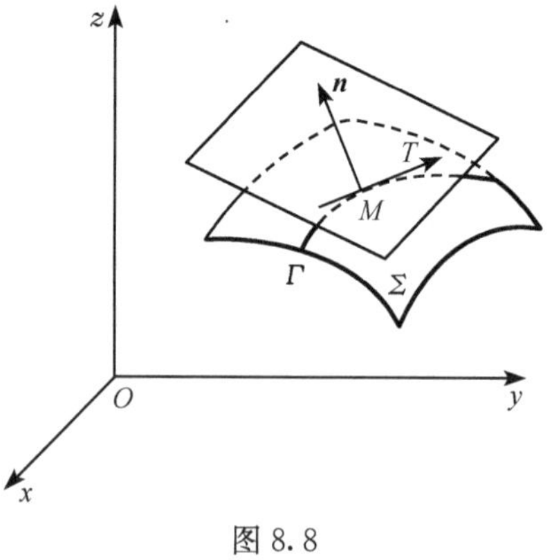

图 8.8

$$x=\varphi(t),\quad y=\psi(t),\quad z=\omega(t),$$

并设点 M_0 对应于参数 t_0. 假定 $\varphi(t)$,$\psi(t)$,$\omega(t)$可微,且 $\varphi'(t_0)$,$\psi'(t_0)$,$\omega'(t_0)$不全

为零. 我们不难求出切平面的法向量. 因为曲线 L 在曲面 S 上,所以有

$$F[\varphi(t),\psi(t),\omega(t)]\equiv 0.$$

将上式两边在 t_0 处对 t 求导,得

$$F_x(x_0,y_0,z_0)\varphi'(t_0)+F_y(x_0,y_0,z_0)\psi'(t_0)+F_z(x_0,y_0,z_0)\omega'(t_0)=0.$$

此式表明,向量

$$\boldsymbol{n}=\{F_x(x_0,y_0,z_0),F_y(x_0,y_0,z_0),F_z(x_0,y_0,z_0)\}$$

与曲面 S 上过点 M_0 的任一条曲线 L 的切向量

$$\boldsymbol{T}=\{\varphi'(t_0),\psi'(t_0),\omega'(t_0)\}$$

都垂直,因此 $\boldsymbol{n}$ 就是切平面的法向量. 于是得到曲面 S 在点 M_0 处的切平面方程

$$F_x(x_0,y_0,z_0)(x-x_0)+F_y(x_0,y_0,z_0)(y-y_0)+F_z(x_0,y_0,z_0)(z-z_0)=0$$

及法线方程

$$\frac{x-x_0}{F_x(x_0,y_0,z_0)}=\frac{y-y_0}{F_y(x_0,y_0,z_0)}=\frac{z-z_0}{F_z(x_0,y_0,z_0)}.$$

特别地,若曲面 S 的方程由显函数 $z=f(x,y)$ 表示,则可看成隐函数方程 $F(x,y,z)=f(x,y)-z=0$,于是切平面的法向量为

$$\boldsymbol{n}=\{\pm f_x(x_0,y_0),\pm f_y(x_0,y_0),\mp 1\},$$

从而不难写出曲面 S 在点 M_0 处的切平面方程

$$f_x(x_0,y_0)(x-x_0)+f_y(x_0,y_0)(y-y_0)-(z-z_0)=0$$

及法线方程

$$\frac{x-x_0}{f_x(x_0,y_0)}=\frac{y-y_0}{f_y(x_0,y_0)}=\frac{z-z_0}{-1}.$$

这里顺便指出全微分的几何意义.

曲面 $z=f(x,y)$ 在点 $M_0(x_0,y_0,z_0)$ 处的切平面方程又可写为

$$z-z_0=f_x(x_0,y_0)(x-x_0)+f_y(x_0,y_0)(y-y_0).$$

记 $\Delta x=x-x_0$,$\Delta y=y-y_0$,即

$$z-z_0=f_x(x_0,y_0)\Delta x+f_y(x_0,y_0)\Delta y.$$

上式右端就是全微分 $\mathrm{d}f$,因此

$$\mathrm{d}f=z-z_0.$$

这表明,当自变量 x,y 分别有改变量 $\Delta x,\Delta y$ 时,切平面上 z 的改变量 $z-z_0$ 就是全微分(图 8.9).

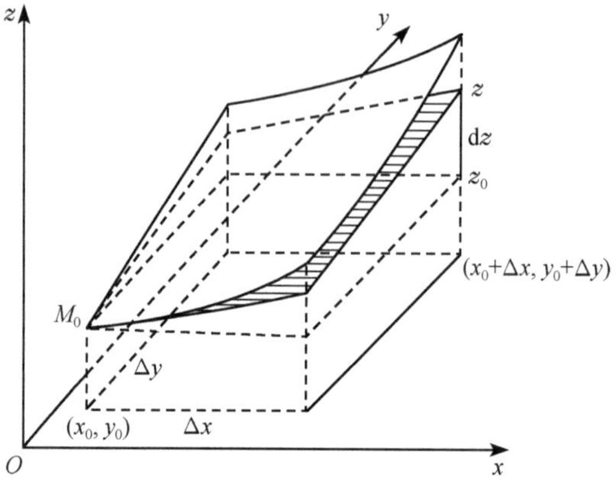

图 8.9

例 8.46　求旋转抛物面 $z=x^2+y^2-1$ 在点(2,1,4)处的切平面及法线方程.

解

$$f(x,y)=x^2+y^2-1,$$

$$\boldsymbol{n}=\{f_x,f_y,-1\}=\{2x,2y,-1\},$$

$$\boldsymbol{n}\big|_{(2,1,4)}=\{4,2,-1\},$$

所以在点(2,1,4)处的切平面方程为

$$4(x-2)+2(y-1)-(z-4)=0,$$

即

$$4x+2y-z-6=0.$$

法线方程为

$$\frac{x-2}{4}=\frac{y-1}{2}=\frac{z-4}{-1}.$$

例 8.47　证明:曲面 $xy=z^2$ 与曲面 $x^2+y^2+z^2=9$ 正交.

证　只需证明二曲面的切平面正交,即它们的法向量正交.

设曲面 S_1 方程为 $F(x,y,z)=xy-z^2=0$,曲面 S_2 方程为 $G(x,y,z)=x^2+y^2+z^2-9=0$,则 S_1,S_2 在点 $M(x,y,z)$处的切平面的法向量分别为

$$\boldsymbol{n}_1=\{F_x,F_y,F_z\}=\{y,x,-2z\},$$

$$\boldsymbol{n}_2=\{G_x,G_y,G_z\}=\{2x,2y,2z\},$$

因为 $\boldsymbol{n}_1\cdot\boldsymbol{n}_2=2(xy+xy-2z^2)=4(xy-z^2)$,而点 M 在曲面 S_1 上,所以 $\boldsymbol{n}_1\cdot\boldsymbol{n}_2=0$,即 S_1 与 S_2 正交.

如果曲面 S 的方程为参数方程形式

$$\begin{cases}x=x(u,v),\\ y=y(u,v),\\ z=z(u,v),\end{cases}$$

并设 S 上点 $M_0(x_0,y_0,z_0)$对应于参数(u_0,v_0). 在曲面 S 上过点 M_0 作两条曲线

$$\begin{cases} x = x(u, v_0), \\ y = y(u, v_0), \\ z = z(u, v_0), \end{cases} \quad \begin{cases} x = x(u_0, v), \\ y = y(u_0, v), \\ z = z(u_0, v), \end{cases}$$

这两条曲线在点 M_0 处的切向量分别为

$$\boldsymbol{T}_1 = \{x_u, y_u, z_u\} \big|_{(u_0, v_0)},$$
$$\boldsymbol{T}_2 = \{x_v, y_v, z_v\} \big|_{(u_0, v_0)}.$$

因曲面 S 在点 M_0 处切平面的法向量 $\boldsymbol{n}$ 同时与它们垂直,因此可取 $\boldsymbol{n}$ 为

$$\boldsymbol{n} = \boldsymbol{T}_1 \times \boldsymbol{T}_2 = \begin{vmatrix} \boldsymbol{i} & \boldsymbol{j} & \boldsymbol{k} \\ x_u & y_u & z_u \\ x_v & y_v & z_v \end{vmatrix}_{(u_0, v_0)},$$

于是得到曲面 S 在点 M_0 处的切平面方程

$$\begin{vmatrix} x - x_0 & y - y_0 & z - z_0 \\ x_u(u_0, v_0) & y_u(u_0, v_0) & z_u(u_0, v_0) \\ x_v(u_0, v_0) & y_v(u_0, v_0) & z_v(u_0, v_0) \end{vmatrix} = 0.$$

例 8.48 求曲面 $x = u\cos v, y = u\sin v, z = av$ 在点 $M_0(u_0, v_0)$ 处的切平面方程.

解 设点 M_0 的直角坐标为 (x_0, y_0, z_0),则

$$(x_0, y_0, z_0) = (u_0 \cos v_0, u_0 \sin v_0, av_0),$$
$$\{x_u, y_u, z_u\} = \{\cos v, \sin v, 0\},$$
$$\{x_v, y_v, z_v\} = \{-u\sin v, u\cos v, a\},$$

$$\boldsymbol{n} = \begin{vmatrix} \boldsymbol{i} & \boldsymbol{j} & \boldsymbol{k} \\ \cos v_0 & \sin v_0 & 0 \\ -u_0 \sin v_0 & u_0 \cos v_0 & a \end{vmatrix} = \{a\sin v_0, -a\cos v_0, u_0\}.$$

于是曲面在 M_0 处的切平面方程为

$$(a\sin v_0)x - (a\cos v_0)y + u_0 z - au_0 v_0 = 0.$$

习题 8.6

1. 求曲线 $x = t - \sin t, y = 1 - \cos t, z = 4\sin\frac{t}{2}$ 在与 $t_0 = \frac{\pi}{2}$ 相应的点处的切线及法平面方程.
2. 求曲线 $x = \frac{t}{1+t}, y = \frac{1+t}{t}, z = t^2$ 在对应于 $t_0 = 1$ 的点处的切线及法平面方程.
3. 求曲线 $y^2 = 2mx, z^2 = m - x$ 在点 (x_0, y_0, z_0) 处的切线及法平面方程.
4. 求曲线 $\begin{cases} x^2 + y^2 + z^2 - 3x = 0, \\ 2x - 3y + 5z - 4 = 0 \end{cases}$ 在点 $(1,1,1)$ 处的切线及法平面方程.
5. 求出曲线 $x = t, y = t^2, z = t^3$ 上的点,使得该点的切线平行于平面 $x + 2y + z = 4$.
6. 求曲面 $e^z - z + xy = 3$ 在点 $(2,1,0)$ 处的切平面及法线方程.
7. 求曲面 $ax^2 + by^2 + cz^2 = 1$ 在点 (x_0, y_0, z_0) 处的切平面及法线方程.
8. 求椭球面 $x^2 + 2y^2 + z^2 = 1$ 上平行于平面 $x - y + 2z = 0$ 的切平面方程.

9. 求旋转椭球面 $3x^2+y^2+z^2=16$ 上点$(-1,-2,3)$处的切平面与 xOy 面的夹角的余弦.

10. 试证曲面$\sqrt{x}+\sqrt{y}+\sqrt{z}=\sqrt{a}(a>0)$上任意点处的切平面在各坐标轴上的截距之和等于 a.

11. 求螺旋线 $x=a\cos\theta, y=a\sin\theta, z=b\theta$ 在点$(a,0,0)$处的切线及法平面方程.

12. 在曲面 $z=xy$ 上求一点，使该点处的法线垂直于平面 $x+3y+z+9=0$，并写出此法线的方程.

13. 求下列曲线在给定点处的切线方程与法平面方程：

(1) 曲线 $x=a\cos\beta\cos t, y=a\sin\beta\cos t, z=a\sin t$，在 $t=\dfrac{\pi}{4}$ 处；

(2) 曲线 $y=x, z=x^2$，在点$(1,1,1)$处；

(3) 曲线$\begin{cases}x^2+y^2+z^2=6,\\ x+y+z=0,\end{cases}$在点 $M(1,-2,1)$处；

(4) 曲线 $x=a\sin^2 t, y=b\sin t\cos t, z=c\cos^2 t$，在 $t=\dfrac{\pi}{3}$ 处.

14. 证明：螺旋线 $x=a\cos\theta, y=a\sin\theta, z=b\theta$ 的切线与 Oz 轴成定角.

15. 证明：球面 $x^2+y^2+z^2=a^2$ 在球面上点(x_0, y_0, z_0)与$(-x_0, -y_0, -z_0)$处的切平面互相平行.

16. 求椭球 $x^2+2y^2+3z^2=21$ 上平行于平面

$$x+4y+6z=0$$

的各切平面方程.

17. 求球面 $x^2+y^2+z^2=14$ 与椭球面 $3x^2+y^2+z^2=16$ 在点$(1,2,3)$处的交角 β.

8.7　方向导数与梯度

8.7.1　方向导数

函数 $z=f(x,y)$在点(x_0,y_0)处的两个偏导数 $f_x(x_0,y_0)$和 $f_y(x_0,y_0)$分别刻画了函数 $f(x,y)$在该点处沿 x 轴和 y 轴正方向的变化率. 然而，在许多问题中还要求讨论函数沿任意方向的变化率，这就是**方向导数**.

定义 8.7　设函数 $z=f(x,y)$在点 $M_0(x_0,y_0)$的某邻域 $S(M_0,\delta)$内有定义，$\boldsymbol{l}$ 是过点 M_0 的任一确定的方向. 在 $\boldsymbol{l}$ 上任取一点 $M(x_0+\Delta x, y_0+\Delta y)$，使 $M\in S(M_0,\delta)$. 点 M_0 与 M 之间的距离记作 $\rho=|M_0M|=\sqrt{(\Delta x)^2+(\Delta y)^2}$，于是得到函数 $f(x,y)$在点 M_0 处沿方向 $\boldsymbol{l}$ 的平均变化率

$$\frac{\Delta z}{\rho}=\frac{f(x_0+\Delta x, y_0+\Delta y)-f(x_0,y_0)}{\rho}.$$

方向导数

当点 M 沿方向 $\boldsymbol{l}$ 趋于点 M_0(即 $\rho\to 0$)时，若上式的极限存在，则称此极限值为函数 $z=f(x,y)$在点 $M_0(x_0,y_0)$处沿方向 $\boldsymbol{l}$ 的**方向导数**(或**方向微商**)，记作

$$\left.\frac{\partial z}{\partial \boldsymbol{l}}\right|_{M_0}=\left.\frac{\partial f}{\partial \boldsymbol{l}}\right|_{M_0}=\lim_{\rho\to 0}\frac{f(x_0+\Delta x,y_0+\Delta y)-f(x_0,y_0)}{\rho}\text{(图 8.10)}.$$

下面给出方向导数的计算公式.

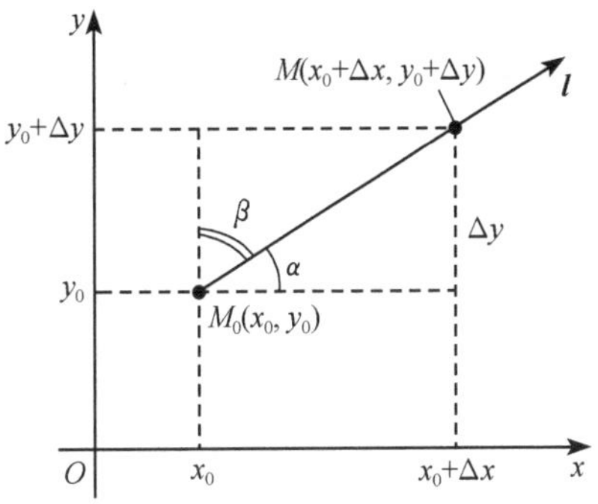

图 8.10

定理 8.7 若函数 $z=f(x,y)$ 在点 $M_0(x_0,y_0)$ 处可微,则 $f(x,y)$ 在该点处沿任意方向 l 的方向导数存在,且

$$\left.\frac{\partial z}{\partial \boldsymbol{l}}\right|_{M_0}=\left.\frac{\partial f}{\partial x}\right|_{M_0}\cos\alpha+\left.\frac{\partial f}{\partial y}\right|_{M_0}\cos\beta,$$

其中 $\cos\alpha,\cos\beta$ 为 $\boldsymbol{l}$ 的方向余弦.

证 在 $\boldsymbol{l}$ 上任取一点 $M(x_0+\Delta x,y_0+\Delta y)$,记

$$\rho=\sqrt{(\Delta x)^2+(\Delta y)^2}.$$

根据函数可微的假定,函数的全增量 Δz 可表示为

$$\begin{aligned}\Delta z&=f(x_0+\Delta x,y_0+\Delta y)-f(x_0,y_0)\\&=\left.\frac{\partial f}{\partial x}\right|_{M_0}\Delta x+\left.\frac{\partial f}{\partial y}\right|_{M_0}\Delta y+o(\rho)\ (\rho\to 0).\end{aligned}$$

用 ρ 除上式两边,得

$$\begin{aligned}\frac{\Delta z}{\rho}&=\frac{f(x_0+\Delta x,y_0+\Delta y)-f(x_0,y_0)}{\rho}\\&=\left.\frac{\partial f}{\partial x}\right|_{M_0}\frac{\Delta x}{\rho}+\left.\frac{\partial f}{\partial y}\right|_{M_0}\frac{\Delta y}{\rho}+\frac{o(\rho)}{\rho}\\&=\left.\frac{\partial f}{\partial x}\right|_{M_0}\cos\alpha+\left.\frac{\partial f}{\partial y}\right|_{M_0}\cos\beta+\frac{o(\rho)}{\rho}\ (\rho\to 0),\end{aligned}$$

令 $\rho\to 0$,即得结论.

特别地,当 $\boldsymbol{l}$ 为正 x 轴时,有 $\alpha=0,\beta=\frac{\pi}{2}$,上式化为

$$\left.\frac{\partial z}{\partial \boldsymbol{l}}\right|_{M_0}=\left.\frac{\partial f}{\partial x}\right|_{M_0}.$$

因此,函数 $z=f(x,y)$ 在点 M_0 处沿 x 轴正方向的方向导数就是函数 $z=f(x,y)$ 在该点处对 x 的偏导数.同理,函数 $z=f(x,y)$ 在点 M_0 处沿 y 轴正方向的方向导数就是函数 $z=f(x,y)$ 在该点处对 y 的偏导数.由此可见,偏导数是方向导数的特殊情形.

对于三元函数 $u=f(x,y,z)$,可类似定义它在点 $M_0(x_0,y_0,z_0)$ 处沿任意方向 $\boldsymbol{l}$ 的方向导数 $\left.\frac{\partial u}{\partial \boldsymbol{l}}\right|_{M_0}$,并且可以证明:当 $u=f(x,y,z)$ 在点 M_0 处可微时,有计算公式

$$\left.\frac{\partial u}{\partial \boldsymbol{l}}\right|_{M_0}=\left.\frac{\partial f}{\partial x}\right|_{M_0}\cos\alpha+\left.\frac{\partial f}{\partial y}\right|_{M_0}\cos\beta+\left.\frac{\partial f}{\partial z}\right|_{M_0}\cos\gamma,$$

其中 $\cos\alpha,\cos\beta,\cos\gamma$ 为 $\boldsymbol{l}$ 的方向余弦.

例 8.49　求函数 $z=xe^{2y}$ 在点 $P(1,0)$ 处沿从点 $P(1,0)$ 到点 $Q(2,-1)$ 的方向的方向导数.

解　方向 $\boldsymbol{l}$ 即向量 $\overrightarrow{PQ}=\{1,-1\}$ 的方向，与 $\boldsymbol{l}$ 同向的单位向量为 $\boldsymbol{e}_l=\left\{\frac{1}{\sqrt{2}},-\frac{1}{\sqrt{2}}\right\}$.

因为函数可微分，且

$$\left.\frac{\partial z}{\partial x}\right|_{(1,0)}=e^{2y}\,|_{(1,0)}=1,$$

$$\left.\frac{\partial z}{\partial y}\right|_{(1,0)}=2xe^{2y}\,|_{(1,0)}=2,$$

故所求方向导数为

$$\left.\frac{\partial z}{\partial \boldsymbol{l}}\right|_{(1,0)}=1\cdot\frac{1}{\sqrt{2}}+2\cdot\left(-\frac{1}{\sqrt{2}}\right)=-\frac{\sqrt{2}}{2}.$$

例 8.50　求三元函数 $u=\ln(x+y^2+z^3)$ 在点 $M_0(0,-1,2)$ 处沿方向 $\boldsymbol{l}=\{3,-1,-1\}$ 的方向导数.

解　函数 u 关于 x,y,z 在点 M_0 处的偏导数分别为

$$\left.\frac{\partial u}{\partial x}\right|_{M_0}=\left.\frac{1}{x+y^2+z^3}\right|_{M_0}=\frac{1}{9},$$

$$\left.\frac{\partial u}{\partial y}\right|_{M_0}=\left.\frac{2y}{x+y^2+z^3}\right|_{M_0}=-\frac{2}{9},$$

$$\left.\frac{\partial u}{\partial z}\right|_{M_0}=\left.\frac{3z^2}{x+y^2+z^3}\right|_{M_0}=\frac{12}{9}.$$

又由 $|\boldsymbol{l}|=\sqrt{3^2+(-1)^2+(-1)^2}=\sqrt{11}$ 知

$$\boldsymbol{l}_0=\frac{\boldsymbol{l}}{|\boldsymbol{l}|}=\left\{\frac{3}{\sqrt{11}},-\frac{1}{\sqrt{11}},-\frac{1}{\sqrt{11}}\right\},$$

所以

$$\frac{\partial u}{\partial \boldsymbol{l}}\,|_{M_0}=\frac{1}{9}\times\frac{3}{\sqrt{11}}-\frac{2}{9}\left(-\frac{1}{\sqrt{11}}\right)+\frac{12}{9}\left(-\frac{1}{\sqrt{11}}\right)=-\frac{7}{9\sqrt{11}}.$$

梯度　　　　方向导数与梯度的算例

8.7.2　梯度

函数 $u=f(x,y,z)$ 在点 M_0 处沿方向 $\boldsymbol{l}$ 的方向导数 $\left.\frac{\partial u}{\partial \boldsymbol{l}}\right|_{M_0}$ 刻画了函数在该点

处沿方向 $\boldsymbol{l}$ 的变化率，当它为正数时，表示函数沿此方向增加；当它为负数时，表示函数沿此方向减少. 然而在许多问题里，往往还需要知道函数在点 M_0 处究竟沿哪一个方向增加最快，也就是增长率最大，并且需要知道这个最大的增长率等于多少. 梯度的概念正是从研究这样的问题中抽象出来的.

设有函数 $u=f(x,y,z)$. 当函数 $f(x,y,z)$ 在点 $M_0(x_0,y_0,z_0)$ 处可微时，它在该点处沿方向 $\boldsymbol{l}$(假定其方向余弦为 $\cos\alpha,\cos\beta,\cos\gamma$)的方向导数为

$$\left.\frac{\partial u}{\partial \boldsymbol{l}}\right|_{M_0}=\left.\frac{\partial f}{\partial x}\right|_{M_0}\cos\alpha+\left.\frac{\partial f}{\partial y}\right|_{M_0}\cos\beta+\left.\frac{\partial f}{\partial z}\right|_{M_0}\cos\gamma.$$

此式也可写为向量 $\left.\left\{\frac{\partial f}{\partial x},\frac{\partial f}{\partial y},\frac{\partial f}{\partial z}\right\}\right|_{M_0}$ 与 $\boldsymbol{l}_0=\{\cos\alpha,\cos\beta,\cos\gamma\}$ 点乘的形式，即

$$\left.\frac{\partial u}{\partial \boldsymbol{l}}\right|_{M_0}=\left.\left\{\frac{\partial f}{\partial x},\frac{\partial f}{\partial y},\frac{\partial f}{\partial z}\right\}\right|_{M_0}\cdot\boldsymbol{l}_0.$$

如果引进一个向量

$$\boldsymbol{g}=\left.\left\{\frac{\partial f}{\partial x},\frac{\partial f}{\partial y},\frac{\partial f}{\partial z}\right\}\right|_{M_0}$$

(显然，这个向量只与函数 $u=f(x,y,z)$ 及点 M_0 有关，而与方向 $\boldsymbol{l}$ 无关)，那么

$$\left.\frac{\partial u}{\partial \boldsymbol{l}}\right|_{M_0}=\boldsymbol{g}\cdot\boldsymbol{l}_0=|\boldsymbol{g}||\boldsymbol{l}_0|\cos\langle\boldsymbol{g},\boldsymbol{l}_0\rangle=|\boldsymbol{g}|\cos\langle\boldsymbol{g},\boldsymbol{l}_0\rangle.$$

从上式容易看出，方向导数 $\left.\frac{\partial u}{\partial \boldsymbol{l}}\right|_{M_0}$ 的值是正是负，是由夹角 $\langle\boldsymbol{g},\boldsymbol{l}_0\rangle$ 来确定的. 当 $\langle\boldsymbol{g},\boldsymbol{l}_0\rangle$ 为锐角时，$\left.\frac{\partial u}{\partial \boldsymbol{l}}\right|_{M_0}>0$，这时，函数 u 沿方向 $\boldsymbol{l}$ 增加；当 $\langle\boldsymbol{g},\boldsymbol{l}_0\rangle$ 为钝角时，$\left.\frac{\partial u}{\partial \boldsymbol{l}}\right|_{M_0}<0$，这时，函数 u 沿方向 $\boldsymbol{l}$ 减少；特别地，当 $\langle\boldsymbol{g},\boldsymbol{l}\rangle=0$，即 $\boldsymbol{l}$ 恰好是向量 g 的方向时，$\cos\langle\boldsymbol{g},\boldsymbol{l}_0\rangle=1$，此时方向导数最大. 又因为 $\left.\frac{\partial u}{\partial \boldsymbol{l}}\right|_{M_0}=|\boldsymbol{g}|>0$，所以函数是增加的. 这就是说，当 $\boldsymbol{l}$ 恰好是向量 $\boldsymbol{g}$ 的方向时，函数 u 增长最快，而这个最大增长率的值就是向量 $\boldsymbol{g}$ 的模. 换句话说，方向导数的最大值就是向量 $\boldsymbol{g}$ 的模. 由此引进**梯度**的概念.

定义 8.8 设有函数 $u=f(x,y,z)$，它在点 $M_0(x_0,y_0,z_0)$ 处的梯度是这样一个向量，其方向是使函数增加最快的方向，其大小是函数的最大增长率(即方向导数的最大值). 函数 u 在点 M_0 处的梯度记作 $\mathbf{grad}\,u|_{M_0}$. 在直角坐标系下，它的表达式为

$$\mathbf{grad}\,u|_{M_0}=\left.\left\{\frac{\partial f}{\partial x},\frac{\partial f}{\partial y},\frac{\partial f}{\partial z}\right\}\right|_{M_0}.$$

梯度 $\mathbf{grad}\,u$ 有时记作 ∇u. “∇”称为**哈密顿(Hamilton)算符**，读作“Nabla”.

当 $\boldsymbol{l}$ 取 $-\boldsymbol{g}$ 的方向时，$\left.\frac{\partial u}{\partial \boldsymbol{l}}\right|_{M_0}$ 最小，其数值为 $-|\mathbf{grad}\,u|_{M_0}$. $-\mathbf{grad}\,u|_{M_0}$ 称为函

数 u 在点 M_0 处的**负梯度**. 函数沿负梯度的方向减少最快.

对于二元函数 $z=f(x,y)$，可类似地定义函数在点 $M_0(x_0,y_0)$ 处的梯度 $\mathbf{grad}\, z|_{M_0}$. 在直角坐标系下，有表达式

$$\mathbf{grad}\, z|_{M_0}=\left\{\frac{\partial f}{\partial x},\frac{\partial f}{\partial y}\right\}\bigg|_{M_0}.$$

一般来说，二元函数 $z=f(x,y)$ 在几何上表示一个曲面，此曲面被平面 $z=c$（c 是常数）所截得的曲线 L 的方程为

$$\begin{cases} z=f(x,y), \\ z=c, \end{cases}$$

这条曲线 L 在 xOy 面上的投影是一条平面曲线 L^*，它在 xOy 平面直角坐标系中的方程为

$$f(x,y)=c.$$

对于所有曲线 L^* 上的点，已给函数的函数值都是 c，所以称平面曲线 L^* 为函数 $z=f(x,y)$ 的等值线（图 8.11）.

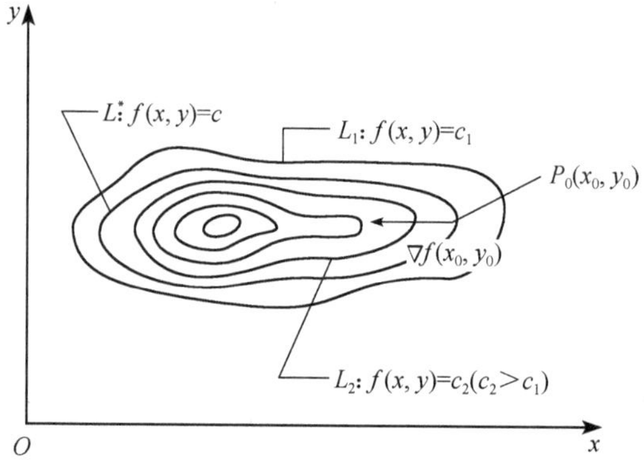

图 8.11

若 f_x,f_y 不同时为零，则等值线 $f(x,y)=c$ 上任一点 $P_0(x_0,y_0)$ 处的一个单位法向量为

$$\boldsymbol{n}=\frac{1}{\sqrt{f_x^2(x_0,y_0)+f_y^2(x_0,y_0)}}\{f_x(x_0,y_0),f_y(x_0,y_0)\}=\frac{\nabla f(x_0,y_0)}{|\nabla f(x_0,y_0)|}.$$

这表明函数 $f(x,y)$ 在一点 (x_0,y_0) 的梯度 $\nabla f(x_0,y_0)$ 的方向就是等值线 $f(x,y)=c$ 在这点的法线方向 $\boldsymbol{n}$，而梯度的模 $|\nabla f(x_0,y_0)|$ 就是沿这个法线方向的方向导数 $\dfrac{\partial f}{\partial \boldsymbol{n}}$，于是有

$$\nabla f(x_0,y_0)=\frac{\partial f}{\partial \boldsymbol{n}}\boldsymbol{n}.$$

经过与二元函数的情形完全类似的讨论可知，如果引进曲面

$$f(x,y,z)=c$$

为函数 $f(x,y,z)$的等值面的概念，则可得函数 $f(x,y,z)$在一点(x_0,y_0,z_0)的梯度$\nabla f(x_0,y_0,z_0)$的方向就是等值面 $f(x,y,z)=c$ 在这点的法线方向 $\boldsymbol{n}$，而梯度的模$|\nabla f(x_0,y_0,z_0)|$就是函数沿这个法线方向的方向导数$\frac{\partial f}{\partial \boldsymbol{n}}$.

例 8.51 求函数 $z=x^2+y^2$ 在点 $M_0(1,2)$处的梯度，并求函数从点 $M_0(1,2)$到点 $M_1(2,2+\sqrt{3})$的方向导数.

解 函数 z 关于 x,y 在点 M_0 处的偏导数分别为

$$\left.\frac{\partial z}{\partial x}\right|_{(1,2)}=2x\,|_{x=1}=2,\quad \left.\frac{\partial z}{\partial y}\right|_{(1,2)}=2y\,|_{y=2}=4,$$

所以

$$\mathbf{grad}\,z\,|_{(1,2)}=\{2,4\}.$$

又，从点 M_0 到 M_1 的方向为 $l=\overrightarrow{M_0M_1}=\{1,\sqrt{3}\}$，$|\boldsymbol{l}|=\sqrt{1+3}=2$，因此

$$\boldsymbol{l}_0=\frac{\boldsymbol{l}}{|\boldsymbol{l}|}=\left\{\frac{1}{2},\frac{\sqrt{3}}{2}\right\}.$$

所以

$$\left.\frac{\partial z}{\partial \boldsymbol{l}}\right|_{(1,2)}=\mathbf{grad}\,z\,|_{(1,2)}\cdot \boldsymbol{l}_0=\{2,4\}\cdot\left\{\frac{1}{2},\frac{\sqrt{3}}{2}\right\}=1+2\sqrt{3}.$$

例 8.52 设 $f(x,y)=\frac{1}{2}(x^2+y^2)$，$P_0(1,1)$，求

(1) $f(x,y)$在 P_0 处增加最快的方向以及 $f(x,y)$沿这个方向的方向导数；

(2) $f(x,y)$在 P_0 处减少最快的方向以及 $f(x,y)$沿这个方向的方向导数；

(3) $f(x,y)$在 P_0 处的变化率为零的方向.

解 (1) $f(x,y)$在 P_0 处沿$\nabla f(1,1)$的方向增加最快，

$$\nabla f(1,1)=(x\boldsymbol{i}+y\boldsymbol{j})\,|_{(1,1)}=\boldsymbol{i}+\boldsymbol{j},$$

故所求方向为

$$\boldsymbol{n}=\frac{\nabla f(1,1)}{|\nabla f(1,1)|}=\frac{1}{\sqrt{2}}\boldsymbol{i}+\frac{1}{\sqrt{2}}\boldsymbol{j},$$

方向导数为

$$\left.\frac{\partial f}{\partial \boldsymbol{n}}\right|_{(1,1)}=|\nabla f(1,1)|=\sqrt{2}.$$

(2) $f(x,y)$在 P_0 处沿$-\nabla f(1,1)$的方向减少最快，这方向可取为

$$\boldsymbol{n}_1=-\boldsymbol{n}=-\frac{1}{\sqrt{2}}\boldsymbol{i}-\frac{1}{\sqrt{2}}\boldsymbol{j},$$

方向导数为

$$\left.\frac{\partial f}{\partial \boldsymbol{n}_1}\right|_{(1,1)}=-|\nabla f(1,1)|=-\sqrt{2}.$$

(3) $f(x,y)$在 P_0 处沿垂直于$\nabla f(1,1)$的方向变化率为零,此方向为

$$\boldsymbol{n}_2=-\frac{1}{\sqrt{2}}\boldsymbol{i}+\frac{1}{\sqrt{2}}\boldsymbol{j}\quad 或\ \boldsymbol{n}_3=\frac{1}{\sqrt{2}}\boldsymbol{i}-\frac{1}{\sqrt{2}}\boldsymbol{j}.$$

例 8.53　设 $f(x,y,z)=x^3-xy^2-z$, $P_0(1,1,0)$. 问 $f(x,y,z)$在 P_0 处沿什么方向变化最快,在这个方向的变化率是多少?

解

$$\nabla f=f_x\boldsymbol{i}+f_y\boldsymbol{j}+f_z\boldsymbol{k}=(3x^2-y^2)\boldsymbol{i}-2xy\boldsymbol{j}-\boldsymbol{k},$$

$$\nabla f(1,1,0)=2\boldsymbol{i}-2\boldsymbol{j}-\boldsymbol{k}.$$

$f(x,y,z)$在 P_0 处沿$\nabla f(1,1,0)$的方向增加最快,沿$-\nabla f(1,1,0)$的方向减少最快,在这两个方向的变化率分别是

$$|\nabla f(1,1,0)|=\sqrt{2^2+(-2)^2+1}=3,$$

$$-|\nabla f(1,1,0)|=-3.$$

例 8.54　求曲面 $x^2+y^2+z=9$ 在点 $P_0(1,2,4)$的切平面和法线方程.

解　设 $f(x,y,z)=x^2+y^2+z$. 由梯度与等值面的关系可知,梯度

$$\nabla f|_{P_0}=(2x\boldsymbol{i}+2y\boldsymbol{j}+\boldsymbol{k})|_{(1,2,4)}=2\boldsymbol{i}+4\boldsymbol{j}+\boldsymbol{k}$$

的方向是等值面 $f(x,y,z)=9$ 在点 P_0 的法线方向,因此切平面方程是

$$2(x-1)+4(y-2)+(z-4)=0,$$

即

$$2x+4y+z=14,$$

曲面在 P_0 处的法线方程是

$$\begin{cases}x=1+2t,\\ y=2+4t,\\ z=4+t.\end{cases}$$

例 8.55　设点电荷 q 位于坐标原点,则空间任一点 $M(x,y,z)$到它的距离为 $r=\sqrt{x^2+y^2+z^2}$. 从物理学知道,点电荷 q 产生的静电场在点 M 处的电势为

$$V=\frac{q}{4\pi\varepsilon r}=\frac{q}{4\pi\varepsilon}\frac{1}{r}.$$

求电势 V 的梯度.

解　函数 V 关于 x 的偏导数为

$$\frac{\partial V}{\partial x}=\frac{q}{4\pi\varepsilon}\frac{\partial}{\partial x}\left(\frac{1}{r}\right)=-\frac{q}{4\pi\varepsilon r^3}x.$$

同理有

$$\frac{\partial V}{\partial y}=-\frac{q}{4\pi\varepsilon r^3}y,\quad \frac{\partial V}{\partial z}=-\frac{q}{4\pi\varepsilon r^3}z.$$

于是

$$\mathbf{grad}\ V=\left\{-\frac{q}{4\pi\varepsilon r^3}x,-\frac{q}{4\pi\varepsilon r^3}y,-\frac{q}{4\pi\varepsilon r^3}z\right\}=-\frac{q}{4\pi\varepsilon r^2}\cdot\frac{\boldsymbol{r}}{r}.$$

由物理学知,除去负号,这正是点电荷在点 $M(x,y,z)$ 处的电场强度 $\boldsymbol{E}$,因此 $\boldsymbol{E}=-\mathbf{grad}\ V$. 即电场强度为电位的负梯度. 可见,梯度的概念有很强的物理背景.

习题 8.7

1. 求函数 $z=x^2+y^2$ 在点(1,2)处沿从点(1,2)到点$(2,2+\sqrt{3})$的方向的方向导数.

2. 求函数 $z=xy$ 在点(x,y)沿方向 $\boldsymbol{l}=\{\cos\alpha,\cos\beta\}$ 的方向微商,并求在这点的梯度和最大的方向微商及最小的方向微商.

3. 求函数 $z=\arctan\dfrac{x-a}{y-b}$在点$(x_0,y_0)$处的梯度向量 $\mathbf{grad}\ z$.

4. 设有二元函数

$$f(x,y)=-1+x(x-2y)+x^2y^2,$$

求在点(x_0,y_0)处 $f(x,y)$的绝对值减少最快的方向.

5. 求函数 $u=x^2-xy+y^2$ 在点(1,1)处的最大方向微商与最小方向微商.

6. 设 $r=\sqrt{x^2+y^2+z^2}$,求 $\mathbf{grad}\ r,\mathbf{grad}\ \dfrac{1}{r}$.

7. 求函数 $z=\ln(x+y)$在抛物线 $y^2=4x$ 上点(1,2)处,沿此抛物线在该点处偏向 x 轴正向的切线方向的方向导数.

8. 求函数 $z=1-\left(\dfrac{x^2}{a^2}+\dfrac{y^2}{b^2}\right)$在点$\left(\dfrac{a}{\sqrt{2}},\dfrac{b}{\sqrt{2}}\right)$处沿曲线$\dfrac{x^2}{a^2}+\dfrac{y^2}{b^2}=1$ 在这点的内法线方向的方向导数.

9. 求函数 $u=xy^2+z^3-xyz$ 在点(1,1,2)处沿方向角为 $\alpha=\dfrac{\pi}{3},\beta=\dfrac{\pi}{4},\gamma=\dfrac{\pi}{3}$ 的方向的方向导数.

10. 设过椭球面 $2x^2+3y^2+z^2=6$ 上点 $P(1,1,1)$处的指向外侧的法向量为 $\boldsymbol{n}$. 求函数 $u=\dfrac{\sqrt{6x^2+8y^2}}{z}$在点 P 处沿方向 $\boldsymbol{n}$ 的方向导数.

11. 求函数 $u=xyz$ 在点(5,1,2)处沿从点(5,1,2)到点(9,4,14)的方向的方向导数.

12. 求函数 $u=x^2+y^2+z^2$ 在曲线 $x=t,y=t^2,z=t^3$ 上点(1,1,1)处,沿曲线在该点的切线正方向(对应于 t 增大的方向)的方向导数.

13. 求函数 $u=x+y+z$ 在球面 $x^2+y^2+z^2=1$ 上点(x_0,y_0,z_0)处，沿球面在该点的外法线方向的方向导数.

14. 设 $u=f(x,y)$在点 $M_0(x_0,y_0)$处可微，在点 M_0 给定 n 个单位向量 $\boldsymbol{l}_i(i=1,2,\cdots,n)$，相邻两个向量之间的夹角为$\dfrac{2\pi}{n}$，证明

$$\sum_{i=1}^{n}\frac{\partial f}{\partial \boldsymbol{l}_i}=0.$$

15. 求函数 $u=x^3+y^3+z^3-3xyz$ 的梯度. 并问在何处其梯度(1) 垂直于 z 轴；(2) 平行于 z 轴；(3) 等于零.

16. 求函数 $u=\dfrac{x}{x^2+y^2+z^2}$在点 $A(1,2,2)$与 $B(-3,1,0)$处两梯度之间的夹角.

17. 设 $f(x,y,z)=x^2+2y^2+3z^2+xy+3x-2y-6z$，求

$$\mathbf{grad}\,f(0,0,0)\text{ 及 }\mathbf{grad}\,f(1,1,1).$$

18. 设函数 $u(x,y,z)$，$v(x,y,z)$的各个偏导数都存在且连续，证明：

(1) $\nabla(cu)=c\nabla u$(c 为常数)；

(2) $\nabla(u\pm v)=\nabla u\pm\nabla v$；

(3) $\nabla(uv)=v\nabla u+u\nabla v$；

(4) $\nabla\left(\dfrac{u}{v}\right)=\dfrac{v\nabla u-u\nabla v}{v^2}$.

19. 求函数 $u=xy^2z$ 在点 $P_0(1,-1,2)$处变化最快的方向，并求沿这个方向的方向导数.

20. 设 $e_l=\{\cos\theta,\sin\theta\}$，求函数

$$f(x,y)=x^2-xy+y^2$$

在点(1,1)沿方向 $\boldsymbol{l}$ 的方向导数，并分别确定角 θ，使得此导数(1) 有最大值；(2) 有最小值；(3) 等于零.

21. 求函数 $u=x^2+y^2+z^2$ 在椭球面$\dfrac{x^2}{a^2}+\dfrac{y^2}{b^2}+\dfrac{z^2}{c^2}=1$ 上点 $M_0(x_0,y_0,z_0)$处沿外法线方向的方向导数.

8.8　多元函数的极值及其求法

8.8.1　多元函数的极值及最大值、最小值

在实际问题中，往往会遇到多元函数的最大值、最小值问题. 与一元函数相类似，多元函数的最大值、最小值与极大值、极小值有密切联系，因此我们以二元函数为例，先来讨论多元函数的极值问题.

定义 8.9　设函数 $f(x,y)$在点 $P_0(x_0,y_0)$的某邻域内有定义. 若在此邻域内对异于 P_0 的点恒有

$$f(x,y)<f(x_0,y_0)\quad(\text{或 }f(x,y)>f(x_0,y_0)),$$

则称 $f(x_0,y_0)$ 为函数 $f(x,y)$ 的一个极大(或极小)值,(x_0,y_0) 称为函数 $f(x,y)$ 的**极大**(或**极小**)**值点**.

函数的极大值与极小值统称为**函数的极值**,使函数达到极值的点称为**函数的极值点**.

例如,函数 $z=1-x^2-y^2$ 在点(0,0)处的值为 1,而在点(0,0)附近的函数值恒小于 1,因此,函数 $z=1-x^2-y^2$ 在点(0,0)处达到极大值 1,其图形为开口向下的旋转抛物面(图 8.12).

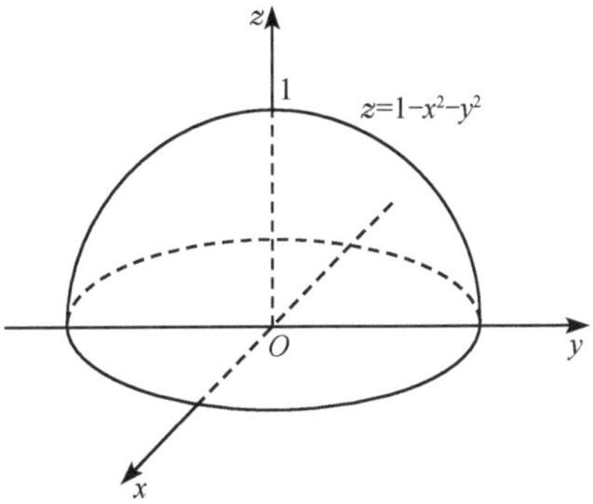

图 8.12

又如,函数 $z=\sqrt{x^2+y^2}$ 在点(0,0)处的值为 0,而在点(0,0)附近的函数值恒大于 0,因此,函数 $z=\sqrt{x^2+y^2}$ 在点(0,0)处达到极小值 0(图 8.13).

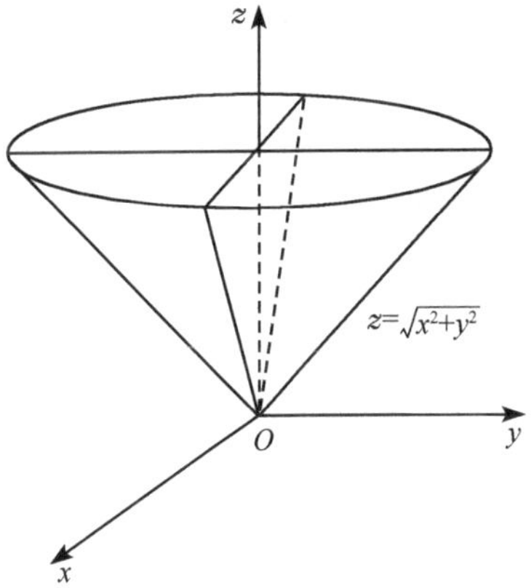

图 8.13

定理 8.8(极值的必要条件) 若函数 $f(x,y)$ 在点 $P_0(x_0,y_0)$ 处达到极值,且 $f_x(x_0,y_0)$ 和 $f_y(x_0,y_0)$ 存在,则

$$f_x(x_0,y_0)=0,\quad f_y(x_0,y_0)=0.$$

证 不妨设 $f(x_0,y_0)$ 为极大值,即在 P_0 点附近,对异于 P_0 的点 $P(x,y)$ 恒有

$$f(x,y)<f(x_0,y_0).$$

从而当 y 固定为 y_0 时,对 $x\neq x_0$,有

$$f(x,y_0)<f(x_0,y_0).$$

这表示,一元函数 $f(x,y_0)$ 在点 x_0 处达到极大值. 于是由一元可微函数取极值的必要条件(费马定理)知

$$\left[\frac{\mathrm{d}}{\mathrm{d}x}f(x,y_0)\right]_{x=x_0}=0,$$

即

$$f_x(x_0,y_0)=0.$$

同理

$$f_y(x_0,y_0)=0.$$

偏导数都为零的点称为**函数的稳定点**或**驻点**.

从几何上看,此时如果曲面 $z=f(x,y)$ 在点 (x_0,y_0,z_0) 处有切平面,则切平面

$$z - z_0 = f_x(x_0, y_0)(x - x_0) + f_y(x_0, y_0)(y - y_0)$$

成为平行于 xOy 坐标面的平面 $z - z_0 = 0$.

类似可得，三元函数 $u = f(x, y, z)$ 在点 (x_0, y_0, z_0) 具有极值的必要条件为

$$f_x(x_0, y_0, z_0) = 0, \quad f_y(x_0, y_0, z_0) = 0, \quad f_z(x_0, y_0, z_0) = 0.$$

定理 8.8 说明，在一阶偏导数存在的条件下，函数的极值点必是稳定点. 但是，函数的稳定点却未必是极值点. 例如，函数 $z = xy$（其图形是马鞍面）有稳定点 $(0,0)$，但 $(0,0)$ 却不是函数的极值点.

定理 8.9（极值的充分条件） 若函数 $f(x,y)$ 在点 $P_0(x_0, y_0)$ 的某邻域内有连续的二阶偏导数，且 $f_x(x_0,y_0)=0, f_y(x_0,y_0)=0$. 记 $f_{x^2}(x_0,y_0)=A, f_{xy}(x_0,y_0)=B, f_{y^2}(x_0,y_0)=C$，则有结论：

(1) 当 $AC - B^2 > 0$ 且 $A > 0$（或 $C > 0$）时，$f(x_0, y_0)$ 为极小值；

(2) 当 $AC - B^2 > 0$ 且 $A < 0$（或 $C < 0$）时，$f(x_0, y_0)$ 为极大值；

(3) 当 $AC - B^2 < 0$ 时，$f(x,y)$ 在点 (x_0, y_0) 处无极值；

(4) 当 $AC - B^2 = 0$ 时可能有极值，也可能没有极值，还需另做讨论.

多元函数的极值

多元函数的最值

例 8.56 求函数 $f(x,y) = x^3 - y^3 + 3x^2 + 3y^2 - 9x$ 的极值.

解 先解方程组

$$\begin{cases} f_x(x,y) = 3x^2 + 6x - 9 = 0, \\ f_y(x,y) = -3y^2 + 6y = 0, \end{cases}$$

得驻点为 $(1,0)$，$(1,2)$，$(-3,0)$，$(-3,2)$.

二阶偏导数

$$f_{xx}(x,y) = 6x + 6, \quad f_{xy}(x,y) = 0, \quad f_{yy}(x,y) = -6y + 6.$$

在点 $(1,0)$ 处，$AC - B^2 = 12 \times 6 > 0$，又因 $A > 0$，所以函数在 $(1,0)$ 处有极小值 $f(1,0) = -5$；

在点 $(1,2)$ 处，$AC - B^2 = 12 \times (-6) < 0$，所以 $f(1,2)$ 不是极值；

在点 $(-3,0)$ 处，$AC - B^2 = -12 \times 6 < 0$，所以 $f(-3,0)$ 不是极值；

在点 $(-3,2)$ 处，$AC - B^2 = -12 \times (-6) > 0$，又 $A < 0$，所以函数在 $(-3,2)$ 处有极大值 $f(-3,2) = 31$.

讨论函数的极值问题时，如果函数在所讨论的区域内具有偏导数，则极值只可能在驻点处取得. 然而，如果函数在个别点处的偏导数不存在，这些点当然不是驻

点,但也可能是极值点.例如,函数 $z=-\sqrt{x^2+y^2}$ 在点(0,0)处的偏导数不存在,但该函数在点(0,0)处却具有极大值.因此,在考虑函数的极值问题时,除了考虑函数的驻点外,如果有偏导数不存在的点,对这些点也应当考虑.

与一元函数类似,可以利用函数的极值来求函数的最大值和最小值.如果 $f(x,y)$ 在有界闭区域 D 上连续,则 $f(x,y)$ 在 D 上必定能取得最大值和最小值.这种使函数取得最大值或最小值的点既可能在 D 的内部,也可能在 D 的边界上.假定函数在 D 上连续,在 D 内可微分且只有有限个驻点,这时如果函数在 D 的内部取得最大值(最小值),则这个最大值(最小值)也是函数的极大值(极小值).因此,在上述假定下,求函数的最大值和最小值的一般方法是将函数 $f(x,y)$ 在 D 内的所有驻点处的函数值及在 D 的边界上的最大值和最小值相互比较,其中最大的就是最大值,最小的就是最小值.但这种做法要求出 $f(x,y)$ 在 D 的边界上的最大值和最小值,所以往往相当复杂.在通常遇到的实际问题中,如果根据问题的性质,知道函数 $f(x,y)$ 的最大值(最小值)一定在 D 的内部取得,而函数在 D 内只有一个驻点,那么可以肯定该驻点处的函数值就是函数 $f(x,y)$ 在 D 上的最大值(最小值).

例 8.57 某工厂用钢板制造容积为 V 的无盖长方盒,问怎样选取长、宽、高,才最省钢板?

解 设盒长为 x,宽为 y,则高为 $h=\dfrac{V}{xy}$.因此,无盖长方盒的表面积为

$$S=xy+\frac{V}{xy}(2x+2y)=xy+2V\left(\frac{1}{x}+\frac{1}{y}\right),\quad (x,y)\in D,$$

其中 D 为区域 $\{0<x<+\infty;0<y<+\infty\}$.解方程组

$$\begin{cases}\dfrac{\partial S}{\partial x}=y-\dfrac{2V}{x^2}=0,\\[2mm] \dfrac{\partial S}{\partial y}=x-\dfrac{2V}{y^2}=0,\end{cases}$$

得稳定点 $(x_0,y_0)=(\sqrt[3]{2V},\sqrt[3]{2V})$.容易看出,可微函数 S 在 D 内有最小值,而它在 D 内只有一个稳定点,于是可以断定,函数 S 在点 $(\sqrt[3]{2V},\sqrt[3]{2V})$ 处达到最小值,即当长,宽分别为 $\sqrt[3]{2V}$,$\sqrt[3]{2V}$,而高为 $h=\dfrac{V}{xy}=\dfrac{1}{2}\sqrt[3]{2V}$ 时,最省钢板.

例 8.58 设有一条直的引水渠道,横截面为一等腰梯形.当横截面的面积一定时,问:如何选取等腰梯形各边的长度,才能使渠道表面所铺水泥的用量最省?

解 设截面积为定值 S_0.梯形的下底为 x,腰为 y,腰与上底的夹角为 α(图 8.14).由梯形面积公式得

$$S_0=\frac{1}{2}(2x+2y\cos\alpha)y\sin\alpha=xy\sin\alpha+y^2\sin\alpha\cos\alpha.$$

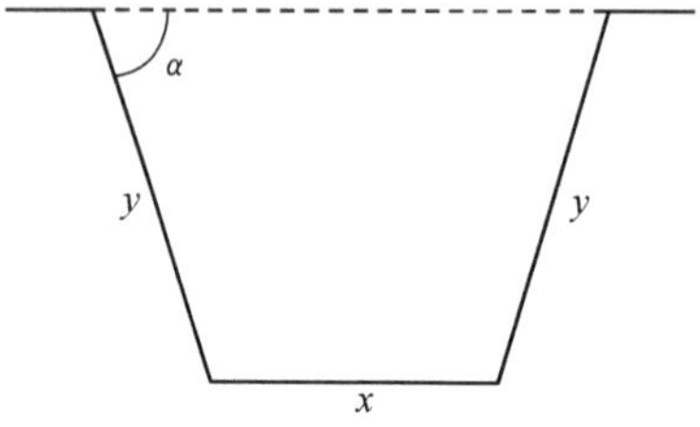

图 8.14

要求水泥用量最少,就是要求梯形的三边总长度

$$L = x + 2y$$

最小,即要求函数 L 的最小值. 由前式解得

$$x = \frac{S_0}{y\sin\alpha} - y\cos\alpha,$$

所以

$$L = \frac{S_0}{y\sin\alpha} - y\cos\alpha + 2y.$$

解方程组

$$\begin{cases} \dfrac{\partial L}{\partial y} = \dfrac{S_0}{\sin\alpha}\left(-\dfrac{1}{y^2}\right) - \cos\alpha + 2 = 0, \\ \dfrac{\partial L}{\partial \alpha} = \dfrac{S_0}{y}\left(-\dfrac{1}{\sin^2\alpha}\cos\alpha\right) + y\sin\alpha = 0, \end{cases}$$

得

$$\alpha = \frac{\pi}{3}, \quad x = y = \frac{2\sqrt{S_0}}{\sqrt{3}\sqrt[4]{3}}.$$

由实际情况可知,最小值是存在的,所以,当等腰梯形的腰与下底相等且夹角为 $\frac{\pi}{3}$ 时,水泥用量最少.

8.8.2　条件极值　拉格朗日乘子法

在极值问题中,大量出现的是函数满足若干条件(也称约束方程)的极值问题,即条件极值问题. 例如,函数 $z=\sqrt{1-x^2-y^2}$ 满足约束方程 $y=0$ 的极大值是 1,而满足约束方程 $y-a=0(0<a<1)$ 的极大值是 $\sqrt{1-a^2}$(图 8.15). 这些都是条件极值. 又如,在本节例 8.57 中,如果设盒高为 z,那么例 8.57 就可看成求函数 $S=xy+2yz+2xz$ 满足约束方程 $xyz-V=0$ 的条件极值问题. 前面在解决这个问题时,是从约束方程中解出

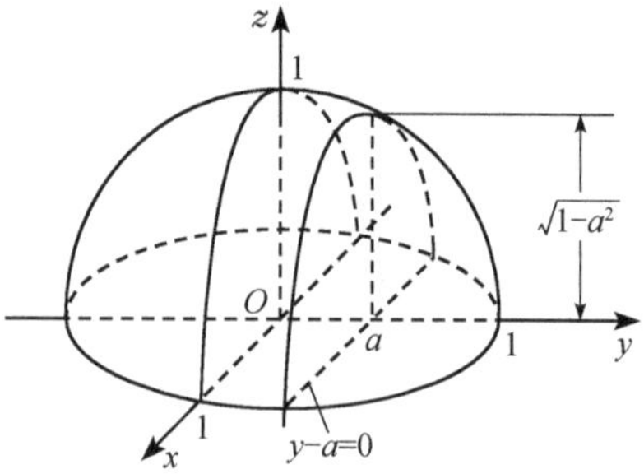

图 8.15

拉格朗日乘子法

$$z=\frac{V}{xy}$$

代入 S,得二元函数

$$S=xy+2V\left(\frac{1}{x}+\frac{1}{y}\right),$$

然后求二元函数的普通极值.但是对有些问题,要解出 z 并不方便.下面介绍不从约束方程中解出 z 的求条件极值的方法,即拉格朗日乘子法.

先来讨论一般的三元函数

$$u=f(x,y,z)$$

满足约束方程

$$\varphi(x,y,z)=0$$

的条件极值问题.

假定函数 $f(x,y,z)$ 与 $\varphi(x,y,z)$ 都有连续的一阶偏导数,且 $\varphi_z(x,y,z)\neq 0$,那么,方程 $\varphi(x,y,z)=0$ 就确定了 z 是 x,y 的隐函数 $z=z(x,y)$,将它代入式中,得到二元函数

$$u=f[x,y,z(x,y)].$$

三元函数的条件极值问题即化为二元函数的普通极值问题.由极值的必要条件知,为了求稳定点,应求解方程组

$$\begin{cases}\dfrac{\partial u}{\partial x}=\dfrac{\partial f}{\partial x}+\dfrac{\partial f}{\partial z}\dfrac{\partial z}{\partial x}=0,\\[2ex] \dfrac{\partial u}{\partial y}=\dfrac{\partial f}{\partial y}+\dfrac{\partial f}{\partial z}\dfrac{\partial z}{\partial y}=0.\end{cases}$$

由隐函数存在定理知

$$\frac{\partial z}{\partial x}=-\frac{\varphi_x}{\varphi_z},\quad \frac{\partial z}{\partial y}=-\frac{\varphi_y}{\varphi_z},$$

代入上面方程组,得

$$\begin{cases}f_x-\dfrac{\varphi_x}{\varphi_z}f_z=0,\\[2ex] f_y-\dfrac{\varphi_y}{\varphi_z}f_z=0.\end{cases}$$

拉格朗日
乘子法举例

此方程组可改写为

$$\frac{f_x}{\varphi_x}=\frac{f_y}{\varphi_y}=\frac{f_z}{\varphi_z},$$

它再加上约束方程就是条件极值点(x_0,y_0,z_0)所应满足的方程组.

令$\dfrac{f_z}{\varphi_z}=-\lambda$,则只需解方程组

$$\begin{cases} f_x + \lambda\varphi_x = 0, \\ f_y + \lambda\varphi_y = 0, \\ f_z + \lambda\varphi_z = 0, \\ \varphi(x,y,z) = 0. \end{cases}$$

若解出 x,y,z,λ，则(x,y,z)即为稳定点. 而在上面的假定下，条件极值点必定是稳定点，因此，解方程组是求条件极值点的关键.

此方程组不易记忆. 为了便于记忆，下面换一个讲法，即拉格朗日乘子法.

此方程组可看成四个独立变量 x,y,z,λ 的函数

$$F(x,y,z,\lambda) = f(x,y,z) + \lambda\varphi(x,y,z)$$

取普通极值的必要条件，即化为下列方程组：

$$\begin{cases} F_x = f_x + \lambda\varphi_x = 0, \\ F_y = f_y + \lambda\varphi_y = 0, \\ F_z = f_z + \lambda\varphi_z = 0, \\ F_\lambda = \varphi(x,y,z) = 0. \end{cases}$$

从上式解出 x,y,z,λ 后，(x,y,z)就是条件极值问题的稳定点. 如果根据实际问题能从直观上判断条件极值点是存在的，而从上面方程组中解出的稳定点又只有一个，那么，这个稳定点就是条件极值点.

例 8.59　用拉格朗日乘子法重新求解例 8.57.

解　作四元辅助函数

$$F(x,y,z,\lambda) = xy + 2yz + 2xz + \lambda(xyz - V),$$

解方程组

$$\begin{cases} F_x = y + 2z + \lambda yz = 0, \\ F_y = x + 2z + \lambda xz = 0, \\ F_z = 2y + 2x + \lambda xy = 0, \\ F_\lambda = xyz - V = 0 \end{cases}$$

得稳定点$\left(\sqrt[3]{2V},\sqrt[3]{2V},\dfrac{1}{2}\sqrt[3]{2V}\right)$.

由于稳定点只有一个，并且从实际问题来判断，此条件极值问题的最小值显然是存在的，因此，函数就在该稳定点处取得最小值.

注 8.1　当约束方程有两个，分别为

$$\varphi(x,y,z) = 0, \quad \psi(x,y,z) = 0,$$

则求三元函数 $u=f(x,y,z)$的条件极值时，拉格朗日乘子法的主要步骤是作五元辅助函数

$$F(x,y,z,\lambda_1,\lambda_2) = f(x,y,z) + \lambda_1\varphi(x,y,z) + \lambda_2\psi(x,y,z),$$

解方程组

$$\begin{cases}F_x = f_x + \lambda_1\varphi_x + \lambda_2\psi_x = 0,\\ F_y = f_y + \lambda_1\varphi_y + \lambda_2\psi_y = 0,\\ F_z = f_z + \lambda_1\varphi_z + \lambda_2\psi_z = 0,\\ F_{\lambda_1} = \varphi(x,y,z) = 0,\\ F_{\lambda_2} = \psi(x,y,z) = 0,\end{cases}$$

得稳定点(x_0,y_0,z_0);然后再判断所求稳定点是否是极值点.

注 8.2 求二元函数 $z=f(x,y)$满足约束方程 $\varphi(x,y)=0$ 的条件极值时,拉格朗日乘子法的主要步骤是作三元辅助函数

$$F(x,y,\lambda) = f(x,y) + \lambda\varphi(x,y),$$

解方程组

$$\begin{cases}F_x = f_x + \lambda\varphi_x = 0,\\ F_y = f_y + \lambda\varphi_y = 0,\\ F_\lambda = \varphi(x,y) = 0,\end{cases}$$

得稳定点(x_0,y_0);然后再判断所求稳定点是否为极值点.

例 8.60 设有一单位正电荷,位于直角坐标系的原点处.另有一单位负电荷,在椭圆

$$\begin{cases}z = x^2 + y^2,\\ x + y + z = 1\end{cases}$$

上移动.问:两电荷间的引力何时最大,何时最小?

解 由物理学知,当负电荷在点(x,y,z)处时,两电荷间的引力为

$$f = \frac{k}{x^2+y^2+z^2},\quad k>0 \text{ 为常数}.$$

考虑函数 $g=\dfrac{k}{f}=x^2+y^2+z^2$,$f$ 的最大(小)值显然就是 g 的最小(大)值.

作五元辅助函数

$$F(x,y,z,\lambda) = x^2+y^2+z^2+\lambda_1(x^2+y^2-z)+\lambda_2(x+y+z-1),$$

解方程组

$$\begin{cases}F_x = 2x + 2\lambda_1 x + \lambda_2 = 0,\\ F_y = 2y + 2\lambda_1 y + \lambda_2 = 0,\\ F_z = 2z - \lambda_1 + \lambda_2 = 0,\\ F_{\lambda_1} = x^2 + y^2 - z = 0,\\ F_{\lambda_2} = x + y + z - 1 = 0,\end{cases}$$

得两个稳定点为

$$M_1\left(\frac{-1+\sqrt{3}}{2},\frac{-1+\sqrt{3}}{2},2-\sqrt{3}\right),\quad M_2\left(\frac{-1-\sqrt{3}}{2},\frac{-1-\sqrt{3}}{2},2+\sqrt{3}\right).$$

且 $g(M_1)=9-5\sqrt{3}, g(M_2)=9+5\sqrt{3}$.

从几何上看,函数 g 的最大值和最小值显然是存在的,因此,g 在点 M_1,M_2 处分别达到最小值和最大值,从而函数 f 在点 M_1,M_2 处分别达到最大值和最小值,即两电荷间的引力当单位负电荷在点 M_1 处时为最大,在点 M_2 处时为最小.

例 8.61　试求点(8,2)到抛物线 $x^2=4y$ 的最短距离.

解　点(8,2)到抛物线 $x^2=4y$ 上任一点(x,y)的距离为

$$d=\sqrt{(x-8)^2+(y-2)^2}.$$

注意到正值函数 f 与其平方函数总在同一点处达到极大值或极小值,可将问题化为求解二元函数

$$u=d^2=(x-8)^2+(y-2)^2$$

满足约束方程 $x^2-4y=0$ 的条件极值问题.

作三元辅助函数

$$F(x,y,\lambda)=(x-8)^2+(y-2)^2+\lambda(x^2-4y),$$

解方程组

$$\begin{cases}F_x=2(x-8)+2\lambda x=0,\\ F_y=2(y-2)-4\lambda=0,\\ F_\lambda=x^2-4y=0,\end{cases}$$

得稳定点为(4,4).

从几何图像上不难判断,点(4,4)为极小值点,并且是最小值点,所求的最短距离就是点(8,2)与点(4,4)之间的距离 $\sqrt{20}$.

习题 8.8

1. 求函数 $f(x,y)=4(x-y)-x^2-y^2$ 的极值.

2. 求下列函数的极值:

(1) $z=x^2-(y-1)^2$;　(2) $z=x^3+y^3-3xy$;

(3) $z=\sin x+\cos y+\cos(x-y)\left(0\leqslant x\leqslant\frac{\pi}{2},0\leqslant y\leqslant\frac{\pi}{2}\right)$;

(4) $z=x^4+y^4-x^2-2xy-y^2$;　(5) $z=e^{2x+3y}(8x^2-6xy+3y^2)$.

3. 求由下列方程决定的函数 $z=f(x,y)$的极值:

(1) $x^2+y^2+z^2-2x-2y-4z-10=0$;

(2) $x^2+y^2+z^2-xz-yz+2x+2y+2z-2=0$.

4. 求下列函数在所给条件下的极值:

(1) $z=\frac{x}{a}+\frac{y}{b}, x^2+y^2=1(a>0,b>0)$;

(2) $z=x^2+y^2, \dfrac{x}{a}+\dfrac{y}{b}=1(a>0,b>0)$；

(3) $z=\cos^2 x+\cos^2 y, x-y=\dfrac{\pi}{4}$；

(4) $u=xyz, x^2+y^2+z^2=1, x+y+z=0$.

5. 求函数 $f(x,y)=(6x-x^2)(4y-y^2)$ 的极值.

6. 求函数 $f(x,y)=e^{2x}(x+y^2+2y)$ 的极值.

7. 求函数 $z=xy$ 在满足条件 $x+y=1$ 下的极大值.

8. 从斜边之长为 l 的一切直角三角形中，求有最大周长的直角三角形.

9. 要建造一个体积等于定数 k 的长方体无盖水池，应如何选择水池的尺寸，使得它的表面积最小.

10. 在平面 xOy 上求一点，使它到 $x=0, y=0$ 及 $x+2y-16=0$ 三直线的距离平方之和为最小.

11. 有一块宽为 $2a$ 的长方形铁片，把它两边宽为 x 的边缘分别向上折成一个水槽，问 x 和 θ 取何值时使水槽的容积最大(图 8.16)？

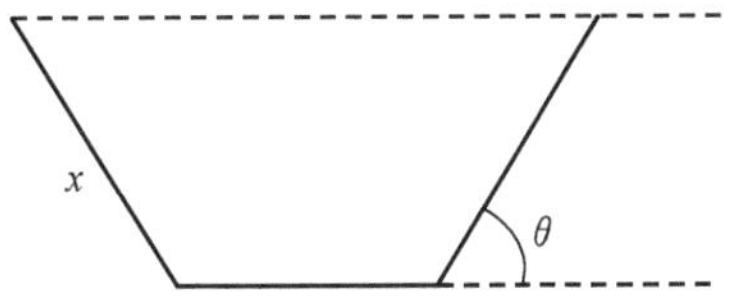

图 8.16

12. 已知三角形的周长为 $2p$，问怎样的三角形绕着自己的一边旋转所成的体积最大？

13. 求抛物线 $y=x^2$ 与直线 $x-y-2=0$ 间的最短距离.

14. 求点 $M_0(x_0,y_0,z_0)$ 至平面 $Ax+By+Cz+D=0$ 的距离.

15. 在椭球面 $\dfrac{x^2}{96}+y^2+z^2=1$ 上求距离平面

$$3x+4y+12z=288$$

的最近点与最远点.

16. 当 n 个正数 $x_1, x_2, \cdots, x_n$ 之和为常数时，求它们的乘积开 n 次根的最大值.

17. 将周长为 $2p$ 的矩形绕它的一边旋转而构成一个圆柱体. 问：矩形的边长各为多少时，才可使圆柱体的体积为最大？

18. 求内接于半径为 a 的球且有最大体积的长方体.

19. 抛物面 $z=x^2+y^2$ 被平面 $x+y+z=1$ 截成一椭圆，求这椭圆上的点到原点的距离的最大值与最小值.

20. 设有一圆板占有平面闭区域 $\{(x,y)\mid x^2+y^2\leqslant 1\}$. 该圆板被加热，以致在点 (x,y) 的温度是

$$T=x^2+2y^2-x.$$

求该圆板的最热点和最冷点.

21. 形状为椭球 $4x^2+y^2+4z^2\leqslant 16$ 的空间探测器进入地球大气层，其表面开始受热，1 小时后在探测器的点 (x,y,z) 处的温度 $T=8x^2+4yz-16z+600$，求探测器表面最热的点.

22. 求平面 $\dfrac{x}{3}+\dfrac{y}{4}+\dfrac{z}{5}=1$ 和柱面 $x^2+y^2=1$ 的交线上与 xOy 平面距离最短的点.

23. 在第一卦限内做椭球面 $\dfrac{x^2}{a^2}+\dfrac{y^2}{b^2}+\dfrac{z^2}{c^2}=1$ 的切平面，使该切平面与三坐标面所围成的四

面体的体积最小. 求这切平面的切点，并求此最小体积.

24. 某厂家生产的一种产品同时在两个市场销售，售价分别为 p_1 和 p_2，销售量分别为 q_1 和 q_2，需求函数分别为

$$q_1 = 24 - 0.2p_1, \quad q_2 = 10 - 0.05p_2,$$

总成本函数为

$$C = 35 + 40(q_1 + q_2).$$

试问：厂家如何确定两个市场的售价，能使其获得的总利润最大？最大总利润为多少？

25. 有一座小山，取它的底面所在的平面为 xOy 坐标面，其底部所占的闭区域为 $D=\{(x,y)\mid x^2+y^2-xy\leqslant 75\}$，小山的高度函数为 $h=f(x,y)=75-x^2-y^2+xy$.

(1) 设 $M(x_0,y_0)\in D$，问 $f(x,y)$ 在该点沿平面上什么方向的方向导数最大？若记此方向导数的最大值为 $g(x_0,y_0)$，试写出 $g(x_0,y_0)$ 的表达式.

(2) 欲利用此小山开展攀岩活动，为此需要在山脚找一上山坡度最大的点作为攀岩的起点. 也就是说，要在 D 的边界线 $x^2+y^2-xy=75$ 上找出(1)中的 $g(x,y)$ 达到最大值的点. 试确定攀岩起点的位置.

8.9　最小二乘法

最小二乘法是利用多元函数的极值理论寻求经验公式的一种数学方法.

在实际工作中，常常需要根据实测的一组数据找出函数关系，即经验公式. 这里只介绍直线型经验公式.

假设有两个变量 x,y，其中 y 是 x 的函数. 但在实际问题里，只测得了一组如下数据：

x	x_1	x_2	…	x_i	…	x_n
y	y_1	y_2	…	y_i	…	y_n

怎样找出 x,y 之间的最佳近似公式呢？

第一步　分析数据.

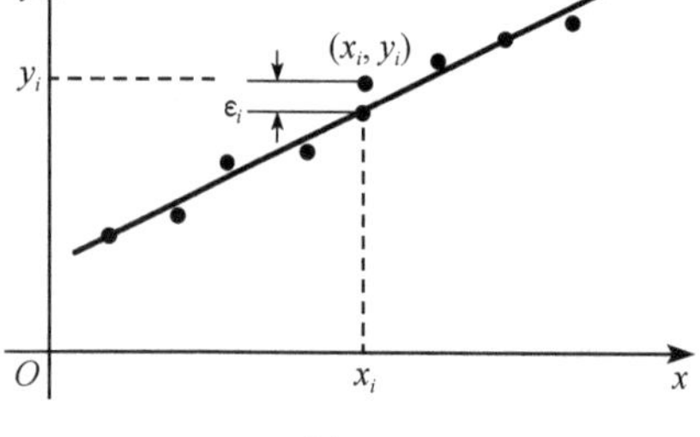

图 8.17

先将数据表中的数对 $(x_i,y_i)(i=1,2,\cdots,n)$ 看成点的坐标，画在坐标纸上，即实际工作中所说的“点图”；再看 x 与 y 之间的关系是否近似于一次函数. 此处假定，n 个点 $(x_i,y_i)(i=1,2,\cdots,n)$ 基本上分布在一条直线附近(图 8.17). 因而可以认为 y 是 x 的线性(即一次)函数：

$$y = ax + b.$$

第二步　求 a,b，找出直线型经验公式.

显然，实测值 y_i 与按照公式计算出的理论值(ax_i+b)不一定相等. 也就是说，存在误差

$$\varepsilon_i=y_i-(ax_i+b)=y_i-ax_i-b,\quad i=1,2,\cdots,n,$$

这 n 个 ε_i 有正有负，将它们平方之后，再求和，称为总偏差

$$\varepsilon=\sum_{i=1}^{n}\varepsilon_i^2=\sum_{i=1}^{n}(y_i-ax_i-b)^2.$$

ε 为 a,b 的二元函数 $\varepsilon=\varepsilon(a,b)$. 下面介绍在总偏差取最小值的意义下，怎样定出常数 a,b，从而求得最佳近似公式——直线型经验公式 $y=ax+b$. 这种根据总偏差 $\varepsilon(a,b)$ 为最小的条件来确定系数 a,b 的方法，就是**最小二乘法**.

最小二乘法

由极值的必要条件得

$$\begin{cases}\dfrac{\partial\varepsilon}{\partial a}=\displaystyle\sum_{i=1}^{n}2(y_i-ax_i-b)\cdot(-x_i)=0,\\[2ex]\dfrac{\partial\varepsilon}{\partial b}=\displaystyle\sum_{i=1}^{n}2(y_i-ax_i-b)\cdot(-1)=0,\end{cases}$$

即

$$\begin{cases}\left(\displaystyle\sum_{i=1}^{n}x_i^2\right)a+\left(\displaystyle\sum_{i=1}^{n}x_i\right)b=\displaystyle\sum_{i=1}^{n}x_iy_i,\\[2ex]\left(\displaystyle\sum_{i=1}^{n}x_i\right)a+nb=\displaystyle\sum_{i=1}^{n}y_i.\end{cases}$$

解得

$$\begin{cases}a=\dfrac{n\displaystyle\sum_{i=1}^{n}x_iy_i-\left(\sum_{i=1}^{n}x_i\right)\cdot\left(\sum_{i=1}^{n}y_i\right)}{n\left(\displaystyle\sum_{i=1}^{n}x_i^2\right)-\left(\sum_{i=1}^{n}x_i\right)^2},\\[4ex]b=\dfrac{\left(\displaystyle\sum_{i=1}^{n}y_i\right)\cdot\left(\sum_{i=1}^{n}x_i^2\right)-\left(\sum_{i=1}^{n}x_i\right)\cdot\left(\sum_{i=1}^{n}x_iy_i\right)}{n\left(\displaystyle\sum_{i=1}^{n}x_i^2\right)-\left(\sum_{i=1}^{n}x_i\right)^2},\end{cases}$$

于是得到直线型经验公式 $y=ax+b$. 由此可知，为了求得 a,b，需要计算下面四个量：

$$\sum_{i=1}^{n}x_i,\quad\sum_{i=1}^{n}y_i,\quad\sum_{i=1}^{n}x_iy_i,\quad\sum_{i=1}^{n}x_i^2.$$

例 8.62　已知金属棒的长度 l 与温度 t 有关，它随温度的变化而变化，变化规律由膨胀系数 k 决定. 由分析知，有公式

$$l = l_0(1 + kt),$$

其中 l_0 为 0℃时金属棒的长度. 为了应用这个公式,需要定出常数 l_0 及 k. 现测得金属棒长度 l 与对应的温度 t 之间有如下五组数据:

温度 t/℃	20	30	40	50	60
长度 l/mm	1000.36	1000.53	1000.74	1000.91	1001.06

解　可用最小二乘法来做.

令 $l_0k=a, l_0=b$,则式化为

$$l = at + b.$$

为了计算方便,列出下表:

i	1	2	3	4	5
t_i	20	30	40	50	60
l_i	1000.36	1000.53	1000.74	1000.91	1001.06
t_il_i	20007.20	30015.90	40029.60	50045.50	60063.60
t_i^2	400	900	1600	2500	3600

于是有

$$\sum_{i=1}^{5} t_i = 200, \quad \sum_{i=1}^{5} l_i = 5003.60,$$

$$\sum_{i=1}^{5} t_il_i = 200161.80, \quad \sum_{i=1}^{5} t_i^2 = 9000.$$

代入公式,得

$$a = 0.0178, \quad b = 1000.01.$$

于是得直线型经验公式

$$l = 0.0178t + 1000.01,$$

且

$$l_0 = b = 1000.01,$$

$$k = \frac{a}{l_0} = 0.0000177.$$

以上是利用最小二乘法求直线型经验公式的例子. 有时所测量的数据之间的关系也可能不是一次函数,而是幂函数或指数函数,或二次函数等. 对于这些情况,也可以利用最小二乘法来做. 例如,如果公式为指数函数

$$y = Ae^{\beta x},$$

那么,根据 n 组数据$(x_i,y_i)(i=1,2,\cdots,n)$,可以用最小二乘法求出 A 与 β 的最佳值.事实上,可以在以上公式的两边取对数,得

$$\ln y=\ln A+\beta x,$$

令 $\alpha=\ln A$,则上式化为

$$\ln y=\alpha+\beta x.$$

这时,数据(x_i,y_i)换为$(x_i,\ln y_i)(i=1,2,\cdots,n)$.用最小二乘法可求出 α,β 的最佳值,然后定出 $A=e^{\alpha}$,便得到公式 $y=Ae^{\beta x}$.

例 8.63 在研究某单分子化学反应速率时,得到下列数据:

i	1	2	3	4	5	6	7	8
τ_i	3	6	9	12	15	18	21	24
y_i	57.6	41.9	31.0	22.7	16.6	12.2	8.9	6.5

其中 τ 为从实验开始算起的时间;y 为时刻 τ 反应物的量.试根据上述数据定出经验公式 $y=f(\tau)$.

解 由化学反应速率的理论知道,$y=f(\tau)$应是指数函数,设 $y=ke^{m\tau}$,其中 k 和 m 为待定常数.对这批数据,先来验证这个结论.为此,在 $y=ke^{m\tau}$ 的两边取常用对数,得

$$\lg y=(m\cdot\lg e)\tau+\lg k.$$

记 $m\cdot\lg e$,即 $0.4343m=a$,$\lg k=b$,则上式可写为

$$\lg y=a\tau+b,$$

于是 $\lg y$ 就是 τ 的线性函数.所以,把表中各对数据$(\tau_i,y_i)(i=1,2,\cdots,8)$所对应的点描在半对数坐标纸上(半对数坐标纸的横轴上各点处所标明的数字与普通的直角坐标纸相同,而纵轴上各点处所表明的数字是这样的,它的常用对数就是该点到原点的距离),如图 8.18 所示.从图 8.18 中看出,这些点的连线非常接近于一条直线,这说明 $y=f(\tau)$确实可以认为是指数函数.

下面来具体定出 k 与 m 的值.

由于

$$\lg y=a\tau+b,$$

所以可通过求方程组

$$\begin{cases}a\sum_{i=1}^{8}\tau_i^2+b\sum_{i=1}^{8}\tau_i=\sum_{i=1}^{8}\tau_i\lg y_i,\\ a\sum_{i=1}^{8}\tau_i+8b=\sum_{i=1}^{8}\lg y_i\end{cases}$$

的解,把 a,b 确定出来.

下面通过列表来计算 $\sum_{i=1}^{8}\tau_i,\sum_{i=1}^{8}\tau_i^2,\sum_{i=1}^{8}\lg y_i$ 及 $\sum_{i=1}^{8}\tau_i\lg y_i$:

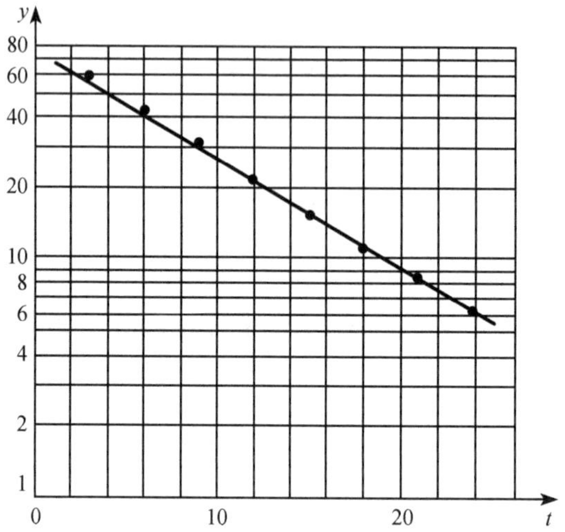

图 8.18

	τ_i	τ_i^2	y_i	$\lg y_i$	$\tau_i \lg y_i$
	3	9	57.6	1.7604	5.2812
	6	36	41.9	1.6222	9.7332
	9	81	31.0	1.4914	13.4226
	12	144	22.7	1.3560	16.2720
	15	225	16.6	1.2201	18.3015
	18	324	12.2	1.0864	19.5552
	21	441	8.9	0.9494	19.9374
	24	576	6.5	0.8129	19.5096
$\sum$	108	1836	197.4	10.2988	122.0127

将它们代入方程组(其中取 $\sum_{i=1}^{8} \lg y_i \approx 10.3$，$\sum_{i=1}^{8} \tau_i \lg y_i \approx 122$)，得

$$\begin{cases} 1836a + 108b = 122, \\ 108a + 8b = 10.3. \end{cases}$$

解这方程组，得

$$\begin{cases} a = 0.4343m = -0.045, \\ b = \lg k = 1.8964. \end{cases}$$

所以

$$m = -0.1036, \quad k = 78.78.$$

因此所求的经验公式为

$$y = 78.78\mathrm{e}^{-0.1036\tau}.$$

第 9 章 重 积 分

由一元函数积分学知道，定积分是某种确定形式的和的极限. 这种和的极限的概念推广到定义在区域上多元函数的情形，就得到**重积分**的概念. 本章将介绍重积分(包括二重积分和三重积分)的概念、计算法以及它们的一些应用.

9.1 二重积分的概念与性质

9.1.1 二重积分的概念

1. 曲顶柱体的体积

设 $z=f(x,y)$ 是有界闭区域 D 上的非负连续函数，则它的图形是一张连续曲面，记为 S. 以区域 D 为底，以 S 为顶，以柱面(其准线为 D 的边界，母线平行于 z 轴)为侧面的立体，称为**"曲顶柱体"**(图 9.1). 下面来求该曲顶柱体的体积 V.

如果柱体的顶是平行于底面的平面，那么柱体的体积就等于底面积乘以高. 现在柱体的顶是曲面，于是可以用类似于求曲边梯形面积的办法来求曲顶柱体的体积. 具体步骤如下：

(1) 用任意的曲线网将区域 D 分为几个小区域

$$\Delta\sigma_1, \Delta\sigma_2, \cdots, \Delta\sigma_n$$

(并用它们表示小区域的面积)，于是曲顶柱体相应地被分成 n 个小曲顶柱体，设体积为 $\Delta V_i (i=1,2,\cdots,n)$，则 $V=\sum\limits_{i=1}^{n}\Delta V_i$.

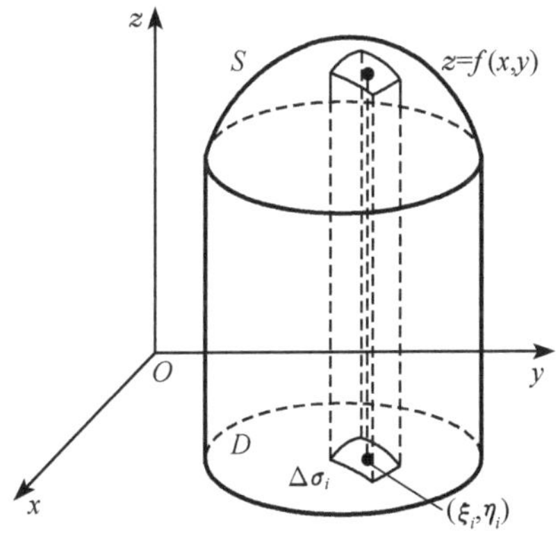

图 9.1

(2) 在每个小区域 $\Delta\sigma_i$ 上任取一点 (ξ_i,η_i). 因为 $f(x,y)$ 连续，所以当分割充分细密时，小曲顶柱体的体积 ΔV_i 就近似等于以 $f(\xi_i,\eta_i)$ 为高，以 $\Delta\sigma_i$ 为底的小平顶柱体的体积，即

$$\Delta V_i \approx f(\xi_i,\eta_i)\Delta\sigma_i, \quad i=1,2,\cdots,n.$$

(3) 求和，得到

$$V=\sum_{i=1}^{n}\Delta V_i \approx \sum_{i=1}^{n} f(\xi_i,\eta_i)\Delta\sigma_i.$$

二重积分的概念与性质

(4) 记 λ 为诸小区域 $\Delta\sigma_i$ 的直径的最大者. 让每个小区域都收缩为一点,即令 $\lambda\to0$,则上式右端的和数就趋近于 V,即有

$$V=\lim_{\lambda\to0}\sum_{i=1}^{n}f(\xi_i,\eta_i)\Delta\sigma_i.$$

2. 不均匀平面薄板的质量

设一块质量分布不均匀的物质薄板在 xOy 平面上占有区域 D. 此薄板在点 (x,y) 处的面密度为 $\mu(x,y)$,$\mu(x,y)$ 为 D 上的连续函数. 下面来求该薄板的质量 m.

将薄板任意分为 n 个小区域,小区域及其面积都记作

$$\Delta\sigma_1,\Delta\sigma_2,\cdots,\Delta\sigma_n.$$

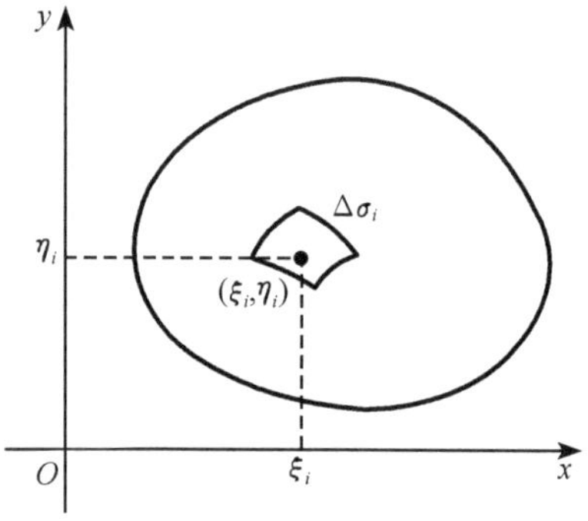

图 9.2

在每个小区域 $\Delta\sigma_i$ 上任取一点 (ξ_i,η_i)(图 9.2),以点 (ξ_i,η_i) 处的面密度 $\mu(\xi_i,\eta_i)$ 作为小区域 $\Delta\sigma_i$ 上各点面密度的近似值,便得到第 i 块小薄板的质量的近似值 $\mu(\xi_i,\eta_i)\Delta\sigma_i$,从而整块薄板的质量

$$m\approx\sum_{i=1}^{n}\mu(\xi_i,\eta_i)\Delta\sigma_i.$$

记 λ 为各小区域 $\Delta\sigma_i$ 的直径的最大者. 让每个小区域都收缩为一点,即令 $\lambda\to0$ 时,便得到薄板的质量

$$m=\lim_{\lambda\to0}\sum_{i=1}^{n}\mu(\xi_i,\eta_i)\Delta\sigma_i.$$

以上两例,虽然具体内容不同,但解决问题的方法是一样的,都归结为求一种具有相同结构的和式的极限. 把它抽象出来,就得到**二重积分**的定义.

定义 9.1　设二元函数 $f(x,y)$ 在有界闭区域 D 上有定义. 用任意的曲线网分 D 为 n 个小区域,小区域及其面积都记作

$$\Delta\sigma_1,\Delta\sigma_2,\cdots,\Delta\sigma_n.$$

在每个小区域 $\Delta\sigma_i$ 上任取一点 (ξ_i,η_i),作和数(称为**积分和**)

$$\sum_{i=1}^{n}f(\xi_i,\eta_i)\Delta\sigma_i.$$

记 λ 为各小区域直径的最大者,令 $\lambda\to0$,若积分和有极限 I(I 的值不依赖于区域 D 的分法及点 (ξ_i,η_i) 的取法),则称此极限值为函数 $f(x,y)$ 在区域 D 上的**二重积分**,记作

$$I=\lim_{\lambda\to0}\sum_{i=1}^{n}f(\xi_i,\eta_i)\Delta\sigma_i=\iint_D f(x,y)\mathrm{d}\sigma,$$

其中 $f(x,y)$称为**被积函数**,D 称为**积分区域**,$\mathrm{d}\sigma$ 称为**面积元素**.

当二重积分 $\iint_D f(x,y)\mathrm{d}\sigma$ 存在时,则称函数 $f(x,y)$ 在区域 D 上**可积**,记作 $f\in R(D)$.

与定积分类似,可以证明:**若函数 $f(x,y)$在区域 D 上可积,则必在 D 上有界.**

对于有界闭区域 D 上的连续函数 $f(x,y)$,$\iint_D f(x,y)\mathrm{d}\sigma$ 一定是存在的.

由二重积分的定义知,前面例子中曲顶柱体的体积 V 是曲顶函数 $f(x,y)$在底面区域 D 上的二重积分,即

$$V=\iint_D f(x,y)\mathrm{d}\sigma.$$

平面物质薄板的质量 m 是面密度函数$\mu(x,y)$在薄板所占区域 D 上的二重积分,即

$$m=\iint_D \mu(x,y)\mathrm{d}\sigma.$$

一般地,如果 $f(x,y)\geqslant 0$,被积函数 $f(x,y)$可解释为曲顶柱体的顶在点(x,y)处的竖坐标,所以二重积分的几何意义就是柱体的体积. 如果 $f(x,y)$是负的,柱体就在 xOy 面的下方,二重积分的绝对值仍等于柱体的体积,但二重积分的值是负的. 如果 $f(x,y)$在 D 的若干部分区域上是正的,而在其他的部分区域上是负的,那么,$f(x,y)$在 D 上的二重积分就等于 xOy 面上方的柱体体积减去 xOy 面下方的柱体体积所得之差.

9.1.2 二重积分的性质

二重积分具有与定积分类似的性质:

性质 9.1 设 α,β 为常数,则

$$\iint_D [\alpha f(x,y)+\beta g(x,y)]\mathrm{d}\sigma=\alpha\iint_D f(x,y)\mathrm{d}\sigma+\beta\iint_D g(x,y)\mathrm{d}\sigma.$$

性质 9.2 如果闭区域 D 被有限条曲线分为有限个部分闭区域,则在 D 上的二重积分等于在各部分闭区域上的二重积分的和.

例如,D 分为两个闭区域 D_1 与 D_2,则

$$\iint_D f(x,y)\mathrm{d}\sigma=\iint_{D_1} f(x,y)\mathrm{d}\sigma+\iint_{D_2} f(x,y)\mathrm{d}\sigma.$$

这个性质表示二重积分对于积分区域具有可加性.

性质 9.3 如果在 D 上,$f(x,y)=1$,σ 为 D 的面积,则

$$\sigma=\iint_D 1\cdot\mathrm{d}\sigma=\iint_D \mathrm{d}\sigma.$$

这个性质的几何意义是很明显的,因为高为 1 的平顶柱体的体积在数值上就等于柱体的底面积.

性质 9.4 如果在 D 上,$f(x,y)\leqslant\varphi(x,y)$,则有

$$\iint_D f(x,y)\mathrm{d}\sigma=\iint_D \varphi(x,y)\mathrm{d}\sigma.$$

特殊地,由于

$$-|f(x,y)|\leqslant f(x,y)\leqslant|f(x,y)|,$$

又有

$$\left|\iint_D f(x,y)\mathrm{d}\sigma\right|\leqslant\iint_D |f(x,y)|\mathrm{d}\sigma.$$

性质 9.5 设 M,m 分别是 $f(x,y)$ 在闭区域 D 上的最大值和最小值,σ 是 D 的面积,则有

$$m\sigma\leqslant\iint_D f(x,y)\mathrm{d}\sigma\leqslant M\sigma.$$

性质 9.6(二重积分的中值定理) 设函数 $f(x,y)$ 在闭区域 D 上连续,σ 是 D 的面积,则在 D 上至少存在一点 (ξ,η),使得

$$\iint_D f(x,y)\mathrm{d}\sigma=f(\xi,\eta)\cdot\sigma.$$

证 由性质 9.5 得

$$m\leqslant\frac{1}{\sigma}\iint_D f(x,y)\mathrm{d}\sigma\leqslant M.$$

这就是说,数值 $\frac{1}{\sigma}\iint_D f(x,y)\mathrm{d}\sigma$ 是介于函数 $f(x,y)$ 的最大值 M 与最小值 m 之间的. 根据在闭区域上连续函数的介值定理,在 D 上至少存在一点 (ξ,η),使得函数在该点的值与这个数值相等,即

$$\frac{1}{\sigma}\iint_D f(x,y)\mathrm{d}\sigma=f(\xi,\eta).$$

由此即得结论.

习题 9.1

1. 根据二重积分的性质,比较下列积分的大小:

(1) $\iint_D (x+y)^2\mathrm{d}\sigma$ 与 $\iint_D (x+y)^3\mathrm{d}\sigma$, 其中积分区域 D 为由 x 轴、y 轴与直线 $x+y=1$ 所围成;

(2) $\iint_D (x+y)^2\mathrm{d}\sigma$ 与 $\iint_D (x+y)^3\mathrm{d}\sigma$,其中积分区域 D 为由圆周 $(x-2)^2+(y-1)^2=2$ 所围成;

(3) $\iint_D \ln(x+y)\mathrm{d}\sigma$ 与 $\iint_D [\ln(x+y)]^2 \mathrm{d}\sigma$，其中 D 为三角形闭区域，三顶点分别为(1,0)，(1,1)，(2,0)；

(4) $\iint_D \ln(x+y)\mathrm{d}\sigma$ 与 $\iint_D [\ln(x+y)]^2 \mathrm{d}\sigma$，其中 $D=\{(x,y) \mid 3\leqslant x\leqslant 5, 0\leqslant y\leqslant 1\}$.

2. 利用二重积分的性质估计下列积分的值：

(1) $I=\iint_D xy(x+y)\mathrm{d}\sigma$，其中 $D=\{(x,y)\mid 0\leqslant x\leqslant 1, 0\leqslant y\leqslant 1\}$；

(2) $I=\iint_D \sin^2 x\sin^2 y\mathrm{d}\sigma$，其中 $D=\{(x,y)\mid 0\leqslant x\leqslant \pi, 0\leqslant y\leqslant \pi\}$；

(3) $I=\iint_D (x+y+1)\mathrm{d}\sigma$，其中 $D=\{(x,y)\mid 0\leqslant x\leqslant 1, 0\leqslant y\leqslant 2\}$；

(4) $I=\iint_D (x^2+4y^2+9)\mathrm{d}\sigma$，其中 $D=\{(x,y)\mid x^2+y^2\leqslant 4\}$.

9.2 二重积分的计算法

按照二重积分的定义来计算二重积分，对少数特别简单的被积函数和积分区域来说是可行的.但对一般的函数和区域来说，这不是一种切实可行的方法.本节介绍一种计算二重积分的方法，这种方法是把二重积分化为两次单积分（即两次定积分）来计算.

9.2.1 利用直角坐标计算二重积分

当 $f(x,y)$ 在区域 D 上可积时，其积分值与分割方法无关，因此我们可以采取特殊的分割方法来计算二重积分.例如，在直角坐标系中，可用平行于坐标轴的直线网来分割区域 D(图 9.3).这时面积元素 $\mathrm{d}\sigma=\mathrm{d}x\mathrm{d}y$，于是二重积分也记作

$$\iint_D f(x,y)\mathrm{d}x\mathrm{d}y.$$

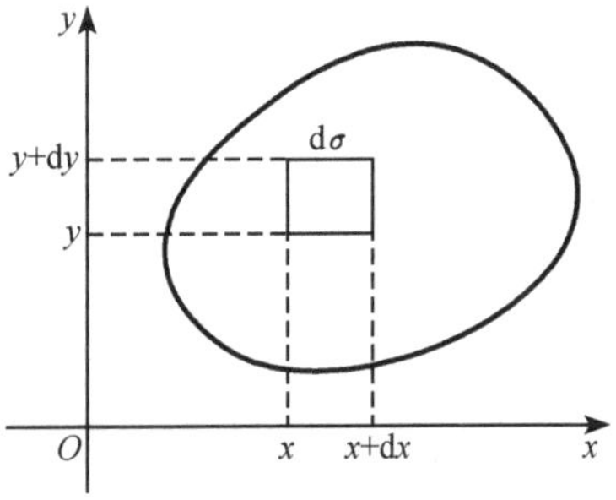

图 9.3

为了计算这个二重积分，先从几何上看一看.

当 $f(x,y)\geqslant 0$ 时，二重积分 $\iint_D f(x,y)\mathrm{d}x\mathrm{d}y$ 表示以曲面 $z=f(x,y)$ 为顶，以区域 D 为底的曲顶柱体体积 V.

设积分区域 D 可以用不等式

$$\varphi_1(x)\leqslant y\leqslant \varphi_2(x), \quad a\leqslant x\leqslant b$$

来表示，其中函数 $\varphi_1(x)$，$\varphi_2(x)$ 在区间 $[a,b]$ 上连续.

下面利用计算“平行截面面积为已知的立体的体积”的方法来计算这个曲顶柱体的体积.

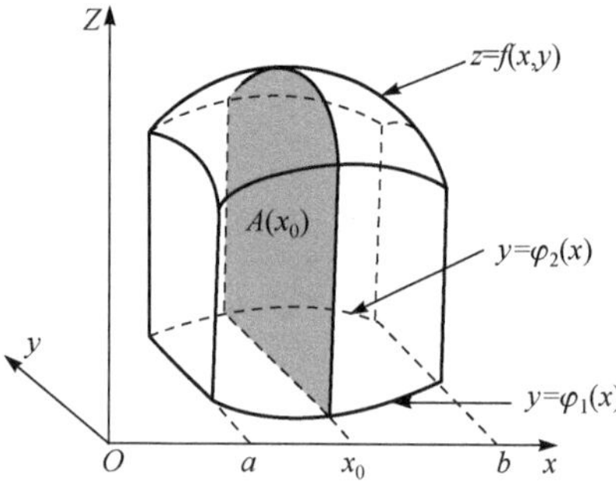

图 9.4

先计算截面面积. 在区间$[a,b]$上任意取定一点x_0,作平行于yOz面的平面$x=x_0$. 此平面截曲顶柱体所得的截面是一个以区间$[\varphi_1(x_0),\varphi_2(x_0)]$为底,曲线$z=f(x_0,y)$为曲边的曲边梯形(图 9.4),所以截面的面积为

$$A(x_0)=\int_{\varphi_1(x_0)}^{\varphi_2(x_0)}f(x_0,y)\mathrm{d}y.$$

一般地,过区间$[a,b]$上任一点x且平行于yOz面的平面截曲顶柱体所得截面的面积为

$$A(x)=\int_{\varphi_1(x)}^{\varphi_2(x)}f(x,y)\mathrm{d}y.$$

于是,应用计算平行截面面积为已知的立体体积的方法,得曲顶柱体体积为

$$V=\int_a^b A(x)\mathrm{d}x=\int_a^b\left[\int_{\varphi_1(x)}^{\varphi_2(x)}f(x,y)\mathrm{d}y\right]\mathrm{d}x.$$

这个体积也就是所求二重积分的值,从而有等式

$$\iint_D f(x,y)\mathrm{d}\sigma=\int_a^b\left[\int_{\varphi_1(x)}^{\varphi_2(x)}f(x,y)\mathrm{d}y\right]\mathrm{d}x.$$

上式右端的积分叫做先对y、后对x的二次积分,也常记作

$$\int_a^b\mathrm{d}x\int_{\varphi_1(x)}^{\varphi_2(x)}f(x,y)\mathrm{d}y.$$

类似地,如果积分区域D可以用不等式

$$\psi_1(y)\leqslant x\leqslant\psi_2(y),\quad c\leqslant y\leqslant d$$

来表示,其中函数$\psi_1(y)$、$\psi_2(y)$在区间$[c,d]$上连续,那么就有

$$\iint_D f(x,y)\mathrm{d}\sigma=\int_c^d\left[\int_{\psi_1(y)}^{\psi_2(y)}f(x,y)\mathrm{d}x\right]\mathrm{d}y.$$

上式右端的积分叫做**先对x、后对y的二次积分**,也常记作

$$\int_c^d\mathrm{d}y\int_{\psi_1(y)}^{\psi_2(y)}f(x,y)\mathrm{d}x.$$

以后称图 9.5 所示的积分区域为X**型区域**,图 9.6 所示的积分区域为Y**型区域**. 应用先y后x的公式时,积分区域必须是X型区域,X型区域D的特点是穿过D内部且平行于y轴的直线与D的边界相交不多于两点;而用先x后y的公式时,积分区域必须是Y型区域,Y型区域D的特点是穿过D内部且平行于x轴的直线与D的边界相交不多于两点. 对于既不是X型区域,又不是Y型区域的区

域，可以把 D 分成几部分，使每个部分是 X 型区域或是 Y 型区域，然后把每个部分上的积分加起来即可(图 9.7).

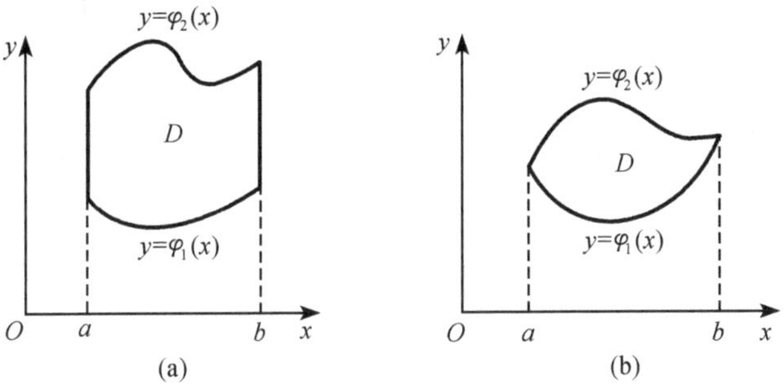

图 9.5

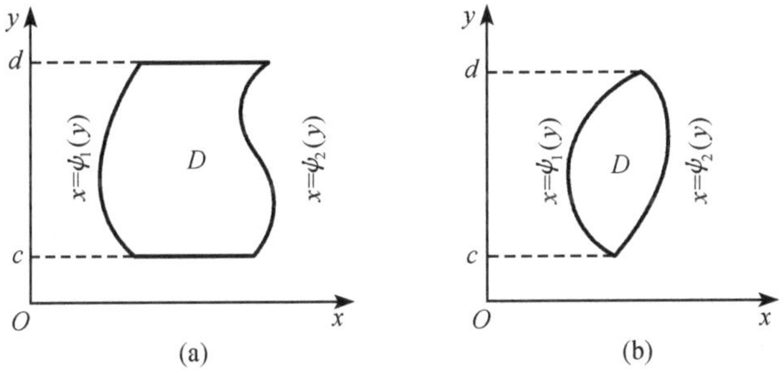

图 9.6

如果积分区域 D 既是 X 型的，可用不等式 $\varphi_1(x)\leqslant y\leqslant\varphi_2(x)$，$a\leqslant x\leqslant b$ 表示，又是 Y 型的，可用不等式 $\psi_1(y)\leqslant x\leqslant\psi_2(y)$，$c\leqslant y\leqslant d$ 表示(图 9.8)，则

$$\iint_D f(x,y)\mathrm{d}\sigma=\int_a^b\mathrm{d}x\int_{\varphi_1(x)}^{\varphi_2(x)}f(x,y)\mathrm{d}y=\int_c^d\mathrm{d}y\int_{\psi_1(y)}^{\psi_2(y)}f(x,y)\mathrm{d}x.$$

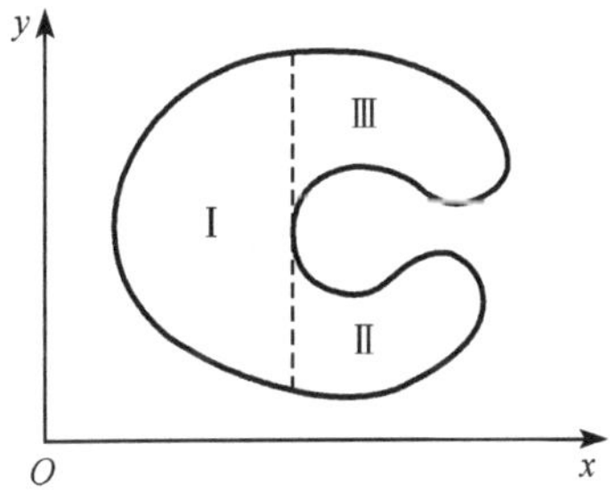

图 9.7

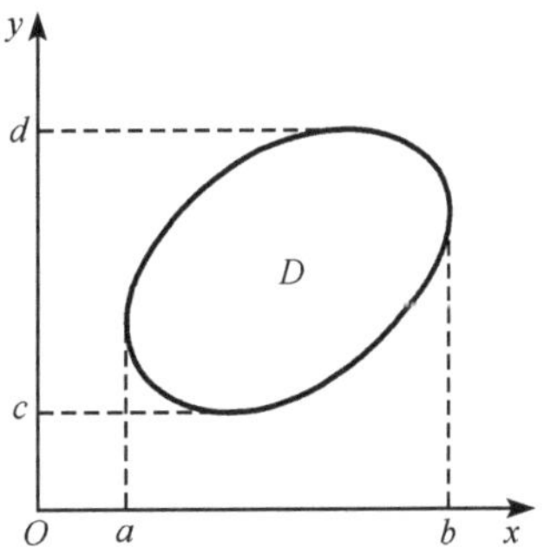

图 9.8

直角坐标系下二重积分计算法　　直角坐标系下二重积分计算举例

例 9.1　计算二重积分$\iint_D xy\,dx\,dy$,其中 D 由 $y=x, y=x^2$ 围成.

解　若先对 y 积分,则区域 D 可表示为(图 9.9)

$$D=\{(x,y)\mid x^2\leqslant y\leqslant x, 0\leqslant x\leqslant 1\},$$

于是

$$\iint_D xy\,dx\,dy=\int_0^1 dx\int_{x^2}^{x} xy\,dy=\frac{1}{2}\int_0^1 (x^3-x^5)\,dx=\frac{1}{24}.$$

若先对 x 积分,则区域 D 可表示为(图 9.10)

$$D=\{(x,y)\mid y\leqslant x\leqslant \sqrt{y}, 0\leqslant y\leqslant 1\},$$

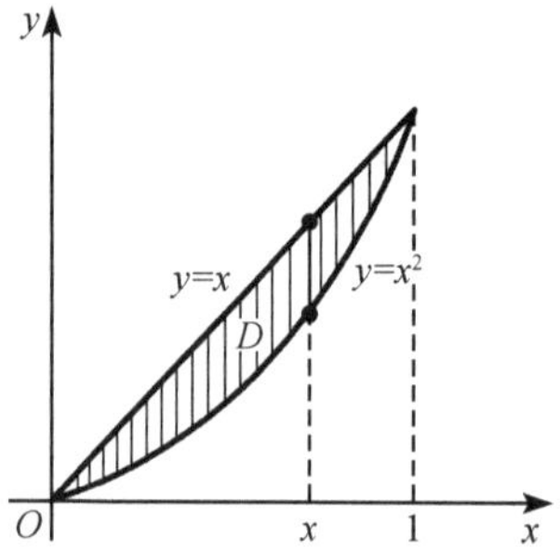

图 9.9

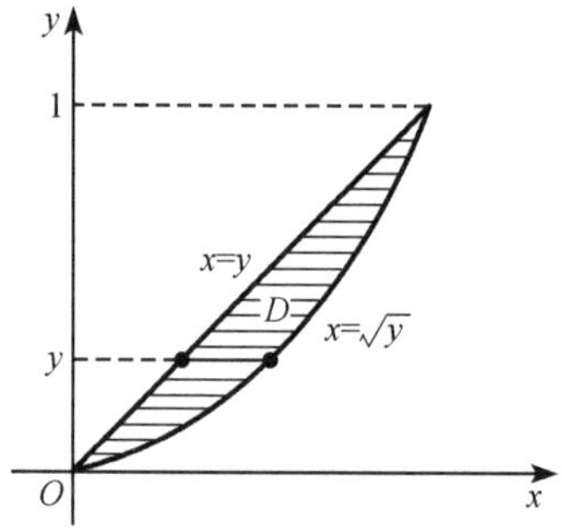

图 9.10

于是

$$\iint_D xy\,dx\,dy=\int_0^1 dy\int_{y}^{\sqrt{y}} xy\,dx=\frac{1}{2}\int_0^1 (y^2-y^3)\,dy=\frac{1}{24}.$$

例 9.2　计算二重积分$\iint_D y\sqrt{1+x^2-y^2}\,d\sigma$,其中 D 由 $y=x, x=-1$ 和 $y=1$ 围成.

解　若先对 y 积分(图 9.11),得

$$\begin{aligned}\iint_D y\sqrt{1+x^2-y^2}\,d\sigma&=\int_{-1}^{1}\left[\int_x^1 y\sqrt{1+x^2-y^2}\,dy\right]dx\\&=-\frac{1}{3}\int_{-1}^{1}\left[(1+x^2-y^2)^{\frac{3}{2}}\right]_x^1 dx\\&=-\frac{1}{3}\int_{-1}^{1}(|x|^3-1)\,dx\end{aligned}$$

$$=-\frac{2}{3}\int_0^1(x^3-1)\mathrm{d}x=\frac{1}{2}.$$

若先对 x 积分(图 9.12),得

$$\iint_D y\sqrt{1+x^2-y^2}\mathrm{d}\sigma=\int_{-1}^1 y\left[\int_{-1}^y\sqrt{1+x^2-y^2}\mathrm{d}x\right]\mathrm{d}y,$$

计算下去会很麻烦.

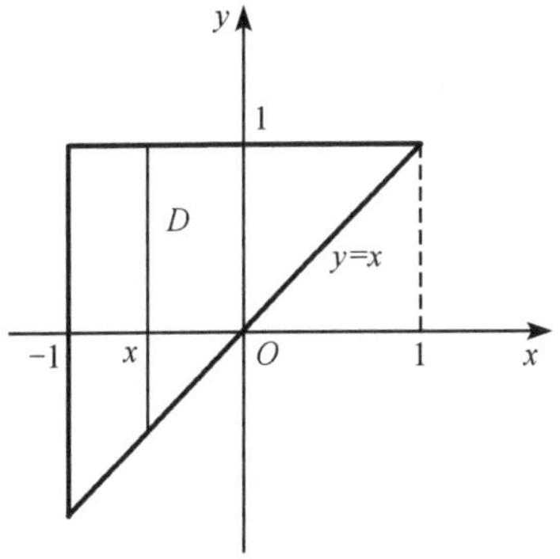

图 9.11

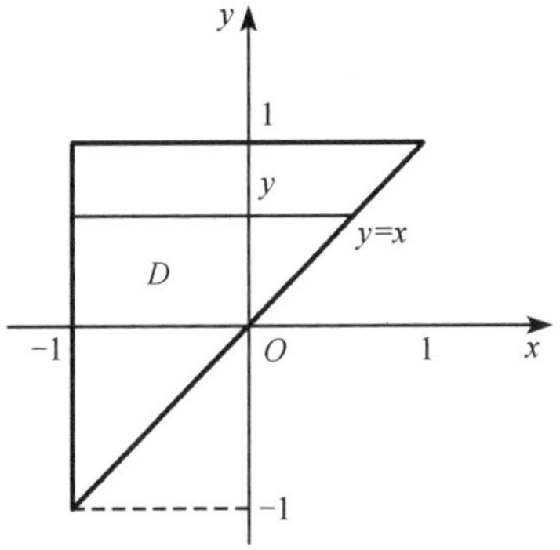

图 9.12

例 9.3 计算二重积分 $\iint_D \frac{x^2}{y^2}\mathrm{d}x\mathrm{d}y$,其中 D 由 $y=2$,$y=x$ 和 $xy=1$ 围成(图 9.13).

解 若先对 x 积分,得

$$\iint_D \frac{x^2}{y^2}\mathrm{d}x\mathrm{d}y=\int_1^2\mathrm{d}y\int_{\frac{1}{y}}^y\frac{x^2}{y^2}\mathrm{d}x=\frac{27}{64}.$$

若先对 y 积分,则积分区域要分成两部分,比较麻烦.

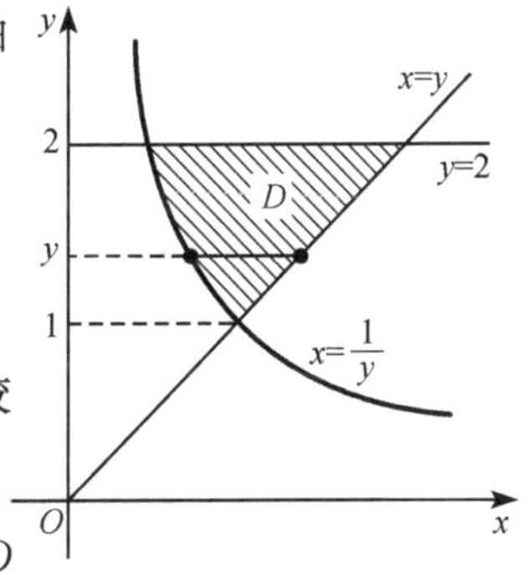

图 9.13

例 9.4 计算二重积分 $\iint_D y\sin\frac{\pi x}{y}\mathrm{d}x\mathrm{d}y$,其中 D 由 $y=x$ 和 $x=y^2$ 围成.

解 若先对 x 积分,得

$$\begin{aligned}\iint_D y\sin\frac{\pi x}{y}\mathrm{d}x\mathrm{d}y&=\int_0^1 y\mathrm{d}y\int_y^{y^2}\sin\frac{\pi x}{y}\mathrm{d}x\\&=\int_0^1 y\cdot\frac{y}{\pi}\left(-\cos\frac{\pi x}{y}\right)\Bigg|_{x=y}^{x=y^2}\mathrm{d}y\\&=-\frac{1}{\pi}\int_0^1 y^2\cos\pi y\mathrm{d}y-\frac{1}{\pi}\int_0^1 y^2\mathrm{d}y\\&=-\frac{1}{\pi^2}\int_0^1 y^2\mathrm{d}(\sin\pi y)-\frac{1}{3\pi}=\frac{1}{\pi^3}\left(2-\frac{\pi^2}{3}\right).\end{aligned}$$

若先对 y 积分，则原函数不是初等函数，无法进行下去.

例 9.1～9.4 说明，在化二重积分为二次积分时，为了计算简便，需要选择恰当的二次积分的次序. 这时，既要考虑积分区域 D 的形状，又要考虑被积函数 $f(x,y)$ 的特性.

例 9.5　求两个底圆半径都等于 R 的直交圆柱面所围成的立体的体积.

解　设这两个圆柱面的方程分别为

$$x^2+y^2=R^2,\quad x^2+z^2=R^2.$$

利用立体关于坐标平面的对称性，只要算出它在第一卦限部分的体积 V_1，再乘以 8 就行了.

所求立体在第一卦限部分可以看成是一个曲顶柱体，它的底为

$$D=\{(x,y)\mid 0\leqslant y\leqslant \sqrt{R^2-x^2},0\leqslant x\leqslant R\},$$

它的顶是柱面 $z=\sqrt{R^2-x^2}$（图 9.14）. 于是

$$\begin{aligned}V_1&=\iint_D \sqrt{R^2-x^2}\mathrm{d}\sigma=\int_0^R\left[\int_0^{\sqrt{R^2-x^2}}\sqrt{R^2-x^2}\mathrm{d}y\right]\mathrm{d}x\\&=\int_0^R(R^2-x^2)\mathrm{d}x=\frac{2}{3}R^3.\end{aligned}$$

从而所求立体的体积为

$$V=8V_1=\frac{16}{3}R^3.$$

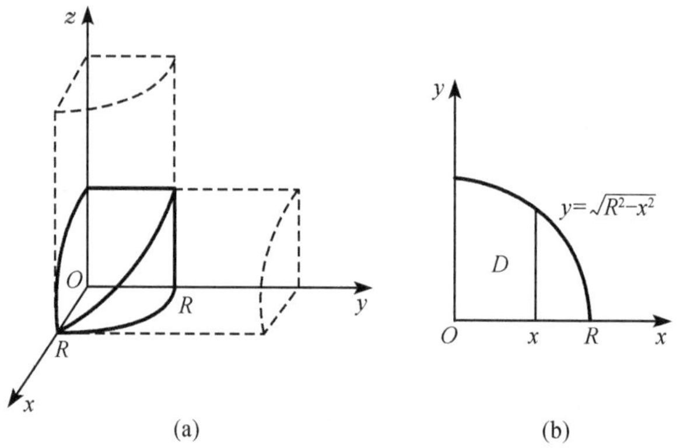

图 9.14

9.2.2　用极坐标计算二重积分

有些二重积分，积分区域 D 的边界曲线用极坐标方程来表示比较方便，且被积函数用极坐标 ρ,θ 表示比较简单. 这时，就可以考虑利用极坐标来计算二重积分

$\iint_D f(x,y)\mathrm{d}\sigma$.

假定从极点 O 出发且穿过闭区域 D 内部的射线与 D 的边界曲线相交不多于两点. 用以极点为中心的一族同心圆,即 $\rho=$常数,以及从极点出发的一族射线,即 $\theta=$常数,把 D 分成 n 个小闭区域(图 9.15). 除了包含边界点的一些小闭区域外,小闭区域的面积 $\Delta\sigma_i$ 可计算如下:

$$\begin{aligned}\Delta\sigma_i &= \frac{1}{2}(\rho_i+\Delta\rho_i)^2\cdot\Delta\theta_i-\frac{1}{2}\rho_i^2\cdot\Delta\theta_i\\ &=\frac{1}{2}(2\rho_i+\Delta\rho_i)\Delta\rho_i\cdot\Delta\theta_i\\ &=\frac{\rho_i+(\rho_i+\Delta\rho_i)}{2}\cdot\Delta\rho_i\cdot\Delta\theta_i\\ &=\overline{\rho_i}\cdot\Delta\rho_i\cdot\Delta\theta_i,\end{aligned}$$

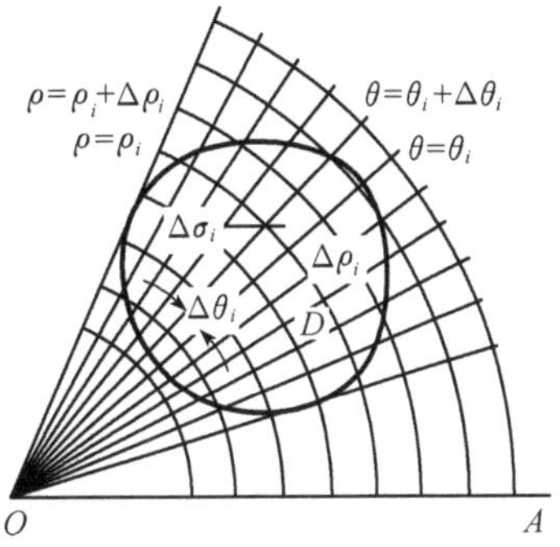

图 9.15

其中$\overline{\rho_i}$为相邻两圆弧的半径的平均值. 在这小闭区域内取圆周 $\rho=\overline{\rho_i}$上的一点$(\overline{\rho_i},\overline{\theta_i})$,该点的直角坐标设为 ξ_i,η_i,则由直角坐标与极坐标之间的关系有 $\xi_i=\overline{\rho_i}\cos\overline{\theta_i}$,$\eta_i=\overline{\rho_i}\sin\overline{\theta_i}$. 于是

$$\lim_{\lambda\to 0}\sum_{i=1}^{n}f(\xi_i,\eta_i)\Delta\sigma_i=\lim_{\lambda\to 0}\sum_{i=1}^{n}f(\overline{\rho_i}\cos\overline{\theta_i},\overline{\rho_i}\sin\overline{\theta_i})\,\overline{\rho_i}\cdot\Delta\rho_i\cdot\Delta\theta_i,$$

即

$$\iint_D f(x,y)\mathrm{d}\sigma=\iint_D f(\rho\cos\theta,\rho\sin\theta)\rho\,\mathrm{d}\rho\,\mathrm{d}\theta.$$

这就是**二重积分的变量从直角坐标变换为极坐标的变换公式**,其中 $\rho\,\mathrm{d}\rho\,\mathrm{d}\theta$ 为**极坐标系中的面积元素**.

极坐标系中的二重积分,同样可以化为二次积分来计算.

设积分区域 D 可以用不等式

$$\varphi_1(\theta)\leqslant\rho\leqslant\varphi_2(\theta),\quad \alpha\leqslant\theta\leqslant\beta$$

来表示(图 9.16),其中函数 $\varphi_1(\theta)$,$\varphi_2(\theta)$在区间$[\alpha,\beta]$上连续. 则

$$\iint_D f(\rho\cos\theta,\rho\sin\theta)\rho\,\mathrm{d}\rho\,\mathrm{d}\theta=\int_\alpha^\beta\mathrm{d}\theta\int_{\varphi_1(\theta)}^{\varphi_2(\theta)}f(\rho\cos\theta,\rho\sin\theta)\rho\,\mathrm{d}\rho.$$

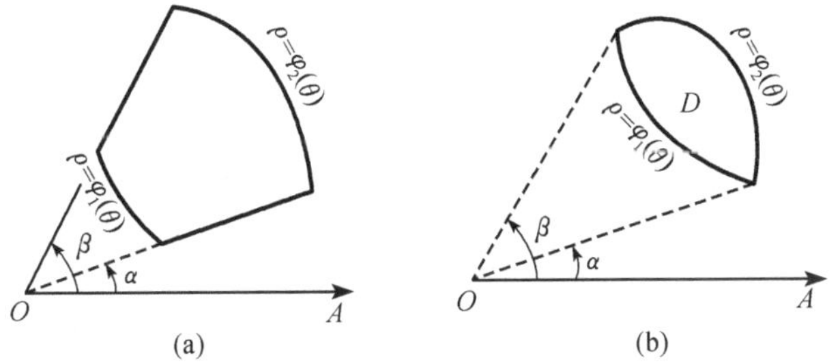

图 9.16

极坐标系下二重积分计算法　　极坐标系下二重积分计算举例

例 9.6 设一不均匀薄板 D 由 $y=x, x=0$ 及 $x^2+(y-b)^2=b^2, x^2+(y-a)^2=a^2(0<a<b)$ 围成，其面密度为 $\mu=kxy(k>0$ 为常数). 求薄板质量 m(图 9.17).

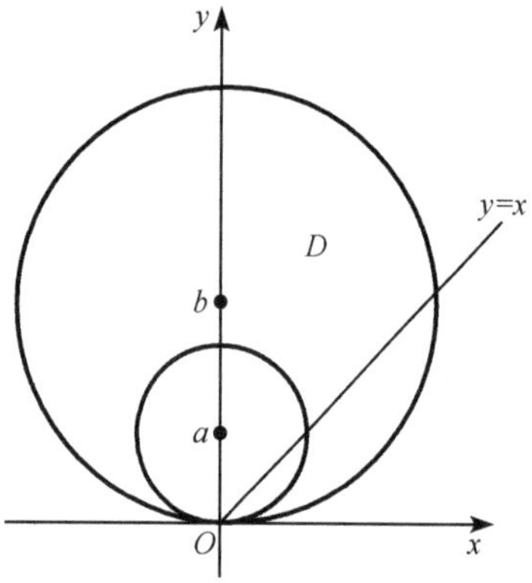

图 9.17

解

$$m=\iint_D kxy\,\mathrm{d}\sigma=k\iint_D r\cos\theta\cdot r\sin\theta\cdot r\,\mathrm{d}r\,\mathrm{d}\theta$$

$$=k\int_{\pi/4}^{\pi/2}\cos\theta\cdot\sin\theta\,\mathrm{d}\theta\int_{2a\sin\theta}^{2b\sin\theta}r^3\,\mathrm{d}r$$

$$=4k(b^4-a^4)\int_{\pi/4}^{\pi/2}\sin^5\theta\cdot\cos\theta\,\mathrm{d}\theta=\frac{7}{12}k(b^4-a^4).$$

例 9.7 由圆柱面 $x^2+y^2=Rx$ 围成的空间区域被球面 $x^2+y^2+z^2=R^2$ 所截，得一立体. 求该立体的体积 V.

解 由立体的对称性知，只需计算它在第一卦限内的体积 V_1，再 4 倍即可.

该立体在第一卦限的部分是一个曲顶柱体(图 9.18)，其顶为上半球面 $z=\sqrt{R^2-x^2-y^2}$，底为半圆形区域

$$r=R\cos\theta,\quad 0\leqslant\theta\leqslant\frac{\pi}{2},$$

于是

$$V_1=\iint_{D_1}\sqrt{R^2-x^2-y^2}\,\mathrm{d}\sigma=\iint_{D_1}\sqrt{R^2-r^2}\,r\,\mathrm{d}r\,\mathrm{d}\theta$$

$$=\int_0^{\pi/2}\mathrm{d}\theta\int_0^{R\cos\theta}\sqrt{R^2-r^2}\,r\,\mathrm{d}r=\frac{1}{3}\left(\frac{\pi}{2}-\frac{2}{3}\right)R^3,$$

因此，所求立体体积为

$$V=4V_1=\frac{4}{3}\left(\frac{\pi}{2}-\frac{2}{3}\right)R^3.$$

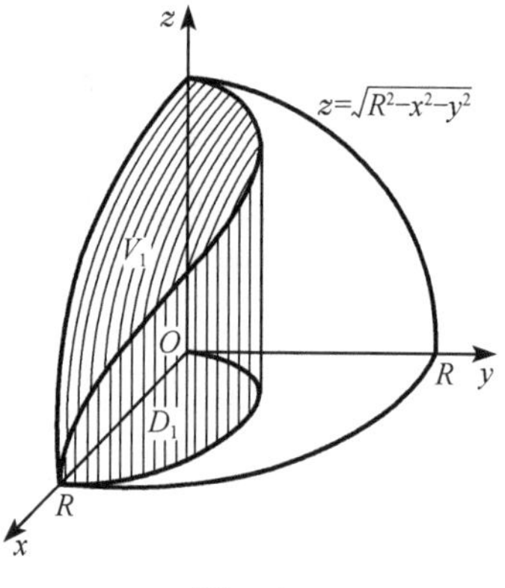

图 9.18

例 9.8 计算二重积分 $\iint_D \mathrm{e}^{-x^2-y^2}\mathrm{d}x\,\mathrm{d}y$，其中 D 为圆 $x^2+y^2=a^2$ 在第一象限的部分. 并由此证明：概率积分

$$\int_0^{+\infty}\mathrm{e}^{-x^2}\mathrm{d}x=\frac{\sqrt{\pi}}{2}.$$

解 $\iint_D \mathrm{e}^{-x^2-y^2}\mathrm{d}\sigma=\iint_D \mathrm{e}^{-r^2}\cdot r\,\mathrm{d}r\,\mathrm{d}\theta=\int_0^{\pi/2}\mathrm{d}\theta\int_0^a \mathrm{e}^{-r^2}\cdot r\,\mathrm{d}r=\frac{\pi}{4}(1-\mathrm{e}^{-a^2}).$

为了计算概率积分 $\int_0^{+\infty} e^{-x^2}dx$,令 $I_a=\int_0^a e^{-x^2}dx$,于是

$$\int_0^{+\infty} e^{-x^2}dx=\lim_{a\to+\infty} I_a.$$

考虑图 9.19 中的三个区域:D 为正方形 $\{(x,y)\mid 0\leqslant x\leqslant a,0\leqslant y\leqslant a\}$,$R_1$ 为圆 $x^2+y^2\leqslant a^2$ 的第一象限部分,R_2 为圆 $x^2+y^2\leqslant 2a^2$ 的第一象限部分. 显然

$$\iint_{R_1} e^{-x^2-y^2}dxdy\leqslant\iint_D e^{-x^2-y^2}dxdy\leqslant\iint_{R_2} e^{-x^2-y^2}dxdy.$$

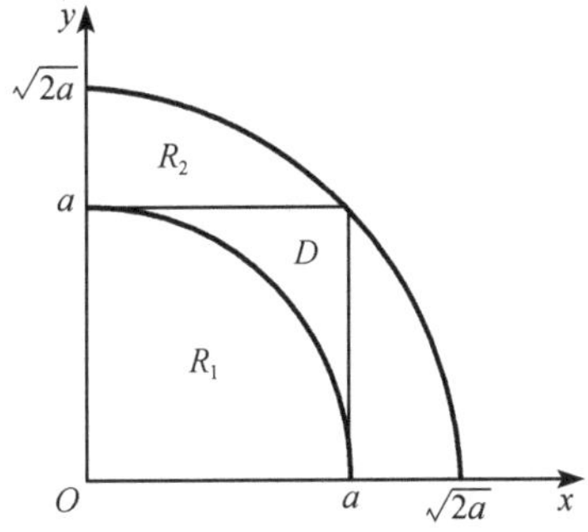

图 9.19

易知不等式中间的积分

$$\begin{aligned}\iint_D e^{-x^2-y^2}dxdy&=\int_0^a dx\int_0^a e^{-x^2-y^2}dxdy\\&=\int_0^a e^{-x^2}dx\int_0^a e^{-y^2}dy\\&=\left(\int_0^a e^{-x^2}dx\right)^2=I_a^2,\end{aligned}$$

所以

$$\frac{\pi}{4}(1-e^{-a^2})\leqslant I_a^2\leqslant\frac{\pi}{4}(1-e^{-2a^2}).$$

由夹逼定理,$\lim\limits_{a\to+\infty} I_a^2=\pi/4$,从而 $\lim\limits_{a\to+\infty} I_a=\sqrt{\pi}/2$,即

$$\int_0^{+\infty} e^{-x^2}dx=\frac{\sqrt{\pi}}{2}.$$

9.2.3 二重积分的换元法

定理 9.1 设函数 $f(x,y)$在有界闭区域 D 上连续. 作变换 T:

$$x=x(u,v),\quad y=y(u,v),$$

使满足

(1) 把 uv 平面上的区域 D'一一对应于 xy 平面上的区域 D;

(2) 变换函数 $x(u,v)$,$y(u,v)$在 D'上连续,且有连续的一阶偏导数;

(3) 雅可比行列式在 D'上处处不等于 0,即

$$J(u,v)=\frac{\partial(x,y)}{\partial(u,v)}\neq 0,\quad (u,v)\in D',$$

则有换元公式

$$\iint_D f(x,y)dxdy=\iint_{D'} f[x(u,v),y(u,v)]\,|J(u,v)|\,dudv.$$

证 显然,在定理的假设下,上式两端的二重积分都存在. 由于二重积分与积分区域的分法无关,因此用平行于坐标轴的直线网来分割 D',使得除去包含边界

点的小闭区域外,其余的小闭区域都为边长是 h 的正方形区域. 任取一个这样得到的正方形闭区域,设其顶点是 $M_1'(u,v)$,$M_2'(u+h,v)$,$M_3'(u+h,v+h)$,$M_4'(u,v+h)$,其面积为 $\Delta\sigma'=h^2$(图 9.20(a)). 正方形闭区域 $M_1'M_2'M_3'M_4'$经变换变成 xOy 平面上的一个曲边四边形 $M_1M_2M_3M_4$,它的 4 个顶点的坐标是

M_1:$x_1=x(u,v)$, $y_1=y(u,v)$;

M_2:$x_2=x(u+h,v)=x(u,v)+x_u(u,v)h+o(h)$,

$y_2=y(u+h,v)=y(u,v)+y_u(u,v)h+o(h)$;

M_3:$x_3=x(u+h,v+h)=x(u,v)+x_u(u,v)h+x_v(u,v)h+o(h)$,

$y_3=y(u+h,v+h)=y(u,v)+y_u(u,v)h+y_v(u,v)h+o(h)$;

M_4:$x_4=x(u,v+h)=x(u,v)+x_v(u,v)h+o(h)$,

$y_4=y(u,v+h)=y(u,v)+y_v(u,v)h+o(h)$,

其面积为 $\Delta\sigma$(图 9.20(b)). 可以证明,曲边四边形 $M_1M_2M_3M_4$ 的面积与直边四边形 $M_1M_2M_3M_4$ 的面积当 $h\to 0$ 时只相差高阶无穷小. 又由上面这些坐标表示式可知,若不计高阶无穷小,则有

$$x_2-x_1=x_3-x_4,\quad y_2-y_1=y_3-y_4,$$
$$x_4-x_1=x_3-x_2,\quad y_4-y_1=y_3-y_2,$$

这表示,直边四边形 $M_1M_2M_3M_4$ 的对边的长度可看作两两相等. 因此,若不计高阶无穷小,曲边四边形 $M_1M_2M_3M_4$ 可看作平行四边形,于是它的面积 $\Delta\sigma$ 近似等于 $\Delta M_1M_2M_3$ 的面积的两倍. 根据解析几何,$\Delta M_1M_2M_3$ 的面积的两倍等于行列式

$$\begin{vmatrix} x_2-x_1 & x_3-x_2 \\ y_2-y_1 & y_3-y_2 \end{vmatrix}$$

的绝对值,由于

$$x_2-x_1=x_u(u,v)h+o(h),\quad x_3-x_2=x_v(u,v)h+o(h),$$
$$y_2-y_1=y_u(u,v)h+o(h),\quad y_3-y_2=y_v(u,v)h+o(h),$$

因此上面的行列式与行列式

$$\begin{vmatrix} x_u(u,v)h & x_v(u,v)h \\ y_u(u,v)h & y_v(u,v)h \end{vmatrix}=\begin{vmatrix} x_u(u,v) & x_v(u,v) \\ y_u(u,v) & y_v(u,v) \end{vmatrix}h^2$$

只相差一个比 h^2 高阶的无穷小. 于是

$$\Delta\sigma=\left|\frac{\partial(x,y)}{\partial(u,v)}\right|\Delta\sigma'+o(\Delta\sigma')(h\to 0).$$

将 $f(x,y)=f[x(u,v),y(u,v)]$的两端分别与上式两端相乘,得

$$f(x,y)\Delta\sigma=f[x(u,v),y(u,v)]\left|\frac{\partial(x,y)}{\partial(u,v)}\right|\Delta\sigma'+f[x(u,v),y(u,v)]\cdot o(\Delta\sigma').$$

上式对一切小正方形闭区域取和并令 $h\to 0$ 取极限,由于上式右端第二项的和的极

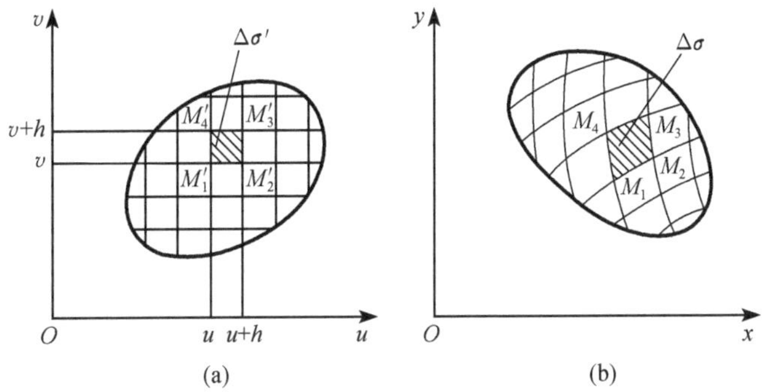

图 9.20

限为零，于是定理得证.

注 9.1　如果雅可比行列式 $J(u,v)$ 只在 D' 内个别点上，或一些曲线上为零，而在其他点处不为零，那么换元公式仍成立.

在变换为极坐标 $x=r\cos\theta, y=r\sin\theta$ 的情形下，雅可比行列式

$$J=\begin{vmatrix}\dfrac{\partial x}{\partial r} & \dfrac{\partial x}{\partial \theta}\\ \dfrac{\partial y}{\partial r} & \dfrac{\partial y}{\partial \theta}\end{vmatrix}=\begin{vmatrix}\cos\theta & -r\sin\theta\\ \sin\theta & r\cos\theta\end{vmatrix}=r,$$

它仅在 $r=0$ 处为零，故换元公式

$$\iint_D f(x,y)\,\mathrm{d}x\,\mathrm{d}y=\iint_D f(r\cos\theta,r\sin\theta)r\,\mathrm{d}r\,\mathrm{d}\theta$$

成立.

二重积分的换元法　　　　二重积分的换元法举例

例 9.9　计算 $\iint_D \mathrm{e}^{\frac{y-x}{y+x}}\mathrm{d}x\,\mathrm{d}y$，其中 D 为由 x 轴，y 轴和直线 $x+y=2$ 所围成的闭区域.

解　令 $u=y-x, v=y+x$，则 $x=\dfrac{v-u}{2}, y=\dfrac{v+u}{2}$.

作变换 $x=\dfrac{v-u}{2}, y=\dfrac{v+u}{2}$（图 9.21），雅可比行列式为

$$J=\frac{\partial(x,y)}{\partial(u,v)}=\begin{vmatrix}-\dfrac{1}{2} & \dfrac{1}{2}\\ \dfrac{1}{2} & \dfrac{1}{2}\end{vmatrix}=-\frac{1}{2}.$$

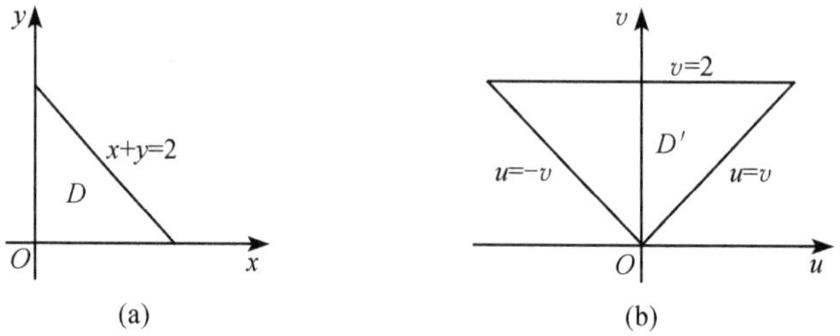

图 9.21

所以

$$\iint_D e^{\frac{y-x}{y+x}}\mathrm{d}x\,\mathrm{d}y=\iint_{D'} e^{\frac{u}{v}}\left|-\frac{1}{2}\right|\mathrm{d}u\,\mathrm{d}v$$
$$=\frac{1}{2}\int_0^2 \mathrm{d}v\int_{-v}^{v} e^{\frac{u}{v}}\,\mathrm{d}u=\frac{1}{2}\int_0^2 (\mathrm{e}-\mathrm{e}^{-1})v\mathrm{d}v=\mathrm{e}-\mathrm{e}^{-1}.$$

例 9.10　计算二重积分 $\iint_D xy\mathrm{d}x\,\mathrm{d}y$，其中区域 D 由 $y=x, y=2x, xy=1$，$xy=3$围成.

解　令 $u=\frac{y}{x}, v=xy$，则 $x=\sqrt{\frac{v}{u}}, y=\sqrt{uv}$(图 9.22).

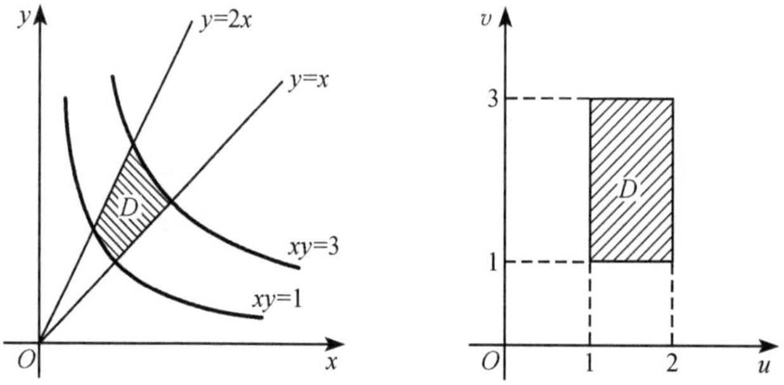

图 9.22

作变换 $x=\sqrt{\frac{v}{u}}, y=\sqrt{uv}$. 雅可比行列式为

$$J=\frac{\partial(x,y)}{\partial(u,v)}=\begin{vmatrix}-\frac{1}{2u}\sqrt{\frac{v}{u}} & \frac{1}{2}\sqrt{\frac{1}{uv}}\\ \frac{1}{2}\sqrt{\frac{v}{u}} & \frac{1}{2}\sqrt{\frac{u}{v}}\end{vmatrix}=-\frac{1}{2u}.$$

所以

$$\iint_D xy\,\mathrm{d}x\,\mathrm{d}y = \frac{1}{2}\iint_{D'} \frac{v}{u}\mathrm{d}u\,\mathrm{d}v$$
$$= \frac{1}{2}\int_1^2 \frac{1}{u}\mathrm{d}u\int_1^3 v\mathrm{d}v = 2\ln 2.$$

例 9.11 计算二重积分

$$\iint\limits_{\frac{x^2}{a^2}+\frac{y^2}{b^2}\leqslant 1} (Ax^2+By^2+C)\mathrm{d}x\,\mathrm{d}y,$$

其中 a,b,A,B,C 为常数，且 $a>0,b>0$.

解 做广义极坐标变换 $x=ar\cos\theta, y=br\sin\theta$，雅可比行列式为

$$J=\frac{\partial(x,y)}{\partial(r,\theta)}=\begin{vmatrix} a\cos\theta & -ar\sin\theta \\ b\sin\theta & br\cos\theta \end{vmatrix}=abr,$$

所以

$$\iint\limits_{\frac{x^2}{a^2}+\frac{y^2}{b^2}\leqslant 1} (Ax^2+By^2+C)\mathrm{d}x\,\mathrm{d}y$$
$$=ab\int_0^{2\pi}\mathrm{d}\theta\int_0^1(Aa^2r^2\cos^2\theta+Bb^2r^2\sin^2\theta+C)r\,\mathrm{d}r$$
$$=ab\int_0^{\frac{\pi}{2}}(Aa^2\cos^2\theta+Bb^2\sin^2\theta)\mathrm{d}\theta+\pi abC$$
$$=\frac{\pi}{4}ab(Aa^2+Bb^2)+\pi abC.$$

习题 9.2

1. 计算下列二重积分：

(1) $\iint_D (x^2+y^2)\mathrm{d}\sigma$，其中 $D=\{(x,y)\mid |x|\leqslant 1, |y|\leqslant 1\}$；

(2) $\iint_D (3x+2y)\mathrm{d}\sigma$，其中 D 为由两坐标轴及直线 $x+y=2$ 所围成的闭区域；

(3) $\iint_D (x^3+3x^2y+y^3)\mathrm{d}\sigma$，其中 $D=\{(x,y)\mid 0\leqslant x\leqslant 1, 0\leqslant y\leqslant 1\}$；

(4) $\iint_D x\cos(x+y)\mathrm{d}\sigma$，其中 D 为顶点分别为 $(0,0)$，$(\pi,0)$ 和 (π,π) 的三角形闭区域；

(5) $\iint_D ye^{xy}\mathrm{d}x\,\mathrm{d}y$，其中 D 由 $x=2, y=2, xy=1$ 所围成；

(6) $\iint_D xy^2\mathrm{d}x\,\mathrm{d}y$，其中 D 由 $x=\frac{p}{2}, y^2=2px\,(p<0)$ 所围成；

(7) $\iint_D e^{x+y}\mathrm{d}x\mathrm{d}y$,其中 D 由 $x=0,x=1,y=0,y=1$ 所围成;

(8) $\iint_D x\sin(x+y)\mathrm{d}x\mathrm{d}y$,其中 D 由 $x=0,x=\pi,y=0,y=\frac{\pi}{2}$ 所围成;

(9) $\iint_D \sin xy\cos(x^2+y^2)\mathrm{d}x\mathrm{d}y$,其中 $D=\{x^2+y^2\leqslant 1\}$;

(10) $\iint_D x^3\sin(x^2+y^2)\mathrm{d}x\mathrm{d}y$,其中 $D=\{x^2+y^2\leqslant 2y\}$;

(11) $\iint_D y^2\sqrt{1-x^2}\mathrm{d}x\mathrm{d}y$,其中 D 为单位圆 $x^2+y^2\leqslant 1$;

(12) $\iint_D (|x|+|y|)\mathrm{d}x\mathrm{d}y$,其中 D 为 $|x|+|y|\leqslant 1$;

(13) $\iint_D (x^2+y^2)\mathrm{d}x\mathrm{d}y$,其中 D 为由 $x^2+y^2=1,x^2+y^2=2x$ 所围区域的公共部分;

(14) $\iint_D \sin(x^2+y^2)\mathrm{d}x\mathrm{d}y$,其中 D 为 $\pi^2\leqslant x^2+y^2\leqslant 4\pi^2$;

(15) $\iint_D \sqrt{R^2-x^2-y^2}\mathrm{d}x\mathrm{d}y$,其中 D 为 $x^2+y^2\leqslant R^2$;

(16) $\iint_D \sqrt{R^2-x^2-y^2}\mathrm{d}x\mathrm{d}y$,其中 D 为 $x^2+y^2\leqslant Rx(R>0)$;

(17) $\iint_D (x^2+xy)\mathrm{d}x\mathrm{d}y$,其中 D 由 $x+y=1,x+y=2,y=x,y=2x$ 所围成;

(18) $\iint_D (x^3+y^3)\mathrm{d}x\mathrm{d}y$,其中 D 由 $x^2=2y,x^2=3y,x=y^2,x=2y^2$ 所围成.

2. 画出积分区域,并计算下列二重积分:

(1) $\iint_D x\sqrt{y}\mathrm{d}\sigma$,其中 D 为由两条抛物线 $y=\sqrt{x},y=x^2$ 所围成的闭区域;

(2) $\iint_D xy^2\mathrm{d}\sigma$,其中 D 为由圆周 $x^2+y^2=4$ 及 y 轴所围成的右半闭区域;

(3) $\iint_D e^{x+y}\mathrm{d}\sigma$,其中 $D=\{(x,y): |x|+|y|\leqslant 1\}$;

(4) $\iint_D (x^2+y^2-x)\mathrm{d}\sigma$,其中 D 为由直线 $y=2,y=x$ 及 $y=2x$ 所围成的闭区域;

(5) $\iint_D (1+x)\sin y\mathrm{d}\sigma$,其中 D 为顶点分别为(0,0),(1,0),(1,2) 和(0,1) 的梯形闭区域;

(6) $\iint_D (x^2-y^2)\mathrm{d}\sigma$,其中 $D=\{(x,y)\mid 0\leqslant y\leqslant \sin x,0\leqslant x\leqslant \pi\}$;

(7) $\iint_D (y^2+3x-6y+9)\mathrm{d}\sigma$,其中 $D=\{(x,y)\mid x^2+y^2\leqslant R^2\}$.

3. 如果二重积分 $\iint_D f(x,y)\mathrm{d}x\mathrm{d}y$ 的被积函数 $f(x,y)$ 是两个函数 $f_1(x)$ 及 $f_2(y)$ 的乘积,即 $f(x,y)=f_1(x)\cdot f_2(y)$,积分区域 $D=\{(x,y)\mid a\leqslant x\leqslant b,c\leqslant y\leqslant d\}$,证明此二重积分等于两个单积分的乘积,即

$$\iint_D f_1(x)\cdot f_2(y)\mathrm{d}x\mathrm{d}y=\left[\int_a^b f_1(x)\mathrm{d}x\right]\cdot\left[\int_c^d f_2(y)\mathrm{d}y\right].$$

4. 化二重积分

$$I=\iint_D f(x,y)\mathrm{d}\sigma$$

为二次积分(分别列出对两个变量先后次序不同的两个二次积分)，其中积分区域 D 为：

(1) 由直线 $y=x$ 及抛物线 $y^2=4x$ 所围成的闭区域；

(2) 由 x 轴及半圆周 $x^2+y^2=r^2(y\geqslant 0)$ 所围成的闭区域；

(3) 由直线 $y=x,x=2$ 及双曲线 $y=\dfrac{1}{x}(x>0)$ 所围成的闭区域；

(4) 环形闭区域 $\{(x,y)\mid 1\leqslant x^2+y^2\leqslant 4\}$；

(5) 以 $O(0,0),A(2,0),B(2,1),C(0,1)$ 为顶点的矩形；

(6) 以 $O(0,0),A(1,0),B(1,1)$，为顶点的三角形；

(7) 以 $O(0,0),A(2a,0),B(3a,a),C(a,a)$ 为顶点的平行四边形；

(8) 由 $x+y=1,y-x=1,y=0$ 所围成的区域；

(9) 由 $y=x^2,x+y=2$ 所围成的区域；

(10) 由 $y=x^2,y=4-x^2$ 所围成的区域；

(11) 由 $xy=2,y=2x,2y-x=0$ 所围区域的第一象限部分.

5. 设 $f(x,y)$ 在 D 上连续，其中 D 为由直线 $y=x,y=a$ 及 $x=b(b>a)$ 所围成的闭区域. 证明

$$\int_a^b \mathrm{d}x\int_a^x f(x,y)\mathrm{d}y=\int_a^b \mathrm{d}y\int_y^b f(x,y)\mathrm{d}x.$$

6. 改变下列二次积分的积分次序：

(1) $\int_0^1 \mathrm{d}y\int_0^y f(x,y)\mathrm{d}x$；　(2) $\int_0^2 \mathrm{d}y\int_{y^2}^{2y} f(x,y)\mathrm{d}x$；

(3) $\int_0^1 \mathrm{d}y\int_{-\sqrt{1-y^2}}^{\sqrt{1-y^2}} f(x,y)\mathrm{d}x$；　(4) $\int_1^2 \mathrm{d}x\int_{2-x}^{\sqrt{2x-x^2}} f(x,y)\mathrm{d}y$；

(5) $\int_1^e \mathrm{d}x\int_0^{\ln x} f(x,y)\mathrm{d}y$；　(6) $\int_0^\pi \mathrm{d}x\int_{-\sin\frac{x}{2}}^{\sin x} f(x,y)\mathrm{d}y$；

(7) $\int_0^4 \mathrm{d}y\int_{-\sqrt{4-y}}^{\frac{1}{2}(y-4)} f(x,y)\mathrm{d}x$；　(8) $\int_0^1 \mathrm{d}y\int_0^{2y} f(x,y)\mathrm{d}x+\int_1^3 \mathrm{d}y\int_0^{3-y} f(x,y)\mathrm{d}x$；

(9) $\int_0^1 \mathrm{d}x\int_{\sqrt{x}}^{1+\sqrt{1-x^2}} f(x,y)\mathrm{d}y$；　(10) $\int_0^a \mathrm{d}x\int_0^x f(x,y)\mathrm{d}y(a>0)$；

(11) $\int_0^1 \mathrm{d}x\int_{x^3}^{x^2} f(x,y)\mathrm{d}y$；　(12) $\int_0^a \mathrm{d}y\int_{-y}^{\sqrt{y}} f(x,y)\mathrm{d}x$；

(13) $\int_{-1}^1 \mathrm{d}x\int_{x^2+x}^{x+1} f(x,y)\mathrm{d}y$.

7. 证明

$$\int_0^a \mathrm{d}y\int_0^y \mathrm{e}^{m(a-x)}f(x)\mathrm{d}x=\int_0^a (a-x)\mathrm{e}^{m(a-x)}f(x)\mathrm{d}x.$$

8. 应用二重积分证明：由射线 $\theta=\alpha,\theta=\beta$ 与曲线 $r=r(\theta)$ 所围扇形区域 D 的面积为

$$\frac{1}{2}\int_{\alpha}^{\beta}[r(\theta)]^2\,\mathrm{d}\theta.$$

9. 求心脏线 $r=a(1+\cos\theta)$ 所围区域的面积.

10. 将二重积分 $\iint\limits_{x^2+y^2\leqslant x} f\left(\frac{y}{x}\right)\mathrm{d}x\,\mathrm{d}y$ 表示成定积分.

11. 求 $\iint_D y\,\mathrm{d}x\,\mathrm{d}y$, D: $0\leqslant \alpha x\leqslant y\leqslant \beta x$, $a^2\leqslant x^2+y^2\leqslant b^2$ $(b>a>0,\beta>\alpha>0)$.

12. 求 $\iint_D \arctan\frac{y}{x}\,\mathrm{d}x\,\mathrm{d}y$, D: $x^2+y^2\leqslant R^2$.

13. 求 $\iint_D \frac{\mathrm{d}x\,\mathrm{d}y}{(a^2+x^2+y^2)^{3/2}}$, D: $0\leqslant x\leqslant a$, $0\leqslant y\leqslant a$.

14. 计算 $\iint\limits_{x^2+y^2\leqslant x+y}(x+y)\,\mathrm{d}x\,\mathrm{d}y$.

15. 计算 $\iint\limits_{x^4+y^4\leqslant 1}(x^2+y^2)\,\mathrm{d}x\,\mathrm{d}y$.

16. 引进变量替换 $x+y=u$, $y=uv$ 将积分 $\iint_D f(x,y)\,\mathrm{d}x\,\mathrm{d}y$ (D: $x\geqslant 0$, $y\geqslant 0$, $x+y\leqslant 1$ 的公共部分) 化为变量 u,v 的累次积分.

17. 求曲线 $y^2=px$, $y^2=qx$, $x^2=ay$, $x^2=by$ $(0<p<q, 0<a<b)$ 所围区域的面积.

18. 设平面薄片所占的闭区域 D 由直线 $x+y=2$, $y=x$ 和 x 轴所围成, 其面密度 $\mu(x,y)=x^2+y^2$. 求该薄片的质量.

19. 计算由四个平面 $x=0$, $y=0$, $x=1$, $y=1$ 所围成的柱体被平面 $z=0$ 及 $2x+3y+z=6$ 截得的立体的体积.

20. 求由平面 $x=0$, $y=0$, $x+y=1$ 所围成的柱体被平面 $z=0$ 及抛物面 $x^2+y^2=6-z$ 截得的立体的体积.

21. 求由曲面 $z=x^2+2y^2$ 及 $z=6-2x^2-y^2$ 所围成的立体的体积.

22. 画出积分区域, 把积分 $\iint_D f(x,y)\,\mathrm{d}x\,\mathrm{d}y$ 表示为极坐标形式的二次积分, 其中积分区域 D 为

(1) $\{(x,y)\mid x^2+y^2\leqslant a^2\}$ $(a>0)$;

(2) $\{(x,y)\mid x^2+y^2\leqslant 2x\}$;

(3) $\{(x,y)\mid a^2\leqslant x^2+y^2\leqslant b^2\}$, 其中 $0<a<b$;

(4) $\{(x,y)\mid 0\leqslant y\leqslant 1-x, 0\leqslant x\leqslant 1\}$;

(5) $\{(x,y)\mid x^2\leqslant y\leqslant 1, -1\leqslant x\leqslant 1\}$;

(6) $\{(x,y)\mid x^2+y^2\leqslant ax\}$ $(a>0)$;

(7) $\{(x,y)\mid x^2+y^2\leqslant by\}$ $(b>0)$;

(8) 由 $x^2+y^2\geqslant 4x$, $x^2+y^2\leqslant 8x$, $y\geqslant x$, $y\leqslant 2x$ 所围区域的公共部分;

(9) 由 $x^2+y^2\leqslant ax$, $x^2+y^2\leqslant ay$ $(a>0)$ 所围区域的公共部分.

23. 化下列二次积分为极坐标形式的二次积分:

(1) $\int_0^1\mathrm{d}x\int_0^1 f(x,y)\,\mathrm{d}y$;　(2) $\int_0^2\mathrm{d}x\int_x^{\sqrt{3}x} f(\sqrt{x^2+y^2})\,\mathrm{d}y$;

(3) $\int_0^1 dx\int_{1-x}^{\sqrt{1-x^2}} f(x,y)dy$；　(4) $\int_0^1 dx\int_0^{x^2} f(x,y)dy$.

24. 把下列积分化为极坐标形式，并计算积分值：

(1) $\int_0^{2a} dx\int_0^{\sqrt{2ax-x^2}} (x^2+y^2)dy$；　(2) $\int_0^a dx\int_0^x \sqrt{x^2+y^2}dy$；

(3) $\int_0^1 dx\int_{x^2}^x (x^2+y^2)^{-\frac{1}{2}}dy$；　(4) $\int_0^a dy\int_0^{\sqrt{a^2-y^2}} (x^2+y^2)dx$.

25. 设 $f(x,y)$ 在闭区域 $D=\{(x,y)\mid x^2+y^2\leqslant y,x\geqslant 0\}$ 上连续，且

$$f(x,y)=\sqrt{1-x^2-y^2}-\frac{8}{\pi}\iint_D f(x,y)dxdy.$$

求 $f(x,y)$.

26. 利用极坐标计算下列各题：

(1) $\iint_D e^{x^2+y^2}d\sigma$，其中 D 为由圆周 $x^2+y^2=4$ 所围成的闭区域；

(2) $\iint_D \ln(1+x^2+y^2)d\sigma$，其中 D 为由圆周 $x^2+y^2=1$ 及坐标轴所围成的在第一象限内的闭区域；

(3) $\iint_D \arctan\frac{y}{x}d\sigma$，其中 D 为由圆周 $x^2+y^2=4$，$x^2+y^2=1$ 及直线 $y=0$，$y=x$ 所围成的在第一象限内的闭区域.

27. 选用适当的坐标计算下列各题：

(1) $\iint_D \frac{x^2}{y^2}d\sigma$，其中 D 为由直线 $x=2$，$y=x$ 及曲线 $xy=1$ 所围成的闭区域；

(2) $\iint_D \sqrt{\frac{1-x^2-y^2}{1+x^2+y^2}}d\sigma$，其中 D 为由圆周 $x^2+y^2=1$ 及坐标轴所围成的在第一象限内的闭区域；

(3) $\iint_D (x^2+y^2)d\sigma$，其中 D 为由直线 $y=x$，$y=x+a$，$y=a$，$y=3a(a>0)$ 所围成的闭区域；

(4) $\iint_D \sqrt{x^2+y^2}d\sigma$，其中 D 为圆环形闭区域 $\{(x,y)\mid a^2\leqslant x^2+y^2\leqslant b^2\}$.

28. 设平面薄片所占的闭区域 D 由螺线 $\rho=2\theta$ 上一段弧 $\left(0\leqslant\theta\leqslant\frac{\pi}{2}\right)$ 与直线 $\theta=\frac{\pi}{2}$ 所围成，其面密度为 $\mu(x,y)=x^2+y^2$. 求此薄片的质量.

29. 求由平面 $y=0$，$y=kx(k>0)$，$z=0$ 以及球心在原点、半径为 R 的上半球面所围成的在第一卦限内的立体的体积.

30. 计算以 xOy 面上的圆周 $x^2+y^2=ax$ 围成的闭区域为底，而以曲面 $z=x^2+y^2$ 为顶的曲顶柱体的体积.

31. 作适当的变换，计算下列二重积分：

(1) $\iint_D (x-y)^2\sin^2(x+y)dxdy$，其中 D 为平行四边形闭区域，它的四个顶点是 $(\pi,0)$，$(2\pi,$

π),(π,2π) 和(0,π);

(2) $\iint_D x^2y^2\mathrm{d}x\mathrm{d}y$,其中 D 为由两条双曲线 $xy=1$ 和 $xy=2$,直线 $y=x$ 和 $y=4x$ 所围成的在第一象限内的闭区域;

(3) $\iint_D \mathrm{e}^{\frac{y}{x+y}}\mathrm{d}x\mathrm{d}y$,其中 D 为由 x 轴、y 轴和直线 $x+y=1$ 所围成的闭区域;

(4) $\iint_D \left(\dfrac{x^2}{a^2}+\dfrac{y^2}{b^2}\right)\mathrm{d}x\mathrm{d}y$,其中 $D=\left\{(x,y)\,\middle|\,\dfrac{x^2}{a^2}+\dfrac{y^2}{b^2}\leqslant 1\right\}$.

32. 求由下列曲线所围成的闭区域 D 的面积:

(1) D 为由曲线 $xy=4$,$xy=8$,$xy^3=5$,$xy^3=15$ 所围成的第一象限部分的闭区域;

(2) D 为由曲线 $y=x^3$,$y=4x^3$,$x=y^3$,$x=4y^3$ 所围成的第一象限部分的闭区域.

33. 设闭区域 D 由直线 $x+y=1$,$x=0$,$y=0$ 所围成,求证

$$\iint_D \cos\left(\frac{x-y}{x+y}\right)\mathrm{d}x\mathrm{d}y=\frac{1}{2}\sin 1.$$

34. 选取适当的变换,证明下列等式:

(1) $\iint_D f(x+y)\mathrm{d}x\mathrm{d}y=\int_{-1}^{1}f(u)\mathrm{d}u$,其中闭区域 $D=\{(x,y)\mid |x|+|y|\leqslant 1\}$;

(2) $\iint_D f(ax+by+c)\mathrm{d}x\mathrm{d}y=2\int_{-1}^{1}\sqrt{1-u^2}f(u\sqrt{a^2+b^2}+c)\mathrm{d}u$,其中 $D=\{(x,y)\mid x^2+y^2\leqslant 1\}$,且 $a^2+b^2\neq 0$.

9.3 三重积分

9.3.1 三重积分的概念

现在来讨论空间物体的质量问题,并由此引进三重积分.

设某物体占有空间区域 Ω,它在点(x,y,z)处的体密度为 $\mu(x,y,z)$,$\mu(x,y,z)$为 Ω 上的连续函数,求物体的质量 m.

将 Ω 任意分成 n 个小区域,小区域及其体积都记作 ΔV_i,小块质量记作 Δm_i($i=1,2,\cdots,n$). 在每个小区域 ΔV_i 中任取一点(ξ_i,η_i,ζ_i),因为函数 $\mu(x,y,z)$连续,所以当分割充分细密时,可用点(ξ_i,η_i,ζ_i)处的体密度 $\mu(\xi_i,\eta_i,\zeta_i)$作为小区域 ΔV_i 上各点处体密度的近似值,于是得到

$$\Delta m_i\approx\mu(\xi_i,\eta_i,\zeta_i)\Delta V_i,\quad i=1,2,\cdots,n.$$

对 i 求和,得

三重积分的概念

$$m=\sum_{i=1}^{n}\Delta m_i\approx\sum_{i=1}^{n}\mu(\xi_i,\eta_i,\zeta_i)\Delta V_i.$$

记 λ 为各小区域的直径的最大者,让 $\lambda\to 0$,就得到质量

$$m=\lim_{\lambda\to 0}\sum_{i=1}^{n}\mu(\xi_i,\eta_i,\zeta_i)\Delta V_i.$$

还有许多力学和物理问题，也要求做类似的讨论. 把这些问题的共同点抽象出来，就得到三重积分的概念.

定义 9.2 设三元函数 $f(x,y,z)$ 在某一空间有界闭区域 Ω 上有定义. 用任意的曲面网将 Ω 分为 n 个小区域. 小区域及其体积都记作 $\Delta V_i(i=1,2,\cdots,n)$. 在每一个小区域 ΔV_i 上任取一点 (ξ_i,η_i,ζ_i)，作和数(称为**积分和**)

$$\sum_{i=1}^{n}f(\xi_i,\eta_i,\zeta_i)\Delta V_i.$$

记所有小区域的直径的最大者为 λ，令 $\lambda\to 0$，若积分和有极限 I(I 的值不依赖于区域 Ω 的分法及点 (ξ_i,η_i,ζ_i) 的取法)，则称此极限值为函数 $f(x,y,z)$ 在区域 Ω 上的**三重积分**，记作

$$I=\lim_{\lambda\to 0}\sum_{i=1}^{n}f(\xi_i,\eta_i,\zeta_i)\Delta V_i=\iiint_{\Omega}f(x,y,z)\mathrm{d}V,$$

其中 $f(x,y,z)$ 称为**被积函数**，Ω 称为**积分区域**，$\mathrm{d}V$ 称为**体积元素**.

当三重积分 $\iiint_{\Omega}f(x,y,z)\mathrm{d}V$ 存在时，称函数 $f(x,y,z)$ 在区域 Ω 上**可积**，记作 $f\in R(\Omega)$.

与二重积分类似，若 $f(x,y,z)$ 在 Ω 上可积，则必在 Ω 上有界.

由三重积分的定义知，空间物体 Ω 的质量 m 等于体密度函数的三重积分，即 $m=\iiint_{\Omega}\mu(x,y,z)\mathrm{d}V$.

当 $\mu(x,y,z)\equiv 1$ 时，三重积分 $\iiint_{\Omega}1\mathrm{d}V$ 的值等于区域 Ω 的体积.

有界闭区域 Ω 上的连续函数或分块连续函数在 Ω 上是可积的.

三重积分也有与二重积分类似的性质，这里不再重复.

9.3.2 三重积分的计算

1. 利用直角坐标计算三重积分

在直角坐标系 $Oxyz$ 中，常用分别平行于三个坐标面的三组平面，即 $x=$ 常数，$y=$ 常数，$z=$ 常数去分割区域 Ω，于是 $\Delta V_i=\Delta x_i\Delta y_i\Delta z_i(i=1,2,\cdots,n)$，体积元素为

$$\mathrm{d}V=\mathrm{d}x\,\mathrm{d}y\mathrm{d}z,$$

因此三重积分可以写为

直角坐标系下
三重积分的计算

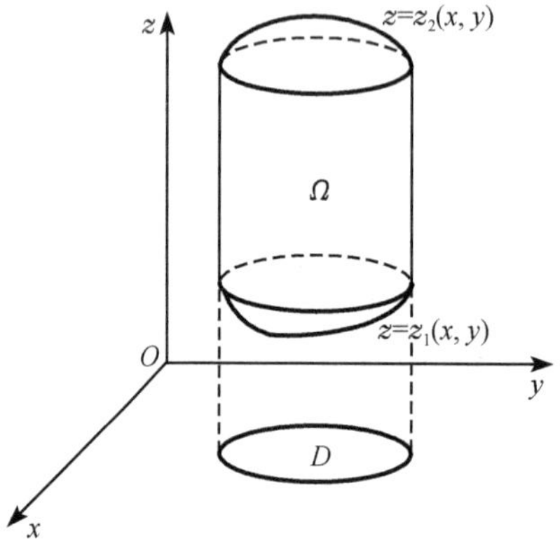

图 9.23

$$\iiint_\Omega f(x,y,z)\mathrm{d}x\,\mathrm{d}y\mathrm{d}z.$$

设区域 Ω 是上，下底分别为曲面

$$z=z_2(x,y),\quad z=z_1(x,y)$$

的曲顶，曲底的柱体，它在 xy 平面上的投影区域为 D(图 9.23)，则

$$\iiint_\Omega f(x,y,z)\mathrm{d}x\,\mathrm{d}y\mathrm{d}z$$

$$=\iint_D \mathrm{d}x\,\mathrm{d}y\int_{z_1(x,y)}^{z_2(x,y)} f(x,y,z)\mathrm{d}z.$$

此公式可以这样理解：先在 D 上固定一点(x,y)，函数沿 z 轴的正方向从点 $z_1(x,y)$ 到点 $z_2(x,y)$ 的线段上积分，得到内层积分 $\int_{z_1(x,y)}^{z_2(x,y)} f(x,y,z)\mathrm{d}z$，它是变量 x,y 的二元函数，然后再将该二元函数在区域 D 上求二重积分，就得到在整个区域 Ω 上的三重积分.

例 9.12　计算三重积分 $\iiint_\Omega y\mathrm{d}x\,\mathrm{d}y\mathrm{d}z$，其中 Ω 为由三个坐标平面及平面 $x+y+2z=2$ 所围成的区域(图 9.24).

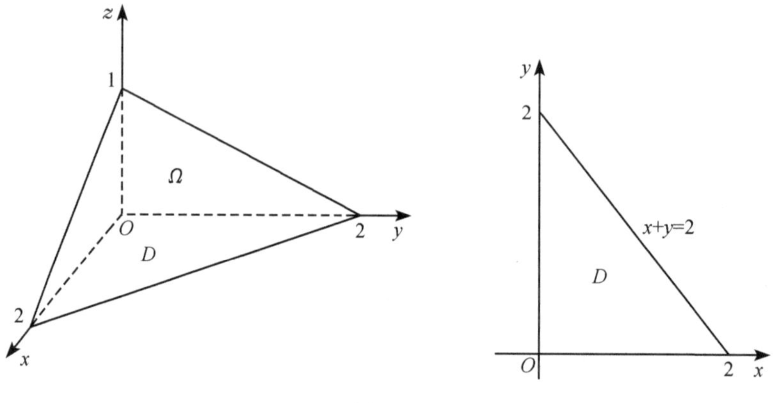

图 9.24

解

$$\iiint_\Omega y\mathrm{d}x\,\mathrm{d}y\mathrm{d}z=\iint_D \mathrm{d}x\,\mathrm{d}y\int_0^{1-\frac{1}{2}(x+y)} y\mathrm{d}z$$

$$=\iint_D\left[1-\frac{1}{2}(x+y)\right]y\mathrm{d}x\,\mathrm{d}y$$

$$=\int_0^2\mathrm{d}x\int_0^{2-x}\left[1-\frac{1}{2}(x+y)\right]y\mathrm{d}y=\frac{1}{3}.$$

化三重积分为累次积分时，除了可以先求定积分再求二重积分外，有时也可先求二重积分，再求定积分.

设空间区域 Ω 夹在两平面 $z=c$ 及 $z=d$ 之间. 过区间 $[c,d]$ 上任一点 z 作垂直于 z 轴的平面，截 Ω 得平面区域 $D(z)$，则

$$\iiint_{\Omega} f(x,y,z)\mathrm{d}x\mathrm{d}y\mathrm{d}z=\int_c^d \mathrm{d}z\iint_{D(z)} f(x,y,z)\mathrm{d}x\mathrm{d}y(\text{图 } 9.25).$$

例 9.13 计算三重积分 $\iiint_{\Omega} z^2\mathrm{d}x\mathrm{d}y\mathrm{d}z$，其中 Ω 由曲面 $z=x^2+y^2$ 及平面 $z=2$ 围成(图 9.26).

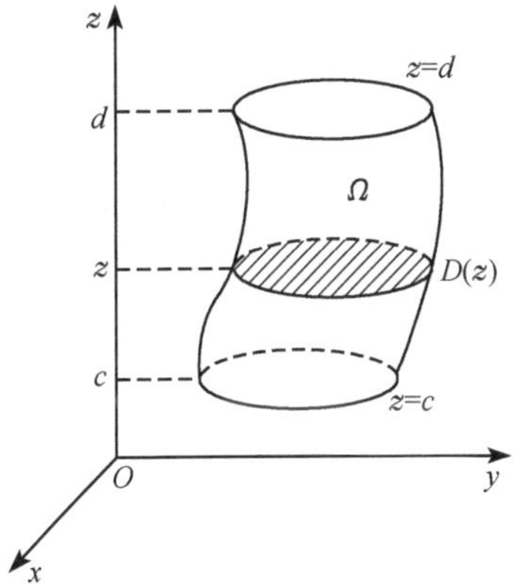

图 9.25

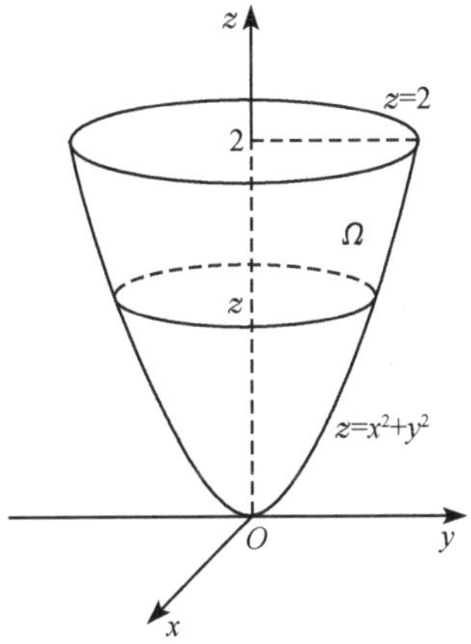

图 9.26

解 $\iiint_{\Omega} z^2\mathrm{d}x\mathrm{d}y\mathrm{d}z=\int_0^2 \mathrm{d}z\iint_{x^2+y^2\leqslant z} z^2\mathrm{d}x\mathrm{d}y=\int_0^2 \pi z^3\mathrm{d}z=4\pi.$

2. 利用柱面坐标计算三重积分

柱坐标系就是 xy 平面的极坐标系加上 z 轴. 在柱坐标系下，空间的点 M 可用有序数组 (r,θ,z) 来确定. 其中 (r,θ) 为空间的点 M 在 xy 平面上的投影点 P 的极坐标；z 为点 M 的第三个直角坐标(图 9.27). 点 M 的直角坐标 (x,y,z) 与柱坐标 (r,θ,z) 之间有关系式

$$\begin{cases}x=r\cos\theta,\\ y=r\sin\theta,\\ z=z,\end{cases}\qquad \begin{cases}r=\sqrt{x^2+y^2},\\ \tan\theta=\dfrac{y}{x},\\ z=z.\end{cases}$$

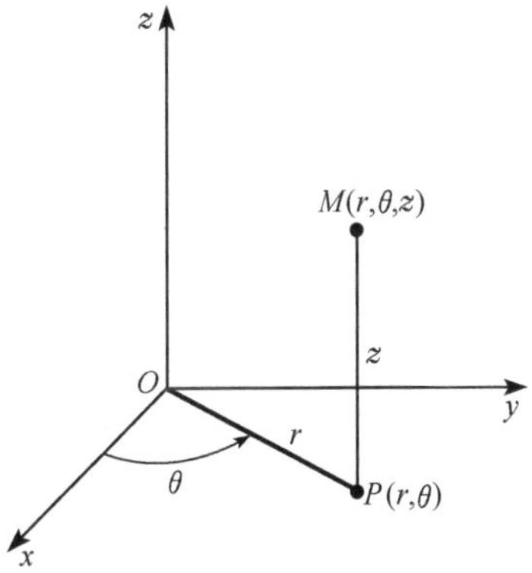

图 9.27

柱坐标系下三重积分的计算

当 M 取遍空间一切点时,r,θ,z 的取值范围是

$$0\leqslant r<+\infty,\quad 0\leqslant\theta<2\pi,\quad -\infty<z<+\infty.$$

在柱坐标系下,三组坐标面分别是:

$r=$常数,即以 z 轴为对称轴,r 为半径的圆柱面,

$\theta=$常数,即过 z 轴的半平面,

$z=$常数,即与 xy 平面平行的平面.

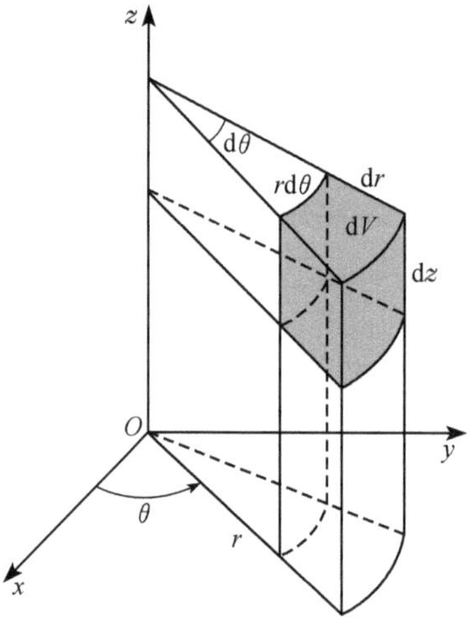

图 9.28

在柱坐标系下计算三重积分时,需要写出体积元素 $\mathrm{d}V$ 在柱坐标系下的表示式. 为此,下面用柱坐标系的三组坐标面去分割积分区域 Ω. 设 ΔV 是由半径为 r 和 $r+\mathrm{d}r$ 的圆柱面,极角为 θ 和 $\theta+\mathrm{d}\theta$ 的半平面,以及高度为 z 和 $z+\mathrm{d}z$ 的平面所围成的小柱体. 其高为 $\mathrm{d}z$,其底面积可近似看成以 $\mathrm{d}r$ 和 $r\,\mathrm{d}\theta$ 为两边的小矩形面积(图 9.28),因此体积元素为

$$\mathrm{d}V=r\,\mathrm{d}r\,\mathrm{d}\theta\,\mathrm{d}z,$$

于是三重积分化为

$$\iiint_\Omega f(x,y,z)\mathrm{d}V=\iiint_\Omega f(r\cos\theta,r\sin\theta,z)r\,\mathrm{d}r\,\mathrm{d}\theta\,\mathrm{d}z.$$

再在柱坐标系下化为累次积分即可.

例 9.14　计算三重积分 $\iiint_\Omega z\sqrt{x^2+y^2}\,\mathrm{d}V$,其中 Ω 由球面 $x^2+y^2+z^2=2$ 与抛物面 $z=x^2+y^2$ 围成(图 9.29).

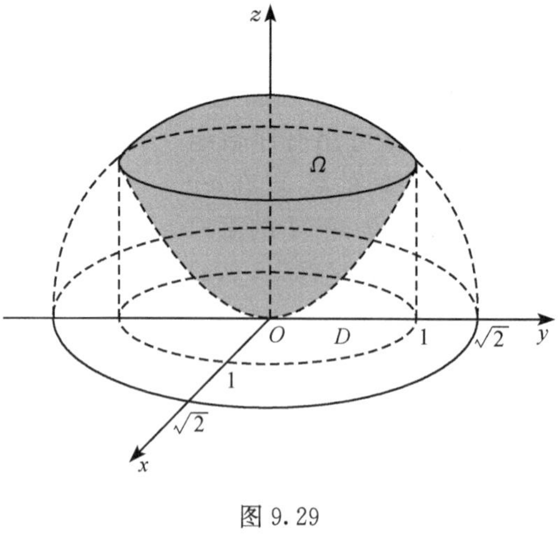

图 9.29

解 上半球面 $z=\sqrt{2-x^2-y^2}$ 的柱坐标方程为 $z=\sqrt{2-r^2}$，抛物面 $z=x^2+y^2$ 的柱坐标方程为 $z=r^2$，区域 Ω 在 xy 平面上的投影区域 D 是一个圆域. 解方程组

$$\begin{cases} z=\sqrt{2-r^2}, \\ z=r^2, \end{cases}$$

得 $r=1$，这就是 D 的半径. 于是

$$\begin{aligned}\iiint_\Omega z\sqrt{x^2+y^2}\,\mathrm{d}V &= \iint_D r\,\mathrm{d}r\,\mathrm{d}\theta\int_{r^2}^{\sqrt{2-r^2}} zr\,\mathrm{d}z = \int_0^{2\pi}\mathrm{d}\theta\int_0^1 r^2\,\mathrm{d}r\int_{r^2}^{\sqrt{2-r^2}} z\mathrm{d}z \\ &= \pi\int_0^1(2r^2-r^4-r^6)\,\mathrm{d}r = \frac{34}{105}\pi.\end{aligned}$$

3. 利用球面坐标计算三重积分

空间任一点 M 的位置，还可用球坐标来确定. 球坐标是指有序数组 (ρ,θ,φ)，其中 ρ 为向量 $\overrightarrow{OM}$ 的大小，设 $\overrightarrow{OM}$ 在 xy 平面上的投影向量为 $\overrightarrow{OP}$，则从正 x 轴按逆时针方向转到 $\overrightarrow{OP}$ 的角度为 θ，正 z 轴与 $\overrightarrow{OM}$ 的夹角为 φ（图 9.30）. 点 M 的直角坐标 (x,y,z) 与球坐标 (ρ,θ,φ) 之间有关系式

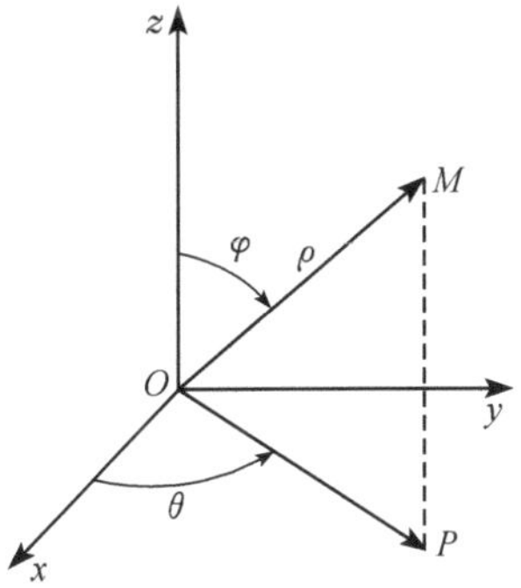

图 9.30

球坐标系下三重积分的计算

$$\begin{cases} x=\rho\sin\varphi\cos\theta, \\ y=\rho\sin\varphi\sin\theta, \\ z=\rho\cos\varphi, \end{cases}\qquad \begin{cases} \rho=\sqrt{x^2+y^2+z^2}, \\ \tan\theta=\dfrac{y}{x}, \\ \cos\varphi=\dfrac{z}{\sqrt{x^2+y^2+z^2}}. \end{cases}$$

当点 M 取遍空间一切点时，ρ,θ,φ 的取值范围是

$$0\leqslant\rho<+\infty,\quad 0\leqslant\theta<2\pi,\quad 0\leqslant\varphi\leqslant\pi.$$

在球坐标系下，三组坐标面分别是：

$\rho=$ 常数，即以原点为球心，ρ 为半径的球面，

θ=常数，即过 z 轴的半平面，

φ=常数，即以原点为顶点，z 轴为对称轴，半顶角为 φ 的圆锥面.

为了在球坐标系下计算三重积分，应写出体积元素 $\mathrm{d}V$ 在球坐标系下的表达式. 为此，下面用球坐标系的三组坐标面去分割积分区域 Ω. 设 ΔV 是由半径为 ρ 和 $\rho+\mathrm{d}\rho$ 的球面，与极角为 θ 和 $\theta+\mathrm{d}\theta$ 的半平面，以及半顶角为 φ 和 $\varphi+\mathrm{d}\varphi$ 的圆锥面所围成的小六面体(图 9.31)，它有十二条边，其中有三条边的长度分别为 $\mathrm{d}\rho$，$\rho\sin\varphi\mathrm{d}\theta$，$\rho\mathrm{d}\varphi$. 当分割充分细密时，这个小六面体可近似看成一个小长方体，因此体积元素为

$$\mathrm{d}V=(\mathrm{d}\rho)(\rho\sin\varphi\mathrm{d}\theta)(\rho\mathrm{d}\varphi)=\rho^2\sin\varphi\mathrm{d}\rho\mathrm{d}\theta\mathrm{d}\varphi,$$

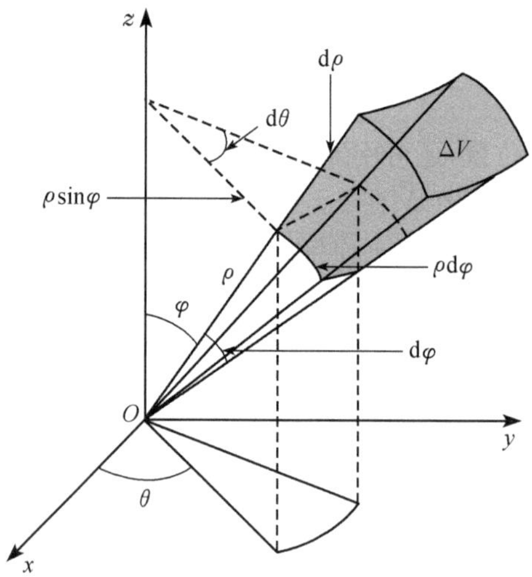

图 9.31

于是三重积分化为

$$\iiint_{\Omega}f(x,y,z)\mathrm{d}V=\iiint_{\Omega}f(\rho\sin\varphi\cos\theta,\rho\sin\varphi\sin\theta,\rho\cos\varphi)\rho^2\sin\varphi\mathrm{d}\rho\mathrm{d}\theta\mathrm{d}\varphi.$$

再在球坐标系下化为累次积分即可.

例 9.15 计算三重积分 $I=\iiint_{\Omega}(x^3+y^3+z^3)\mathrm{d}V$，其中 Ω 由球面 $x^2+y^2+z^2=2z$ 与锥面 $\sqrt{x^2+y^2}=z$ 围成(图 9.32).

解 球面 $x^2+y^2+z^2=2z$ 的球坐标方程为 $\rho^2=2\rho\cos\varphi$，即 $\rho=2\cos\varphi$，锥面 $\sqrt{x^2+z^2}=z$ 的球坐标方程是 $\varphi=\frac{\pi}{4}$，因此区域 Ω 可以表示为

$$\Omega=\left\{(\rho,\theta,\varphi)\mid 0\leqslant\rho\leqslant 2\cos\varphi,0\leqslant\varphi\leqslant\frac{\pi}{4},0\leqslant\theta\leqslant 2\pi\right\},$$

所以

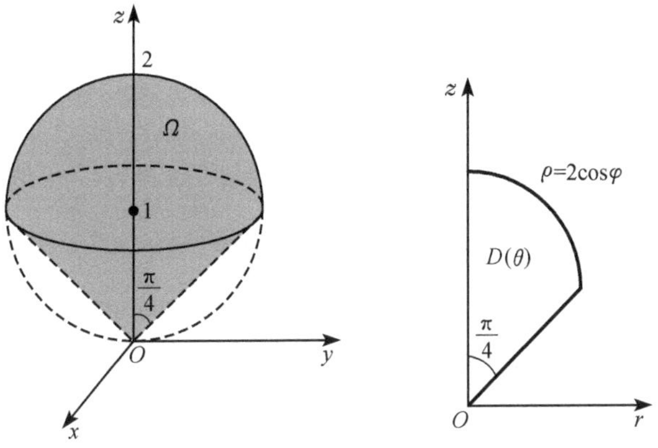

图 9.32

$$
\begin{aligned}
I &= \iiint_{\Omega} z^3 \mathrm{d}V = \iiint_{\Omega} \rho^3 \cos^3\varphi \rho^2 \sin\varphi \mathrm{d}\rho \mathrm{d}\theta \mathrm{d}\varphi \\
&= \int_0^{2\pi} \mathrm{d}\theta \int_0^{\frac{\pi}{4}} \cos^3\varphi \sin\varphi \mathrm{d}\varphi \int_0^{2\cos\varphi} \rho^5 \mathrm{d}\rho \\
&= \frac{\pi}{3} \times 2^6 \int_0^{\frac{\pi}{4}} \cos^9\varphi \sin\varphi \mathrm{d}\varphi = \frac{31}{15}\pi.
\end{aligned}
$$

习题 9.3

1. 化三重积分 $I=\iiint_{\Omega} f(x,y,z)\mathrm{d}x\mathrm{d}y\mathrm{d}z$ 为三次积分，其中积分区域 Ω 分别为：

(1) 由双曲抛物面 $xy=z$ 及平面 $x+y-1=0, z=0$ 所围成的闭区域；

(2) 由曲面 $z=x^2+y^2$ 及平面 $z=1$ 所围成的闭区域；

(3) 由曲面 $z=x^2+2y^2$ 及 $z=2-x^2$ 所围成的闭区域；

(4) 由曲面 $cz=xy(c>0)$，$\dfrac{x^2}{a^2}+\dfrac{y^2}{b^2}=1$，$z=0$ 所围成的在第一卦限内的闭区域.

2. 计算下列三重积分：

(1) $\iiint_{\Omega} z^2 \mathrm{d}x\mathrm{d}y\mathrm{d}z$，其中 Ω 为两个球：$x^2+y^2+z^2\leqslant R^2$ 和 $x^2+y^2+z^2\leqslant 2Rz(R>0)$ 的公共部分；

(2) $\iiint_{\Omega} \dfrac{z\ln(x^2+y^2+z^2+1)}{x^2+y^2+z^2+1}\mathrm{d}x\mathrm{d}y\mathrm{d}z$，其中 Ω 为由球面 $x^2+y^2+z^2=1$ 所围成的闭区域；

(3) $\iiint_{\Omega} (y^2+z^2)\mathrm{d}x\mathrm{d}y\mathrm{d}z$，其中 Ω 为由 xOy 平面上曲线 $y^2=2x$ 绕 x 轴旋转而成的曲面与平面 $x=5$ 所围成的闭区域；

(4) $\iiint_{\Omega} \dfrac{1}{(x+y+z+1)^2}\mathrm{d}x\mathrm{d}y\mathrm{d}z$，其中 Ω 为 $x\geqslant 0, y\geqslant 0, z\geqslant 0, x+y+z\leqslant 1$ 所围；

(5) $\iiint_{\Omega} xy\mathrm{d}x\mathrm{d}y\mathrm{d}z$，其中 Ω 为由 $z=xy, z=0, x+y=1$ 所围成的闭区域；

(6) $\iiint_{\Omega} xy^2z^3\mathrm{d}x\mathrm{d}y\mathrm{d}z$，其中 Ω 为由 $z=xy, y=x, x=1, z=0$ 所围成的闭区域；

(7) $\iiint_{\Omega} xyz\mathrm{d}x\mathrm{d}y\mathrm{d}z$，其中 Ω 为 $x^2+y^2+z^2\leqslant 1, x\geqslant 0, y\geqslant 0, z\geqslant 0$ 所围成的闭区域；

(8) $\iiint_{\Omega} xyz\sin(x+y+z)\mathrm{d}x\mathrm{d}y\mathrm{d}z$，其中 Ω 为 $x\geqslant 0, y\geqslant 0, z\geqslant 0, x+y+z\leqslant \frac{\pi}{2}$ 所围成的闭区域；

(9) $\iiint_{\Omega} (lx^2+my^2+nz^2)\mathrm{d}x\mathrm{d}y\mathrm{d}z$，其中 Ω 为由 $x^2+y^2+z^2\leqslant a^2$ 所围成的闭区域（l,m,n 为常数）；

(10) $\iiint_{\Omega} \sqrt{x^2+y^2}\mathrm{d}x\mathrm{d}y\mathrm{d}z$，$\Omega$：$x^2+y^2\leqslant z^2, 0\leqslant z\leqslant h$；

(11) $\iiint_{\Omega} (x^2+y^2)\mathrm{d}x\mathrm{d}y\mathrm{d}z$，$\Omega$：$x^2+y^2\leqslant 2z, z\leqslant 2$；

(12) $\iiint_{\Omega} (x^2+y^2)\mathrm{d}x\mathrm{d}y\mathrm{d}z$，$\Omega$：$x^2+y^2+z^2\leqslant a^2$；

(13) $\iiint_{\Omega} \frac{z}{\sqrt{x^2+y^2+z^2}}\mathrm{d}x\mathrm{d}y\mathrm{d}z$，$\Omega$ 由曲面 $x^2+y^2=a^2, z=0, z=h(h>0)$ 所围成；

(14) $\iiint_{\Omega} z\mathrm{d}x\mathrm{d}y\mathrm{d}z$，$\Omega$：$x^2+y^2+z^2\leqslant 2, x^2+y^2\leqslant z$；

(15) $\iiint_{\Omega} z^2\mathrm{d}x\mathrm{d}y\mathrm{d}z$，$\Omega$：$x^2+y^2+z^2\leqslant a^2, x^2+y^2\leqslant ax(a>0)$；

(16) $\iiint_{\Omega} x^2y^2z\mathrm{d}x\mathrm{d}y\mathrm{d}z$，其中 Ω 由 $2z=x^2+y^2$ 和 $z=2$ 围成；

(17) $\iiint_{\Omega} (x^2+y^2+z^2)\mathrm{d}x\mathrm{d}y\mathrm{d}z$，其中 Ω 由 $z=\sqrt{R^2-x^2-y^2}$ 和 $z=\sqrt{x^2+y^2}$ 围成；

(18) $\iiint_{\Omega} z^3\mathrm{d}x\mathrm{d}y\mathrm{d}z$，$\Omega$：$x^2+y^2+z^2\leqslant R^2, x\geqslant 0, y\geqslant 0, z\geqslant 0$；

(19) $\iiint_{\Omega} \sqrt{x^2+y^2+z^2}\mathrm{d}x\mathrm{d}y\mathrm{d}z$，其中 Ω 由 $x^2+y^2+z^2=z$ 围成；

(20) $\iiint_{\Omega} (x^2+y^2)\mathrm{d}x\mathrm{d}y\mathrm{d}z$，$\Omega$：$a^2\leqslant x^2+y^2+z^2\leqslant b^2, z\geqslant 0$；

(21) $\iiint_{\Omega} \frac{1}{\sqrt{x^2+y^2+z^2}}\mathrm{d}x\mathrm{d}y\mathrm{d}z$，其中 Ω 由 $x^2+y^2+z^2=2az(a>0)$ 围成；

(22) $\iiint_{\Omega} \frac{1}{(x^2+y^2+z^2)^2}\mathrm{d}x\mathrm{d}y\mathrm{d}z$，$\Omega$：$a^2\leqslant x^2+y^2+z^2\leqslant b^2(b>a>0)$；

(23) $\iiint_{\Omega} (x+y+z)\mathrm{d}x\mathrm{d}y\mathrm{d}z$，$\Omega$：$x^2+y^2+z^2\leqslant 2az, \sqrt{x^2+y^2}\leqslant z$；

(24) $\iiint_{\Omega} \sqrt{1-x^2-y^2-z^2}\mathrm{d}x\mathrm{d}y\mathrm{d}z$，$\Omega$：$x^2+y^2+z^2\leqslant 1$；

(25) $\iiint_{\Omega} \sqrt{1-\frac{x^2}{a^2}-\frac{y^2}{b^2}-\frac{z^2}{c^2}}\mathrm{d}x\mathrm{d}y\mathrm{d}z$，$\Omega$：$\frac{x^2}{a^2}+\frac{y^2}{b^2}+\frac{z^2}{c^2}\leqslant 1$；

(26) $\iiint_{\Omega}(x+y+z)\mathrm{d}x\mathrm{d}y\mathrm{d}z, \Omega:(x-a)^2+(y-b)^2+(z-c)^2\leqslant R^2$.

3. 设函数 $f(x)$连续且恒大于零,

$$F(t)=\frac{\iiint_{\Omega(t)}f(x^2+y^2+z^2)\mathrm{d}v}{\iint_{D(t)}f(x^2+y^2)\mathrm{d}\sigma},$$

$$G(t)=\frac{\iint_{D(t)}f(x^2+y^2)\mathrm{d}\sigma}{\int_{-t}^{t}f(x^2)\mathrm{d}x},$$

其中 $\Omega(t)=\{(x,y,z)\mid x^2+y^2+z^2\leqslant t^2\}, D(t)=\{(x,y)\mid x^2+y^2\leqslant t^2\}$.

(1) 讨论 $F(t)$在区间$(0,+\infty)$内的单调性;

(2) 证明:当 $t>0$ 时,$F(t)>\frac{2}{\pi}G(t)$.

4. 设有一物体,占有空间闭区域 $\Omega=\{(x,y,z)\mid 0\leqslant x\leqslant 1,0\leqslant y\leqslant 1,0\leqslant z\leqslant 1\}$,在点$(x,y,z)$处的密度为 $\rho(x,y,z)=x+y+z$,计算该物体的质量.

5. 如果三重积分 $\iiint_{\Omega}f(x,y,z)\mathrm{d}x\mathrm{d}y\mathrm{d}z$ 的被积函数 $f(x,y,z)$ 是三个函数 $f_1(x),f_2(y),f_3(z)$ 的乘积,即 $f(x,y,z)=f_1(x)\cdot f_2(y)\cdot f_3(z)$,积分区域 $\Omega=\{(x,y,z)\mid a\leqslant x\leqslant b, c\leqslant y\leqslant d, l\leqslant z\leqslant m\}$,证明:此三重积分等于三个一元积分的乘积,即

$$\iiint_{\Omega}f_1(x)f_2(y)f_3(z)\mathrm{d}x\mathrm{d}y\mathrm{d}z=\int_a^b f_1(x)\mathrm{d}x\int_c^d f_2(y)\mathrm{d}y\int_l^m f_3(z)\mathrm{d}z.$$

6. 计算 $\iiint_{\Omega}\frac{\mathrm{d}x\mathrm{d}y\mathrm{d}z}{(1+x+y+z)^3}$,其中 Ω 为平面 $x=0,y=0,z=0,x+y+z=1$ 所围成的四面体.

7. 计算$\iiint_{\Omega}xz\mathrm{d}x\mathrm{d}y\mathrm{d}z$,其中 Ω 为由平面 $z=0,z=y,y=1$ 以及抛物柱面 $y=x^2$ 所围成的闭区域.

8. 计算 $\iiint_{\Omega}z\mathrm{d}x\mathrm{d}y\mathrm{d}z$,其中 Ω 为由锥面 $z=\frac{h}{R}\sqrt{x^2+y^2}$ 与平面 $z=h(R>0,h>0)$ 所围成的闭区域.

9. 利用球面坐标计算下列三重积分:

(1) $\iiint_{\Omega}(x^2+y^2+z^2)\mathrm{d}v$,其中 Ω 为由球面 $x^2+y^2+z^2=1$ 所围成的闭区域;

(2) $\iiint_{\Omega}z\mathrm{d}v$,其中闭区域 Ω 由不等式 $x^2+y^2+(z-a)^2\leqslant a^2, x^2+y^2\leqslant z^2$ 所确定.

10. 选用适当的坐标计算下列三重积分:

(1) $\iiint_{\Omega}xy\mathrm{d}v$,其中 Ω 为柱面 $x^2+y^2=1$ 及平面 $z=1,z=0,x=0,y=0$ 所围成的在第一卦限内的闭区域;

(2) $\iiint_{\Omega}(x^2+y^2)\mathrm{d}v$,其中 Ω 为由曲面 $4z^2=25(x^2+y^2)$ 及平面 $z=5$ 所围成的闭区域.

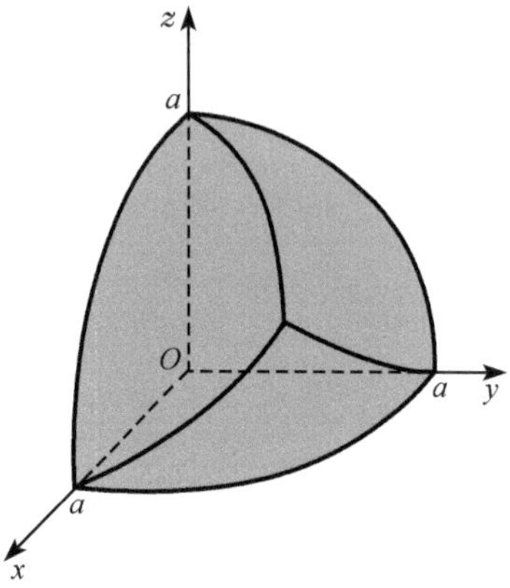

图 9.33

11. 求下列区域V的体积：

(1) $V: x^2+y^2\leqslant a^2, z\geqslant 0, z\leqslant mx(m>0)$；

(2) $V: \frac{x^2}{a^2}+\frac{y^2}{b^2}+\frac{z^2}{c^2}\leqslant 2, \frac{y^2}{b^2}+\frac{z^2}{c^2}\leqslant\frac{x}{a}(a>0)$；

(3) V由曲面$x^2+y^2=a^2, y^2+z^2=a^2, z^2+x^2=a^2$所围成(图 9.33,本图仅画出第一卦限部分).

12. 利用三重积分计算下列由曲面所围成的立体的体积：

(1) $z=6-x^2-y^2$ 及 $z=\sqrt{x^2+y^2}$；

(2) $x^2+y^2+z^2=2az(a>0)$及$x^2+y^2=z^2$(含有z轴的部分)；

(3) $z=\sqrt{x^2+y^2}$及$z=x^2+y^2$；

(4) $z=\sqrt{5-x^2-y^2}$及$x^2+y^2=4z$；

(5) $y^2=a^2-az, x^2+y^2=(\frac{a}{2})^2, z=0(a>0)$；

(6) $y^2=a^2-az, x^2+y^2=ax, z=0(a>0)$；

(7) 求由曲面$x^2+y^2+az=4a^2$将球$x^2+y^2+z^2=4az$分成两部分之体积比.

13. 求球体$r\leqslant a$位于锥面$\varphi=\frac{\pi}{3}$和$\varphi=\frac{2}{3}\pi$之间的部分的体积.

14. 求上、下分别为球面$x^2+y^2+z^2=2$和抛物面$z=x^2+y^2$所围立体的体积.

15. 球心在原点、半径为R的球体,在其上任意一点的密度的大小与这点到球心的距离成正比,求此球体的质量.

16. 把积分$\iiint_\Omega f(x,y,z)\mathrm{d}x\mathrm{d}y\mathrm{d}z$化为三次积分,其中积分区域$\Omega$为由曲面$z=x^2+y^2$, $y=x^2$及平面$y=1, z=0$所围成的闭区域.

9.4　重积分的应用

9.4.1　曲面的面积

设有一空间曲面,其方程为

$$z=f(x,y),$$

该曲面在xOy平面上的投影区域为D,假定$f(x,y)$在D上有连续的一阶偏导数(这样的曲面称为**光滑曲面**),下面来讨论曲面S的面积概念及计算方法.

把区域D任意分为n个小区域,以$\mathrm{d}\sigma$作为小区域的代表,并记分法为T.在$\mathrm{d}\sigma$上任取一点$P(x,y)$,相应地得到曲面S上一点$M(x,y,f(x,y))$.过点M做曲面S的切平面.以$\mathrm{d}\sigma$的边界为准线,作母线平行于z轴的柱面,设此柱面截切平面所得的面积为$\mathrm{d}S$(图 9.34).当分法T的最大直径$\lambda(T)\to 0$时,若这些小切平面块

的面积之和 $\sum \mathrm{d}S$ 有极限 A(A 的值不依赖于分法 T 及点 P 的取法),则此极限值为曲面 S 的面积,即

$$A=\lim_{\lambda(T)\to 0}\sum \mathrm{d}S.$$

下面给出面积 A 的计算公式.

曲面 S 上点 $M(x,y,f(x,y))$ 处切平面的法向量是 $\boldsymbol{n}=\{f_x,f_y,-1\}$. 从而单位法向量为 $\boldsymbol{n}_0=\left\{\frac{f_x}{\sqrt{1+f_x^2+f_y^2}},\frac{f_y}{\sqrt{1+f_x^2+f_y^2}},\frac{-1}{\sqrt{1+f_x^2+f_y^2}}\right\}$.

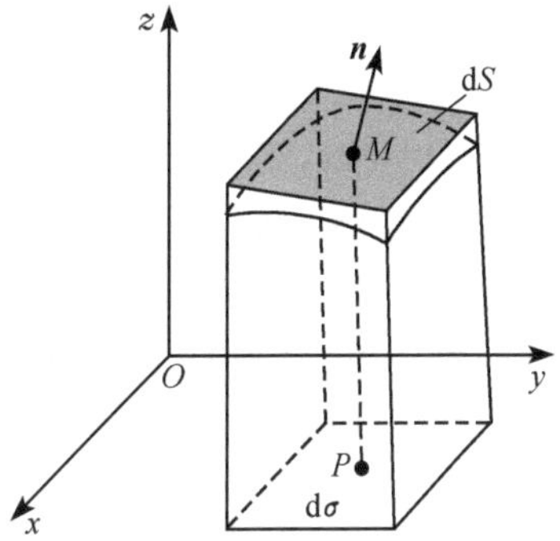

图 9.34

设 $\boldsymbol{n}$ 与正 z 轴的夹角为 γ,则有

$$\cos\gamma=\frac{-1}{\sqrt{1+f_x^2+f_y^2}}.$$

由于区域 $\mathrm{d}\sigma$ 是切平面上区域 $\mathrm{d}S$ 在 xy 平面上的投影,而两平面的法线的夹角为 γ,因此

$$\mathrm{d}\sigma=\mathrm{d}S\cdot|\cos\gamma|=|\cos\gamma|\mathrm{d}S(\text{图 } 9.35),$$

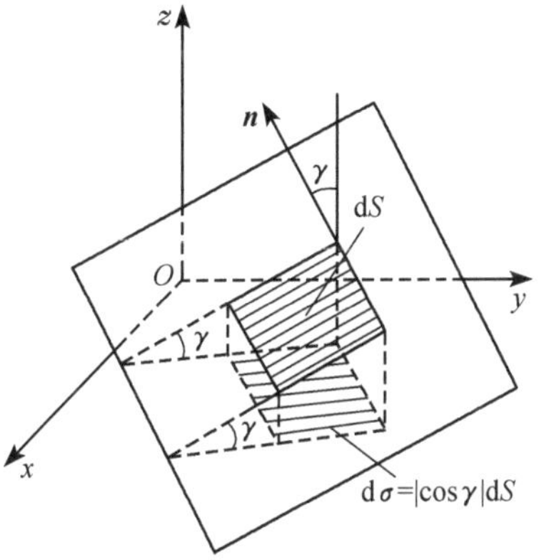

图 9.35

从而面积元素为

$$\mathrm{d}S=\frac{1}{|\cos\gamma|}\mathrm{d}\sigma=\sqrt{1+f_x^2+f_y^2}\mathrm{d}\sigma,$$

于是得到曲面的面积

$$S=\lim_{\lambda\to 0}\sum \mathrm{d}S=\lim_{\lambda\to 0}\sum \sqrt{1+f_x^2+f_y^2}\mathrm{d}\sigma,$$

即

$$S=\iint_D \sqrt{1+f_x^2+f_y^2}\mathrm{d}\sigma=\iint_D \sqrt{1+z_x^2+z_y^2}\mathrm{d}\sigma.$$

例 9.16 证明:半径为 R 的球面面积 $A=4\pi R^2$.

证 只需求出上半球面的面积,再两倍即可.

设球心位于坐标系 $Oxyz$ 的原点,则上半球面方程为

$$z=\sqrt{R^2-x^2-y^2},$$

从而

$$z_x=\frac{-x}{\sqrt{R^2-x^2-y^2}},\quad z_y=\frac{-y}{\sqrt{R^2-x^2-y^2}},\quad \sqrt{1+z_x^2+z_y^2}=\frac{R}{\sqrt{R^2-x^2-y^2}}.$$

于是

$$A=2\iint_D \sqrt{1+z_x^2+z_y^2}\mathrm{d}\sigma=2R\iint_D \frac{1}{\sqrt{R^2-x^2-y^2}}\mathrm{d}\sigma$$

$$= 2R\int_0^{2\pi} d\theta \int_0^R \frac{1}{\sqrt{R^2 - r^2}} r\, dr = 4\pi R^2,$$

其中 $D=\{(x, y) \mid x^2+y^2 \leqslant R^2\}$.

例 9.17　求上半球面 $z=\sqrt{R^2-x^2-y^2}$ 被圆柱面 $x^2+y^2=Rx$ 所截得部分的面积.

解　由对称性,只需求出曲面在第一卦限部分的面积,再两倍即可(图 9.36). 所截曲面的投影区域 D 为 xOy 平面上的圆域. 圆周的极坐标方程为

$$r = R\cos\theta \left(-\frac{\pi}{2} \leqslant \theta \leqslant \frac{\pi}{2}\right),$$

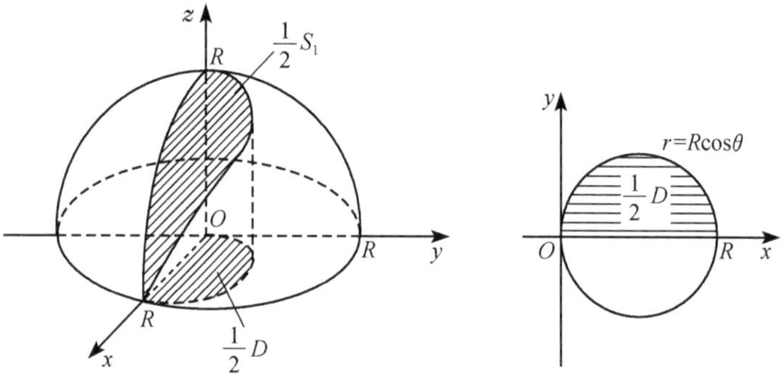

图 9.36

所以

$$A = 2\iint_D \frac{R}{\sqrt{R^2 - x^2 - y^2}} d\sigma = 2R\int_0^{\frac{\pi}{2}} d\theta \int_0^{R\cos\theta} \frac{r}{\sqrt{R^2 - r^2}} dr = R^2(\pi - 2).$$

例 9.18　设有一颗地球同步轨道通信卫星,距地面的高度为 $h=36000$km,运行的角速度与地球自转的角速度相同. 试计算该通信卫星的覆盖面积与地球表面积的比值(地球半径 $R=6400$km).

解　取地心为坐标原点,地心到通信卫星中心的连线为 z 轴,建立坐标系(图 9.37).

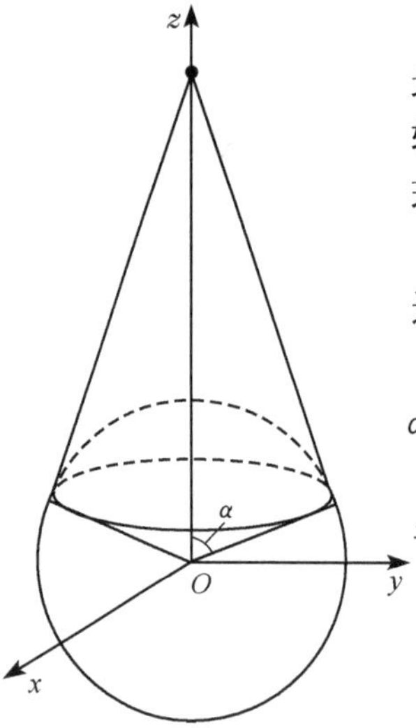

图 9.37

通信卫星覆盖的曲面 Σ 是上半球面被半顶角为 α 的圆锥面所截得的部分. Σ 的方程为

$$z = \sqrt{R^2 - x^2 - y^2}, \quad x^2 + y^2 \leqslant R^2 \sin^2\alpha.$$

于是通信卫星的覆盖面积为

$$A = \iint_D \sqrt{1 + \left(\frac{\partial z}{\partial x}\right)^2 + \left(\frac{\partial z}{\partial y}\right)^2} dx\, dy$$

$$= \iint_D \frac{R}{\sqrt{R^2 - x^2 - y^2}} dx\, dy,$$

其中 $D=\{(x,y)\,|\,x^2+y^2\leqslant R^2\sin^2\alpha\}$.

于是

$$A=\int_0^{2\pi}\mathrm{d}\theta\int_0^{R\sin\alpha}\frac{R}{\sqrt{R^2-r^2}}r\,\mathrm{d}r=2\pi R\int_0^{R\sin\alpha}\frac{r}{\sqrt{R^2-r^2}}\mathrm{d}r=2\pi R^2(1-\cos\alpha).$$

由于 $\cos\alpha=\dfrac{R}{R+h}$,代入上式得

$$A=2\pi R^2\left(1-\frac{R}{R+h}\right)=2\pi R^2\cdot\frac{h}{R+h}.$$

由此得这颗通信卫星的覆盖面积与地球表面积之比为

$$\frac{A}{4\pi R^2}=\frac{h}{2(R+h)}=\frac{36\cdot10^6}{2(36+6.4)\cdot10^6}\approx42.5\%.$$

由以上结果可知,卫星覆盖了全球三分之一以上的面积,故使用三颗相隔 $\dfrac{2}{3}\pi$ 角度的通信卫星就可以覆盖几乎地球全部表面.

若曲面 S 由参数方程

$$\begin{cases}x=x(u,v),\\ y=y(u,v),\quad (u,v)\in D,\\ z=z(u,v),\end{cases}$$

给出,其中 D 为 uv 平面上的有界闭区域. 设 $x(u,v),y(u,v),z(u,v)$ 在 D 上具有连续的一阶偏导数. 曲面 S 的法向量为

$$\boldsymbol{n}=\begin{vmatrix}\boldsymbol{i}&\boldsymbol{j}&\boldsymbol{k}\\x_u&y_u&z_u\\x_v&y_v&z_v\end{vmatrix},$$

因此 $\boldsymbol{n}$ 对 z 轴的方向余弦的绝对值为

$$\begin{aligned}|\cos\gamma|&=\frac{|x_uy_v-x_vy_u|}{\sqrt{(y_uz_v-y_vz_u)^2+(x_uz_v-x_vz_u)^2+(x_uy_v-x_vy_u)^2}}\\&=\frac{|x_uy_v-x_vy_u|}{\sqrt{(x_u^2+y_u^2+z_u^2)(x_v^2+y_v^2+z_v^2)-(x_ux_v+y_uy_v+z_uz_v)^2}}\\&=\left|\frac{\partial(x,y)}{\partial(u,v)}\right|\frac{1}{\sqrt{EG-F^2}},\end{aligned}$$

其中

$$\begin{cases}E=x_u^2+y_u^2+z_u^2,\\F=x_ux_v+y_uy_v+z_uz_v,\\G=x_v^2+y_v^2+z_v^2,\end{cases}$$

于是

$$S=\iint_D \frac{1}{|\cos\gamma|}\mathrm{d}\sigma=\iint_D \frac{1}{|\cos\gamma|}\left|\frac{\partial(x,y)}{\partial(u,v)}\right|\mathrm{d}u\,\mathrm{d}v=\iint_D \sqrt{EG-F^2}\,\mathrm{d}u\,\mathrm{d}v,$$

其中 $\sqrt{EG-F^2}\,\mathrm{d}u\,\mathrm{d}v$ 称为曲面的面积元素.

下面利用此方法重新推导球面的面积公式.

半径为 R 的球面的参数方程为

$$\begin{cases} x=R\sin\varphi\cos\theta, \\ y=R\sin\varphi\sin\theta, \quad (\varphi,\theta)\in D, \\ z=R\cos\varphi, \end{cases}$$

其中 $D=\{(\varphi,\theta)\,|\,0\leqslant\varphi\leqslant\pi,0\leqslant\theta<2\pi\}$.

由于

$$\sqrt{EG-F^2}=R^2\sin\varphi,$$

于是

$$A=\iint_D R^2\sin\varphi\,\mathrm{d}\varphi\,\mathrm{d}\theta=R^2\int_0^{2\pi}\mathrm{d}\theta\int_0^{\pi}\sin\varphi\,\mathrm{d}\varphi=4\pi R^2.$$

曲面面积　　曲面面积(续)　　质心

9.4.2　质心

设薄板占据平面区域 D,面密度为 $\mu(x,y)$. 下面利用微元法写出薄板的质心公式. 任意分割区域 D,考察有代表性的小区域 $\mathrm{d}\sigma$,(x,y)为其中任意一点(图 9.38). 小块 $\mathrm{d}\sigma$ 的质量为 $\mathrm{d}m=\mu(x,y)\mathrm{d}\sigma$,小块对 y 轴的静矩为 $x\cdot\mu(x,y)\mathrm{d}\sigma$,因此整个薄板对 y 轴的静矩为

$$M_y=\iint_D x\mu(x,y)\mathrm{d}\sigma.$$

同理,薄板对 x 轴的静矩为

$$M_x=\iint_D y\mu(x,y)\mathrm{d}\sigma.$$

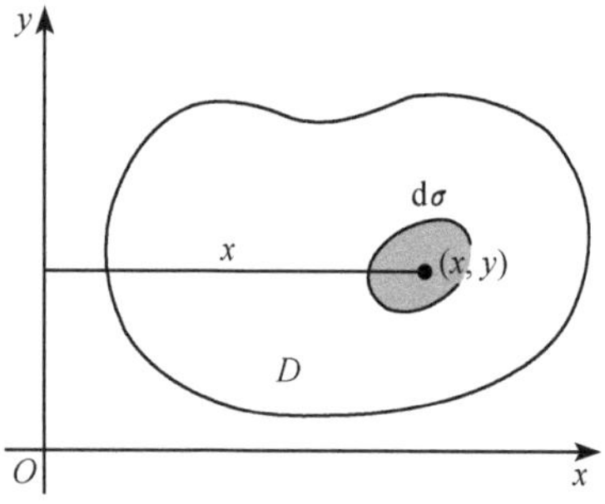

图 9.38

设薄板 D 的质心为$(\bar{x},\bar{y})$,质量为 m. 则由静矩定理知,薄板对坐标轴的静矩,等于集中了该薄板质量 m 的质点——质心 $\overline{P}(\bar{x},\bar{y})$ 对该轴的静矩,于是得到质心坐标

$$\begin{cases}\bar{x}=\dfrac{M_y}{m}=\dfrac{\iint_D x\mu(x,y)\mathrm{d}\sigma}{\iint_D \mu(x,y)\mathrm{d}\sigma},\\[2ex] \bar{y}=\dfrac{M_x}{m}=\dfrac{\iint_D y\mu(x,y)\mathrm{d}\sigma}{\iint_D \mu(x,y)\mathrm{d}\sigma}.\end{cases}$$

例 9.19 求位于两圆 $r=2\sin\theta$ 和 $r=4\sin\theta$ 之间的均匀薄片的质心(图 9.39).

解 因为闭区域 D 对称于 y 轴,所以质心 $C(\bar{x},\bar{y})$ 必位于 y 轴上,于是 $\bar{x}=0$. 而

$$\bar{y}=\frac{\iint_D y\,\mathrm{d}\sigma}{\iint_D \mathrm{d}\sigma}=\frac{\int_0^{\pi}\sin\theta\,\mathrm{d}\theta\int_{2\sin\theta}^{4\sin\theta}\rho^2\,\mathrm{d}\rho}{3\pi}=\frac{7}{3}.$$

于是所求质心为 $C\left(0,\dfrac{7}{3}\right)$.

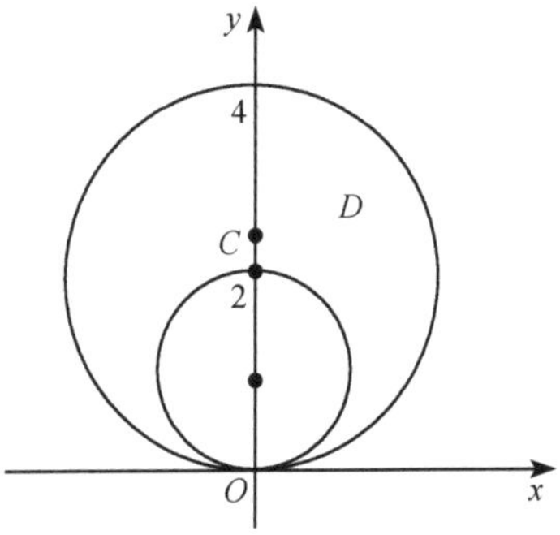

图 9.39

类似地,设物体占据空间区域 Ω,其体密度为 $\mu(x,y,z)$,则物体的质心坐标为

$$\bar{x}=\frac{\iiint_\Omega x\mu(x,y,z)\mathrm{d}V}{\iiint_\Omega \mu(x,y,z)\mathrm{d}V},\quad \bar{y}=\frac{\iiint_\Omega y\mu(x,y,z)\mathrm{d}V}{\iiint_\Omega \mu(x,y,z)\mathrm{d}V},$$

$$\bar{z}=\frac{\iiint_\Omega z\mu(x,y,z)\mathrm{d}V}{\iiint_\Omega \mu(x,y,z)\mathrm{d}V}.$$

例 9.20 求均匀半球体的质心.

解 取半球体的对称轴为 z 轴,原点取在球心上,又设球半径为 a,则半球体所占空间闭区域

$$\Omega=\{(x,y,z)\mid x^2+y^2+z^2\leqslant a^2,z\geqslant 0\}.$$

显然,质心在 z 轴上,故 $\bar{x}=\bar{y}=0$.

$$\bar{z}=\frac{\iiint_\Omega z\,\mathrm{d}V}{\iiint_\Omega \mathrm{d}V}=\frac{\int_0^{2\pi}\mathrm{d}\theta\int_0^{\frac{\pi}{2}}\cos\varphi\sin\varphi\,\mathrm{d}\varphi\int_0^a r^3\,\mathrm{d}r}{\frac{2}{3}\pi a^3}=\frac{3}{8}a.$$

所以质心为 $\left(0,0,\dfrac{3}{8}a\right)$.

9.4.3　转动惯量

设薄板占据 xy 平面上的区域 D，面密度为 $\mu(x,y)$，薄板绕固定轴 u 转动，记转动惯量为 J. 为求 J，这里采用微元法.

任意分割 D，考虑任一小块 $\mathrm{d}\sigma$，(x,y) 为 $\mathrm{d}\sigma$ 中任一点(图 9.40). 小块 $\mathrm{d}\sigma$ 对 u 轴的转动惯量为

$$\mathrm{d}J = r^2(x,y)\mathrm{d}m = r^2(x,y)\mu(x,y)\mathrm{d}\sigma,$$

其中 $r(x,y)$ 为点 (x,y) 到 u 轴的距离，于是得到薄板 D 对 u 轴的转动惯量

$$J = \iint_D r^2(x,y)\mu(x,y)\mathrm{d}\sigma.$$

特别地，薄板 D 对 x，y 轴的转动惯量分别为

$$\begin{cases} J_x = \iint_D y^2\mu(x,y)\mathrm{d}\sigma, \\ J_y = \iint_D x^2\mu(x,y)\mathrm{d}\sigma. \end{cases}$$

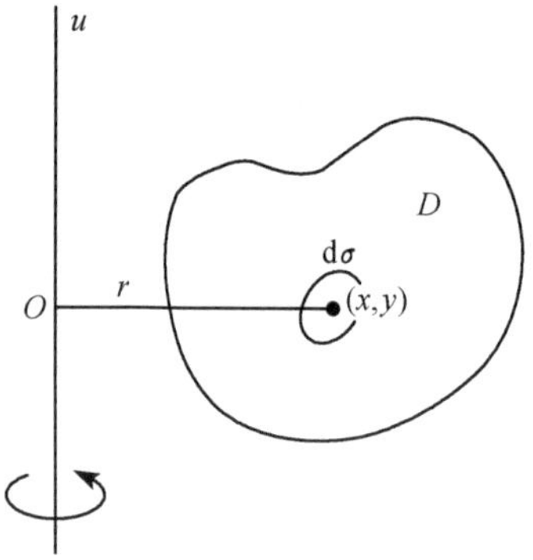

图 9.40

例 9.21　求半径为 a 的均匀半圆薄片(面密度为常量 μ)对于其直径边的转动惯量(图 9.41).

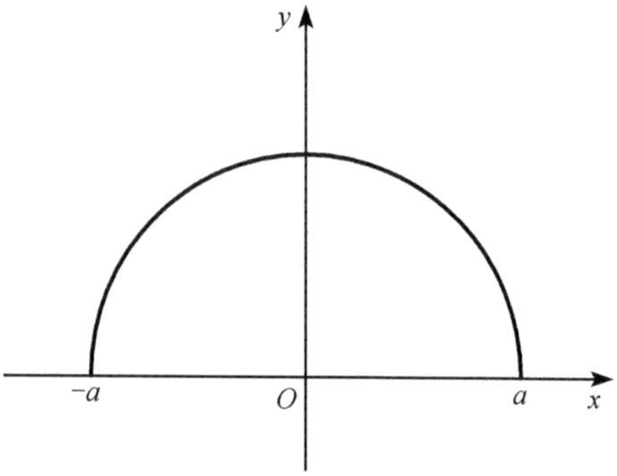

图 9.41

解　设薄片所占闭区域为

$$D = \{(x,y) \mid x^2 + y^2 \leqslant a^2, y \geqslant 0\},$$

而所求转动惯量，即半圆薄片对于 x 轴的转动惯量为

$$\begin{aligned} J_x &= \iint_D \mu y^2 \mathrm{d}\sigma = \mu\iint_D r^3\sin^2\theta\,\mathrm{d}r\,\mathrm{d}\theta \\ &= \mu\int_0^{\pi}\mathrm{d}\theta\int_0^a r^3\sin^2\theta\,\mathrm{d}r = \frac{1}{4}Ma^2. \end{aligned}$$

类似地，占有空间有界闭区域 Ω，在点 (x,y,z) 处密度为 $\rho(x,y,z)$ 的物体对于 x，y，z 轴的转动惯量分别为

$$J_x = \iiint_\Omega (y^2 + z^2)\rho(x,y,z)\mathrm{d}V,$$

$$J_y = \iiint_\Omega (z^2 + x^2)\rho(x,y,z)\mathrm{d}V,$$

$$J_z = \iiint_\Omega (x^2 + y^2)\rho(x,y,z)\mathrm{d}V.$$

例 9.22　求密度为 μ 的均匀球体对于过球心的一条轴 l 的转动惯量.

解 取球心为坐标原点，z 轴与轴 l 重合，又设球的半径为 a，则球体所占空间闭区域为

$$\Omega=\{(x,y,z)\mid x^2+y^2+z^2\leqslant a^2\}.$$

所求转动惯量，即球体对于 z 轴的转动惯量为

$$J_z=\iiint_\Omega(x^2+y^2)\mu\mathrm{d}V=\mu\iiint_\Omega(\rho^2\sin^2\varphi\cos^2\theta+\rho^2\sin^2\varphi\sin^2\theta)\rho^2\sin\varphi\,\mathrm{d}\rho\,\mathrm{d}\varphi\,\mathrm{d}\theta$$

$$=\mu\int_0^{2\pi}\mathrm{d}\theta\int_0^{\pi}\sin^3\varphi\,\mathrm{d}\varphi\int_0^a\rho^4\,\mathrm{d}\rho=\frac{2}{5}a^2M.$$

转动惯量　　引力

9.4.4 引力

设物体占据空间区域 Ω，其体密度为 $\mu(x,y,z)$. 区域 Ω 外有一质量为 m_0 的质点 $A(a,b,c)$，求物体 Ω 对质点 A 的引力 $\boldsymbol{F}$.

任意分割区域 Ω，考虑有代表性的一小块(图 9.42)，其体积元素为 $\mathrm{d}V$. 在 $\mathrm{d}V$ 内任取一点 $M(x,y,z)$，则小块 $\mathrm{d}V$ 的质量为 $\mathrm{d}m=\mu(x,y,z)\mathrm{d}V$. 小块 $\mathrm{d}V$ 对质点 A 的引力 $\mathrm{d}\boldsymbol{F}$ 可根据两质点间的引力来计算，即有

$$\mathrm{d}\boldsymbol{F}=G\frac{m_0\mathrm{d}m}{r^2}\boldsymbol{n}_0=Gm_0\frac{\mu(x,y,z)\mathrm{d}V}{r^2}\boldsymbol{n}_0,$$

其中 $G>0$ 为引力常数；r 为点 A 到点 M 的距离，即

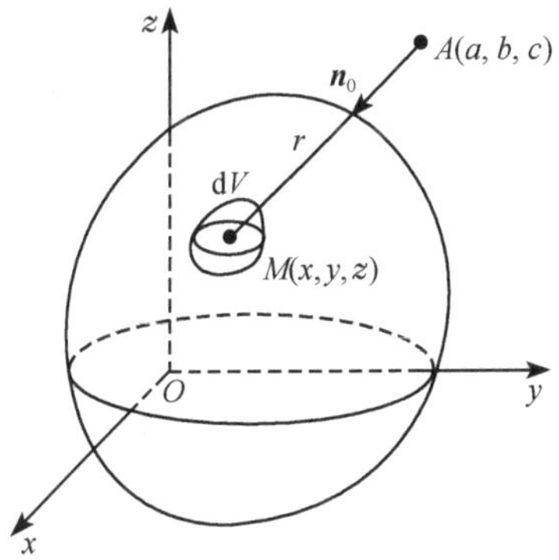

图 9.42

$$r=\sqrt{(x-a)^2+(y-b)^2+(z-c)^2};$$

$\boldsymbol{n}_0$ 为 $\overrightarrow{AM}$ 的单位向量，即

$$\boldsymbol{n}_0=\frac{\overrightarrow{AM}}{|\overrightarrow{AM}|}=\left\{\frac{x-a}{r},\frac{y-b}{r},\frac{z-c}{r}\right\}.$$

因此 $\mathrm{d}\boldsymbol{F}$ 在 3 个坐标轴上的分量分别为

$$\mathrm{d}F_x=Gm_0\frac{x-a}{r^3}\mu(x,y,z)\mathrm{d}V,$$

$$\mathrm{d}F_y=Gm_0\frac{y-b}{r^3}\mu(x,y,z)\mathrm{d}V,$$

$$\mathrm{d}F_z = Gm_0\,\frac{z-c}{r^3}\mu(x,y,z)\mathrm{d}V,$$

于是得到引力 $\boldsymbol{F}$ 在 3 个坐标轴上的分量分别为

$$\begin{cases} F_x = Gm_0\iiint_\Omega \dfrac{x-a}{r^3}\mu(x,y,z)\mathrm{d}V, \\ F_y = Gm_0\iiint_\Omega \dfrac{y-b}{r^3}\mu(x,y,z)\mathrm{d}V, \\ F_z = Gm_0\iiint_\Omega \dfrac{z-c}{r^3}\mu(x,y,z)\mathrm{d}V. \end{cases}$$

例 9.23　设半径为 R 的匀质球占有空间闭区域 $\Omega=\{(x,y,z)\mid x^2+y^2+z^2\leqslant R^2\}$. 求它对位于 $M_0(0,0,a)(a>R)$ 处的单位质量的质点的引力.

解　设球的密度为 ρ_0，由球体的对称性及质量分布的均匀性知 $F_x=F_y=0$，所求引力沿 z 轴的分量为

$$\begin{aligned} F_z &= \iiint_\Omega G\rho_0\,\frac{z-a}{[x^2+y^2+(z-a)^2]^{\frac{3}{2}}}\mathrm{d}V \\ &= G\rho_0\int_{-R}^{R}(z-a)\mathrm{d}z\iint_{x^2+y^2\leqslant R^2-z^2}\frac{\mathrm{d}x\,\mathrm{d}y}{[x^2+y^2+(z-a)^2]^{\frac{3}{2}}} \\ &= G\rho_0\int_{-R}^{R}(z-a)\mathrm{d}z\int_0^{2\pi}\mathrm{d}\theta\int_0^{\sqrt{R^2-z^2}}\frac{\rho\,\mathrm{d}\rho}{[\rho^2+(z-a)^2]^{\frac{3}{2}}} = -G\frac{M}{a^2}, \end{aligned}$$

其中 $M=\dfrac{4\pi R^3}{3}\rho_0$ 为球的质量. 上述结果表明：匀质球对球外一质点的引力如同球的质量集中于球心时两质点间的引力.

习题 9.4

1. 求球面 $x^2+y^2+z^2=a^2$ 位于圆柱面 $x^2+y^2=ax$ 内部的那部分面积.

2. 求下列曲面的面积：

(1) 球面 $x^2+y^2+z^2=2az$ 被锥面 $z=\sqrt{x^2+y^2}$ 所割$(a>0)$；

(2) 旋转抛物面 $2z=x^2+y^2$ 被柱面 $x^2+y^2=1$ 所割；

(3) 曲面 $az=xy$ 被圆柱 $x^2+y^2=a^2$ 所割；

(4) 由三个圆柱面 $x^2+y^2=R^2$, $x^2+z^2=R^2$, $y^2+z^2=R^2$ 所围成的立体的表面；

(5) 曲面 $z=\arctan\dfrac{y}{x}$ 在第一卦限中被圆柱面 $x^2+y^2=1$ 所割.

3. 求锥面 $z=\sqrt{x^2+y^2}$ 被柱面 $z^2=2x$ 所割下部分的曲面面积.

4. 求底面半径相等的两个直交圆柱面 $x^2+y^2=R^2$ 及 $x^2+z^2=R^2$ 所围立体的表面积.

5. 求平面$\frac{x}{a}+\frac{y}{b}+\frac{z}{c}=1$被三坐标面所割出的有限部分的面积.

6. 设薄片所占的闭区域D如下，求均匀薄片的质心：

(1) D由$y=\sqrt{2px}$，$x=x_0$，$y=0$所围成；

(2) D为半椭圆形闭区域$\left\{(x,y)\,\middle|\,\frac{x^2}{a^2}+\frac{y^2}{b^2}\leqslant 1, y\geqslant 0\right\}$；

(3) D为介于两个圆$\rho=a\cos\theta$，$\rho=b\cos\theta(0<a<b)$之间的闭区域.

7. 设平面薄片所占的闭区域D由抛物线$y=x^2$及直线$y=x$所围成，它在点(x,y)处的面密度$\mu(x,y)=x^2y$，求该薄片的质心.

8. 设有一等腰直角三角形薄片，腰长为a，各点处的面密度等于该点到直角顶点的距离的平方，求这薄片的质心.

9. 利用三重积分计算下列由曲面所围立体的质心(设密度$\rho=1$)：

(1) $z^2=x^2+y^2$，$z=1$；

(2) $z=\sqrt{A^2-x^2-y^2}$，$z=\sqrt{a^2-x^2-y^2}(A>a>0)$，$z=0$；

(3) $z=x^2+y^2$，$x+y=a$，$x=0$，$y=0$，$z=0$.

10. 设球体占有闭区域$\Omega=\{(x,y,z)\mid x^2+y^2+z^2\leqslant 2Rz\}$，它在内部各点处的密度的大小等于该点到坐标原点的距离的平方. 试求此球体的质心.

11. 在均匀的半径为R的半圆形薄片的直径上，要接上一个一边与直径等长的同样材料的均匀矩形薄片，为了使整个均匀薄片的质心恰好落在圆心上，问接上去的均匀矩形薄片另一边的长度应是多少？

12. 求质量分布均匀的半个旋转椭球体$\Omega=\left\{(x,y,z)\,\middle|\,\frac{x^2+y^2}{a^2}+\frac{z^2}{b^2}\leqslant 1, z\geqslant 0\right\}$的质心.

13. 求高为h，底半径为a的圆锥体的质心.

14. 设物体占据空间区域V：$0\leqslant x\leqslant 1$，$0\leqslant y\leqslant 1$，$0\leqslant z\leqslant 1$，在点$M(x,y,z)$处密度为$\mu=x+y+z$，求该物体的质量与质心.

15. 有一物质球体，球心在原点，半径为R；又有一定点为$P_0\left(0,0,\frac{R}{2}\right)$. 若球体上任一点的密度与由该点到定点$P_0$的距离的平方成正比(正比常数为$k$)，求此物质球体质心的位置.

16. 设均匀薄片(面密度为常数1)所占闭区域D如下，求指定的转动惯量：

(1) $D=\left\{(x,y)\,\middle|\,\frac{x^2}{a^2}+\frac{y^2}{b^2}\leqslant 1\right\}$，求$I_y$；

(2) D由抛物线$y^2=\frac{9}{2}x$与直线$x=2$所围成，求I_x和I_y；

(3) D为矩形闭区域$\{(x,y)\mid 0\leqslant x\leqslant a, 0\leqslant y\leqslant b\}$，求$I_x$和$I_y$；

17. 已知均匀矩形板(面密度为常量μ)的长和宽分别为b和h，计算此矩形板对于通过其形心且分别与一边平行的两轴的转动惯量.

18. 一均匀物体(密度ρ为常量)占有的闭区域Ω由曲面$z=x^2+y^2$和平面$z=0$，$|x|=a$，$|y|=a$所围成，

(1) 求物体的体积；

(2) 求物体的质心；

(3) 求物体关于 z 轴的转动惯量.

19. 求半径为 a，高为 h 的均匀圆柱体对于过中心而平行于母线的轴的转动惯量(设密度 $\rho=1$).

20. 求由抛物线 $y=x^2$ 及直线 $y=1$ 所围成的均匀薄片(面密度为常数 μ)对于直线 $y=-1$ 的转动惯量.

21. 求占据空间区域 $\Omega: x^2+y^2\leqslant 2z, z\leqslant 2$ 的密度均匀的物体对 z 轴的转动惯量.

22. 设有一密度均匀半径为 R 的半球物质体，求此物质体对底面上一直径之转动惯量.

23. 求高为 h，底半径为 a 的圆锥体对中心轴的转动惯量.

24. 设面密度为常量 μ 的匀质半圆环形薄片占有闭区域 $D=\{(x,y,0)\mid R_1\leqslant\sqrt{x^2+y^2}\leqslant R_2, x\geqslant 0\}$，求它对位于 z 轴上点 $M_0(0,0,a)(a>0)$ 处的单位质量的质点的引力 $\boldsymbol{F}$.

25. 设均匀柱体密度为 ρ，占有闭区域 $\Omega=\{(x,y,z)\mid x^2+y^2\leqslant R^2, 0\leqslant z\leqslant h\}$. 求它对于位于点 $M_0(0,0,a)(a>h)$ 处的单位质量的质点的引力.

26. 设在 xOy 面上有一质量为 M 的匀质半圆形薄片，占有平面闭区域 $D=\{(x,y)\mid x^2+y^2\leqslant R^2, y\geqslant 0\}$，过圆心 O 垂直于薄片的直线上有一质量为 m 的质点 P，$OP=a$. 求半圆形薄片对质点 P 的引力.

27. 求球外一质点 A(质量为单位质量)对此球(均匀)的引力.

28. 设有一柱壳，由柱面 $x^2+y^2=4, x^2+y^2=9$ 和平面 $z=0, z=4$ 所围成，其体密度均匀为 μ. 求它对位于原点处质量为 m 的质点之引力.

29. 一球形行星的半径为 R，其质量为 M，其密度呈球对称分布，并向着球心线性增加. 若行星表面的密度为零，那么行星中心的密度是多少？

30. 有一占据平面区域 D 的薄板，置入水中. 证明：该薄板一侧面所受的水压力等于面积全部集中在质心的压力.

第 10 章　曲线积分与曲面积分

第 9 章将一元函数的定积分推广到了多元函数的重积分. 为了实践和理论的需要,还应该把积分概念推广到曲线积分与曲面积分. 本章将介绍曲线积分与曲面积分的概念和计算,并建立几种积分之间的联系.

10.1　第一型曲线积分

10.1.1　第一型曲线积分的概念和基本性质

例 10.1　假设有一条不均匀的物质曲线 L,在 L 上点 M 处的线密度为连续函数 $\mu(M)$. 求 L 的质量 m.

解　如果曲线 L 上质量分布是均匀的,那么很容易求出 L 的质量. 只需用线密度乘以弧长. 本例中 L 是不均匀的曲线,因此,求其质量需用积分的办法来解决,即需要"分割,近似代替,求和,取极限"(图 10.1).

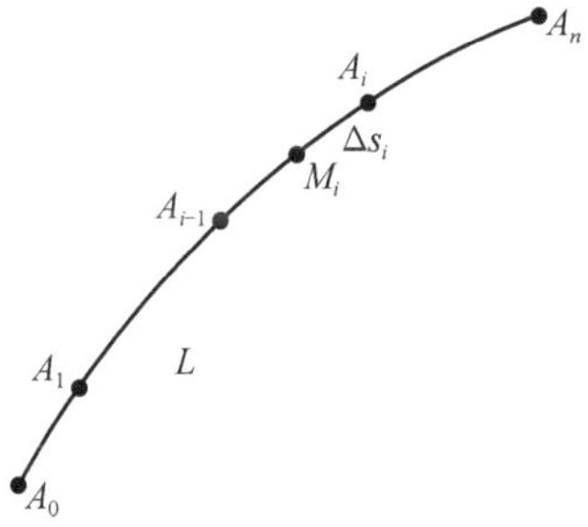

图 10.1

将曲线 L 任意分成 n 个小弧段,设分点为 A_0, A_1, $\cdots$, A_n. 各小弧段的弧长记作 Δs_i $(i=1,2,\cdots,n)$,令 $\lambda=\max\limits_{i}\{\Delta s_i\}$.

在小弧段 $\widehat{A_{i-1}A_i}$ 上任取一点 M_i,当分割充分细密时,可用曲线 L 在点 M_i 处的线密度 $\mu(M_i)$ 去近似代替这一小弧段上变化的线密度,于是小弧段 $\widehat{A_{i-1}A_i}$ 的质量 Δm_i 可近似表示为

$$\Delta m_i \approx \mu(M_i)\Delta s_i, \quad i=1,2,\cdots,n.$$

第一型曲线积分的概念

对其求和,得到

$$m=\sum_{i=1}^{n}\Delta m_i \approx \sum_{i=1}^{n}\mu(M_i)\Delta s_i.$$

令 $\lambda\to 0$,则得到曲线 L 的质量为

$$m=\lim_{\lambda\to 0}\sum_{i=1}^{n}\mu(M_i)\Delta s_i.$$

求这种和式的极限还会在许多问题(如求质量分布不均匀的曲线弧的质心和转动惯量等)中遇到,现在把它抽象出来,引进**第一型曲线积分**的概念.

定义 10.1　设函数 $f(M)$在分段光滑的曲线 L 上有定义. 将 L 任意分成 n 个小弧段,设分点为 $A_0, A_1, \cdots, A_n$. 记小弧段$\widehat{A_{i-1}A_i}$的长度为 $\Delta s_i\ (i=1,2,\cdots,n)$, $\lambda=\max\limits_i\{\Delta s_i\}$. 在小弧段$\widehat{A_{i-1}A_i}$上任取一点 M_i,作和式 $\sum\limits_{i=1}^{n} f(M_i)\Delta s_i$. 令 $\lambda\to 0$,若此和式的极限 I 存在(I 的值不依赖于曲线 L 的分法及点 M_i 的取法),则称此极限值为函数 $f(M)$在曲线 L 上的**第一型曲线积分**,记作

$$I=\lim_{\lambda\to 0}\sum_{i=1}^{n} f(M_i)\Delta s_i=\int_L f(M)\mathrm{d}s,$$

其中 $f(M)$称为**被积函数**,L 称为**积分曲线**,$\mathrm{d}s$ 称为**弧微分**.

易知,线密度为 $\mu(M)$的物质曲线 L 的质量为

$$m=\int_L \mu(M)\mathrm{d}s.$$

上述定义可以类似地推广到积分弧段为空间曲线弧 Γ 的情形,即函数 $f(x,y,z)$在曲线弧 Γ 上的第一型曲线积分

$$\int_\Gamma f(x,y,z)\mathrm{d}s=\lim_{\lambda\to 0}\sum_{i=1}^{n} f(\xi_i,\eta_i,\zeta_i)\Delta s_i.$$

若第一型曲线积分 $\int_L f(M)\mathrm{d}s$ 存在,则称函数 $f(M)$在曲线 L 上**可积**.

与定积分类似,可以证明:若函数 $f(M)$在曲线 L 上可积,则必在 L 上有界. 这是函数可积的必要条件;若曲线 L 分段光滑,函数 $f(M)$在 L 上连续(或 $f(M)$在 L 上只有有限个间断点,并且有界),则 $f(M)$在 L 上可积. 这是函数可积的充分条件.

由第一型曲线积分的定义容易证明以下性质.

性质 10.1　设 α,β 为常数,则

$$\int_L[\alpha f(x,y)+\beta g(x,y)]\mathrm{d}s=\alpha\int_L f(x,y)\mathrm{d}s+\beta\int_L g(x,y)\mathrm{d}s.$$

性质 10.2　若曲线 L 由曲线 L_1 与曲线 L_2 连接而成,且 $f(M)$在 L,L_1,L_2 上可积,则

$$\int_L f(M)\mathrm{d}s=\int_{L_1} f(M)\mathrm{d}s+\int_{L_2} f(M)\mathrm{d}s.$$

性质 10.3　设在 L 上 $f(x,y)\leqslant g(x,y)$,则

$$\int_L f(x,y)\mathrm{d}s\leqslant\int_L g(x,y)\mathrm{d}s.$$

特别地,有

$$\left|\int_L f(x,y)\mathrm{d}s\right|\leqslant\int_L |f(x,y)|\mathrm{d}s.$$

性质 10.4(中值定理)　若函数 $f(M)$在曲线 L 上连续,则在 L 上至少存在一

点 M_0,使得

$$\int_L f(M)\mathrm{d}s = f(M_0)s, \quad M_0 \in L,$$

其中 s 为曲线 L 的弧长.

性质 10.5 第一型曲线积分的值与曲线的指向无关,即若曲线的两个端点为 A,B,则

$$\int_{\overset{\frown}{AB}} f(M)\mathrm{d}s = \int_{\overset{\frown}{BA}} f(M)\mathrm{d}s.$$

10.1.2 第一型曲线积分的计算

定理 10.1 设曲线 L 由参数方程

$$\begin{cases} x = x(t), \\ y = y(t), \end{cases} \quad \alpha \leqslant t \leqslant \beta$$

给出,$x(t)$,$y(t)$在区间$[\alpha,\beta]$上有连续的一阶导数(即 L 为光滑曲线),函数 $f(x,y)$在 L 上连续,则

$$\int_L f(x,y)\mathrm{d}s = \int_\alpha^\beta f[x(t),y(t)]\sqrt{[x'(t)]^2+[y'(t)]^2}\,\mathrm{d}t.$$

在上式右端的定积分中,总是下限小于上限,即 $\alpha<\beta$.

第一型曲线积分的计算

证 设

$$\alpha = t_0 < t_1 < \cdots < t_n = \beta$$

为区间$[\alpha,\beta]$的一个分割,相应地,得到曲线 L 上的一个分割. 记对应于参数 t_{i-1} 到 t_i 这一段曲线的弧长为 Δs_i,并记 $\Delta t_i = t_i - t_{i-1}$,于是由弧长公式知

$$\Delta s_i = \int_{t_{i-1}}^{t_i} \sqrt{[x'(t)]^2+[y'(t)]^2}\,\mathrm{d}t,$$

由积分中值定理得

$$\Delta s_i = \sqrt{[x'(t_i^*)]^2+[y'(t_i^*)]^2}\,\Delta t_i,$$

其中 $t_i^* \in [t_{i-1},t_i]$. 记 $\mu=\max\limits_i\{\Delta t_i\}$,$\lambda=\max\limits_i\{\Delta s_i\}$,显然,当 $\mu\to 0$ 时,有 $\lambda\to 0$,所以

$$\begin{aligned}\int_L f(x,y)\mathrm{d}s &= \lim_{\lambda\to 0}\sum_{i=1}^n f[x(t_i^*),y(t_i^*)]\Delta s_i \\ &= \lim_{\mu\to 0}\sum_{i=1}^n f[x(t_i^*),y(t_i^*)]\sqrt{[x'(t_i^*)]^2+[y'(t_i^*)]^2}\,\Delta t_i \\ &= \int_\alpha^\beta f[x(t),y(t)]\sqrt{[x'(t)]^2+[y'(t)]^2}\,\mathrm{d}t.\end{aligned}$$

如果曲线 L 由方程

$$y = \psi(x), \quad x_0 \leqslant x \leqslant X$$

给出,那么可以把这种情形看成是特殊的参数方程

$$x=x, y=\psi(x),\quad x_0\leqslant x\leqslant X$$

的情形,从而

$$\int_L f(x,y)\mathrm{d}s=\int_{x_0}^{X} f[x,\psi(x)]\sqrt{1+\psi'^2(x)}\mathrm{d}x.$$

类似地,如果曲线 L 由方程

$$x=\varphi(y),\quad y_0\leqslant y\leqslant Y$$

给出,则有

$$\int_L f(x,y)\mathrm{d}s=\int_{y_0}^{Y} f[\varphi(y),y]\sqrt{1+\varphi'^2(y)}\mathrm{d}y.$$

如果是空间曲线弧 Γ 由参数方程

$$x=\varphi(t),\quad y=\psi(t),\quad z=\omega(t),\quad \alpha\leqslant t\leqslant\beta$$

给出的情形,这时有

$$\int_L f(x,y,z)\mathrm{d}s=\int_\alpha^\beta f[\varphi(t),\psi(t),\omega(t)]\sqrt{\varphi'^2(t)+\psi'^2(t)+\omega'^2(t)}\mathrm{d}t.$$

例 10.2　计算 $\int_L x\mathrm{d}s$,其中 L 为抛物线 $y=x^2$ 上自点(0,0)至点(1,1)的一段弧(图 10.2).

解　点从(0,0)到(1,1),对应于 x 从 0 到 1,而 $y'=2x$. 因此

$$\int_L x\mathrm{d}s=\int_0^1 x\sqrt{1+(2x)^2}\mathrm{d}x=\frac{1}{12}(5\sqrt{5}-1).$$

例 10.3　计算半径为 R、中心角为 2α 的圆弧 L 关于它的对称轴的转动惯量 J(设线密度 $\mu=1$).

解　取坐标系如图 10.3 所示,则

$$I=\int_L y^2\mathrm{d}s.$$

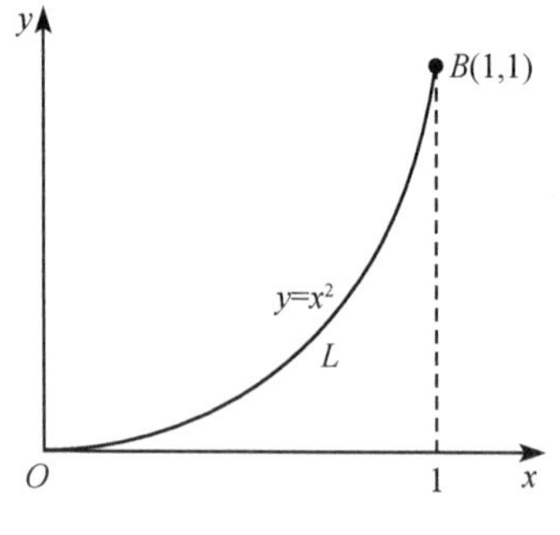

图 10.2

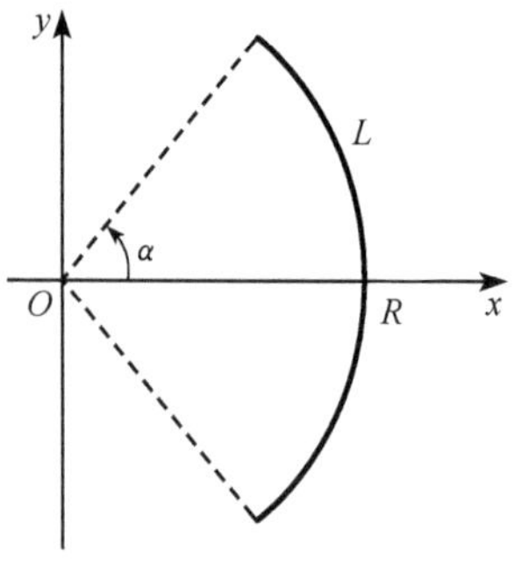

图 10.3

L 的参数方程为

$$x=R\cos\theta,\quad y=R\sin\theta,\quad -\alpha\leqslant\theta\leqslant\alpha.$$

于是

$$J=\int_L y^2\mathrm{d}s=\int_{-\alpha}^{\alpha}R^2\sin^2\theta\sqrt{(-R\sin\theta)^2+(R\cos\theta)^2}\mathrm{d}\theta$$

$$=R^3\int_{-\alpha}^{\alpha}\sin^2\theta\mathrm{d}\theta=R^3(\alpha-\sin\alpha\cos\alpha).$$

例 10.4 计算 $\int_L z\mathrm{d}s$，其中 L 为螺旋线

$$x=a\cos t,\quad y=a\sin t,\quad z=bt$$

在 $0\leqslant t\leqslant 2\pi$ 上的一段.

解 $x'(t)=-a\sin t,\quad y'(t)=a\cos t,\quad z'(t)=b,$

$$\sqrt{[x'(t)]^2+[y'(t)]^2+[z'(t)]^2}=\sqrt{a^2+b^2},$$

所以

$$\int_L z\mathrm{d}s=\int_0^{2\pi}bt\sqrt{a^2+b^2}\mathrm{d}t=2b\sqrt{a^2+b^2}\pi^2.$$

习题 10.1

1. 设在 xOy 面内有一分布着质量的曲线弧 L，在点 (x,y) 处它的线密度为 $\mu(x,y)$. 用第一型曲线积分分别表达

(1) 这曲线弧对 x 轴、对 y 轴的转动惯量 J_x, J_y；

(2) 这曲线弧的质心坐标 $\bar{x},\bar{y}$.

2. 计算下列第一型曲线积分：

(1) $\oint_L(x^2+y^2)^n\mathrm{d}s$，其中 L 为圆周 $x=a\cos t, y=a\sin t\quad(0\leqslant t\leqslant 2\pi)$；

(2) $\oint_L(x+y)\mathrm{d}s$，其中 L 为连接 $(1,0)$ 及 $(0,1)$ 两点的直线段；

(3) $\oint_L x\mathrm{d}s$，其中 L 为由直线 $y=x$ 及抛物线 $y=x^2$ 所围成的区域的整个边界；

(4) $\oint_L \mathrm{e}^{\sqrt{x^2+y^2}}\mathrm{d}s$，其中 L 为圆周 $x^2+y^2=a^2$，直线 $y=x$ 及 x 轴在第一象限内所围成的扇形的整个边界；

(5) $\oint_\Gamma\frac{1}{x^2+y^2+z^2}\mathrm{d}s$，其中 Γ 为曲线 $x=\mathrm{e}^t\cos t, y=\mathrm{e}^t\sin t, z=\mathrm{e}^t$ 上相应于 t 从 0 变到 2 的这段弧；

(6) $\oint_\Gamma x^2yz\mathrm{d}s$，其中 Γ 为折线 $ABCD$，此处 A,B,C,D 依次为点 $(0,0,0)$，$(0,0,2)$，$(1,0,2)$，$(1,3,2)$；

(7) $\oint_L y^2\mathrm{d}s$，其中 L 为摆线的一拱 $x=a(t-\sin t), y=a(1-\cos t)\quad(0\leqslant t\leqslant 2\pi)$；

(8) $\oint_L(x^2+y^2)\mathrm{d}s$，其中 L 为曲线

$$x = a(\cos t + t\sin t),\quad y = a(\sin t - t\cos t),\quad 0 \leqslant t \leqslant 2\pi;$$

(9) $\int_{\Gamma} z\mathrm{d}s$，其中 Γ 为曲线 $x = t\cos t, y = t\sin t, z = t\quad (0 \leqslant t \leqslant t_0)$；

(10) $\oint_L \sqrt{x^2+y^2}\mathrm{d}s$，其中 L 为圆周 $x^2+y^2=ax$；

(11) $\int_L (x+y)\mathrm{d}s$，其中 L 为由(0,0),(1,0),(0,1)三点所连接的闭折线；

(12) $\int_L (x^2+y^2+z^2)\mathrm{d}s$，其中 L 为螺旋线

$$x = a\cos t,\quad y = a\sin t,\quad z = bt,\quad 0 \leqslant t \leqslant 2\pi;$$

(13) $\int_L y\mathrm{d}s$，其中 L 为抛物线 $y^2=4x$ 自点(0,0)到点(1,2)的一段；

(14) $\int_L (x^{\frac{4}{3}}+y^{\frac{4}{3}})\mathrm{d}s$，其中 L 为内摆线 $x^{\frac{2}{3}}+y^{\frac{2}{3}}=a^{\frac{2}{3}}$ 的弧；

(15) $\int_L x^2\mathrm{d}s$，其中 L 为圆周 $x^2+y^2+z^2=a^2, x+y+z=0$.

3. 求半径为 R 的半圆形金属丝(设线密度为常数 μ)对位于圆心的质点(设质量为 m_0)的引力 $\boldsymbol{F}$.

4. 求物质曲线 $x=at, y=\frac{a}{2}t^2, z=\frac{a}{3}t^3\ (0\leqslant t\leqslant 1)$的质量，其线密度 $\rho=\sqrt{\frac{2y}{a}}$.

5. 求半径为 a，中心角为 2φ 的均匀圆弧(线密度 $\mu=1$)的质心.

6. 设螺旋形弹簧一圈的方程为 $x=a\cos t, y=a\sin t, z=kt$，其中 $0\leqslant t\leqslant 2\pi$，它的线密度 $\rho(x,y,z)=x^2+y^2+z^2$. 求

(1) 它关于 z 轴的转动惯量 J_z；

(2) 它的质心.

10.2　第二型曲线积分

10.2.1　第二型曲线积分的概念和基本性质

例 10.5　设一质点在变力 $\boldsymbol{F}(M)$的作用下，沿曲线 L 从点 A 运动到点 B. 求变力 $\boldsymbol{F}(M)$对质点所做的功 W.

解　我们知道，若质点在常力 $\boldsymbol{F}$ 作用下有一直线位移 $\Delta\boldsymbol{r}$，则力 $\boldsymbol{F}$ 对质点所做的功为

$$\boldsymbol{F}\cdot\Delta\boldsymbol{r} = |\boldsymbol{F}||\Delta\boldsymbol{r}|\cos\langle\boldsymbol{F},\Delta\boldsymbol{r}\rangle.$$

对于变力 $\boldsymbol{F}(M)$和曲线位移的情况，可用“分割—近似代替—求和—取极限”的办法来讨论.

用分点

$$A = A_0, A_1, \cdots, A_n = B$$

将曲线 L 任意分成 n 个小段，记小弧段 $\overset{\frown}{A_{i-1}A_i}$ 的长度为 Δs_i，并记向量 $\overrightarrow{A_{i-1}A_i} =$

$\Delta \boldsymbol{r}_i(i=1,2,\cdots,n)$(图 10.4). 当分割充分细密时，可近似认为在小弧段上质点做直线运动，变力 $\boldsymbol{F}$ 也近似看成常力，因此，力 $\boldsymbol{F}(M)$ 在小弧段 $\widehat{A_{i-1}A_i}$ 上所做的功 ΔW_i 可近似表示为

$$\Delta W_i \approx \boldsymbol{F}(M_i)\cdot\Delta \boldsymbol{r}_i,\quad i=1,2,\cdots,n,$$

其中 M_i 为 $\widehat{A_{i-1}A_i}$ 上任一点. 对 i 求和，得

$$W=\sum_{i=1}^{n}\Delta W_i\approx\sum_{i=1}^{n}\boldsymbol{F}(M_i)\cdot\Delta \boldsymbol{r}_i.$$

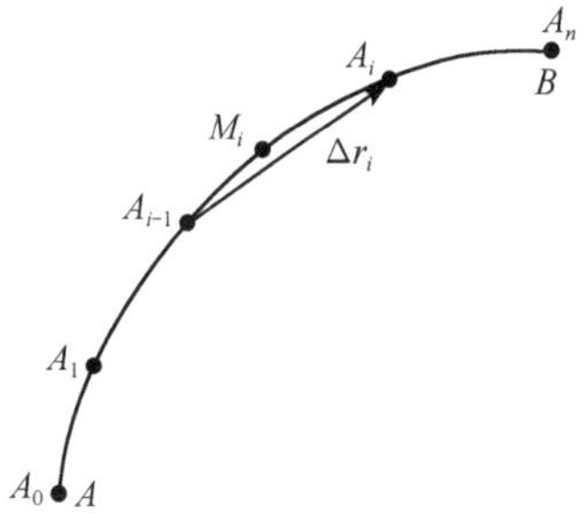

图 10.4

当分割无限细密，即 $\lambda=\max\limits_{i}\{\Delta s_i\}\to 0$ 时，就得到

$$W=\lim_{\lambda\to 0}\sum_{i=1}^{n}\boldsymbol{F}(M_i)\cdot\Delta \boldsymbol{r}_i.$$

有很多实际问题都要求这种和式的极限，由此可以引进第二类曲线积分的定义.

定义 10.2 设 L 是一条从点 A 到点 B 的光滑曲线(或分段光滑曲线)，向量函数 $\boldsymbol{F}(M)$ 在 L 上有定义. 用分点

$$A=A_0,A_1,\cdots,A_n=B$$

将曲线 L 按照从 A 到 B 的方向任意分成 n 个小弧段，记弧段 $\widehat{A_{i-1}A_i}$ 的长度为 Δs_i，并记向量 $\overrightarrow{A_{i-1}A_i}=\Delta \boldsymbol{r}_i(i=1,2,\cdots,n)$. 在小弧段 $\widehat{A_{i-1}A_i}$ 上任取一点 M_i，作数量积

$$\boldsymbol{F}(M_i)\cdot\Delta \boldsymbol{r}_i,\quad i=1,2,\cdots,n.$$

对 i 求和，得 $\sum\limits_{i=1}^{n}\boldsymbol{F}(M_i)\cdot\Delta \boldsymbol{r}_i$. 令 $\lambda=\max\limits_{i}\{\Delta s_i\}\to 0$，若此和式的极限存在(它不依赖于曲线的分割及点 M_i 的取法)，则称此极限值为向量函数 $\boldsymbol{F}(M)$ 沿曲线 L 从点 A 到点 B 的**第二型曲线积分**，记作

$$\lim_{\lambda\to 0}\sum_{i=1}^{n}\boldsymbol{F}(M_i)\cdot\Delta \boldsymbol{r}_i=\int_{\widehat{AB}}\boldsymbol{F}(M)\cdot\mathrm{d}\boldsymbol{r}.$$

有向曲线 $\widehat{AB}$ 称为**积分路径**.

由定义知，变力 $\boldsymbol{F}(M)$ 沿曲线 L 从点 A 到点 B 对质点所做的功为

$$W=\int_{\widehat{AB}}\boldsymbol{F}(M)\cdot\mathrm{d}\boldsymbol{r}.$$

定理 10.2 若曲线 $\widehat{AB}$ 分段光滑，向量函数 $\boldsymbol{F}(x,y,z)$ 的各个分量函数 $P(x,y,z),Q(x,y,z),R(x,y,z)$ 在 $\widehat{AB}$ 上连续(或在 $\widehat{AB}$ 上只有有限个间断点，并且有界)，则 $F(x,y,z)$ 沿曲线 $\widehat{AB}$ 从点 A 到点 B 的第二型曲线积分存在.

第二型曲线积分有以下基本性质：

设有向曲线 $\widehat{AB}$ 分段光滑，向量函数 $\boldsymbol{F}(M),\boldsymbol{G}(M)$ 的各分量函数在 $\widehat{AB}$ 上连续(或只有有限个间断点，并且有界)，则

(1) 设 α,β 为常数，有

$$\int_{\widehat{AB}}[\alpha \boldsymbol{F}(M)+\beta \boldsymbol{G}(M)]\cdot \mathrm{d}\boldsymbol{r}=\alpha\int_{\widehat{AB}}\boldsymbol{F}(M)\cdot \mathrm{d}\boldsymbol{r}+\beta\int_{\widehat{AB}}\boldsymbol{G}(M)\cdot \mathrm{d}\boldsymbol{r}.$$

(2) 若曲线$\widehat{AB}$由$\widehat{AC}$及$\widehat{CB}$组成，则

$$\int_{\widehat{AB}}\boldsymbol{F}(M)\cdot \mathrm{d}\boldsymbol{r}=\int_{\widehat{AC}}\boldsymbol{F}(M)\cdot \mathrm{d}\boldsymbol{r}+\int_{\widehat{CB}}\boldsymbol{F}(M)\cdot \mathrm{d}\boldsymbol{r}.$$

(3) 积分路径反向时，第二型曲线积分变号，即

$$\int_{\widehat{BA}}\boldsymbol{F}(M)\cdot \mathrm{d}\boldsymbol{r}=-\int_{\widehat{AB}}\boldsymbol{F}(M)\cdot \mathrm{d}\boldsymbol{r}.$$

这是因为

$$\begin{aligned}\int_{\widehat{BA}}\boldsymbol{F}(M)\cdot \mathrm{d}\boldsymbol{r}&=\lim_{\lambda\to 0}\sum_{i=1}^{n}\boldsymbol{F}(M_i)\cdot \overrightarrow{A_iA_{i-1}}\\&=\lim_{\lambda\to 0}\sum_{i=1}^{n}\boldsymbol{F}(M_i)\cdot (-\overrightarrow{A_{i-1}A_i})=-\int_{\widehat{AB}}\boldsymbol{F}(M)\cdot \mathrm{d}\boldsymbol{r}.\end{aligned}$$

其中表达式$\int_{\widehat{AB}}\boldsymbol{F}(M)\cdot \mathrm{d}\boldsymbol{r}$也称为**第二型曲线积分的向量形式**，它表达简明，物理意义清楚. 但是，这种形式不便于计算. 为了计算第二型曲线积分，下面给出它的坐标形式.

设向量函数$\boldsymbol{F}(M)$在空间直角坐标系中的分量表达式为

$$\boldsymbol{F}(x,y,z)=\{P(x,y,z),Q(x,y,z),R(x,y,z)\},$$

并假设点A_{i-1}, A_i, M_i的坐标分别为

$$A_{i-1}(x_{i-1},y_{i-1},z_{i-1}),\quad A_i(x_i,y_i,z_i),\quad M_i(\xi_i,\eta_i,\zeta_i),$$

于是

$$\Delta \boldsymbol{r}_i=\overrightarrow{A_{i-1}A_i}=\{x_i-x_{i-1},y_i-y_{i-1},z_i-z_{i-1}\}=\{\Delta x_i,\Delta y_i,\Delta z_i\},$$

积分和为

$$\sum_{i=1}^{n}\boldsymbol{F}(M_i)\cdot \Delta \boldsymbol{r}_i=\sum_{i=1}^{n}[P(\xi_i,\eta_i,\zeta_i)\Delta x_i+Q(\xi_i,\eta_i,\zeta_i)\Delta y_i+R(\xi_i,\eta_i,\zeta_i)\Delta z_i],$$

当$\lambda\to 0$时，把上式右端的极限记作

$$\int_{\widehat{AB}}P(x,y,z)\mathrm{d}x+Q(x,y,z)\mathrm{d}y+R(x,y,z)\mathrm{d}z,$$

于是得到

$$\int_{\widehat{AB}}\boldsymbol{F}(x,y,z)\cdot \mathrm{d}\boldsymbol{r}=\int_{\widehat{AB}}P(x,y,z)\mathrm{d}x+Q(x,y,z)\mathrm{d}y+R(x,y,z)\mathrm{d}z.$$

第二型曲线积分的概念　　第二型曲线积分的计算　　第二型曲线积分的计算(续)

10.2.2 第二型曲线积分的计算

定理 10.3 设

(1) 光滑曲线$\overset{\frown}{AB}$的参数方程为

$$x=x(t),\quad y=y(t),\quad z=z(t),\quad \alpha\leqslant t\leqslant\beta \text{或} \beta\leqslant t\leqslant\alpha;$$

(2) 当参数 t 单调地从 α 变到 β 时,点 $M(x,y,z)$ 从点 A 沿曲线$\overset{\frown}{AB}$变到点 B;

(3) 函数 $P(x,y,z)$,$Q(x,y,z)$,$R(x,y,z)$ 在$\overset{\frown}{AB}$上连续,

则第二型曲线积分 $\int_{\overset{\frown}{AB}} P\mathrm{d}x+Q\mathrm{d}y+R\mathrm{d}z$ 存在,且有如下计算公式:

$$\int_{\overset{\frown}{AB}} P\mathrm{d}x+Q\mathrm{d}y+R\mathrm{d}z$$

$$=\int_{\alpha}^{\beta}\{P[x(t),y(t),z(t)]x'(t)+Q[x(t),y(t),z(t)]y'(t)+R[x(t),y(t),z(t)]z'(t)\}\mathrm{d}t.$$

证 为确定起见,假设 $\alpha<\beta$. 并设区间 $[\alpha,\beta]$ 的任一分割为

$$\alpha=t_0<t_1<t_2<\cdots<t_n=\beta,$$

参数 t_i 对应于曲线$\overset{\frown}{AB}$上的分点 $A_i(x_i,y_i,z_i)(i=1,2,\cdots,n)$. 令 $\mu=\max\limits_i\{\Delta t_i\}$,$\lambda=\max\limits_i\{\Delta s_i\}$,其中 Δs_i 为$\overset{\frown}{A_{i-1}A_i}$的弧长. 当 $\mu\to 0$ 时,有 $\lambda\to 0$. 由微分中值定理得

$$\Delta x_i=x_i-x_{i-1}=x(t_i)-x(t_{i-1})=x'(\tau_i)\Delta t_i,\quad \tau_i\in(t_{i-1},t_i).$$

设参数 τ_i 对应于$\overset{\frown}{AB}$上的点 M_i,显然,$M_i\in\overset{\frown}{A_{i-1}A_i}(i=1,2,\cdots,n)$. 所以

$$\int_{\alpha}^{\beta}P[x(t),y(t),z(t)]x'(t)\mathrm{d}t$$

$$=\lim_{\lambda\to 0}\sum_{i=1}^{n}P[x(\tau_i),y(\tau_i),z(\tau_i)]x'(\tau_i)\Delta t_i$$

$$=\lim_{\lambda\to 0}\sum_{i=1}^{n}P(M_i)\Delta x_i=\int_{\overset{\frown}{AB}}P(x,y,z)\mathrm{d}x.$$

同理可证

$$\int_{\alpha}^{\beta}Q[x(t),y(t),z(t)]y'(t)\mathrm{d}t=\int_{\overset{\frown}{AB}}Q(x,y,z)\mathrm{d}y,$$

$$\int_{\alpha}^{\beta}R[x(t),y(t),z(t)]z'(t)\mathrm{d}t=\int_{\overset{\frown}{AB}}R(x,y,z)\mathrm{d}z.$$

此三式相加即得定理结果.

例 10.6 设 $\boldsymbol{F}=\{y/3,-x,x+y+z\}$. 求 $\int_L\boldsymbol{F}\cdot\mathrm{d}\boldsymbol{r}$, 其中 L 为从点 $A(1,0,0)$ 到点 $B(3,3,4)$ 的直线(图 10.5).

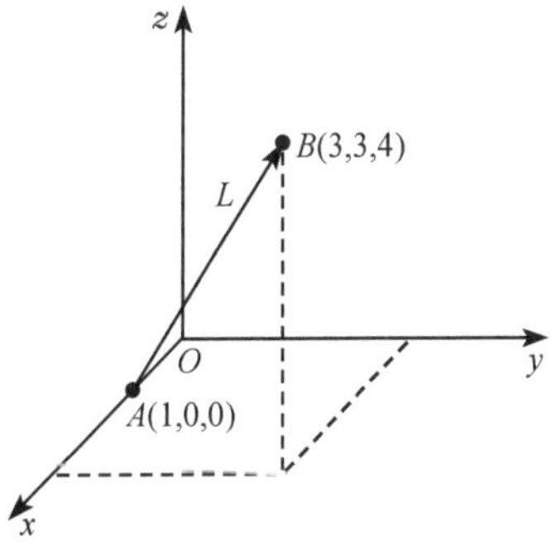

图 10.5

解 易得直线的参数方程为

$$\begin{cases} x = 1 + 2t, \\ y = 3t, & 0 \leqslant t \leqslant 1. \\ z = 4t \end{cases}$$

所以

$$\begin{aligned}\int_L \boldsymbol{F} \cdot \mathrm{d}\boldsymbol{r} &= \int_{AB} \frac{y}{3}\mathrm{d}x - x\mathrm{d}y + (x+y+z)\mathrm{d}z \\ &= \int_0^1 \left[\frac{3t}{3} \times 2 - (1+2t) \times 3 + (1+2t+3t+4t) \times 4\right]\mathrm{d}t \\ &= \int_0^1 (1+32t)\mathrm{d}t = 17.\end{aligned}$$

例 10.7　计算曲线积分 $I = \oint_L xy\mathrm{d}x + yz\mathrm{d}y + zx\mathrm{d}z$，其中 L 为圆柱面 $x^2+y^2=1$ 与平面 $x+y+z=1$ 的交线，方向规定如下：沿平面的法向量 $\{1,1,1\}$ 往原点看时，L 为逆时针方向.

解　可设 L 的参数方程为

$$\begin{cases} x = \cos t, \\ y = \sin t, & 0 \leqslant t \leqslant 2\pi, \\ z = 1 - \cos t - \sin t, \end{cases}$$

所以

$$\begin{aligned} I = &\int_0^{2\pi} [\cos t \cdot \sin t \cdot (-\sin t) + \sin t \cdot (1 - \cos t - \sin t) \cdot \cos t \\ &+ (1 - \cos t - \sin t) \cdot \cos t \cdot (\sin t - \cos t)]\mathrm{d}t \\ = &-\pi. \end{aligned}$$

下面讨论平面曲线积分的计算.

当$\overset{\frown}{AB}$为平面曲线，其参数方程为 $x=x(t)$，$y=y(t)$时，有相应的计算公式

$$\begin{aligned}&\int_{\overset{\frown}{AB}} P(x,y)\mathrm{d}x + Q(x,y)\mathrm{d}y \\ &= \int_\alpha^\beta \{P[x(t),y(t)]x'(t) + Q[x(t),y(t)]y'(t)\}\mathrm{d}t,\end{aligned}$$

其中参数 α，β 分别对应于起点 A 及终点 B.

当平面曲线$\overset{\frown}{AB}$由方程 $y=y(x)$给出时，有相应的计算公式

$$\begin{aligned}&\int_{\overset{\frown}{AB}} P(x,y)\mathrm{d}x + Q(x,y)\mathrm{d}y \\ &= \int_a^b \{P[x,y(x)] + Q[x,y(x)]y'(x)\}\mathrm{d}x,\end{aligned}$$

其中参数 a，b 分别对应于起点 A 及终点 B，此处选 x 作参数.

当平面曲线$\overset{\frown}{AB}$由方程 $x=x(y)$给出时，有相应的计算公式

$$\int_{\widehat{AB}} P(x,y)\mathrm{d}x + Q(x,y)\mathrm{d}y$$
$$=\int_c^d \{P[x(y),y]x'(y) + Q[x(y),y]\}\mathrm{d}y,$$

其中参数 c,d 分别对应于起点 A 及终点 B，此处选 y 作参数.

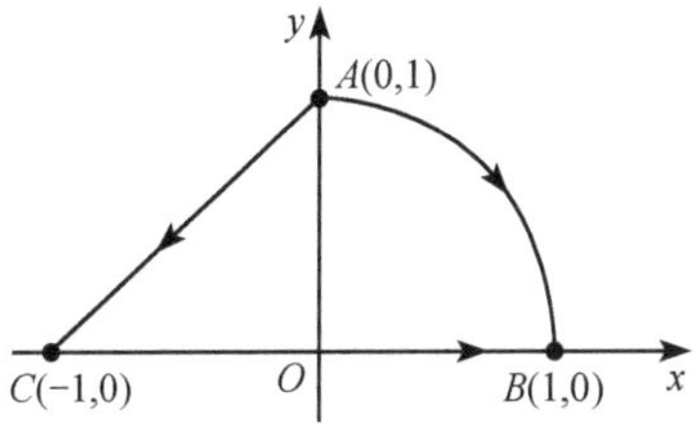

图 10.6

例 10.8 计算曲线积分 $I_L=\int_L (x^2+y^2)\mathrm{d}x+(x^2-y^2)\mathrm{d}y$，其中，路径 L 分别为下列两种情形：(1)圆弧 $\widehat{AB}$(半径为 1)，(2)折线 ACB(图 10.6).

解 (1) 圆弧的参数方程取为

$$x=\cos t,\quad y=\sin t,\quad t\in\left[0,\frac{\pi}{2}\right],$$

则

$$I_{\widehat{AB}}=\int_{\pi/2}^0 [(\cos^2 t+\sin^2 t)(-\sin t)+(\cos^2 t-\sin^2 t)\cos t]\mathrm{d}t$$
$$=\frac{2}{3}.$$

(2) $I_{ACB}=I_{AC}+I_{CB}$. 直线 AC 的方程为 $y=x+1$，有 $y'=1$，所以

$$I_{AC}=\int_0^{-1}\{x^2+(x+1)^2+[x^2-(x+1)^2]\cdot 1\}\mathrm{d}x=-\frac{2}{3}.$$

直线 CB 的方程为 $y=0$，有 $\mathrm{d}y=0$，所以

$$I_{CB}=\int_{-1}^1 x^2\mathrm{d}x=\frac{2}{3}.$$

因此

$$I_{ACB}=-\frac{2}{3}+\frac{2}{3}=0.$$

从本例可以看到，曲线积分的值不但与积分路径的起点及终点有关，而且与路径本身有关.

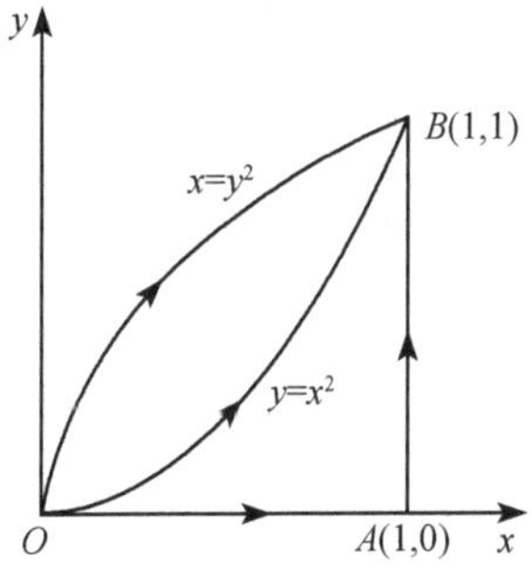

图 10.7

例 10.9 计算 $\int_L 2xy\mathrm{d}x+x^2\mathrm{d}y$，其中 L 分别为

(1) 抛物线 $y=x^2$ 上从 $O(0,0)$ 到 $B(1,1)$ 的一段弧；

(2) 抛物线 $x=y^2$ 上从 $O(0,0)$ 到 $B(1,1)$ 的一段弧；

(3) 有向折线 OAB，其中 O,A,B 依次为点 $(0,0)$，$(1,0)$，$(1,1)$(图 10.7).

解 (1) 这种情形可以化为对 x 的定积分.

$$\int_L 2xy\mathrm{d}x+x^2\mathrm{d}y=\int_0^1(2x\cdot x^2+x^2\cdot 2x)\mathrm{d}x=1.$$

(2) 这种情形可以化为对 y 的定积分.

$$\int_L 2xy\,dx + x^2\,dy = \int_0^1 (2y^2 \cdot y \cdot 2y + y^4)\,dy = 1.$$

(3)

$$\int_L 2xy\,dx + x^2\,dy = \int_{OA} 2xy\,dx + x^2\,dy + \int_{AB} 2xy\,dx + x^2\,dy$$

$$= \int_0^1 (2x \cdot 0 + x^2 \cdot 0)\,dx + \int_0^1 (2y \cdot 0 + 1)\,dy = 0 + 1 = 1.$$

从本例可以看到,虽然沿不同路径,曲线积分的值可以相等.

例 10.10 设一个质点在点 $M(x,y)$处受到力 $\boldsymbol{F}$ 的作用,$\boldsymbol{F}$ 的大小与点 M 到原点 O 的距离成正比,$\boldsymbol{F}$ 的方向恒指向原点. 此质点由点 $A(a,0)$沿椭圆$\dfrac{x^2}{a^2}+\dfrac{y^2}{b^2}=1$ 按逆时针方向移动到点 $B(0,b)$. 求力 $\boldsymbol{F}$ 所做的功 W.

解 $\overrightarrow{OM}=x\boldsymbol{i}+y\boldsymbol{j}$, $|\overrightarrow{OM}|=\sqrt{x^2+y^2}$.

由假设有 $\boldsymbol{F}=-k(x\boldsymbol{i}+y\boldsymbol{j})$,其中 $k>0$ 为比例常数. 于是

$$W = \int_{\widehat{AB}} \boldsymbol{F} \cdot d\boldsymbol{r} = \int_{\widehat{AB}} (-kx\,dx - ky\,dy) = -k\int_{\widehat{AB}} x\,dx + y\,dy.$$

利用椭圆的参数方程$\begin{cases} x=a\cos t, \\ y=b\sin t, \end{cases}$得

$$W = -k\int_0^{\frac{\pi}{2}} (-a^2\cos t\sin t + b^2\sin t\cos t)\,dt = \frac{k}{2}(a^2-b^2).$$

10.2.3 两类曲线积分之间的联系

所讨论的两种类型的曲线积分有着本质的区别:第一型曲线积分 $\int_L f(M)\,ds$ 是数量函数 $f(M)$对弧长 s 的积分;第二型曲线积分 $\int_L P\,dx+Q\,dy+R\,dz$ 则是向量函数 $\boldsymbol{F}=\{P,Q,R\}$的各分量函数对坐标的积分之和. 前一种与积分路径的方向无关,在化为定积分时,下限总是小于上限;后一种却与积分路径的方向有关(方向相反时,积分值变号),在化为定积分时,下限未必小于上限. 不过,两类曲线积分并不是彼此孤立的,它们有着密切的联系,在一定条件下可以互相转化.

设向量函数 $\boldsymbol{F}=\{P,Q,R\}$在有向光滑曲线 $L=\widehat{AB}$上连续. 记向量 $d\boldsymbol{r}=\{dx, dy, dz\}$,则由关系式

$$\int_{\widehat{AB}} \boldsymbol{F} \cdot d\boldsymbol{r} = \int_{\widehat{AB}} P\,dx + Q\,dy + R\,dz$$

看出,可以把上式左端积分的被积表达式 $\boldsymbol{F} \cdot d\boldsymbol{r}$ 看成向量 $\boldsymbol{F}$ 与 $d\boldsymbol{r}$ 的"点乘". 曲线 $L=\widehat{AB}$的切向量为$\{x', y', z'\}$,从而 $d\boldsymbol{r}=\{dx, dy, dz\}$也是切向量. 我们规定 $d\boldsymbol{r}$ 的

方向与积分路径的方向一致. 由于

$$|\,\mathrm{d}\boldsymbol{r}\,| = \sqrt{(\mathrm{d}x)^2+(\mathrm{d}y)^2+(\mathrm{d}z)^2} = \mathrm{d}s,$$

因此,若记 $\boldsymbol{T}_0$ 为 L 的单位切向量,则

$$\mathrm{d}\boldsymbol{r} = |\,\mathrm{d}\boldsymbol{r}\,|\,\boldsymbol{T}_0 = \boldsymbol{T}_0\mathrm{d}s.$$

记 $\mathrm{d}\boldsymbol{r}$ 的方向余弦为 $\cos\alpha,\cos\beta,\cos\gamma$,则 $\boldsymbol{T}_0=\{\cos\alpha,\cos\beta,\cos\gamma\}$,从而第二型曲线积分化为

$$\begin{aligned}\int_{\widehat{AB}}\boldsymbol{F}\cdot\mathrm{d}\boldsymbol{r} &= \int_{\widehat{AB}}\boldsymbol{F}\cdot\boldsymbol{T}_0\mathrm{d}s\\ &= \int_{\widehat{AB}}\{P,Q,R\}\cdot\{\cos\alpha,\cos\beta,\cos\gamma\}\mathrm{d}s\\ &= \int_{\widehat{AB}}(P\cos\alpha+Q\cos\beta+R\cos\gamma)\mathrm{d}s,\end{aligned}$$

即

$$\int_{\widehat{AB}}P\mathrm{d}x+Q\mathrm{d}y+R\mathrm{d}z = \int_{\widehat{AB}}(P\cos\alpha+Q\cos\beta+R\cos\gamma)\mathrm{d}s.$$

当第二型曲线积分的路径 $\widehat{AB}$ 改变方向时,方向余弦也变号,此时上式仍然成立,因此上式就是两类曲线积分的转化公式.

由 $\boldsymbol{T}_0=\dfrac{\mathrm{d}\boldsymbol{r}}{|\mathrm{d}\boldsymbol{r}|}=\left\{\dfrac{\mathrm{d}x}{\mathrm{d}s},\dfrac{\mathrm{d}y}{\mathrm{d}s},\dfrac{\mathrm{d}z}{\mathrm{d}s}\right\}=\{\cos\alpha,\cos\beta,\cos\gamma\}$ 知

$$\mathrm{d}x = \mathrm{d}s\cos\alpha,\quad \mathrm{d}y = \mathrm{d}s\cos\beta,\quad \mathrm{d}z = \mathrm{d}s\cos\gamma.$$

两类曲线积分之间的联系

习题 10.2

1. 设 L 为 xOy 面内直线 $x=a$ 上的一段. 证明:

$$\int_L P(x,y)\mathrm{d}x = 0.$$

2. 设 L 为 xOy 面内 x 轴上从点 $(a,0)$ 到点 $(b,0)$ 的一段直线. 证明:

$$\int_L P(x,y)\mathrm{d}x = \int_a^b P(x,0)\mathrm{d}x.$$

3. 计算下列第二型曲线积分:

(1) $\int_L(x^2-y^2)\mathrm{d}x$,其中 L 为抛物线 $y=x^2$ 上从点 $(0,0)$ 到点 $(2,4)$ 的一段弧;

(2) $\int_L xy\mathrm{d}x$,其中 L 为圆周 $(x-a)^2+y^2=a^2\,(a>0)$ 及 x 轴所围成的在第一象限内的区域

的整个边界(按逆时针方向绕行)；

(3) $\int_L y\mathrm{d}x+x\mathrm{d}y$,其中 L 为圆周 $x=R\cos t, y=R\sin t$ 上对应 t 从0到 $\frac{\pi}{2}$ 的一段弧；

(4) $\int_L \frac{(x+y)\mathrm{d}x-(x-y)\mathrm{d}y}{x^2+y^2}$,其中 L 为圆周 $x^2+y^2=a^2$(按逆时针方向绕行)；

(5) $\int_\Gamma x^2\mathrm{d}x+z\mathrm{d}y-y\mathrm{d}z$,其中 Γ 为曲线 $x=k\theta, y=a\cos\theta, z=a\sin\theta$ 上对应 θ 从0到 π 的一段弧；

(6) $\int_\Gamma x\mathrm{d}x+y\mathrm{d}y+(x+y-1)\mathrm{d}z$,其中 Γ 为从点(1,1,1)到点(2,3,4)的一段直线；

(7) $\int_\Gamma \mathrm{d}x-\mathrm{d}y+y\mathrm{d}z$,其中 Γ 为有向闭折线 $ABCA$,此处 A,B,C 依次为点(1,0,0),(0,1,0),(0,0,1)；

(8) $\int_L (x^2-2xy)\mathrm{d}x+(y^2-2xy)\mathrm{d}y$,其中 L 为抛物线 $y=x^2$ 上从点(−1,1)到点(1,1)的一段弧；

(9) $\int_L \boldsymbol{F}\cdot\mathrm{d}\boldsymbol{r}$,其中 $\boldsymbol{F}=\{x+y,x-y\}$,$L$ 为 $\frac{x^2}{a^2}+\frac{y^2}{b^2}=1$ 沿逆时针一周；

(10) $\int_L \boldsymbol{F}\cdot\mathrm{d}\boldsymbol{r}$,其中 $\boldsymbol{F}=\{x\mathrm{e}^y,y\}$,$L$ 为如图10.8由点(0,0)到点(1,1)的四条不同的路径；

(11) $\int_L \cos y\mathrm{d}x+\cos x\mathrm{d}y$,其中 L 为如图10.9的三角形；

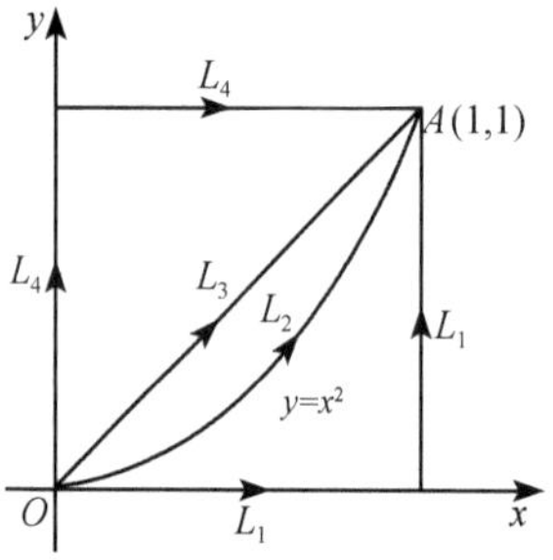

图10.8

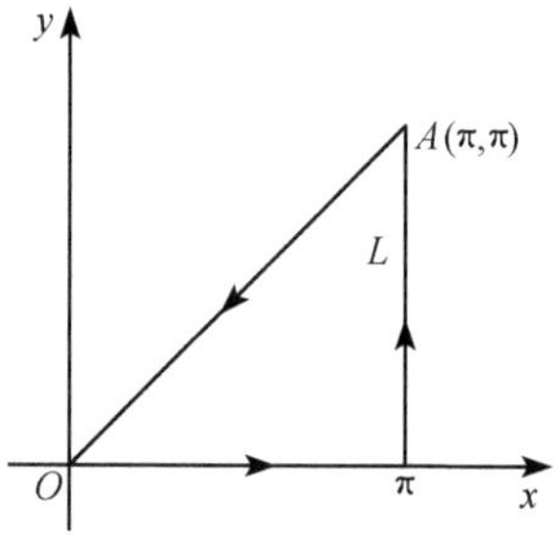

图10.9

(12) $\oint_\Gamma xyz\mathrm{d}z$,其中 Γ 为用平面 $y=z$ 截球面 $x^2+y^2+z^2=1$ 所得的截痕,从 z 轴的正向看去,沿逆时针方向；

(13) $\int_\Gamma (y^2-z^2)\mathrm{d}x+2yz\mathrm{d}y-x^2\mathrm{d}z$,其中 Γ 为曲线 $x=t, y=t^2, z=t^3$ 上由 $t_1=0$ 到 $t_2=1$ 的一段弧；

4. 计算 $\int_L xy\mathrm{d}x+(y-x)\mathrm{d}y$,其中 L 为由点(0,0)到点(1,1)的下列四条不同路径:

(1) 直线 L_1　$y=x$;

(2) 抛物线 L_2　$y=x^2$;

(3) 抛物线 L_3　$x=y^2$;

(4) 立方抛物线 L_4　$y=x^3$.

5. 计算$\int_L (x-y^2)\mathrm{d}x+2xy\mathrm{d}y$,其中 L 分别为下列两种情形：

(1) 连接 $O(0,0)$,$A(1,1)$的直线段；

(2) 连接 $O(0,0)$,$B(0,1)$,$A(1,1)$的折线段.

6. 计算$\int_L (y^2+2xy)\mathrm{d}x+(2xy+x^2)\mathrm{d}y$,其中 L 分别为下列两种情形：

(1) 连接 $O(0,0)$,$A(1,1)$的直线段；

(2) 连接 $O(0,0)$,$B(0,1)$,$A(1,1)$的折线段.

7. 计算$\oint_{ABCDA}\dfrac{\mathrm{d}x+\mathrm{d}y}{|x|+|y|}$,其中 $ABCDA$ 为以 $A(1,0)$,$B(0,1)$,$C(-1,0)$,$D(0,-1)$为顶点的正方形闭路.

8. 计算$\int_L \dfrac{x^2\mathrm{d}y-y^2\mathrm{d}x}{x^{5/3}+y^{5/3}}$,其中 L 为星形线 $x=a\cos^3 t$,$y=a\sin^3 t$ 在第一象限中自点 $A(a,0)$ 到 $B(0,a)$的一段.

9. 计算$\int_L (y^2-z^2)\mathrm{d}x+2yz\mathrm{d}y-x^2\mathrm{d}z$,其中 L 为依参数 t 增加方向进行的曲线：$x=t$,$y=t^2$,$z=t^3$ $(0\leqslant t\leqslant 1)$.

10. 计算$\int_L y^2\mathrm{d}x+xy\mathrm{d}y+xz\mathrm{d}z$,其中,$L$ 分别为下列两种情形：(1) 自 $O(0,0,0)$到 $A(1,1,1)$的直线段；(2)由 $O(0,0,0)$,$B(1,0,0)$,$C(1,1,0)$直到 $A(1,1,1)$的折线段.

11. 计算$\int_L (y^2-z^2)\mathrm{d}x+(z^2-x^2)\mathrm{d}y+(x^2-y^2)\mathrm{d}z$,其中 L 为球面 $x^2+y^2+z^2=1$ 在第一卦限部分的边界线由点 $A(1,0,0)$至 $B(0,1,0)$再至 $C(0,0,1)$的一段.

12. 弹性力 $\boldsymbol{F}$ 的方向向着坐标原点,力的大小与质点到坐标原点的距离成正比.设质点在力 $\boldsymbol{F}$ 作用下沿椭圆$\dfrac{x^2}{a^2}+\dfrac{y^2}{b^2}=1$ 依逆时针方向运动一周,求弹性力 $\boldsymbol{F}$ 做的功.

13. 计算$\int_L \boldsymbol{F}\cdot\mathrm{d}\boldsymbol{r}$,其中 $\boldsymbol{F}=\{y-z,z-x,x-y\}$,$L$ 为圆周

$$\begin{cases}x^2+y^2+z^2=a^2,\\ y=x\tan\beta\end{cases}\quad 0<\beta<\frac{\pi}{2},$$

其方向为从 x 轴正向看去,这圆周是沿逆时针方向进行的.

14. 设 $P(x,y)$,$Q(x,y)$在光滑曲线 L 上连续.试证下面的估计式：

$$\left|\int_L P\mathrm{d}x+Q\mathrm{d}y\right|\leqslant lM,$$

其中 l 为积分路径 L 的长度,$M=\max\limits_L\sqrt{P^2+Q^2}$.

15. 计算$\int_L (x+y)\mathrm{d}x+(y-x)\mathrm{d}y$,其中 L 分别为

(1) 抛物线 $y^2=x$ 上从点$(1,1)$到点$(4,2)$的一段弧；

(2) 从点$(1,1)$到点$(4,2)$的直线段；

(3) 先沿直线从点$(1,1)$到点$(1,2)$,然后再沿直线到点$(4,2)$的折线；

(4) 曲线 $x=2t^2+t+1, y=t^2+1$ 上从点(1,1)到点(4,2)的一段弧.

16. 一力场由沿横轴正方向的恒力 F 所构成. 试求当一质量为 m 的质点沿圆周 $x^2+y^2=R^2$ 按逆时针方向移过位于第一象限的那一段弧时场力所做的功.

17. 设 z 轴与重力的方向一致, 求质量为 m 的质点从位置(x_1, y_1, z_1)沿直线移到(x_2, y_2, z_2)时重力所做的功.

18. 把对坐标的曲线积分 $\int_L P(x,y)\mathrm{d}x+Q(x,y)\mathrm{d}y$ 化成对弧长的曲线积分, 其中 L 为

(1) 在 xOy 面内沿直线从点(0,0)到点(1,1);

(2) 沿抛物线 $y=x^2$ 从点(0,0)到点(1,1);

(3) 沿上半圆周 $x^2+y^2=2x$ 从点(0,0)到点(1,1).

19. 设 Γ 为曲线 $x=t, y=t^2, z=t^3$ 上相应于 t 从 0 变到 1 的曲线弧. 把对坐标的曲线积分 $\int_\Gamma P\mathrm{d}x+Q\mathrm{d}y+R\mathrm{d}z$ 化成对弧长的曲线积分.

10.3　格林公式及其应用

10.3.1　格林公式

平面闭曲线上的第二型曲线积分与闭曲线所围平面区域上的二重积分之间有着密切的联系, 在一定的条件下, 它们可以互相转化. 揭示这种联系的公式称为**格林公式**.

若区域 D 内的任何闭曲线所围的区域全部在 D 内, 则称 D 为**单连通区域**(图 10.10). 不符合这个条件的区域称为**复(多)连通区域**(图 10.11).

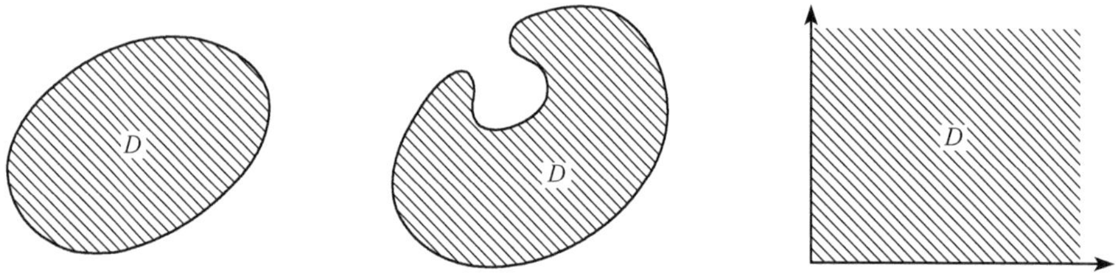

图 10.10

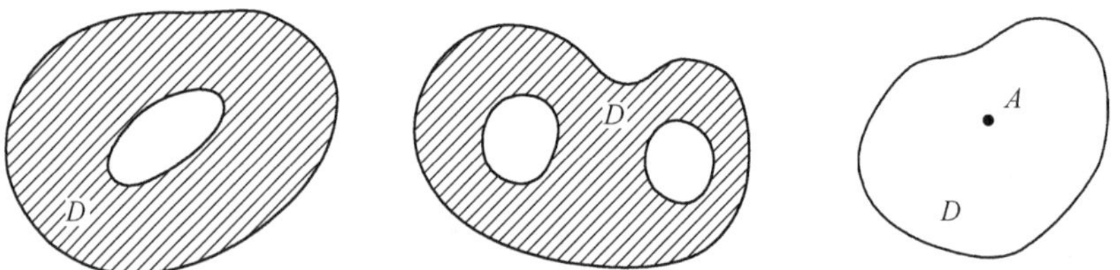

仅 A 点不在区域内

图 10.11

设有界闭区域 D 由一条或几条曲线围成，这些曲线构成 D 的**边界**. 边界的正向是这样规定的：沿着这个方向前进时，区域 D 永远在其左边. 实际上也就是外边界的正向是逆时针方向，而内边界的正向是顺时针方向.

定理 10.4（格林公式） 若 D 为有界闭区域（单连通或复连通），其边界 L 是分段光滑曲线，函数 $P(x,y)$，$Q(x,y)$ 在 D 上有连续的一阶偏导数，则有格林公式

$$\oint_{L^+} P\mathrm{d}x+Q\mathrm{d}y=\iint_D\left(\frac{\partial Q}{\partial x}-\frac{\partial P}{\partial y}\right)\mathrm{d}x\mathrm{d}y,$$

其中 L^+ 表示沿边界 L 的正方向.

证 先证明

$$\oint_{L^+} P\mathrm{d}x=-\iint_D \frac{\partial P}{\partial y}\mathrm{d}x\mathrm{d}y.$$

假定区域 D 的边界由曲线

$$y=y_1(x),\quad y=y_2(x)$$

及直线 $x=a$，$x=b$ 围成，其中 $y_1(x)\leqslant y_2(x)$ $(a\leqslant x\leqslant b)$（图 10.12）.

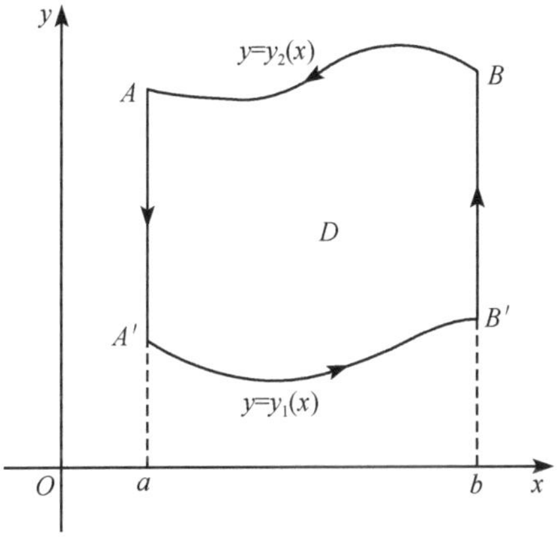

图 10.12

曲线积分

$$\oint_{L^+} P\mathrm{d}x=\int_{AA'} P\mathrm{d}x+\int_{\widehat{A'B'}} P\mathrm{d}x+\int_{B'B} P\mathrm{d}x+\int_{\widehat{BA}} P\mathrm{d}x,$$

注意到在线段 AA' 上，$x\equiv a$，在线段 $B'B$ 上，$x\equiv b$，因此都有 $\mathrm{d}x=0$，于是根据曲线积分的计算公式得到

$$\begin{aligned}\oint_{L^+} P\mathrm{d}x&=\int_{\widehat{A'B'}} P\mathrm{d}x+\int_{\widehat{BA}} P\mathrm{d}x\\&=\int_a^b P[x,y_1(x)]\mathrm{d}x+\int_b^a P[x,y_2(x)]\mathrm{d}x\\&=\int_a^b P[x,y_1(x)]\mathrm{d}x-\int_a^b P[x,y_2(x)]\mathrm{d}x.\end{aligned}$$

由二重积分的计算公式得

$$\begin{aligned}\iint_D \frac{\partial P}{\partial y}\mathrm{d}x\mathrm{d}y&=\int_a^b\mathrm{d}x\int_{y_1(x)}^{y_2(x)}\frac{\partial P}{\partial y}\mathrm{d}y=\int_a^b P(x,y)\Big|_{y=y_1(x)}^{y=y_2(x)}\mathrm{d}x\\&=\int_a^b P[x,y_2(x)]\mathrm{d}x-\int_a^b P[x,y_1(x)]\mathrm{d}x.\end{aligned}$$

所以，定理在这种情形下成立.

若区域 D 的边界不是上述情形，则可做一些辅助线把 D 分为若干个那样的区域（图 10.13）. 在每一个小区域上，格林公式成立. 再把这些式子相加，注意到在辅

助线上的曲线积分要来回各一次，正好互相抵消，因此格林公式成立.

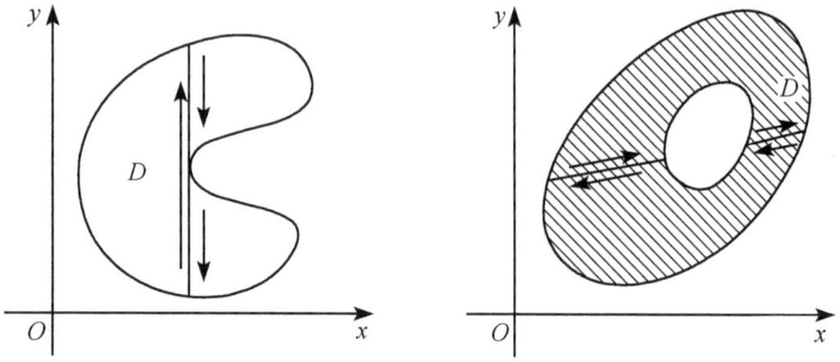

图 10.13

用同样的方法可以证明

$$\oint_{L^+} Q\mathrm{d}y = \iint_D \frac{\partial Q}{\partial x}\mathrm{d}x\mathrm{d}y.$$

把此式与前式相加，即得格林公式.

特别地，若 $P=-y, Q=x$，则由格林公式得

$$\oint_{L^+}(-y\mathrm{d}x + x\mathrm{d}y) = \iint_D 2\mathrm{d}x\mathrm{d}y = 2A,$$

其中，A 为区域 D 的面积. 于是得到利用曲线积分计算平面区域面积的公式

$$A = \frac{1}{2}\oint_{L^+}(-y\mathrm{d}x + x\mathrm{d}y).$$

格林公式　　格林公式应用举例

例 10.11　求椭圆 $x=a\cos\theta, y=b\sin\theta$ 所围成图形的面积 A.

解　$A=\dfrac{1}{2}\oint_L x\,\mathrm{d}y - y\,\mathrm{d}x = \dfrac{1}{2}\int_0^{2\pi}(ab\cos^2\theta + ab\sin^2\theta)\,\mathrm{d}\theta = \pi ab.$

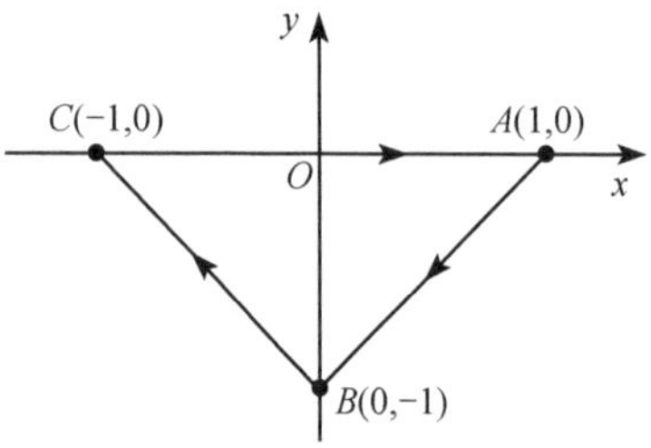

图 10.14

例 10.12　计算曲线积分 $I=\oint_L (3x^2+4y)\mathrm{d}x-(x^2-y^2)\mathrm{d}y$，其中 L 为以 $A(1,0)$，$B(0,-1)$，$C(-1,0)$ 为顶点的三角形，沿顺时针方向(图 10.14).

解　已知 $P=3x^2+4y, Q=-x^2+y^2$，$\dfrac{\partial Q}{\partial x}-\dfrac{\partial P}{\partial y}=-2(x+2)$，所以

$$-I=\iint_D\left(\frac{\partial Q}{\partial x}-\frac{\partial P}{\partial y}\right)\mathrm{d}x\mathrm{d}y,$$

即

$$I=-\iint_D -2(x+2)\mathrm{d}x\mathrm{d}y=2\iint_D(x+2)\mathrm{d}x\mathrm{d}y.$$

由对称性和面积的积分表示

$$I=4\iint_D\mathrm{d}x\mathrm{d}y=4.$$

例 10.13 计算$\iint_D \mathrm{e}^{-y^2}\mathrm{d}x\mathrm{d}y$,其中,$D$为以$O(0,0)$,$A(1,1)$,$B(0,1)$为顶点的三角形闭区域(图 10.15).

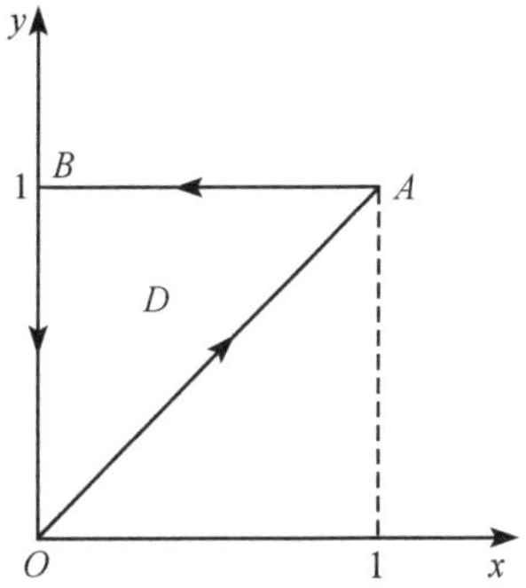

图 10.15

解 令 $P=0,Q=x\mathrm{e}^{-y^2}$,则

$$\frac{\partial Q}{\partial x}-\frac{\partial P}{\partial y}=\mathrm{e}^{-y^2}.$$

因此

$$\iint_D\mathrm{e}^{-y^2}\mathrm{d}x\mathrm{d}y=\int_{OA+AB+BO}x\mathrm{e}^{-y^2}\mathrm{d}y=\int_{OA}x\mathrm{e}^{-y^2}\mathrm{d}y=\int_0^1 x\mathrm{e}^{-x^2}\mathrm{d}x=\frac{1}{2}(1-\mathrm{e}^{-1}).$$

例 10.14 计算曲线积分

$$I=\int_{\widehat{ABC}}(x+xy^2+3)\mathrm{d}y-\left(x+y-\frac{y^3}{3}\right)\mathrm{d}x,$$

其中曲线$\widehat{ABC}$由圆$x^2+y^2=1$在第四象限的部分$\widehat{AB}$与椭圆$\frac{x^2}{a^2}+\frac{y^2}{b^2}=1$在第一象限的部分$\widehat{BC}$连接而成($0<a<b$),起点为$A(0,-a)$,终点为$C(0,b)$(图 10.16).

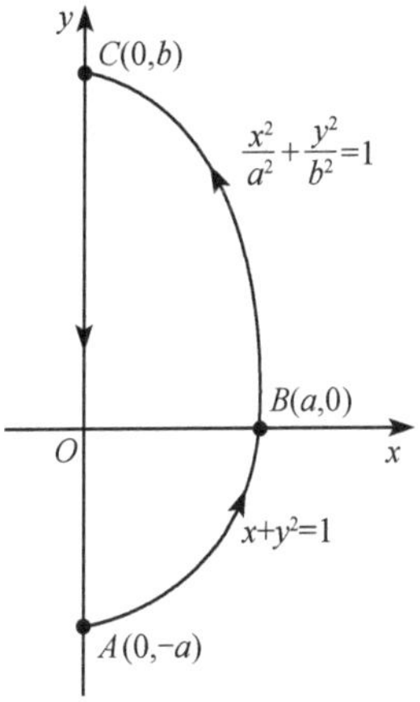

图 10.16

解 已知 $P=-\left(x+y-\frac{y^3}{3}\right)=-x-y+\frac{y^3}{3},Q=x+xy^2+3.$

补一条直线段CA,方向从点C到点A,则得到分段光滑的封闭路径$ABCA$,并取逆时针方向为路径的正向.记D为该闭路所围区域,所以

$$\begin{aligned}\int_{\widehat{CA}}P\mathrm{d}x+Q\mathrm{d}y+\int_{\widehat{ABC}}P\mathrm{d}x+Q\mathrm{d}y&=\iint_D\left(\frac{\partial Q}{\partial x}-\frac{\partial P}{\partial y}\right)\mathrm{d}x\mathrm{d}y\\&=\iint_D[1+y^2-(-1+y^2)]\mathrm{d}x\mathrm{d}y\\&=2\iint_D\mathrm{d}x\mathrm{d}y=\frac{\pi a}{2}(a+b).\end{aligned}$$

于是,所求积分为

$$
\begin{aligned}
I &= \int_{\widehat{ABC}} P\,\mathrm{d}x + Q\mathrm{d}y \\
&= \frac{\pi a}{2}(a+b) - \int_{CA}(x+xy^2+3)\mathrm{d}y - \left(x+y-\frac{y^3}{3}\right)\mathrm{d}x \\
&= \frac{\pi a}{2}(a+b) - \int_b^{-a} 3\mathrm{d}y \\
&= (a+b)\cdot\left(\frac{\pi a}{2}+3\right).
\end{aligned}
$$

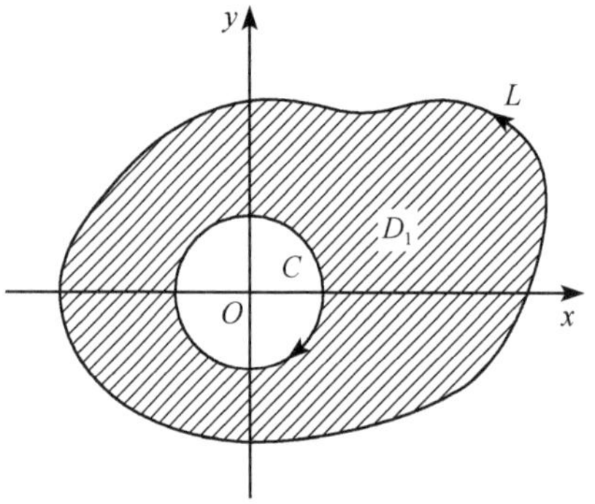

图 10.17

例 10.15　计算 $\oint_{L^+}\frac{y\mathrm{d}x - x\mathrm{d}y}{x^2+y^2}$,其中 L 为包围原点的任意封闭的分段光滑曲线,取正方向为逆时针方向(图 10.17).

解　此处 $P=\frac{y}{x^2+y^2}$,$Q=\frac{-x}{x^2+y^2}$,它们在原点(0,0)处不连续,因此不能用格林公式. 为了能用格林公式,以原点为圆心、ε 为半径做一个小圆 C,使 C 整个在以 L 为边界的有界闭区域内. 于是在挖去这个小圆域之后的区域 D_1 上,可以应用格林公式. 这时,有

$$
\frac{\partial Q}{\partial x} - \frac{\partial P}{\partial y} = \frac{x^2-y^2}{(x^2+y^2)^2} - \frac{x^2-y^2}{(x^2+y^2)^2} = 0,
$$

因此

$$
\begin{aligned}
&\oint_{L^+}\frac{y\mathrm{d}x - x\mathrm{d}y}{x^2+y^2} + \oint_{C^+}\frac{y\mathrm{d}x - x\mathrm{d}y}{x^2+y^2} \\
=&\iint_{D_1} 0\mathrm{d}x\mathrm{d}y = 0,
\end{aligned}
$$

即

$$
\oint_{L^+}\frac{y\mathrm{d}x - x\mathrm{d}y}{x^2+y^2} = -\oint_{C^+}\frac{y\mathrm{d}x - x\mathrm{d}y}{x^2+y^2}.
$$

由于 C 的参数方程为

$$
\begin{cases} x = \varepsilon\cos\theta, \\ y = \varepsilon\sin\theta \end{cases}\quad 0 \leqslant \theta \leqslant 2\pi.
$$

所以

$$\oint_{L^+}\frac{y\mathrm{d}x-x\mathrm{d}y}{x^2+y^2}=-\oint_{C^+}\frac{y\mathrm{d}x-x\mathrm{d}y}{x^2+y^2}$$
$$=-\int_{2\pi}^{0}\frac{\varepsilon\sin\theta(-\varepsilon\sin\theta)-\varepsilon\cos\theta(\varepsilon\cos\theta)}{\varepsilon^2}\mathrm{d}\theta=-2\pi.$$

10.3.2 平面上曲线积分与路径无关的条件

本小节研究一下什么条件下第二型曲线积分 $\int_{\widehat{AB}}P\mathrm{d}x+Q\mathrm{d}y$ 的值与路径无关,只依赖于起点和终点.

定理 10.5 设向量函数 $\boldsymbol{F}(x,y)=\{P(x,y),Q(x,y)\}$的各分量在区域 D 上有连续的一阶偏导数,则下面的三个条件互相等价:

(1) 对 D 内的任一分段光滑的封闭曲线 L,有

$$\oint_L P(x,y)\mathrm{d}x+Q(x,y)\mathrm{d}y=0;$$

(2) 对 D 内的任意分段光滑曲线$\widehat{AB}$,曲线积分

$$\int_{\widehat{AB}}P(x,y)\mathrm{d}x+Q(x,y)\mathrm{d}y$$

与积分路径无关,只与起点 A 及终点 B 有关;

(3) 微分式 $P(x,y)\mathrm{d}x+Q(x,y)\mathrm{d}y$ 在区域 D 内是某一函数 $u(x,y)$的全微分,即 $\mathrm{d}u=P(x,y)\mathrm{d}x+Q(x,y)\mathrm{d}y$.

证 (1)⇒(2):

设$\widehat{ACB}$与$\widehat{AEB}$为区域 D 内从点 A 到点 B 的任意两条分段光滑的路径(图 10.18),则由(1)知

$$\int_{\widehat{AEBCA}}P\mathrm{d}x+Q\mathrm{d}y=0,$$

此式左端即

$$\int_{\widehat{AEB}}P\mathrm{d}x+Q\mathrm{d}y+\int_{\widehat{BCA}}P\mathrm{d}x+Q\mathrm{d}y$$
$$=\int_{\widehat{AEB}}P\mathrm{d}x+Q\mathrm{d}y-\int_{\widehat{ACB}}P\mathrm{d}x+Q\mathrm{d}y$$

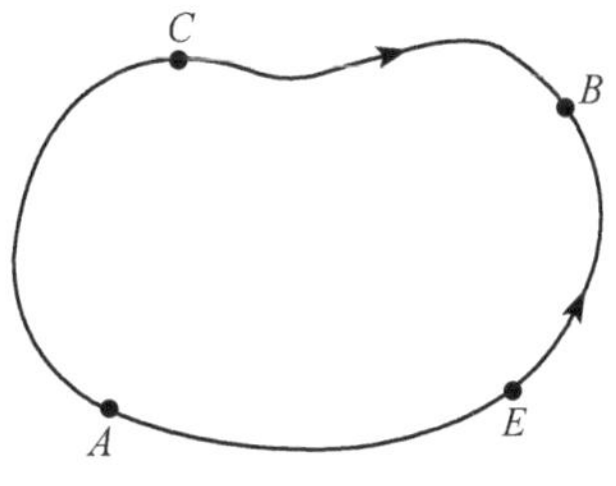

图 10.18

所以

$$\int_{\widehat{AEB}}P\mathrm{d}x+Q\mathrm{d}y=\int_{\widehat{ACB}}P\mathrm{d}x+Q\mathrm{d}y.$$

(2)⇒(3):

设点 $M_0(x_0,y_0)$为 D 内一固定点,$M(x,y)$为 D 内任一点. 由于曲线积分与路径无关,因此,积分

$$\int_{\widehat{M_0M}}P(x,y)\mathrm{d}x+Q(x,y)\mathrm{d}y$$

只依赖于终点 $M(x,y)$，即它是点 $M(x,y)$ 的函数，把它记作

$$u(x,y)=\int_{(x_0,y_0)}^{(x,y)}P(x,y)\mathrm{d}x+Q(x,y)\mathrm{d}y.$$

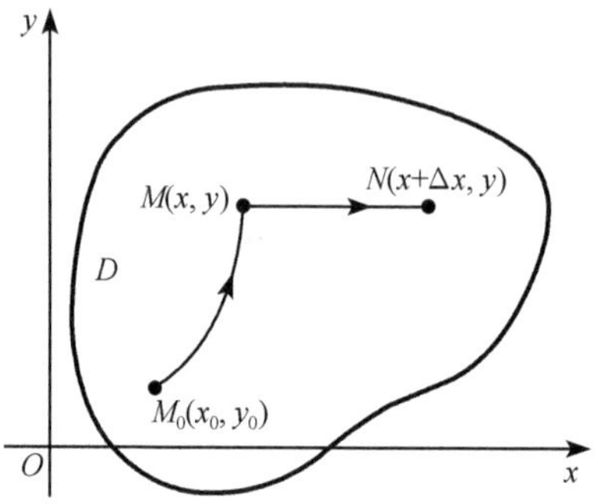

图 10.19

可以证明

$$\frac{\partial u}{\partial x}=P(x,y),\quad \frac{\partial u}{\partial y}=Q(x,y).$$

事实上，在点 $M(x,y)$ 附近，取一点 $N(x+\Delta x,y)$，使直线段 MN 仍在 D 内. 显然有

$$\begin{aligned}&u(x+\Delta x,y)\\=&\int_{(x_0,y_0)}^{(x+\Delta x,y)}P(x,y)\mathrm{d}x+Q(x,y)\mathrm{d}y.\end{aligned}$$

因为积分与路径无关，所以上式右端的积分可以选取路径$\overline{M_0MN}$(图 10.19)，于是

$$\begin{aligned}&u(x+\Delta x,y)-u(x,y)\\=&\left(\int_{\widehat{M_0M}}P\,\mathrm{d}x+Q\mathrm{d}y+\int_{MN}P\,\mathrm{d}x+Q\mathrm{d}y\right)-\int_{\widehat{M_0M}}P\,\mathrm{d}x+Q\mathrm{d}y\\=&\int_{MN}P\,\mathrm{d}x+Q\mathrm{d}y=\int_{(x,y)}^{(x+\Delta x,y)}P\mathrm{d}x+Q\mathrm{d}y.\end{aligned}$$

由于在直线 MN 上，$y\equiv$常数，$\mathrm{d}y=0$，因此

$$u(x+\Delta x,y)-u(x,y)=\int_x^{x+\Delta x}P(x,y)\mathrm{d}x.$$

由积分中值定理得

$$\int_x^{x+\Delta x}P(x,y)\mathrm{d}x=P(\xi,y)\Delta x,$$

其中 ξ 在 x 与 $x+\Delta x$ 之间. 从而

$$\frac{u(x+\Delta x,y)-u(x,y)}{\Delta x}=\frac{P(\xi,y)\Delta x}{\Delta x}=P(\xi,y).$$

令 $\Delta x\to0$，则 $\xi\to x$，于是由 $P(x,y)$ 的连续性知

$$\begin{aligned}\frac{\partial u}{\partial x}&=\lim_{\Delta x\to0}\frac{u(x+\Delta x,y)-u(x,y)}{\Delta x}\\&=\lim_{\xi\to x}P(\xi,y)=P(x,y).\end{aligned}$$

同理可证$\frac{\partial u}{\partial y}=Q(x,y)$.

由 $P(x,y)$，$Q(x,y)$ 的连续性知，$\frac{\partial u}{\partial x}$，$\frac{\partial u}{\partial y}$在 D 内连续，因此函数 $u(x,y)$ 在 D 内可微，即全微分存在，且

$$du=\frac{\partial u}{\partial x}dx+\frac{\partial u}{\partial y}dy=P(x,y)dx+Q(x,y)dy.$$

(3)⇒(1)：

不妨设封闭曲线$\widehat{ACBA}$是光滑的，其参数方程为 $x=x(t),y=y(t),t_0\leqslant t\leqslant t_1$，$(x(t_0),y(t_0)),(x(t_1),y(t_1))$都对应 A 点，则

$$\int_{\widehat{ACBA}}P\,dx+Q\,dy=\int_{t_0}^{t_1}[P(x(t),y(t))x'(t)+Q(x(t),y(t))y'(t)]dt.$$

容易验证 $u(x(t),y(t))$是 $P(x(t),y(t))x'(t)+Q(x(t),y(t))y'(t)$的原函数，所以

$$\begin{aligned}&\int_{\widehat{ACBA}}P\,dx+Q\,dy\\=&\int_{t_0}^{t_1}[P(x(t),y(t))x'(t)+Q(x(t),y(t))y'(t)]dt\\=&u(x(t_1),y(t_1))-u(x(t_0),y(t_0))=u(A)-u(A)=0.\end{aligned}$$

推论 10.1(曲线积分的基本定理) 设 $\boldsymbol{F}(x,y)=P(x,y)\boldsymbol{i}+Q(x,y)\boldsymbol{j}$ 是平面区域G 内的一个向量场，$P(x,y),Q(x,y)$都在 G 内连续，且存在一个数量函数$f(x,y)$，使得 $\boldsymbol{F}=\nabla f$，则曲线积分$\int_L\boldsymbol{F}\cdot d\boldsymbol{r}$在$G$ 内与路径无关，且

$$\int_L\boldsymbol{F}\cdot d\boldsymbol{r}=f(B)-f(A),$$

其中 L 为位于G 内起点为A、终点为 B 的任意分段光滑曲线.

定理 10.6 设向量函数 $\boldsymbol{F}(x,y)=\{P(x,y),Q(x,y)\}$的各分量在**单连通**区域$D$ 上有连续的一阶偏导数，则下面的两个条件互相等价：

(1) 对 D 内的任意分段光滑曲线$\widehat{AB}$，曲线积分

$$\int_{\widehat{AB}}P(x,y)dx+Q(x,y)dy$$

与积分路径无关，只与起点 A 及终点 B 有关；

(2) $\dfrac{\partial Q}{\partial x}=\dfrac{\partial P}{\partial y}$在$D$ 内恒成立.

证 (1)⇒(2)：

在 D 内任取一条闭曲线C 都有$\oint_C P\,dx+Q\,dy=0$. 因为 D 是单连通的，所以，闭曲线 C 所包围的区域G 完全位于D 内，由格林公式，有

$$\iint_G\left(\frac{\partial Q}{\partial x}-\frac{\partial P}{\partial y}\right)dxdy=\oint_C P\,dx+Q\,dy=0.$$

由于对于 D 的任何子区域G 都有

$$\iint_G\left(\frac{\partial Q}{\partial x}-\frac{\partial P}{\partial y}\right)dxdy=0.$$

再加上$\frac{\partial Q}{\partial x}$，$\frac{\partial P}{\partial y}$的连续性，可以推得$\frac{\partial Q}{\partial x}=\frac{\partial P}{\partial y}$在$D$内恒成立.

(2)⇒(1)：

在D内任取一条闭曲线C，因为D是单连通的，闭曲线C所包围的区域G完全位于D内，由格林公式，有

$$\oint_C P\mathrm{d}x+Q\mathrm{d}y=\iint_G\left(\frac{\partial Q}{\partial x}-\frac{\partial P}{\partial y}\right)\mathrm{d}x\mathrm{d}y=0.$$

所以，积分与路径无关.

平面上曲线积分与路径无关的条件　　平面上曲线积分与路径无关的条件(续)

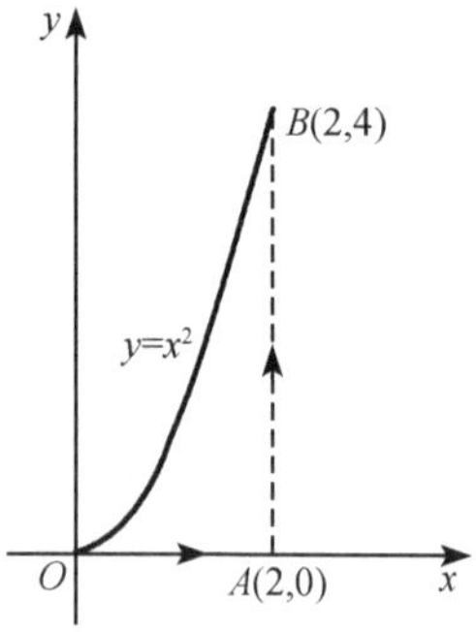

图 10.20

例 10.16　计算曲线积分

$$I=\int_L[(2x^2+6y)\mathrm{d}x+(6x-y)\mathrm{d}y],$$

其中L为抛物线$y=x^2$从点$O(0,0)$到点$B(2,4)$的一段弧.

解　方法一　由$P=2x^2+6y$，$Q=6x-y$知，$\frac{\partial P}{\partial y}=6=\frac{\partial Q}{\partial x}$在全平面成立，因此曲线积分与路径无关. 为了计算方便，可取折线OAB(图 10.20). 于是

$$I=\int_{OA}+\int_{AB}=\int_0^2 2x^2\mathrm{d}x+\int_0^4(12-y)\mathrm{d}y$$

$$=\frac{2}{3}x^3\Big|_0^2+\left(12y-\frac{y^2}{2}\right)\Big|_0^4=\frac{136}{3}.$$

方法二　因为$\frac{\partial Q}{\partial x}=\frac{\partial P}{\partial y}$在全平面成立，所以，被积表达式$(2x^2+6y)\mathrm{d}x+(6x-y)\mathrm{d}y$是某个函数$u(x,y)$的全微分. 由微分运算不难看出

$$\begin{aligned}&(2x^2+6y)\mathrm{d}x+(6x-y)\mathrm{d}y\\&=2x^2\mathrm{d}x+(6y\mathrm{d}x+6x\mathrm{d}y)-y\mathrm{d}y\\&=\mathrm{d}\left(\frac{2}{3}x^3\right)+\mathrm{d}(6xy)-\mathrm{d}\left(\frac{y^2}{2}\right)\\&=\mathrm{d}\left(\frac{2}{3}x^3+6xy-\frac{y^2}{2}\right),\end{aligned}$$

即有

$$u(x,y)=\frac{2}{3}x^3+6xy-\frac{y^2}{2}.$$

于是

$$\begin{aligned}I&=\int_{(0,0)}^{(2,4)}(2x^2+6y)\mathrm{d}x+(6x-y)\mathrm{d}y\\&=\int_{(0,0)}^{(2,4)}\mathrm{d}\left(\frac{2}{3}x^3+6xy-\frac{y^2}{2}\right)\\&=\left(\frac{2}{3}x^3+6xy-\frac{y^2}{2}\right)\Bigg|_{(0,0)}^{(2,4)}=\frac{136}{3}.\end{aligned}$$

例 10.17 微分式$\frac{2x(1-\mathrm{e}^y)}{(1+x^2)^2}\mathrm{d}x+\frac{\mathrm{e}^y}{1+x^2}\mathrm{d}y$是否为某个函数$u(x,y)$的全微分？若是，则求原函数$u(x,y)$.

解 令$P(x,y)=\frac{2x(1-\mathrm{e}^y)}{(1+x^2)^2}$，$Q(x,y)=\frac{\mathrm{e}^y}{1+x^2}$，则$\frac{\partial Q}{\partial x}=\frac{-2x\mathrm{e}^y}{(1+x^2)^2}=\frac{\partial P}{\partial y}$在全平面成立，于是存在原函数$u(x,y)$，使得所给微分式的确是$u(x,y)$的全微分，即有

$$\mathrm{d}u(x,y)=\frac{2x(1-\mathrm{e}^y)}{(1+x^2)^2}\mathrm{d}x+\frac{\mathrm{e}^y}{1+x^2}\mathrm{d}y.$$

下面用三种方法来求原函数$u(x,y)$：

方法一 已知可选

$$u(x,y)=\int_{(0,0)}^{(x,y)}\frac{2x(1-\mathrm{e}^y)}{(1+x^2)^2}\mathrm{d}x+\frac{\mathrm{e}^y}{1+x^2}\mathrm{d}y,$$

可选取积分路径为折线OAM(图 10.21)，于是

$$\begin{aligned}u(x,y)&=\int_{OA}+\int_{AM}=0+\int_0^y\frac{\mathrm{e}^y}{1+x^2}\mathrm{d}y\\&=\frac{1}{1+x^2}\int_0^y\mathrm{e}^y\mathrm{d}y=\frac{\mathrm{e}^y-1}{1+x^2}.\end{aligned}$$

可证，$u(x,y)=\frac{\mathrm{e}^y-1}{1+x^2}+C$即为全部原函数.

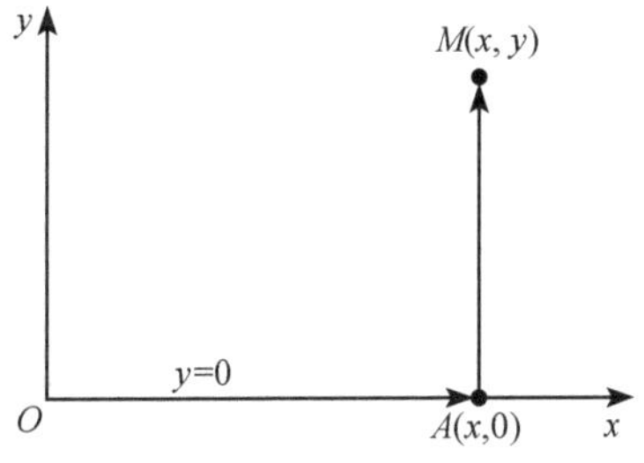

图 10.21

方法二 “凑”全微分.

$$\begin{aligned}\mathrm{d}u(x,y)&=\frac{2x(1-\mathrm{e}^y)}{(1+x^2)^2}\mathrm{d}x+\frac{\mathrm{e}^y}{1+x^2}\mathrm{d}y\\&=\frac{2x\mathrm{d}x}{(1+x^2)^2}-\frac{\mathrm{e}^y\cdot 2x\mathrm{d}x}{(1+x^2)^2}+\frac{\mathrm{d}(\mathrm{e}^y)}{1+x^2}\\&=\frac{\mathrm{d}(1+x^2)}{(1+x^2)^2}+\frac{(1+x^2)\mathrm{d}(\mathrm{e}^y)-\mathrm{e}^y\mathrm{d}(1+x^2)}{(1+x^2)^2}\end{aligned}$$

$$= \mathrm{d}\left(-\frac{1}{1+x^2}\right)+\mathrm{d}\left(\frac{\mathrm{e}^y}{1+x^2}\right)$$
$$= \mathrm{d}\left(\frac{\mathrm{e}^y-1}{1+x^2}\right),$$

因此 $u(x,y)=\dfrac{\mathrm{e}^y-1}{1+x^2}+C$,其中 C 为任意常数.

方法三　由全微分表达式

$$\mathrm{d}u(x,y)=\frac{\partial u}{\partial x}\mathrm{d}x+\frac{\partial u}{\partial y}\mathrm{d}y$$
$$=\frac{2x(1-\mathrm{e}^y)}{(1+x^2)^2}\mathrm{d}x+\frac{\mathrm{e}^y}{1+x^2}\mathrm{d}y$$

知,有

$$\frac{\partial u}{\partial x}=\frac{2x(1-\mathrm{e}^y)}{(1+x^2)^2}\mathrm{d}x,$$
$$\frac{\partial u}{\partial y}=\frac{\mathrm{e}^y}{1+x^2}.$$

所以

$$u(x,y)=(1-\mathrm{e}^y)\int\frac{2x\mathrm{d}x}{(1+x^2)^2}$$
$$=(1-\mathrm{e}^y)\cdot\frac{-1}{1+x^2}+\varphi(y),$$

其中 $\varphi(y)$ 为 y 的任意可微函数,根据另一条件确定. 由

$$\frac{\partial u}{\partial y}=\frac{\mathrm{e}^y}{1+x^2}+\varphi'(y)=\frac{\mathrm{e}^y}{1+x^2},$$

因此 $\varphi'(y)\equiv 0$,即 $\varphi(y)\equiv C$,所以原函数

$$u(x,y)=\frac{\mathrm{e}^y-1}{1+x^2}+C.$$

10.3.3　全微分方程

利用二元函数的全微分求积分,还可以用来求解下面一类一阶微分方程.

一个微分方程写成

$$P(x,y)\mathrm{d}x+Q(x,y)\mathrm{d}y=0$$

形式后,如果它的左端恰好是某一函数 $u(x,y)$ 的全微分

$$\mathrm{d}u(x,y)=P(x,y)\mathrm{d}x+Q(x,y)\mathrm{d}y,$$

全微分方程

那么,方程就叫做**全微分方程**.

容易知道,如果方程的左端是函数 $u(x,y)$ 的**全微分**,那么

$$u(x,y)=C$$

就是**全微分方程的隐式通解**，其中 C 为任意常数.

例 10.18 求解方程

$$(5x^4+3xy^2-y^3)\mathrm{d}x+(3x^2y-3xy^2+y^2)\mathrm{d}y=0.$$

解 设 $P(x,y)=5x^4+3xy^2-y^3$，$Q(x,y)=3x^2y-3xy^2+y^2$，则

$$\frac{\partial Q}{\partial x}=6xy-3y^2=\frac{\partial P}{\partial y}.$$

因此，所给方程是全微分方程. 设 $(5x^4+3xy^2-y^3)\mathrm{d}x+(3x^2y-3xy^2+y^2)\mathrm{d}y$ 的原函数为 $u(x,y)$，则

$$\begin{aligned}u(x,y)&=\int(5x^4+3xy^2-y^3)\mathrm{d}x\\&=x^5+\frac{3}{2}x^2y^2-xy^3+\varphi(y).\end{aligned}$$

再由

$$\frac{\partial u}{\partial y}=3x^2y-3xy^2+\varphi'(y)=3x^2y-3xy^2+y^2.$$

得

$$\varphi'(y)=y^2,\quad \varphi(y)=\frac{1}{3}y^3+C.$$

故所给方程通解为

$$x^5+\frac{3}{2}x^2y^2-xy^3+\frac{1}{3}y^3=C.$$

习题 10.3

1. 计算下列曲线积分，并验证格林公式的正确性：

(1) $\oint_L(2xy-x^2)\mathrm{d}x+(x+y^2)\mathrm{d}y$，其中 L 为由抛物线 $y=x^2$ 和 $y^2=x$ 所围成的区域的正向边界曲线；

(2) $\oint_L(x^2-xy^3)\mathrm{d}x+(y^2-2xy)\mathrm{d}y$，其中 L 为四个顶点分别为 $(0,0)$，$(2,0)$，$(2,2)$ 和 $(0,2)$ 的正方形区域的正向边界.

2. 利用曲线积分，求下列曲线所围成的图形的面积：

(1) 星形线 $x=a\cos^3t$，$y=a\sin^3t$；

(2) 椭圆 $9x^2+16y^2=144$；

(3) 圆 x^2+y^2-2ax；

(4) 椭圆 $x=a\cos t$，$y=b\sin t\,(0\leqslant t\leqslant 2\pi)$；

(5) 双纽线 $r=a\sqrt{\cos 2\theta}$.

3. 计算曲线积分 $\oint_L\dfrac{y\mathrm{d}x-x\mathrm{d}y}{2(x^2+y^2)}$，其中 L 为圆周 $(x-1)^2+y^2=2$，L 的方向为逆时针方向.

4. 计算下列曲线积分：

(1) $\int_L (2a-y)\mathrm{d}x+x\mathrm{d}y$，其中 L 为摆线 $x=a(t-\sin t)$，$y=a(1-\cos t)$ 上对应 t 从 0 到 2π 的一段弧.

(2) $\int_L (\mathrm{e}^x\sin y-2y)\mathrm{d}x+(\mathrm{e}^x\cos y-2)\mathrm{d}y$，其中 L 为上半圆周 $(x-a)^2+y^2=a^2$，$y\geqslant 0$ 沿逆时针方向.

5. 证明下列曲线积分在整个 xOy 面内与路径无关，并计算积分值：

(1) $\int_{(1,1)}^{(2,3)} (x+y)\mathrm{d}x+(x-y)\mathrm{d}y$；

(2) $\int_{(1,2)}^{(3,4)} (6xy^2-y^3)\mathrm{d}x+(6x^2y-3xy^2)\mathrm{d}y$；

(3) $\int_{(1,0)}^{(2,1)} (2xy-y^4+3)\mathrm{d}x+(x^2-4xy^3)\mathrm{d}y$.

6. 利用格林公式，计算下列曲线积分：

(1) $\oint_L (2x-y+4)\mathrm{d}x+(5y+3x-6)\mathrm{d}y$，其中 L 为三顶点分别为 $(0,0)$，$(3,0)$ 和 $(3,2)$ 的三角形正向边界；

(2) $\oint_L (x^2y\cos x+2xy\sin x-y^2\mathrm{e}^x)\mathrm{d}x+(x^2\sin x-2y\mathrm{e}^x)\mathrm{d}y$，其中 L 为正向星形线 $x^{\frac{2}{3}}+y^{\frac{2}{3}}=a^{\frac{2}{3}}(a>0)$；

(3) $\oint_L (2xy^3-y^2\cos x)\mathrm{d}x+(1-2y\sin x+3x^2y^2)\mathrm{d}y$，其中 L 为在抛物线 $2x=\pi y^2$ 上由点 $(0,0)$ 到 $\left(\frac{\pi}{2},1\right)$ 的一段弧；

(4) $\oint_L (x^2-y)\mathrm{d}x-(x+\sin^2 y)\mathrm{d}y$，其中 L 为在圆周 $y=\sqrt{2x-x^2}$ 上由点 $(0,0)$ 到点 $(1,1)$ 的一段弧；

(5) $\int_{L^+} (x+y)\mathrm{d}x-(x-y)\mathrm{d}y$，其中 L 为椭圆 $\frac{x^2}{a^2}+\frac{y^2}{b^2}=1$；

(6) $\int_{L^+} xy^2\mathrm{d}y-x^2y\mathrm{d}x$，其中 L 为圆周 $x^2+y^2=a^2$；

(7) $\int_{L^+} (x+y^2)\mathrm{d}x+(x^2-y^2)\mathrm{d}y$，其中 L 为 $\triangle ABC$ 的边界，其中 $A(1,1)$，$B(3,2)$，$C(3,5)$；

(8) $\int_{L^+} \mathrm{e}^x[(1-\cos y)\mathrm{d}x-(y-\sin y)\mathrm{d}y]$，其中 L 为区域 $0\leqslant x\leqslant\pi$ 与 $0\leqslant y\leqslant\sin x$ 的边界；

(9) $\int_{L^+} (x^2+xy)\mathrm{d}x+(x^2+y^2)\mathrm{d}y$，其中 L 为区域 $0\leqslant x\leqslant 1$ 与 $-1\leqslant y\leqslant 1$ 的边界；

(10) $\int_{\widehat{AMO}} (\mathrm{e}^x\sin y-my)\mathrm{d}x+(\mathrm{e}^x\cos y-m)\mathrm{d}y$，其中 $\widehat{AMO}$ 为由点 $A(a,0)$ 经 $M\left(\frac{a}{2},\frac{a}{2}\right)$ 至 $O(0,0)$ 的上半圆周 $x^2+y^2=ax$.

7. 设一变力为 $\boldsymbol{F}=\{x+y^2,2xy-8\}$，这变力确定了一个力场. 证明质点在此场内移动时，场力所做的功与路径无关.

8. 计算曲线积分$\int_{\overset{\frown}{A_iA_{i+1}}}(x^4+4xy^3)\mathrm{d}x+(6x^2y^2-5y^4)\mathrm{d}y(i=1,2,3)$，其中$A_1(-2,-1)$，$A_2(3,0)$，$A_3(0,3)$，$A_4(1,1)$，$\overset{\frown}{A_iA_{i+1}}$为任意的逐段光滑的曲线.

9. 设D是以逐段光滑曲线l为边界的平面有界闭区域，$u(x,y)$，$v(x,y)$在D上有连续的偏导数，则有关系式

$$\oint_{l^+}[u\cos(n,x)+v\cos(n,y)]\mathrm{d}s=\iint_D\left(\frac{\partial u}{\partial x}+\frac{\partial v}{\partial y}\right)\mathrm{d}\sigma,$$

其中$\cos(n,x)$，$\cos(n,y)$为曲线l的外法向量的方向余弦. 此公式是格林公式的另一种形式.

10. 曲线积分$\int_L(x^2+2xy)\mathrm{d}x+(x^2+y^4)\mathrm{d}y$是否与路径无关？若与路径无关，求其原函数. 并计算由点$O(0,0)$到$B(1,1)$的曲线L：$y=\sin\frac{\pi}{2}x$上的积分.

11. 设l为封闭曲线，$\boldsymbol{r}$为任一固定的方向，则有

$$\oint_{l^+}\cos\langle\boldsymbol{r},\boldsymbol{n}\rangle\mathrm{d}s=0,$$

其中$\boldsymbol{n}$为l的外法线单位法向量.

12. 计算曲线积分

$$I=\oint_{l^+}[x\cos\langle\boldsymbol{n},\boldsymbol{i}\rangle+y\cos\langle\boldsymbol{n},\boldsymbol{j}\rangle]\mathrm{d}s,$$

其中l为封闭曲线，$\boldsymbol{n}$为它的外法线方向.

13. 证明：$\dfrac{x\mathrm{d}x+y\mathrm{d}y}{x^2+y^2}$在整个$xOy$平面除去$y$的负半轴及原点的区域$G$内是某个二元函数的全微分，并求出一个这样的二元函数.

14. 设在半平面$x>0$内有力$\boldsymbol{F}=-\dfrac{k}{\rho^3}(x\boldsymbol{i}+y\boldsymbol{j})$构成力场，其中$k$为常数，$\rho=\sqrt{x^2+y^2}$. 证明：在此力场中场力所做的功与所取的路径无关.

15. 设函数$f(x)$在$(-\infty,+\infty)$内具有一阶连续导数，L是上半平面$(y>0)$内的有向分段光滑曲线，其起点为(a,b)，终点为(c,d). 记

$$I=\int_L\frac{1}{y}[1+y^2f(xy)]\mathrm{d}x+\frac{x}{y^2}[y^2f(xy)-1]\mathrm{d}y,$$

(1) 证明曲线积分I与路径无关；

(2) 当$ab=cd$时，求I的值.

16. 验证下列$P(x,y)\mathrm{d}x+Q(x,y)\mathrm{d}y$在整个$xOy$平面内是某一函数$u(x,y)$的全微分，并求这样的一个$u(x,y)$：

(1) $(x+2y)\mathrm{d}x+(2x+y)\mathrm{d}y$；

(2) $2xy\mathrm{d}x+x^2\mathrm{d}y$；

(3) $4\sin x\sin3y\cos x\mathrm{d}x-3\cos3y\cos2x\mathrm{d}y$；

(4) $(3x^2y+8xy^2)\mathrm{d}x+(x^3+8x^2y+12ye^y)\mathrm{d}y$；

(5) $(2x\cos y+y^2\cos x)\mathrm{d}x+(2y\sin x-x^2\sin y)\mathrm{d}y$.

17. 设有一变力在坐标轴上的投影为$X=x+y^2$，$Y=2xy-8$，这变力确定了一个力场. 证明质点在此场内移动时，场力所做的功与路径无关.

18. 判别下列方程中哪些是全微分方程？对于全微分方程，求出它的通解：

(1) $(3x^2+6xy^2)\mathrm{d}x+(6x^2y+4y^2)\mathrm{d}y=0$；

(2) $(a^2-2xy-y^2)\mathrm{d}x-(x+y)^2\mathrm{d}y=0$（$a$ 为常数）；

(3) $\mathrm{e}^y\mathrm{d}x+(x\mathrm{e}^y-2y)\mathrm{d}y=0$；

(4) $(x\cos y+\cos x)y'-y\sin x+\sin y=0$；

(5) $(x^2-y)\mathrm{d}x-x\mathrm{d}y=0$；

(6) $y(x-2y)\mathrm{d}x-x^2\mathrm{d}y=0$；

(7) $(1+\mathrm{e}^{2\theta})\mathrm{d}\rho+2\rho\mathrm{e}^{2\theta}\mathrm{d}\theta=0$；

(8) $(x^2+y^2)\mathrm{d}x+xy\mathrm{d}y=0$.

19. 确定常数 λ，使在右半平面 $x>0$ 上的向量 $\boldsymbol{A}(x,y)=2xy(x^4+y^2)^{\lambda}\boldsymbol{i}-x^2(x^4+y^2)^{\lambda}\boldsymbol{j}$ 为某二元函数 $u(x,y)$ 的梯度，并求 $u(x,y)$.

20. 设 $u(x,y)$，$v(x,y)$ 在闭区域 D 上都具有二阶连续偏导数，分段光滑的曲线 L 为 D 的正向边界曲线. 证明：

(1) $\iint_D \Delta u\mathrm{d}\sigma=\int_L \frac{\partial u}{\partial \boldsymbol{n}}\mathrm{d}s$，其中 $\frac{\partial u}{\partial \boldsymbol{n}}$ 为 L 的外法向的方向导数.

(2) $\iint_D v\Delta u\mathrm{d}x\mathrm{d}y=-\iint_D (\mathbf{grad}\ u\cdot\mathbf{grad}\ v)\mathrm{d}x\mathrm{d}y+\oint_L v\frac{\partial u}{\partial \boldsymbol{n}}\mathrm{d}s$.

(3) $\iint_D (u\Delta v-v\Delta u)\mathrm{d}x\mathrm{d}y=\oint_L \left(u\frac{\partial v}{\partial \boldsymbol{n}}-v\frac{\partial u}{\partial \boldsymbol{n}}\right)\mathrm{d}s$.

(4) $\iint_{x^2+y^2\leqslant r^2} \Delta u\mathrm{d}\sigma=\int_0^{2\pi}\frac{\partial u}{\partial r}r\mathrm{d}\theta$，其中 $\{(x,y)\mid x^2+y^2\leqslant r^2\}\subset D$.

其中 $\frac{\partial u}{\partial \boldsymbol{n}}$，$\frac{\partial v}{\partial \boldsymbol{n}}$ 分别为 u，v 沿 L 的外法线向量 $\boldsymbol{n}$ 的方向导数，符号 $\Delta=\frac{\partial^2}{\partial x^2}+\frac{\partial^2}{\partial y^2}$ 称作**二维拉普拉斯算子**.

21. 设 $u(x,y)$ 在有界闭区域 D 上调和，即 $u\in C^2(D)$ 且在 D 上满足拉普拉斯方程 $\frac{\partial^2 u}{\partial x^2}+\frac{\partial^2 u}{\partial y^2}=0$. 证明

(1) $\int_l u\frac{\partial u}{\partial \boldsymbol{n}}\mathrm{d}s=\iint_D \left[\left(\frac{\partial u}{\partial x}\right)^2+\left(\frac{\partial u}{\partial y}\right)^2\right]\mathrm{d}\sigma$，其中 l 为 D 的边界，$\boldsymbol{n}$ 为 l 的外法线方向；

(2) 若 $u(x,y)$ 在 l 上取值为零，则 u 在 D 上恒为零.

10.4　第一型曲面积分

曲面积分的积分区域是空间的一张曲面，下面我们讨论的曲面都是光滑的或分片光滑的. 光滑曲面是指，在曲面上每点 M 处都有切平面，并且当点 M 在曲面上连续变动时，切平面法向量的方向也连续变化. 分片光滑曲面是指由多块光滑曲面组成的连续曲面.

10.4.1　第一型曲面积分的概念

例 10.19　设有一分片光滑的物质曲面 S，其上质量分布不均匀，在 S 上点 M

处的面密度为连续函数 $\mu(M)$. 求 S 的质量 m.

第一型曲面积分的概念

解 将 S 任意分为 n 小块,各小块曲面及其面积都记作

$$\Delta S_1, \Delta S_2, \cdots, \Delta S_n,$$

在每一小块 ΔS_i 上任取一点 M_i,则小块的质量 Δm_i 近似等于 $\mu(M_i)\Delta S_i$,即

$$\Delta m_i \approx \mu(M_i)\Delta S_i, \quad i = 1,2,\cdots,n.$$

对 i 求和,得

$$m = \sum_{i=1}^{n} \Delta m_i \approx \sum_{i=1}^{n} \mu(M_i)\Delta S_i.$$

令各 ΔS_i 的直径的最大者 $\lambda \to 0$,就得到

$$m = \lim_{\lambda \to 0} \sum_{i=1}^{n} \mu(M_i)\Delta S_i.$$

下面引进第一型曲面积分的概念.

定义 10.3 设函数 $f(M)=f(x,y,z)$ 在分片光滑的曲面 S 上有定义. 将 S 任意分为 n 小块,小块及其面积都记作

$$\Delta S_1, \Delta S_2, \cdots, \Delta S_n,$$

在 ΔS_i 上任取一点 (ξ_i, η_i, ζ_i),作和式

$$\sum_{i=1}^{n} f(\xi_i, \eta_i, \zeta_i)\Delta S_i,$$

记 λ 为各 ΔS_i 的直径最大者. 令 $\lambda \to 0$,若上式和式的极限存在,则称此极限值为函数 $f(x,y,z)$ 在曲面 S 上的**第一型曲面积分**,记作

$$\lim_{\lambda \to 0} \sum_{i=1}^{n} f(\xi_i, \eta_i, \zeta_i)\Delta S_i = \iint_S f(x,y,z)\,\mathrm{d}S.$$

显然,物质曲面 S 的质量为面密度函数 $\mu(x,y,z)$ 在 S 上的第一型曲面积分,即

$$m = \iint_S \mu(x,y,z)\,\mathrm{d}S.$$

注 10.1 特别地,当 $\mu(x,y,z) \equiv 1$ 时,有

$$\iint_S 1\mathrm{d}S = \text{曲面 } S \text{ 的面积}.$$

可以证明,若函数 $f(x,y,z)$ 在曲面 S 上的第一型曲面积分存在,则 $f(x,y,z)$ 在 S 上有界.

定理 10.7 若 S 是分片光滑曲面,函数 $f(x,y,z)$ 在 S 上连续(或除有限条分段光滑曲线外,$f(x,y,z)$ 在 S 上连续,且在 S 上有界),则 $f(x,y,z)$ 在 S 上的第一型曲面积分存在.

第一型曲面积分具有类似于第一型曲线积分的一些性质,此处不再叙述.

10.4.2　第一型曲面积分的计算

第一型曲面积分可以化为二重积分来计算.

第一型曲面积分的计算

定理 10.8　设分片光滑曲面 S 的方程为

$$z=z(x,y),\quad (x,y)\in D,$$

其中 D 为 S 在 xy 平面上的投影区域,函数 $f(x,y,z)$ 在 S 上连续,则有计算公式

$$\iint_S f(x,y,z)\mathrm{d}S=\iint_D f[x,y,z(x,y)]\sqrt{1+z_x^2+z_y^2}\,\mathrm{d}x\mathrm{d}y.$$

这里略去此定理的证明,只说明与第一型曲线积分的公式的推导类似,注意到曲面 S 的面积元素为

$$\mathrm{d}S=\sqrt{1+z_x^2+z_y^2}\,\mathrm{d}x\mathrm{d}y$$

再代入即可.

如果积分曲面 Σ 由方程 $x=x(y,z)$ 或 $y=y(z,x)$ 给出,也可类似地把对面积的曲面积分化为相应的二重积分.

例 10.20　计算曲面积分 $I=\iint_S(x+y+z)\mathrm{d}S$,其中,$S$ 为上半球面 $z=\sqrt{R^2-x^2-y^2}$.

解　由积分的线性性质知

$$I=\iint_S x\mathrm{d}S+\iint_S y\mathrm{d}S+\iint_S z\mathrm{d}S.$$

由第一型曲面积分的定义和对称性知

$$\iint_S x\mathrm{d}S=\iint_S y\mathrm{d}S=0.$$

因此

$$I=\iint_S z\mathrm{d}S=\iint_D\sqrt{R^2-x^2-y^2}\,\frac{R}{\sqrt{R^2-x^2-y^2}}\mathrm{d}x\mathrm{d}y$$

$$=R\iint_D\mathrm{d}x\mathrm{d}y=\pi R^3.$$

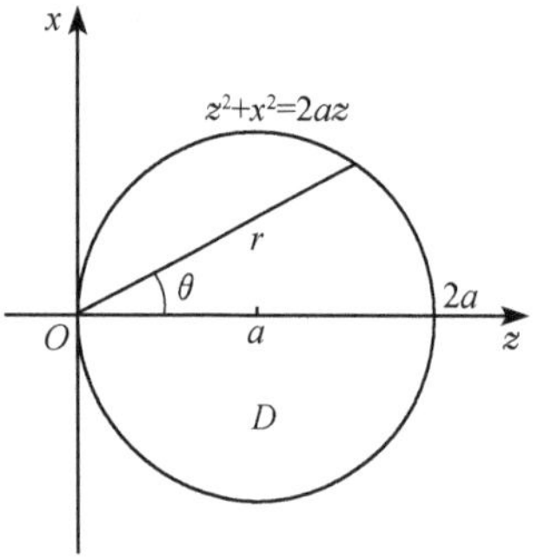

图 10.22

例 10.21　计算 $I=\iint_S(xy+yz+zx)\mathrm{d}S$,其中 S 为锥面 $y=\sqrt{z^2+x^2}$ 在柱体 $z^2+x^2\leqslant 2az(a>0)$ 内的那部分.

解　如图 10.22 所示,S 在 zx 平面上的投影区域为

$$D=\{(z,x)\mid z^2+x^2\leqslant 2az\},$$

由于$\dfrac{\partial y}{\partial z}=\dfrac{z}{\sqrt{z^2+x^2}}$，$\dfrac{\partial y}{\partial x}=\dfrac{x}{\sqrt{z^2+x^2}}$，因此面积元素为

$$\mathrm{d}S=\sqrt{1+\left(\frac{\partial y}{\partial z}\right)^2+\left(\frac{\partial y}{\partial x}\right)^2}\,\mathrm{d}z\mathrm{d}x=\sqrt{2}\mathrm{d}z\mathrm{d}x,$$

所以

$$I=\iint_D\left[(x+z)\sqrt{z^2+x^2}+zx\right]\sqrt{2}\mathrm{d}z\mathrm{d}x.$$

再由对称性

$$I=\sqrt{2}\iint_D z\sqrt{z^2+x^2}\,\mathrm{d}z\mathrm{d}x.$$

利用极坐标

$$\begin{cases}z=r\cos\theta,\\x=r\sin\theta,\end{cases}$$

得到

$$\begin{aligned}I&=\sqrt{2}\int_{-\frac{\pi}{2}}^{\frac{\pi}{2}}\mathrm{d}\theta\int_0^{2a\cos\theta}[r\cos\theta\cdot r]r\mathrm{d}r\\&=\frac{64}{15}\sqrt{2}a^4.\end{aligned}$$

习题 10.4

1. 设有一分布着质量的曲面 Σ，在点(x,y,z)处它的面密度为 $\mu(x,y,z)$，用第一型曲面积分表示这曲面对于 x 轴的转动惯量.

2. 计算曲面积分$\iint_\Sigma f(x,y,z)\mathrm{d}S$，其中 Σ 为抛物面 $z=2-(x^2+y^2)$在 xOy 面上方的部分，$f(x,y,z)$分别如下：

(1) $f(x,y,z)=1$；

(2) $f(x,y,z)=x^2+y^2$；

(3) $f(x,y,z)=3z$.

3. 计算$\iint_\Sigma(x^2+y^2)\mathrm{d}S$，其中 Σ 为

(1) 锥面 $z=\sqrt{x^2+y^2}$及平面 $z=1$ 所围成的区域的整个边界曲面；

(2) 锥面 $z^2=3(x^2+y^2)$被平面 $z=0$ 和 $z=3$ 所截得的部分.

4. 计算下列对面积的曲面积分：

(1) $\iint_\Sigma\left(z+2x+\frac{4}{3}y\right)\mathrm{d}S$，其中 Σ 为平面$\frac{x}{2}+\frac{y}{3}+\frac{z}{4}=1$ 在第一卦限中的部分；

(2) $\iint_\Sigma(2xy-2x^2-x-z)\mathrm{d}S$，其中 Σ 为平面 $2x+2y+z=6$ 在第一卦限中的部分；

(3) $\iint_\Sigma(x+y+z)\mathrm{d}S$，其中 Σ 为球面 $x^2+y^2+z^2=a^2$ 上 $z\geqslant h(0<h<a)$的部分；

(4) $\iint_{\Sigma} \frac{\mathrm{d}S}{x^2+y^2+z^2}$，其中 Σ 为界于平面 $z=0$ 及 $z=H$ 之间的圆柱面 $x^2+y^2=R^2$；

(5) $\iint_{S} \frac{\mathrm{d}S}{(1+x+y)^2}$，其中 S 为由平面 $x+y+z=1$ 及三个坐标平面所围成四面体的整个边界.

5. 求抛物面壳 $z=\frac{1}{2}(x^2+y^2)(0\leqslant z\leqslant 1)$ 的质量，此壳的面密度为 $\mu=z$.

6. 求面密度为 μ_0 的均匀半球壳 $x^2+y^2+z^2=a^2(z\geqslant 0)$ 关于 z 轴的转动惯量.

7. 求均匀曲面 $z=\sqrt{a^2-x^2-y^2}$ 的质心的坐标.

8. 计算 $\iint_{S} z\,\mathrm{d}S$，其中 S 为螺旋面 $x=u\cos v, y=u\sin v, z=v(0\leqslant u\leqslant a, 0\leqslant v\leqslant 2\pi)$.

9. 计算 $\iint_{S} z^2\,\mathrm{d}S$，其中 S 为圆锥表面 $x=\rho\cos\theta\sin\alpha$，$y=\rho\sin\theta\sin\alpha$，$z=\rho\cos\alpha$ $(0\leqslant\rho\leqslant a, 0\leqslant\theta\leqslant 2\pi)$ 的一部分，其中 α 为常数 $\left(0<\alpha<\frac{\pi}{2}\right)$.

10. 求一段均匀圆柱面 $S: x^2+y^2=R^2$ 与 $0\leqslant z\leqslant h$ 对原点处单位质量的引力（面密度 $\mu=1$）.

10.5　第二型曲面积分

10.5.1　第二型曲面积分的概念和性质

第二型曲线积分与积分路径的方向有关，与此类似，第二型曲面积分与曲面的“侧”有关.

人们常见的曲面，大多是可以分出两侧的曲面，即**双侧曲面**. 例如，一般的纸张有正、反两面，篮球、排球也有里面和外面. 这类曲面就是常说的**双侧曲面**. 对于双侧曲面，可以在不同侧涂上不同的颜色而把它们区别开. 这两种颜色各在曲面的一侧，若不越过边界（如果有边界的话），永远不会碰头.

然而，并非所有曲面都可以分出两侧. 例如，莫比乌斯带就是这类曲面的一个例子. 把长方形纸条 $ABCD$ 先扭转一次，再粘合起来，使 A 点与 C 点重合，B 点与 D 点重合（图 10.23）. 这样得到的曲面就分不出两侧，不越过边界就可用同一种颜色将它涂满. 这类曲面称为**单侧曲面**.

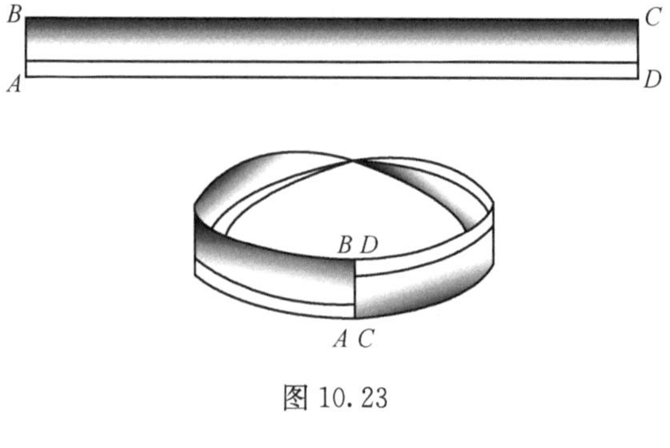

图 10.23

第二型曲面积分的概念

下面讨论的都是双侧曲面. 在数学上可以这样来描述它:设 S 为一光滑曲面,M 为 S 上任意一点,曲面 S 在点 M 处的法向量有两个指向,取定一个指向,记作 $\boldsymbol{n}$(图 10.24). 若动点从 M 点出发,在 S 上不越过边界面任意地连续变动,最后又回到 M 点时,法向量 $\boldsymbol{n}$ 的方向不改变,则称 S 为**双侧曲面**,否则称为**单侧曲面**. 这就是说,对于双侧曲面 S,可用其法向量的指向来规定它的两侧. 这两侧一般称为**正侧**和**负侧**,分别记作 S^+ 和 S^-. 规定了正、负侧的双侧曲面称为**有向曲面**.

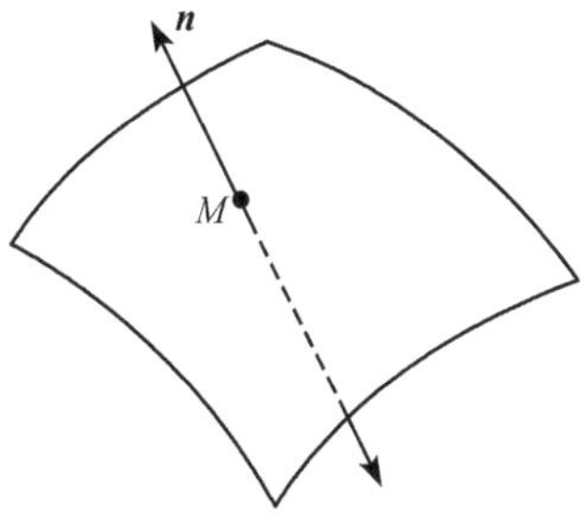

图 10.24

对于封闭曲面,通常规定其外侧(即外法线方向所指的一侧)为正侧,而规定内侧(即内法线方向所指的一侧)为负侧.

对于不封闭的曲面,通常这样规定其正、负侧:当曲面分为上、下两侧时,规定其上侧为正侧,下侧为负侧. 也就是说,当曲面的方程由 $z=z(x,y)$ 给出时,规定其法向量与正 z 轴的夹角为锐角的一侧为正侧,因此,这一侧的法向量应是

$$\boldsymbol{n}=\{-z_x,-z_y,1\},$$

而负侧的法向量是 $\{z_x,z_y,-1\}$.

当曲面分为左、右两侧时,规定其右侧为正侧,左侧为负侧;当曲面分为前、后两侧时,规定其前侧为正侧,后侧为负侧.

例 10.22 设有一稳定流体,以速度 $\boldsymbol{v}(M)$ 流过有向曲面 S(从负侧流向正侧),求流量 Q.

解 在物理学中,流量即体积流量,它是指单位时间内通过流体中某一截面的流体的体积. 如果流速 $\boldsymbol{v}(M)$ 在每一点都相同(即 $\boldsymbol{v}(M)$ 是一个常向量),而且 S 为一平面,那么流量比较容易计算. 如图 10.25 流量 Q 等于以 S 为底,以 $|\boldsymbol{v}(M)|$ 为斜高的柱体体积,它又等于以 S 为底,以点 M 和 A 之间距离 $\overline{MA}$ 为高的正柱体体积,即高度乘以底面积

$$Q=(\overline{MA})S.$$

其中 S 为底面的面积;$\overline{MA}$ 为向量 $\boldsymbol{v}(M)$ 在 S 的单位法向量 $\boldsymbol{n}_0(M)$ 上的投影. 由于数量积

$$\begin{aligned}\boldsymbol{v}(M)\cdot\boldsymbol{n}_0(M)&=|\boldsymbol{v}(M)||\boldsymbol{n}_0(M)|\cos\theta\\&=|\boldsymbol{v}(M)|\cos\theta=\overline{MA},\end{aligned}$$

因此,流量为

$$Q=\boldsymbol{v}(M)\cdot\boldsymbol{n}_0(M)S.$$

现在,流速 $\boldsymbol{v}(M)$ 不是常向量,S 也不是平面而是曲面(图 10.26). 为了求流量,可用积分的方法:把大范围的曲面问题化为小范围的平面问题,并在小范围内,把流

速近似地看成常向量.

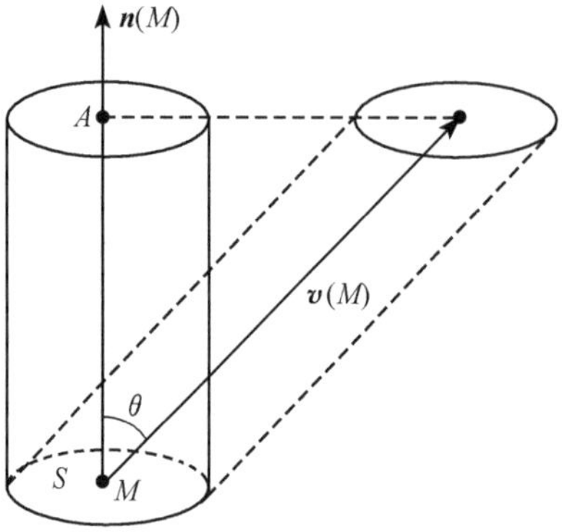

图 10.25

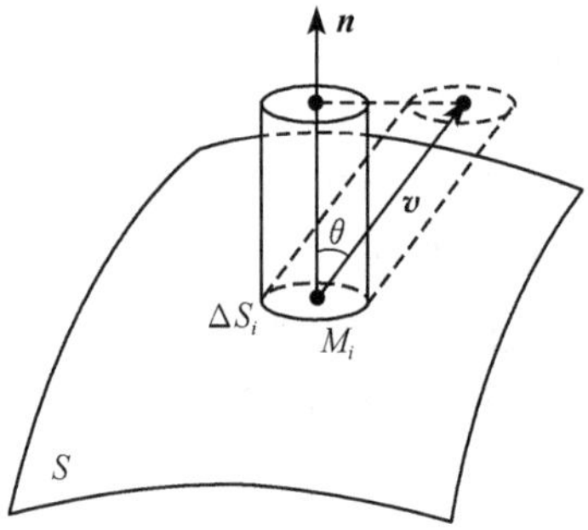

图 10.26

任意分割有向曲面 S 为 n 小块,小块及其面积都记作

$$\Delta S_1, \Delta S_2, \cdots, \Delta S_n.$$

在每一小块 ΔS_i 上,任取一点 M_i,设曲面 S 在点 M_i 处的单位法向量为 $\boldsymbol{n}_0(M_i)$ $(i=1,2,\cdots,n)$. 当分割充分细密时,ΔS_i 可近似看做一小块平面,并可近似认为流速在 ΔS_i 上点点相同,都是 $\boldsymbol{v}(M_i)$. 这样,流体流过小块 ΔS_i 的流量 ΔQ_i 为

$$\Delta Q_i \approx \boldsymbol{v}(M_i) \cdot \boldsymbol{n}_0(M_i) \Delta S_i, \quad i = 1,2,\cdots,n.$$

于是总流量为

$$Q = \sum_{i=1}^{n} \Delta Q_i \approx \sum_{i=1}^{n} \boldsymbol{v}(M_i) \cdot \boldsymbol{n}_0(M_i) \Delta S_i.$$

当各小块 ΔS_i 的最大直径 $\lambda \to 0$ 时,便得到

$$Q = \lim_{\lambda \to 0} \sum_{i=1}^{n} \boldsymbol{v}(M_i) \cdot \boldsymbol{n}_0(M_i) \Delta S_i.$$

除了流量以外,电场强度 $\boldsymbol{E}(M)$ 通过有向曲面 S 的电通量 Φ 也可表示为同一类型的极限

$$\Phi = \lim_{\lambda \to 0} \sum_{i=1}^{n} \boldsymbol{E}(M_i) \cdot \boldsymbol{n}_0(M_i) \Delta S_i.$$

于是引进下述定义.

定义 10.4　设有分片光滑的双侧曲面 S,取定其一侧,记这一侧的单位法向量为 $\boldsymbol{n}_0(M) = \boldsymbol{n}_0(x,y,z)$ $\boldsymbol{F}(M) = F(x,y,z)$ 为定义在 S 上的向量函数. 任意分割 S 为 n 小块,小块及其面积都记作

$$\Delta S_1, \Delta S_2, \cdots, \Delta S_n.$$

在每一小块 ΔS_i 上,任取一点 $M_i(\xi_i, \eta_i, \zeta_i)$,作和式

$$\sum_{i=1}^{n} \boldsymbol{F}(M_i) \cdot \boldsymbol{n}_0(M_i) \Delta S_i = \sum_{i=1}^{n} \boldsymbol{F}(\xi_i, \eta_i, \zeta_i) \cdot \boldsymbol{n}_0(\xi_i, \eta_i, \zeta_i) \Delta S_i,$$

令各小块 ΔS_i 的直径之最大者 $\lambda\to 0$，若此和式有极限，则称此极限值为向量函数 $\boldsymbol{F}(\boldsymbol{M})=\boldsymbol{F}(x,y,z)$ 在有向曲面 S 上沿指定一侧的**第二型曲面积分**，记作

$$\lim_{\lambda\to 0}\sum_{i=1}^{n}\boldsymbol{F}(\xi_i,\eta_i,\zeta_i)\cdot\boldsymbol{n}_0(\xi_i,\eta_i,\zeta_i)\Delta S_i$$
$$=\iint_S \boldsymbol{F}(x,y,z)\cdot\boldsymbol{n}_0(x,y,z)\mathrm{d}S.$$

简记作

$$\iint_S \boldsymbol{F}\cdot\boldsymbol{n}_0\mathrm{d}S \quad \text{或} \iint_S \boldsymbol{F}\cdot\mathrm{d}\boldsymbol{S}.$$

易知，例 10.22 中的流量 Q 为流速 $\boldsymbol{v}(M)$ 在曲面 S 上的第二型曲面积分，即

$$Q=\iint_S \boldsymbol{v}(M)\cdot\boldsymbol{n}_0(M)\mathrm{d}S.$$

电通量 Φ 为电场强度 $\boldsymbol{E}(M)$ 在 S 上的第二型曲面积分，即

$$\Phi=\iint_S \boldsymbol{E}(M)\cdot\boldsymbol{n}_0(M)\mathrm{d}S.$$

当 S 为封闭曲面时，第二型曲面积分常记作

$$\oiint_S \boldsymbol{F}(M)\cdot\boldsymbol{n}_0(M)\mathrm{d}S.$$

第二型曲面积分具有以下简单性质：

(1) 线性性质.

$$\iint_S (k_1\boldsymbol{F}_1+k_2\boldsymbol{F}_2)\cdot\boldsymbol{n}_0\mathrm{d}S=k_1\iint_S \boldsymbol{F}_1\cdot\boldsymbol{n}_0\mathrm{d}S+k_2\iint_S \boldsymbol{F}_2\cdot\boldsymbol{n}_0\mathrm{d}S,$$

其中 k_1,k_2 为常数.

(2) 可加性. 若 S 由 S_1 和 S_2 组成，则

$$\iint_S \boldsymbol{F}\cdot\boldsymbol{n}_0\mathrm{d}S=\iint_{S_1}\boldsymbol{F}\cdot\boldsymbol{n}_0\mathrm{d}S+\iint_{S_2}\boldsymbol{F}\cdot\boldsymbol{n}_0\mathrm{d}S.$$

(3) 有向性.

$$\iint_{S^+}\boldsymbol{F}\cdot\boldsymbol{n}_0\mathrm{d}S=-\iint_{S^-}\boldsymbol{F}\cdot\boldsymbol{n}_0\mathrm{d}S.$$

这是因为改变曲面的侧向时，法向量要改变方向，因此 $\boldsymbol{F}\cdot\boldsymbol{n}_0$ 要变号，从而积分值变号.

两类曲线积分可以互相转化，与此类似，两类曲面积分也有转化的公式. 设

$$\boldsymbol{F}(x,y,z)=\{P(x,y,z),Q(x,y,z),R(x,y,z)\},$$
$$\boldsymbol{n}_0(x,y,z)=\{\cos\alpha,\cos\beta,\cos\gamma\}$$

(其中 $\boldsymbol{n}_0(x,y,z)$ 为有向曲面 S 在指定一侧的点 (x,y,z) 处的单位法向量，α,β,γ 为 $\boldsymbol{n}_0$ 的方向角，一般说来，它们都是 x,y,z 的函数)，则

$$\boldsymbol{F}\cdot\boldsymbol{n}_0=P\cos\alpha+Q\cos\beta+R\cos\gamma,$$

从而第二型曲面积分

$$\iint_S \boldsymbol{F}\cdot\boldsymbol{n}_0\,\mathrm{d}S=\iint_S(P\cos\alpha+Q\cos\beta+R\cos\gamma)\,\mathrm{d}S.$$

上式右端是函数$(P\cos\alpha+Q\cos\beta+R\cos\gamma)$在 S 上的第一型曲面积分. 因此,上式就是两类曲面积分的转化公式.

10.5.2 第二型曲面积分的计算

设光滑的有向曲面 S 由方程

$$z=z(x,y),\quad (x,y)\in D_{xy}$$

第二型曲面积分的计算

给出,其中 D_{xy} 为 S 在 xy 平面上的投影区域,函数 $z(x,y)$在 D_{xy} 上有连续的一阶偏导数,则由

$$\begin{cases}\cos\alpha=\dfrac{\mp z_x}{\sqrt{1+z_x^2+z_y^2}},\\ \cos\beta=\dfrac{\mp z_y}{\sqrt{1+z_x^2+z_y^2}},\\ \cos\gamma=\dfrac{\pm 1}{\sqrt{1+z_x^2+z_y^2}}\end{cases}$$

和 $\mathrm{d}S=\sqrt{1+z_x^2+z_y^2}\,\mathrm{d}x\mathrm{d}y$ 得到

$$\begin{aligned}\iint_S \boldsymbol{F}\cdot\boldsymbol{n}_0\,\mathrm{d}S&=\iint_S(P\cos\alpha+Q\cos\beta+R\cos\gamma)\,\mathrm{d}S\\&=\pm\iint_{D_{xy}}\{P[x,y,z(x,y)]\cdot(-z_x)+Q[x,y,z(x,y)]\cdot(-z_y)\\&\quad+R[x,y,z(x,y)]\cdot 1\}\,\mathrm{d}x\mathrm{d}y.\end{aligned}$$

若曲面取上侧,即正侧,则上式右端积分前取正号;若曲面取下侧,即负侧,则右端积分前取负号. 上式就是化第二型曲面积分为二重积分的公式.

第二型曲面积分往往用坐标形式来表示. 常用记号 $\mathrm{d}y\mathrm{d}z$,$\mathrm{d}z\mathrm{d}x$,$\mathrm{d}x\mathrm{d}y$ 分别表示面积微元 $\mathrm{d}S$ 在 yOz 平面,zOx 平面和 xOy 平面上的有向投影,即

$$\mathrm{d}y\mathrm{d}z=\cos\alpha\mathrm{d}S,\quad \mathrm{d}z\mathrm{d}x=\cos\beta\mathrm{d}S,\quad \mathrm{d}x\mathrm{d}y=\cos\gamma\mathrm{d}S.$$

(它们的值或正或负,其符号取决于方向角 α,β,γ 是锐角还是钝角)因此第二型曲面积分可表示为

$$\begin{aligned}\iint_S \boldsymbol{F}\cdot\boldsymbol{n}_0\,\mathrm{d}S&=\iint_S(P\cos\alpha+Q\cos\beta+R\cos\gamma)\,\mathrm{d}S\\&=\iint_S P\,\mathrm{d}y\mathrm{d}z+Q\mathrm{d}z\mathrm{d}x+R\mathrm{d}x\mathrm{d}y.\end{aligned}$$

上式右端的积分称为**第二型曲面积分的坐标形式**.

例 10.23　计算 $I=\iint_S \dfrac{xy^2z\mathrm{d}y\mathrm{d}z+(z-R)^2\mathrm{d}x\mathrm{d}y}{(x^2+y^2+z^2)^{3/2}}$,其中 S 为上半球面

$z=\sqrt{R^2-x^2-y^2}(R>0)$，该曲面取上侧.

解 在 S 上，有 $x^2+y^2+z^2=R^2$，因此

$$I=\frac{1}{R^3}\iint_S xy^2z\mathrm{d}y\mathrm{d}z+(z-R)^2\mathrm{d}x\mathrm{d}y.$$

其中 S 在 xOy 平面上的投影区域为 $D_{xy}=\{(x,y)\,|\,x^2+y^2\leqslant R^2\}$. 因为 S 取上侧，所以公式右端的积分前应取正号，即有

$$\begin{aligned}I&=\frac{1}{R^3}\iint_{D_{xy}}[xy^2\sqrt{R^2-x^2-y^2}\cdot(-z_x)+(\sqrt{R^2-x^2-y^2}-R)^2\cdot 1]\mathrm{d}x\mathrm{d}y\\&=\frac{1}{R^3}\iint_{D_{xy}}[x^2y^2-(x^2+y^2)-2R\sqrt{R^2-(x^2+y^2)}+2R^2]\mathrm{d}x\mathrm{d}y\\&=\frac{\pi R}{24}(R^2+4).\end{aligned}$$

若光滑有向曲面 S 由方程

$$x=x(y,z),\quad (y,z)\in D_{yz}$$

给出，其中 D_{yz} 为 S 在 yz 平面上的投影区域，函数 $x(y,z)$ 在 D_{yz} 上有连续的一阶偏导数，则可将第二型曲面积分化为在 D_{yz} 上的二重积分，即有公式

$$\begin{aligned}\iint_S \boldsymbol{F}\cdot\boldsymbol{n}_0\mathrm{d}S&=\iint_S P\mathrm{d}y\mathrm{d}z+Q\mathrm{d}z\mathrm{d}x+R\mathrm{d}x\mathrm{d}y\\&=\pm\iint_{D_{yz}}\{P[x(y,z),y,z]\cdot 1+Q[x(y,z),y,z]\cdot(-x_y)\\&\quad+R[x(y,z),y,z]\cdot(-x_z)\}\mathrm{d}y\mathrm{d}z.\end{aligned}$$

若曲面取前侧，即正侧，则上式右端积分前取正号；若曲面取后侧，即负侧，则右端积分前取负号.

若光滑有向曲面 S 由方程

$$y=y(z,x),\quad (z,x)\in D_{zx}$$

给出，其中 D_{zx} 为 S 在 zx 平面上的投影区域，函数 $y(z,x)$ 在 D_{zx} 上有连续的一阶偏导数，则可将第二型曲面积分化为在 D_{zx} 上的二重积分，即有公式

$$\begin{aligned}\iint_S \boldsymbol{F}\cdot\boldsymbol{n}_0\mathrm{d}S&=\iint_S P\mathrm{d}y\mathrm{d}z+Q\mathrm{d}z\mathrm{d}x+R\mathrm{d}x\mathrm{d}y\\&=\pm\iint_{D_{zx}}\{P[x,y(z,x),z]\cdot(-y_x)+Q[x,y(z,x),z]\cdot 1\\&\quad+R[x,y(z,x),z]\cdot(-y_z)\}\mathrm{d}z\mathrm{d}x.\end{aligned}$$

若曲面取右侧，即正侧，则上式右端积分前取正号；若曲面取左侧，即负侧，则右端积分前取负号.

例 10.24 计算 $\iint_S x\mathrm{d}y\mathrm{d}z-y\mathrm{d}z\mathrm{d}x-2z\mathrm{d}x\mathrm{d}y$，其中，$S$ 为曲面 $z=x^2+y^2$ 的前半部介于 $z=0$ 及 $z=1$ 之间的部分，取后侧.

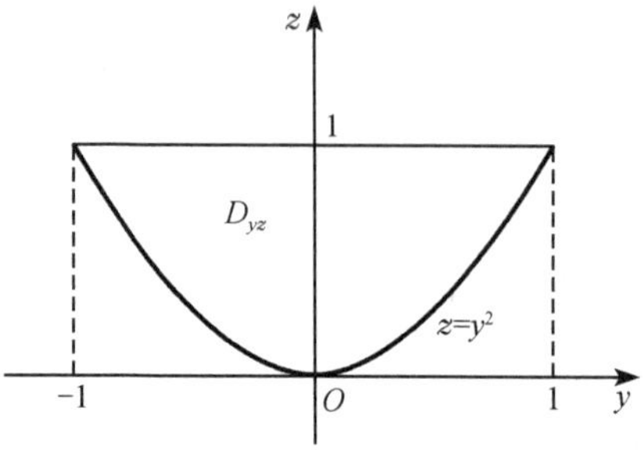

图 10.27

解　由 S 的方程 $x=\sqrt{z-y^2}$ 知

$$x_y=\frac{-y}{\sqrt{z-y^2}},\quad x_z=\frac{1}{2\sqrt{z-y^2}}.$$

又有 S 在 yz 平面上的投影区域(图 10.27)是

$$D_{yz}=\{(y,z)\mid x=0,z\geqslant y^2,0\leqslant z\leqslant 1\},$$

由于 S 取后侧,因此公式右端积分前应取负号,于是得到

$$\begin{aligned}&\iint_S x\mathrm{d}y\mathrm{d}z-y\mathrm{d}z\mathrm{d}x-2z\mathrm{d}x\mathrm{d}y\\ =&-\iint_{D_{yz}}\left[\sqrt{z-y^2}\cdot 1-y\frac{y}{\sqrt{z-y^2}}-2z\frac{-1}{2\sqrt{z-y^2}}\right]\mathrm{d}y\mathrm{d}z\\ =&-2\iint_{D_{yz}}\sqrt{z-y^2}\,\mathrm{d}y\mathrm{d}z=-\frac{\pi}{2}.\end{aligned}$$

习题 10.5

1. 设流体速度场 $\boldsymbol{v}=\{c,y,z\}$(c 为常数),一半径为 R 的球面球心在原点.求流体从球面内部流出的流量.

2. 设流体速度场 $\boldsymbol{v}=(x+y+z)\boldsymbol{k}$.求单位时间内流过曲面 $x^2+y^2=z$(其中 $0\leqslant z\leqslant h$)的流量,曲面 S 的法向量与 z 轴的夹角为钝角(图 10.28).

3. 设向量场 $\boldsymbol{F}=\{x^2,y^2,xyz\}$.求 $\iint_{S^+}(\boldsymbol{F}\cdot\boldsymbol{n}_0)\mathrm{d}S$,其中 S^+ 由 S_1 和 S_2 组成(图 10.29),$\boldsymbol{n}_0$ 为 S^+ 侧的单位法向量.

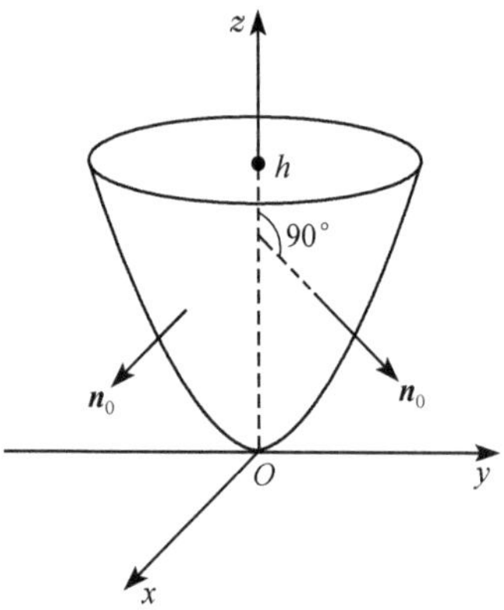

图 10.28

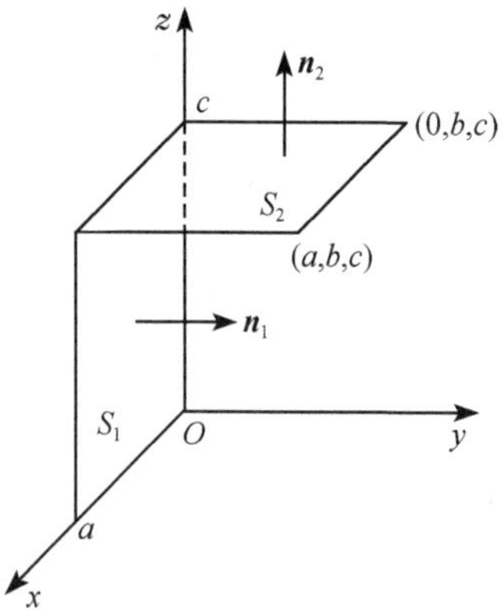

图 10.29

4. 同 3 题,设向量场 $\boldsymbol{F}=\{f(x),g(y),h(z)\}$. 求 $\iint_{S^+}(\boldsymbol{F}\cdot\boldsymbol{n}_0)\mathrm{d}S$,其中 S^+ 由 S_1 和 S_2 组成,$\boldsymbol{n}_0$ 为 S^+ 侧的单位法向量.

5. 计算下列第二型曲面积分:

(1) $\iint_\Sigma x^2y^2z\mathrm{d}x\mathrm{d}y$,其中 Σ 为球面 $x^2+y^2+z^2=R^2$ 的下半部分的下侧;

(2) $\iint_\Sigma z\mathrm{d}x\mathrm{d}y+x\mathrm{d}y\mathrm{d}z+y\mathrm{d}z\mathrm{d}x$,其中 Σ 为柱面 $x^2+y^2=1$ 被平面 $z=0$ 及 $z=3$ 所截得的在第一卦限内的部分的前侧;

(3) $\iint_\Sigma[f(x,y,z)+x]\mathrm{d}y\mathrm{d}z+[2f(x,y,z)+y]\mathrm{d}z\mathrm{d}x+[f(x,y,z)+z]\mathrm{d}x\mathrm{d}y$,其中 $f(x,y,z)$ 为连续函数,Σ 为平面 $x-y+z=1$ 在第四卦限部分的上侧;

(4) $\iint_\Sigma xz\mathrm{d}x\mathrm{d}y+xy\mathrm{d}y\mathrm{d}z+yz\mathrm{d}z\mathrm{d}x$,其中 Σ 为平面 $x=0,y=0,z=0,x+y+z=1$ 所围成的空间区域的整个边界曲面的外侧;

(5) $\iint_\Sigma x^2y^2z\mathrm{d}x\mathrm{d}y$,其中 Σ 为曲面 $z=\sqrt{x^2+y^2}\,(x^2+y^2\leqslant R^2)$ 的下侧;

(6) $\iint_\Sigma x\mathrm{d}y\mathrm{d}z+y\mathrm{d}z\mathrm{d}x+z\mathrm{d}x\mathrm{d}y$,其中,$\Sigma$ 为球面 $x^2+y^2+z^2=R^2$ 的外侧;

(7) $\iint_\Sigma z\mathrm{d}x\mathrm{d}y$,其中 Σ 为球面 $x^2+y^2+z^2=R^2$ 的外侧;

(8) $\iint_\Sigma\dfrac{\mathrm{e}^z}{\sqrt{x^2+y^2}}\mathrm{d}x\mathrm{d}y$,其中 Σ 为锥面 $z=\sqrt{x^2+y^2}$ 及平面 $z=1,z=2$ 所围立体的整个边界之外侧;

(9) $\iint_\Sigma\dfrac{\mathrm{d}y\mathrm{d}z}{x}+\dfrac{\mathrm{d}x\mathrm{d}z}{y}+\dfrac{\mathrm{d}x\mathrm{d}y}{z}$,其中 Σ 为椭球面 $\dfrac{x^2}{a^2}+\dfrac{y^2}{b^2}+\dfrac{z^2}{c^2}=1$ 的外侧;

(10) $\iint_\Sigma z\mathrm{d}x\mathrm{d}y+x\mathrm{d}y\mathrm{d}z+y\mathrm{d}z\mathrm{d}x$,其中 Σ 为柱面 $x^2+y^2=1$ 被平面 $z=0$ 及 $z=3$ 所截部分的外侧;

(11) $\iint_\Sigma(y-z)\mathrm{d}y\mathrm{d}z-(z-x)\mathrm{d}z\mathrm{d}x+(x-y)\mathrm{d}x\mathrm{d}y$,其中 Σ 为圆锥面 $x^2+y^2=z^2\,(0\leqslant z\leqslant h)$ 的外表面;

(12) $\iint_\Sigma(y-z)\mathrm{d}y\mathrm{d}z-(z-x)\mathrm{d}z\mathrm{d}x+(x-y)\mathrm{d}x\mathrm{d}y$,其中 Σ 为 $x^2+y^2+z^2=2Rx$ 的上半球面被柱面 $x^2+y^2=2rx\,(R>r>0)$ 所截下部分的上侧;

(13) $\iint_\Sigma y\mathrm{d}y\mathrm{d}z+z\mathrm{d}z\mathrm{d}x+x\mathrm{d}x\mathrm{d}y$,其中 Σ 为螺旋面 $x=u\cos v,y=u\sin v,z=cv\,(a\leqslant u\leqslant b,0\leqslant v\leqslant 2\pi)$ 的上侧.

6. 把第二型曲面积分

$$\iint_\Sigma P(x,y,z)\mathrm{d}y\mathrm{d}z+Q(x,y,z)\mathrm{d}z\mathrm{d}x+R(x,y,z)\mathrm{d}x\mathrm{d}y$$

化成第一型曲面积分,其中,

(1) Σ 为平面 $3x+2y+2\sqrt{3}z=6$ 在第一卦限的部分的上侧;

(2) Σ 为抛物面 $z=8-(x^2+y^2)$ 在 xOy 面上方的部分的上侧.

10.6　高斯公式　通量与散度

10.6.1　高斯公式

格林公式反映了平面闭曲线上的曲线积分与所围区域上二重积分的关系. 同样,空间曲面上的曲面积分与所围区域上的三重积分也有内在的联系,在一定条件下,它们可以互相转化,转化的公式称为**高斯公式**.

定理 10.9　设 Ω 为空间有界闭区域,其边界面 S 是分片光滑曲面,曲面的正侧记作 S^+,向量函数 $\boldsymbol{F}(x,y,z)=\{P(x,y,z),Q(x,y,z),R(x,y,z)\}$ 的各分量在 Ω 及 S 上有连续的一阶偏导数,则有高斯公式

$$\iint_{S^+}\boldsymbol{F}\cdot\boldsymbol{n}_0\mathrm{d}S=\iiint_{\Omega}\left(\frac{\partial P}{\partial x}+\frac{\partial Q}{\partial y}+\frac{\partial R}{\partial z}\right)\mathrm{d}V$$

或写为

$$\begin{aligned}&\oiint_{S^+}(P\cos\alpha+Q\cos\beta+R\cos\gamma)\mathrm{d}S\\=&\oiint_{S^+}P\mathrm{d}y\mathrm{d}z+Q\mathrm{d}z\mathrm{d}x+R\mathrm{d}x\mathrm{d}y\\=&\iiint_{\Omega}\left(\frac{\partial P}{\partial x}+\frac{\partial Q}{\partial y}+\frac{\partial R}{\partial z}\right)\mathrm{d}V,\end{aligned}$$

高斯公式

其中 $\boldsymbol{n}_0=\{\cos\alpha,\cos\beta,\cos\gamma\}$ 为 S^+ 在点(x,y,z)处的单位法向量.

证　先证明

$$\oiint_{S^+}R\cos\gamma\mathrm{d}S=\oiint_{S^+}R\mathrm{d}x\mathrm{d}y=\iiint_{\Omega}\frac{\partial R}{\partial z}\mathrm{d}V.$$

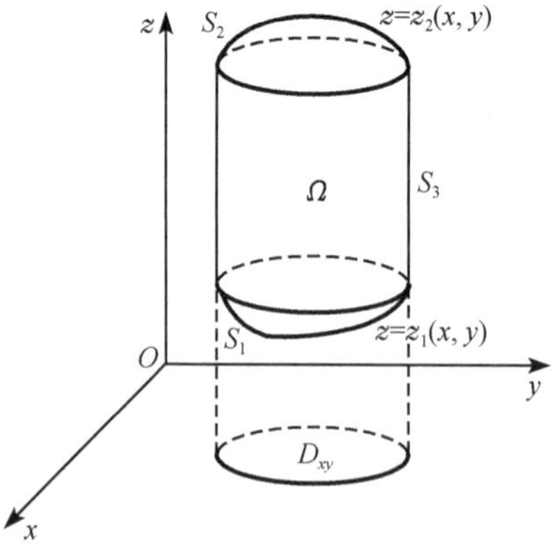

图 10.30

假设空间区域 Ω 是由曲面 $S_1:z=z_1(x,y)$,曲面 $S_2:z=z_2(x,y)$ 以及母线平行于 z 轴的柱面 S_3 所围成的(图 10.30),并设 Ω 在 xOy 平面上的投影区域为 D_{xy},则由三重积分的计算公式得

$$\begin{aligned}\iiint_{\Omega}\frac{\partial R}{\partial z}\mathrm{d}V&=\iint_{D_{xy}}\mathrm{d}x\mathrm{d}y\int_{z_1(x,y)}^{z_2(x,y)}\frac{\partial R}{\partial z}\mathrm{d}z\\&=\iint_{D_{xy}}R[x,y,z_2(x,y)]\mathrm{d}x\mathrm{d}y\\&\quad-\iint_{D_{xy}}R[x,y,z_1(x,y)]\mathrm{d}x\mathrm{d}y.\end{aligned}$$

另外,由曲面积分的可加性知

$$\oiint_{S^+} R\cos\gamma \mathrm{d}S = \oiint_{S^+} R\mathrm{d}x\mathrm{d}y = \iint_{S_1} R\mathrm{d}x\mathrm{d}y + \iint_{S_2} R\mathrm{d}x\mathrm{d}y + \iint_{S_3} R\mathrm{d}x\mathrm{d}y.$$

因为 S^+ 是曲面 S 的外侧,所以,在 S_1 上,方向角 γ 为钝角;在 S_2 上,γ 为锐角;在 S_3 上,γ 为直角,因此

$$\iint_{S_3} R\mathrm{d}x\mathrm{d}y = \iint_{S_3} R\cos\gamma \mathrm{d}S = \iint_{S_3} 0\mathrm{d}S = 0.$$

又由第二型曲面积分的计算公式得

$$\iint_{S_1} R\mathrm{d}x\mathrm{d}y = -\iint_{D_{xy}} R[x,y,z_1(x,y)]\mathrm{d}x\mathrm{d}y,$$

$$\iint_{S_2} R\mathrm{d}x\mathrm{d}y = \iint_{D_{xy}} R[x,y,z_2(x,y)]\mathrm{d}x\mathrm{d}y,$$

于是得到

$$\begin{aligned}\oiint_{S^+} R\cos\gamma \mathrm{d}S &= \oiint_{S^+} R\mathrm{d}x\mathrm{d}y = \iint_{S_2} R\mathrm{d}x\mathrm{d}y + \iint_{S_1} R\mathrm{d}x\mathrm{d}y \\ &= \iint_{D_{xy}} R[x,y,z_2(x,y)]\mathrm{d}x\mathrm{d}y - \iint_{D_{xy}} R[x,y,z_1(x,y)]\mathrm{d}x\mathrm{d}y \\ &= \iiint_{\Omega} \frac{\partial R}{\partial z}\mathrm{d}V.\end{aligned}$$

即 $\oiint_{S^+} R\cos\gamma \mathrm{d}S = \oiint_{S^+} R\mathrm{d}x\mathrm{d}y = \iiint_{\Omega} \frac{\partial R}{\partial z}\mathrm{d}V$ 成立.

对于一般的区域 Ω,可用一些辅助曲面把它分成若干个区域,在每一个部分区域上,等式成立,然后将这些式子相加,注意到在辅助曲面上的积分要正反两侧各积分一次,正好互相抵消,因此原式成立.

同理可证

$$\oiint_{S^+} P\cos\alpha \mathrm{d}S = \oiint_{S^+} P\mathrm{d}y\mathrm{d}z = \iiint_{\Omega} \frac{\partial P}{\partial x}\mathrm{d}V,$$

$$\oiint_{S^+} Q\cos\beta \mathrm{d}S = \oiint_{S^+} Q\mathrm{d}z\mathrm{d}x = \iiint_{\Omega} \frac{\partial Q}{\partial y}\mathrm{d}V.$$

将三个式子相加,即得高斯公式成立.

特别地,若 $P=x, Q=y, R=z$,则 $\frac{\partial P}{\partial x}+\frac{\partial Q}{\partial y}+\frac{\partial R}{\partial z}=3$,于是由高斯公式得到空间立体 Ω 的体积

$$V = \iiint_{\Omega} 1\mathrm{d}V = \frac{1}{3}\iiint_{\Omega}\left(\frac{\partial x}{\partial x}+\frac{\partial y}{\partial y}+\frac{\partial z}{\partial z}\right)\mathrm{d}V$$

$$= \frac{1}{3} \oiint_{S^+} x\mathrm{d}y\mathrm{d}z + y\mathrm{d}z\mathrm{d}x + z\mathrm{d}x\mathrm{d}y,$$

其中,S^+ 为区域 Ω 的边界面的外侧.

例 10.25　利用高斯公式计算曲面积分

$$\oiint_{\Sigma} (x-y)\mathrm{d}x\mathrm{d}y + (y-z)x\mathrm{d}y\mathrm{d}z,$$

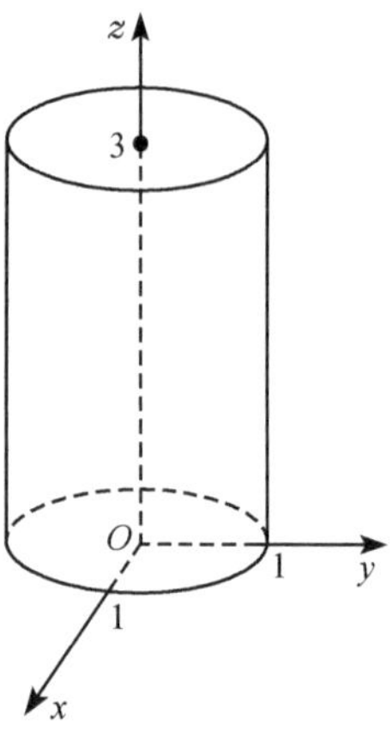

图 10.31

其中 Σ 为柱面 $x^2+y^2=1$ 及平面 $z=0, z=3$ 所围成的空间闭区域 Ω 的整个边界曲面的外侧(图 10.31).

解　因为

$$P=(y-z)x,\quad Q=0,\quad R=x-y,$$

$$\frac{\partial P}{\partial x}=y-z,\quad \frac{\partial Q}{\partial y}=0,\quad \frac{\partial R}{\partial z}=0,$$

利用高斯公式把所给曲面积分化为三重积分,再利用柱面坐标计算三重积分,得

$$\oiint_{\Sigma} (x-y)\mathrm{d}x\mathrm{d}y + (y-z)x\mathrm{d}y\mathrm{d}z$$

$$= \iiint_{\Omega} (y-z)\mathrm{d}x\mathrm{d}y\mathrm{d}z = \iiint_{\Omega} (\rho\sin\theta - z)\rho\,\mathrm{d}\rho\,\mathrm{d}\theta\,\mathrm{d}z$$

$$= \int_0^{2\pi}\mathrm{d}\theta\int_0^1 \rho\,\mathrm{d}\rho\int_0^3 (\rho\sin\theta - z)\mathrm{d}z = -\frac{9\pi}{2}.$$

例 10.26　试利用高斯公式计算

$$I = \iint_S \frac{xy^2z\mathrm{d}y\mathrm{d}z + (z-R)^2\mathrm{d}x\mathrm{d}y}{(x^2+y^2+z^2)^{3/2}},$$

其中 S 为上半球面 $z=\sqrt{R^2-x^2-y^2}\ (R>0)$,取其上侧.

解

$$I = \frac{1}{R^3}\iint_S xy^2z\mathrm{d}y\mathrm{d}z + (z-R)^2\mathrm{d}x\mathrm{d}y$$

$$= \frac{1}{R^3}\iint_S P\mathrm{d}y\mathrm{d}z + Q\mathrm{d}x\mathrm{d}y.$$

因上半球面 S 不封闭,为利用高斯公式,可在 xy 平面上补一个圆

$$S_1:\begin{cases} x^2+y^2 \leqslant R^2, \\ z=0, \end{cases}$$

取下侧,记作 S_1^-. 并记 S 的上侧为 S^+,则 $(S^+ + S_1^-)$ 组成一封闭曲面,并取外侧,即正侧. 记 $(S^+ + S_1^-)$ 所围成的空间区域为 Ω,则由高斯公式得

$$
\begin{aligned}
&\frac{1}{R^3}\oiint_{S^+ + S_1^-} P\mathrm{d}y\mathrm{d}z + Q\mathrm{d}x\mathrm{d}y \\
=&\frac{1}{R^3}\iiint_\Omega\left[\frac{\partial}{\partial x}(xy^2z) + 0 + \frac{\partial}{\partial z}(z-R)^2\right]\mathrm{d}V \\
=&\frac{1}{R^3}\left[\iiint_\Omega (y^2z + 2z)\mathrm{d}V - 2R\iiint_\Omega 1\mathrm{d}V\right] \\
=&\frac{1}{R^3}\iiint_\Omega (y^2z + 2z)\mathrm{d}V - \frac{4}{3}\pi R \\
=&\frac{\pi}{24}R^3 - \frac{5}{6}\pi R,
\end{aligned}
$$

又由可加性知 $\oiint_{S^+ + S_1^-} = \iint_{S^+} + \iint_{S_1^-}$，代入上式，便得到所求积分

$$
I = \frac{1}{R^3}\iint_{S^+} = \frac{1}{R^3}\iiint_\Omega - \frac{1}{R^3}\iint_{S_1^-},
$$

在 S_1^- 上，$z=0$，又因为 S_1 取下侧，即负侧，所以

$$
\frac{1}{R^3}\iint_{S_1^-} = -\frac{1}{R^3}\iint_{D_{xy}}[0 + (0-R)^2]\mathrm{d}x\mathrm{d}y = -\pi R,
$$

因此

$$
I = \frac{1}{R^3}\iiint_\Omega - \frac{1}{R^3}\iint_{S_1^-} = \frac{\pi R}{24}(R^2 + 4).
$$

例 10.27 设函数 $u(x,y,z)$ 和 $v(x,y,z)$ 在包含闭区域 Ω 的区域上具有一阶及二阶连续偏导数. 证明

$$
\iiint_\Omega u\left(\frac{\partial^2 v}{\partial x^2} + \frac{\partial^2 v}{\partial y^2} + \frac{\partial^2 v}{\partial z^2}\right)\mathrm{d}V = \oiint_S u\frac{\partial v}{\partial \boldsymbol{n}}\mathrm{d}S - \iiint_\Omega\left(\frac{\partial u}{\partial x}\cdot\frac{\partial v}{\partial x} + \frac{\partial u}{\partial y}\cdot\frac{\partial v}{\partial y} + \frac{\partial u}{\partial z}\cdot\frac{\partial v}{\partial z}\right)\mathrm{d}V,
$$

其中 S 为区域 Ω 的整个外边界面，$\frac{\partial v}{\partial \boldsymbol{n}}$ 为函数 $v(x,y,z)$ 沿 S 外法线方向的方向导数.

证 在高斯公式

$$
\iiint_\Omega\left(\frac{\partial P}{\partial x} + \frac{\partial Q}{\partial y} + \frac{\partial R}{\partial z}\right)\mathrm{d}V = \oiint_S (P\cos\alpha + Q\cos\beta + R\cos\gamma)\mathrm{d}S
$$

中，令 $P = u\frac{\partial v}{\partial x}$，$Q = u\frac{\partial v}{\partial y}$，$R = u\frac{\partial v}{\partial z}$，得到

$$
\begin{aligned}
&\iiint_\Omega\left[u\left(\frac{\partial^2 v}{\partial x^2} + \frac{\partial^2 v}{\partial y^2} + \frac{\partial^2 v}{\partial z^2}\right) + \frac{\partial u}{\partial x}\frac{\partial v}{\partial x} + \frac{\partial u}{\partial y}\frac{\partial v}{\partial y} + \frac{\partial u}{\partial z}\frac{\partial v}{\partial z}\right]\mathrm{d}V \\
=&\oiint_S u\left(\frac{\partial v}{\partial x}\cos\alpha + \frac{\partial v}{\partial y}\cos\beta + \frac{\partial v}{\partial z}\cos\gamma\right)\mathrm{d}S.
\end{aligned}
$$

把上式左端分成两个积分，将其中一个移至等式右端，注意到

$$\frac{\partial v}{\partial x}\cos\alpha+\frac{\partial v}{\partial y}\cos\beta+\frac{\partial v}{\partial z}\cos\gamma=\frac{\partial v}{\partial \boldsymbol{n}},$$

就证得结论.

若利用拉普拉斯算子“Δ”来表示，则 $\Delta v=\frac{\partial^2 v}{\partial x^2}+\frac{\partial^2 v}{\partial y^2}+\frac{\partial^2 v}{\partial z^2}$，于是上式可写成

$$\iiint_{\Omega} u\Delta v \mathrm{d}V=\oiint_{S} u\frac{\partial v}{\partial \boldsymbol{n}}\mathrm{d}S-\iiint_{\Omega}\mathbf{grad}\, u\cdot\mathbf{grad}\, v\mathrm{d}V.$$

10.6.2　沿任意闭曲面的曲面积分为零的条件

在怎样的条件下，曲面积分

$$\iint_{\Sigma}P\mathrm{d}y\mathrm{d}z+Q\mathrm{d}z\mathrm{d}x+R\mathrm{d}x\mathrm{d}y$$

与曲面 Σ 无关而只取决于 Σ 的边界曲线？这问题相当于在怎样的条件下，沿任意闭曲面的曲面积分为零？这问题可用高斯公式来解决.

下面先介绍空间二维单连通区域及一维单连通区域的概念. 对空间区域 G，如果 G 内任一闭曲面所围成的区域全属于 G，则 G 是**空间二维单连通区域**；如果 G 内任一闭曲线总可以张成一片以其为边界的、完全属于 G 的曲面，则称 G 为**空间一维单连通区域**. 例如球面所围成的区域既是空间二维单连通的，又是空间一维单连通的；环面所围成的区域是空间二维单连通的，但不是空间一维单连通的；两个同心球面之间的区域是空间一维单连通的，但不是空间二维单连通的.

对于沿任意闭曲面的曲面积分为零的条件，有以下结论成立.

定理 10.10　设 G 是空间二维单连通区域，$P(x,y,z)$，$Q(x,y,z)$，$R(x,y,z)$ 在 G 内具有一阶连续偏导数，则曲面积分

$$\iint_{\Sigma}P\mathrm{d}y\mathrm{d}z+Q\mathrm{d}z\mathrm{d}x+R\mathrm{d}x\mathrm{d}y$$

在 G 内与所取曲面 Σ 无关而只取决于 Σ 的边界曲线(或沿 G 内任一闭曲面的曲面积分为零)的充分必要条件是

$$\frac{\partial P}{\partial x}+\frac{\partial Q}{\partial y}+\frac{\partial R}{\partial z}=0$$

在 G 内恒成立.

10.6.3　通量与散度

设有向量场

$$\boldsymbol{A}(x,y,z)=P(x,y,z)\boldsymbol{i}+Q(x,y,z)\boldsymbol{j}+R(x,y,z)\boldsymbol{k},$$

其中，函数 P,Q,R 均具有一阶连续偏导数，Σ 为场内的一片有向曲面，$\boldsymbol{n}$ 为 Σ 在点 (x,y,z) 处的单位法向量，则积分

$$\iint_{\Sigma} \boldsymbol{A} \cdot \boldsymbol{n} \mathrm{d}S$$

称为向量场 $\boldsymbol{A}$ 通过曲面 Σ 向着指定侧的**通量**(或**流量**).

由两类曲面积分的关系,通量又可表达为

$$\iint_{\Sigma} \boldsymbol{A} \cdot \boldsymbol{n} \mathrm{d}S = \iint_{\Sigma} \boldsymbol{A} \cdot \mathrm{d}\boldsymbol{S} = \iint_{\Sigma} P \mathrm{d}y\mathrm{d}z + Q\mathrm{d}z\mathrm{d}x + R\mathrm{d}x\mathrm{d}y.$$

例 10.28 求向量场 $\boldsymbol{A}=yz\boldsymbol{j}+z^2\boldsymbol{k}$ 穿过曲面 Σ 流向上侧的通量,其中 Σ 为柱面 $y^2+z^2=1(z\geqslant 0)$ 被平面 $x=0$ 及 $x=1$ 截下的有限部分(图 10.32).

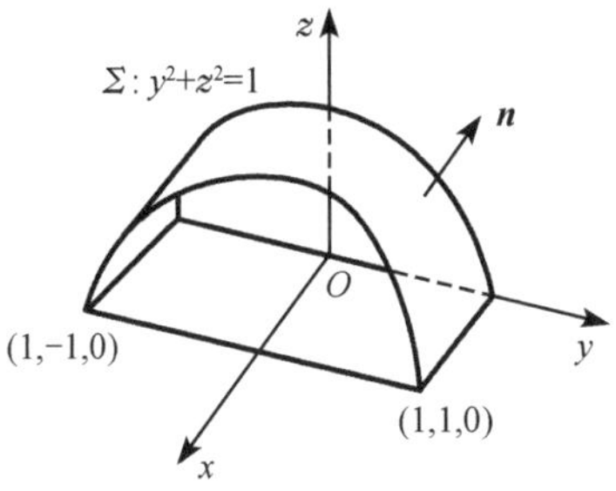

图 10.32

解 曲面 Σ 上侧的法向量可以由

$$f(x,y,z) = y^2 + z^2$$

的梯度 ∇f 得出,即

$$\boldsymbol{n} = \frac{\nabla f}{|\nabla f|} = \frac{2y\boldsymbol{j} + 2z\boldsymbol{k}}{\sqrt{(2y)^2 + (2z)^2}} = y\boldsymbol{j} + z\boldsymbol{k}(y^2 + z^2 = 1).$$

在曲面 Σ 上

$$\boldsymbol{A} \cdot \boldsymbol{n} = y^2 z + z^3 = z(y^2 + z^2) = z.$$

因此,$\boldsymbol{A}$ 穿过 Σ 流向上侧的通量为

$$\iint_{\Sigma} \boldsymbol{A} \cdot \boldsymbol{n} \mathrm{d}S = \iint_{\Sigma} z \mathrm{d}S = \iint_{D_{xy}} \sqrt{1-y^2} \cdot \frac{1}{\sqrt{1-y^2}} \mathrm{d}x\mathrm{d}y = \iint_{D_{xy}} \mathrm{d}x\mathrm{d}y = 2.$$

下面讨论一下高斯公式

$$\iiint_{\Omega} \left(\frac{\partial P}{\partial x} + \frac{\partial Q}{\partial y} + \frac{\partial R}{\partial z}\right) \mathrm{d}V = \oiint_{\Sigma} P \mathrm{d}y\mathrm{d}z + Q\mathrm{d}z\mathrm{d}x + R\mathrm{d}x\mathrm{d}y$$

的物理意义.

设在闭区域 Ω 上有稳定流动的、不可压缩的流体(假定流体的密度为 1)的速度场

$$\boldsymbol{v}(x,y,z) = P(x,y,z)\boldsymbol{i} + Q(x,y,z)\boldsymbol{j} + R(x,y,z)\boldsymbol{k},$$

其中,函数 P,Q,R 均具有一阶连续偏导数,Σ 是闭区域 Ω 的边界曲面的外侧,$\boldsymbol{n}$ 是曲面 Σ 在点(x,y,z)处的单位法向量. 我们知道,单位时间内流体经过曲面 Σ 流向指点侧的流体总质量就是

$$\iint_{\Sigma} \boldsymbol{v} \cdot \boldsymbol{n} \mathrm{d}S = \iint_{\Sigma} v_n \mathrm{d}S = \iint_{\Sigma} P \mathrm{d}y\mathrm{d}z + Q\mathrm{d}z\mathrm{d}x + R\mathrm{d}x\mathrm{d}y.$$

因此,高斯公式的右端可解释为速度场 $\boldsymbol{v}$ 通过闭曲面 Σ 流向外侧的通量,即流体在单位时间内离开闭区域 Ω 的总质量. 由于我们假定流体是不可压缩且流动是稳定的,因此在流体离开 Ω 的同时,Ω 的内部必须有产生流体的"源头"产生出同样多的流体来进行补充,所以高斯公式的左端可解释为分布在 Ω 内的源头在单位时间内所产生的流体的总质量.

为简便起见,把高斯公式改写成

$$\iiint_{\Omega}\left(\frac{\partial P}{\partial x}+\frac{\partial Q}{\partial y}+\frac{\partial R}{\partial z}\right)\mathrm{d}V=\oiint_{\Sigma}v_n\mathrm{d}S.$$

以闭区域 Ω 的体积 V 除上式两端,得

$$\frac{1}{V}\iiint_{\Omega}\left(\frac{\partial P}{\partial x}+\frac{\partial Q}{\partial y}+\frac{\partial R}{\partial z}\right)\mathrm{d}V=\frac{1}{V}\oiint_{\Sigma}v_n\mathrm{d}S.$$

上式左端表示 Ω 内的源头在单位时间单位体积内所产生的流体质量的平均值. 应用积分中值定理于上式左端,得

$$\left.\left(\frac{\partial P}{\partial x}+\frac{\partial Q}{\partial y}+\frac{\partial R}{\partial z}\right)\right|_{(\xi,\eta,\zeta)}=\frac{1}{V}\oiint_{\Sigma}v_n\mathrm{d}S.$$

其中(ξ,η,ζ)为 Ω 内的某个点. 令 Ω 缩向一点 $M(x,y,z)$,取上式的极限,得

$$\frac{\partial P}{\partial x}+\frac{\partial Q}{\partial y}+\frac{\partial R}{\partial z}=\lim_{\Omega\to M}\frac{1}{V}\oiint_{\Sigma}v_n\mathrm{d}S.$$

上式左端称为速度场 $\boldsymbol{v}$ 在点 M 的**通量密度**或**散度**,记作 $\mathrm{div}\,\boldsymbol{v}(M)$,即

$$\mathrm{div}\,\boldsymbol{v}(M)=\frac{\partial P}{\partial x}+\frac{\partial Q}{\partial y}+\frac{\partial R}{\partial z}.$$

其中 $\mathrm{div}\,\boldsymbol{v}(M)$可看作稳定流动的不可压缩流体在点 M 的源头强度——在单位时间单位体积内所产生的流体质量. 在 $\mathrm{div}\,\boldsymbol{v}(M)>0$ 的点处,流体从该点向外发散,表示流体在该点处有**正源**;在 $\mathrm{div}\,\boldsymbol{v}(M)<0$ 的点处,流体向该点汇聚,表示流体在该点处有吸收流体的**负源**(又称为**汇或洞**);在 $\mathrm{div}\,\boldsymbol{v}(M)=0$ 的点处,表示流体在该点处**无源**.

对于一般的向量场

$$\boldsymbol{A}(x,y,z)=P(x,y,z)\boldsymbol{i}+Q(x,y,z)\boldsymbol{j}+R(x,y,z)\boldsymbol{k}$$

$\frac{\partial P}{\partial x}+\frac{\partial Q}{\partial y}+\frac{\partial R}{\partial z}$叫做向量场 $\boldsymbol{A}$ 的**散度**,记作 $\mathrm{div}\,\boldsymbol{A}$,即

$$\mathrm{div}\,\boldsymbol{A}=\frac{\partial P}{\partial x}+\frac{\partial Q}{\partial y}+\frac{\partial R}{\partial z}.$$

利用向量微分算子∇,$\boldsymbol{A}$ 的散度 $\mathrm{div}\,\boldsymbol{A}$ 也可表达为$\nabla\cdot\boldsymbol{A}$,即

$$\mathrm{div}\,\boldsymbol{A}=\nabla\cdot\boldsymbol{A}.$$

如果向量场 A 的散度 $\mathrm{div}\,\boldsymbol{A}$ 处处为零,则称向量场 $\boldsymbol{A}$ 为**无源场**.

利用向量场的通量和散度,高斯公式可以写成下面的向量形式:

$$\iiint_{\Omega} \operatorname{div} \boldsymbol{A} \mathrm{d}V = \iint_{\Sigma} A_n \mathrm{d}S$$

或

$$\iiint_{\Omega} \nabla \cdot \boldsymbol{A} \mathrm{d}V = \iint_{\Sigma} A_n \mathrm{d}S.$$

高斯公式的物理意义是，向量场 A 通过闭曲面 Σ 流向外侧的通量等于向量场 A 的散度在闭曲面 Σ 所围闭区域 Ω 上的积分.

习题 10.6

1. 利用高斯公式计算曲面积分：

(1) $\oiint_{\Sigma} x^2 \mathrm{d}y\mathrm{d}z + y^2 \mathrm{d}z\mathrm{d}x + z^2 \mathrm{d}x\mathrm{d}y$，其中 Σ 为平面 $x=0, y=0, z=0, x=a, y=a, z=a$ 所围成的立体的表面的外侧；

(2) $\oiint_{\Sigma} x^3 \mathrm{d}y\mathrm{d}z + y^3 \mathrm{d}z\mathrm{d}x + z^3 \mathrm{d}x\mathrm{d}y$，其中 Σ 为球面 $x^2+y^2+z^2=a^2$ 的外侧；

(3) $\oiint_{\Sigma} xz^2 \mathrm{d}y\mathrm{d}z + (x^2 y - z^3) \mathrm{d}z\mathrm{d}x + (2xy + y^2 z) \mathrm{d}x\mathrm{d}y$，其中 Σ 为上半球体 $0 \leqslant z \leqslant \sqrt{a^2-x^2-y^2}$，$x^2+y^2 \leqslant a^2$ 的表面的外侧；

(4) $\oiint_{\Sigma} x\mathrm{d}y\mathrm{d}z + y\mathrm{d}z\mathrm{d}x + z\mathrm{d}x\mathrm{d}y$，其中 Σ 为界于 $z=0$ 和 $z=3$ 之间的圆柱体 $x^2+y^2 \leqslant 9$ 的整个表面的外侧；

(5) $\oiint_{\Sigma} 4xz\mathrm{d}y\mathrm{d}z - y^2 \mathrm{d}z\mathrm{d}x + yz\mathrm{d}x\mathrm{d}y$，其中 Σ 为平面 $x=0, y=0, z=0, x=1, y=1, z=1$ 所围成的立方体的全表面的外侧；

(6) $\oiint_{\Sigma} (x-y)\mathrm{d}x\mathrm{d}y + (y-z)x\mathrm{d}y\mathrm{d}z$，其中 Σ 为由柱面 $x^2+y^2=1$ 与平面 $z=0, z=3$ 所围立体边界的外侧；

(7) $\oiint_{\Sigma} (\boldsymbol{A} \cdot \boldsymbol{n}_0)\mathrm{d}S$，其中 $\boldsymbol{A}=\{x^2, y^2, z^2\}$，$S^+$ 为锥面 $x^2+y^2=z^2$ 在 $0 \leqslant z \leqslant h$ 部分的外侧，$\boldsymbol{n}_0$ 为 S^+ 侧的单位法向量；

(8) $\oiint_{\Sigma} xy^2 \mathrm{d}y\mathrm{d}z + yz^2 \mathrm{d}z\mathrm{d}x + zx^2 \mathrm{d}x\mathrm{d}y$，其中 Σ 为椭球面 $\frac{x^2}{a^2}+\frac{y^2}{b^2}+\frac{z^2}{c^2}=1$ 的外侧.

2. 计算下列曲面积分：

(1) $\iint_{\Sigma} (y^2-z)\mathrm{d}y\mathrm{d}z + (z^2-x)\mathrm{d}z\mathrm{d}x + (x^2-y)\mathrm{d}x\mathrm{d}y$，其中 Σ 为锥面 $z=\sqrt{x^2+y^2}$ $(0 \leqslant z \leqslant h)$ 的外侧；

(2) $\iint_{\Sigma} x\mathrm{d}y\mathrm{d}z + y\mathrm{d}z\mathrm{d}x + z\mathrm{d}x\mathrm{d}y$，其中 Σ 为半球面 $z=\sqrt{R^2-x^2-y^2}$ 的上侧；

(3) $\iint_{\Sigma} xyz\mathrm{d}x\mathrm{d}y$，其中 Σ 为球面 $x^2+y^2+z^2=1$ $(x \geqslant 0, y \geqslant 0)$ 的外侧.

3. 设 $\boldsymbol{a}$ 是常向量，S^+ 为任意的逐块光滑闭曲面的外侧，$\boldsymbol{n}_0$ 为 S^+ 侧的单位法向量. 证明

$$\iint_{S^+}(\boldsymbol{a}\cdot\boldsymbol{n}_0)\mathrm{d}S=0.$$

4. 计算$\iint_S\cos\langle\boldsymbol{r},\boldsymbol{n}_0\rangle\mathrm{d}S$,其中$\boldsymbol{r}=\{x,y,z\}$,$\boldsymbol{n}_0$为球面$x^2+y^2+z^2=R^2$外侧单位法向量.

5. 计算$\iint_{S^+}\dfrac{\cos\langle\boldsymbol{r},\boldsymbol{n}_0\rangle}{|\boldsymbol{r}|^2}\mathrm{d}S$,其中$\boldsymbol{r}=\{x,y,z\}$,$\boldsymbol{n}_0$为闭曲面$S$外侧单位法向量,闭曲面$S$为下面三种情形:

(1) $x^2+y^2+z^2=R^2$;

(2) $\dfrac{x^2}{a^2}+\dfrac{y^2}{b^2}+\dfrac{z^2}{c^2}=1$;

(3) 不包含原点的闭曲面.

6. 设u是三维调和函数,即满足

$$\frac{\partial^2u}{\partial x^2}+\frac{\partial^2u}{\partial y^2}+\frac{\partial^2u}{\partial z^2}=0,$$

且u有二阶连续的偏导数.证明

(1) $\iint_S u\dfrac{\partial u}{\partial\boldsymbol{n}}\mathrm{d}S=\iiint_V(u_x^2+u_y^2+u_z^2)\mathrm{d}V$,其中,$\dfrac{\partial u}{\partial\boldsymbol{n}}$为$S$的外法向方向导数;

(2) 若$u=u(x,y,z)$在边界面S上恒为零,则u在区域V上恒为零(S为V的边界面).

7. 求下列向量$\boldsymbol{A}$穿过曲面Σ流向指定侧的通量:

(1) $\boldsymbol{A}=yz\boldsymbol{i}+xz\boldsymbol{j}+xy\boldsymbol{k}$,其中$\Sigma$为圆柱$x^2+y^2\leqslant a^2(0\leqslant z\leqslant h)$的全表面,流向外侧;

(2) $\boldsymbol{A}=(2x-z)\boldsymbol{i}+x^2y\boldsymbol{j}-xz^2\boldsymbol{k}$,其中$\Sigma$为立方体$0\leqslant x\leqslant a,0\leqslant y\leqslant a,0\leqslant z\leqslant a$的全表面,流向外侧;

(3) $\boldsymbol{A}=(2x+3z)\boldsymbol{i}-(xz+y)\boldsymbol{j}+(y^2+2z)\boldsymbol{k}$,其中$\Sigma$为以点$(3,-1,2)$为球心,半径$R=3$的球面,流向外侧;

(4) $\boldsymbol{A}=x\boldsymbol{i}+y\boldsymbol{j}+z\boldsymbol{k}$,其中$\Sigma$为闭区域$\Omega=\{(x,y,z)\mid 0\leqslant x\leqslant1,0\leqslant y\leqslant1,0\leqslant z\leqslant1\}$的边界曲面,流向外侧.

8. 求下列向量场$\boldsymbol{A}$的散度:

(1) $\boldsymbol{A}=(x^2+yz)\boldsymbol{i}+(y^2+xz)\boldsymbol{j}+(z^2+xy)\boldsymbol{k}$;

(2) $\boldsymbol{A}=\mathrm{e}^{xy}\boldsymbol{i}+\cos(xy)\boldsymbol{j}+\cos(xz^2)\boldsymbol{k}$;

(3) $\boldsymbol{A}=y^2\boldsymbol{i}+xy\boldsymbol{j}+xz\boldsymbol{k}$;

9. 设$u(x,y,z),v(x,y,z)$是两个定义在闭区域Ω上的具有二阶连续偏导数的函数,$\dfrac{\partial u}{\partial\boldsymbol{n}},\dfrac{\partial v}{\partial\boldsymbol{n}}$依次表示$u(x,y,z),v(x,y,z)$沿$\Sigma$的外法线方向的方向导数.证明

$$\iiint_\Omega(u\Delta v-v\Delta u)\mathrm{d}x\mathrm{d}y\mathrm{d}z=\oiint_\Sigma\left(u\frac{\partial v}{\partial\boldsymbol{n}}-v\frac{\partial u}{\partial\boldsymbol{n}}\right)\mathrm{d}S.$$

其中Σ为空间闭区域Ω的整个边界曲面.这个公式叫做**格林第二公式**.

10. 利用高斯公式推证阿基米德原理:浸没在液体中的物体所受液体的压力的合力(即浮力)的方向铅直向上,其大小等于这物体所排开的液体的重力.

10.7 斯托克斯公式 环流量与旋度

10.7.1 斯托克斯公式

格林公式和高斯公式都是区域(平面区域或空间区域)上的积分与区域边界上的积分之间的联系公式.同样的事实反映在空间曲面上,就是曲面上的曲面积分与曲面边界上的曲线积分之间的联系公式——**斯托克斯公式**.

定理 10.11 设 S 为分片光滑的双侧曲面,其边界为分段光滑曲线 L,取定 S 的一侧,将这一侧的单位法向量记作 $\boldsymbol{n}_0$. 若向量函数 $\boldsymbol{F}(x,y,z)=\{P(x,y,z), Q(x,y,z), R(x,y,z)\}$的三个分量在包围曲面 S 的空间区域内有连续的一阶偏导数,则有斯托克斯公式

$$\oint_L P\mathrm{d}x+Q\mathrm{d}y+R\mathrm{d}z=\iint_S\left[\left(\frac{\partial R}{\partial y}-\frac{\partial Q}{\partial z}\right)\cos\alpha+\left(\frac{\partial P}{\partial z}-\frac{\partial R}{\partial x}\right)\cos\beta+\left(\frac{\partial Q}{\partial x}-\frac{\partial P}{\partial y}\right)\cos\gamma\right]\mathrm{d}S$$
$$=\iint_S\left(\frac{\partial R}{\partial y}-\frac{\partial Q}{\partial z}\right)\mathrm{d}y\mathrm{d}z+\left(\frac{\partial P}{\partial z}-\frac{\partial R}{\partial x}\right)\mathrm{d}z\mathrm{d}x+\left(\frac{\partial Q}{\partial x}-\frac{\partial P}{\partial y}\right)\mathrm{d}x\mathrm{d}y,$$

其中 $\boldsymbol{n}_0=\{\cos\alpha,\cos\beta,\cos\gamma\}$,且左端的积分路径 L 的方向与 $\boldsymbol{n}_0$ 组成右手系.

为了便于记忆,斯托克斯公式又可写为

$$\oint_L P\mathrm{d}x+Q\mathrm{d}y+R\mathrm{d}z=\iint_S\begin{vmatrix}\cos\alpha & \cos\beta & \cos\gamma\\ \dfrac{\partial}{\partial x} & \dfrac{\partial}{\partial y} & \dfrac{\partial}{\partial z}\\ P & Q & R\end{vmatrix}\mathrm{d}S$$
$$=\iint_S\begin{vmatrix}\mathrm{d}y\mathrm{d}z & \mathrm{d}z\mathrm{d}x & \mathrm{d}x\mathrm{d}y\\ \dfrac{\partial}{\partial x} & \dfrac{\partial}{\partial y} & \dfrac{\partial}{\partial z}\\ P & Q & R\end{vmatrix}.$$

证 先证明

$$\oint_L P\mathrm{d}x=\iint_S\left(\frac{\partial P}{\partial z}\cos\beta-\frac{\partial P}{\partial y}\cos\gamma\right)\mathrm{d}S.$$

设曲面 S 的方程为

$$z=f(x,y),\quad (x,y)\in D_{xy}.$$

为了确定起见,不妨取 S 为上侧. D_{xy} 为 S 在 xOy 平面上的投影区域,其边界 C 是 S 的边界 L 在 xOy 平面上的投影曲线. 设 C 的方向与 L 的方向一致(图 10.33).

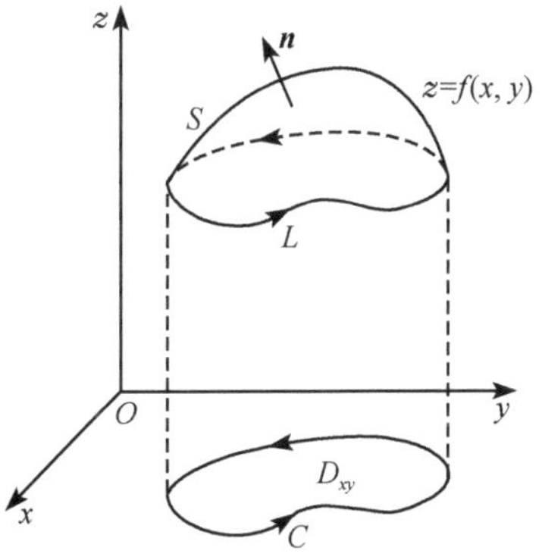

图 10.33

由曲线积分的定义知,上式左端

$$\oint_L P(x,y,z)\mathrm{d}x=\oint_C P[x,y,f(x,y)]\mathrm{d}x$$

于是由格林公式得

$$\begin{aligned}\oint_L P(x,y,z)\mathrm{d}x&=\oint_C P[x,y,f(x,y)]\mathrm{d}x\\&=-\iint_{D_{xy}}\left\{\frac{\partial}{\partial y}P[x,y,f(x,y)]\right\}\mathrm{d}x\mathrm{d}y\\&=-\iint_{D_{xy}}\left(\frac{\partial P}{\partial y}+\frac{\partial P}{\partial z}\cdot\frac{\partial z}{\partial y}\right)\mathrm{d}x\mathrm{d}y\\&=-\iint_{D_{xy}}\left(\frac{\partial P}{\partial y}+\frac{\partial P}{\partial z}f_y\right)\mathrm{d}x\mathrm{d}y.\end{aligned}$$

曲面 S 的法向量为 $\{\pm f_x,\pm f_y,\mp 1\}$，它与单位法向量 $\boldsymbol{n}_0=\{\cos\alpha,\cos\beta,\cos\gamma\}$ 共线，因此有

$$\frac{\cos\alpha}{f_x}=\frac{\cos\beta}{f_y}=\frac{\cos\gamma}{-1},$$

从而

$$\cos\beta=-f_y\cos\gamma,$$

于是

$$\begin{aligned}&\iint_S\left(\frac{\partial P}{\partial z}\cos\beta-\frac{\partial P}{\partial y}\cos\gamma\right)\mathrm{d}S\\=&\iint_S\left[\frac{\partial P}{\partial z}(-f_y\cos\gamma)-\frac{\partial P}{\partial y}\cos\gamma\right]\mathrm{d}S\\=&-\iint_S\left(\frac{\partial P}{\partial z}f_y+\frac{\partial P}{\partial y}\right)\cos\gamma\mathrm{d}S\\=&-\iint_{D_{xy}}\left(\frac{\partial P}{\partial z}f_y+\frac{\partial P}{\partial y}\right)\mathrm{d}x\mathrm{d}y.\end{aligned}$$

由此可得结论.

对于一般的曲面，可用一些辅助线把它分为若干块，使每一块上上式成立，然后相加，注意到在辅助线上的曲线积分要在正反向的两个方向上各计算一次，正好互相抵消，因此对于一般曲面上式也成立.

同理可证

$$\oint_L Q\mathrm{d}y=\iint_S\left(\frac{\partial Q}{\partial x}\cos\gamma-\frac{\partial Q}{\partial z}\cos\alpha\right)\mathrm{d}S,$$

$$\oint_L R\mathrm{d}z=\iint_S\left(\frac{\partial R}{\partial y}\cos\alpha-\frac{\partial R}{\partial x}\cos\beta\right)\mathrm{d}S.$$

将三式相加，就得到斯托克斯公式.

斯托克斯公式

斯托克斯公式应用举例

例 10.29 利用斯托克斯公式计算曲线积分

$$I=\oint_{\Gamma}(y^2-z^2)\mathrm{d}x+(z^2-x^2)\mathrm{d}y+(x^2-y^2)\mathrm{d}z,$$

其中 Γ 为用平面 $x+y+z=\frac{3}{2}$ 截立方体 $\{(x,y,z)\mid 0\leqslant x\leqslant 1,0\leqslant y\leqslant 1,0\leqslant z\leqslant 1\}$ 的表面所得的截痕，若从 Ox 轴的正向看去，取逆时针方向(图 10.34).

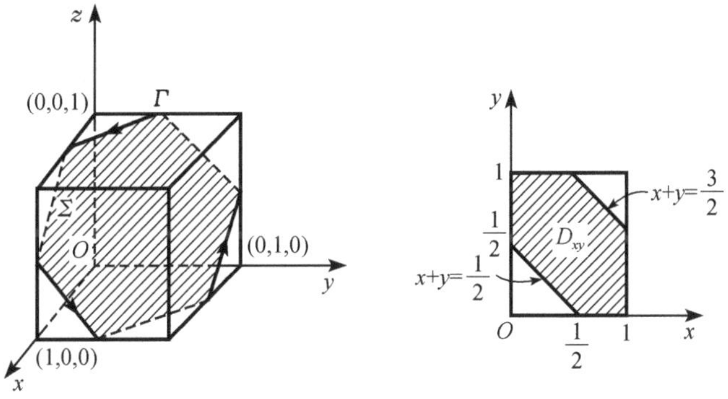

(a) (b)

图 10.34

解 取 Σ 为平面 $x+y+z=\frac{3}{2}$ 的上侧被 Γ 所围成的部分，Σ 的单位法向量 $\boldsymbol{n}=\frac{1}{\sqrt{3}}(1,1,1)$，即 $\cos\alpha=\cos\beta=\cos\gamma=\frac{1}{\sqrt{3}}$. 按斯托克斯公式，有

$$I=\iint_{\Sigma}\begin{vmatrix}\frac{1}{\sqrt{3}} & \frac{1}{\sqrt{3}} & \frac{1}{\sqrt{3}}\\ \frac{\partial}{\partial x} & \frac{\partial}{\partial y} & \frac{\partial}{\partial z}\\ y^2-z^2 & z^2-x^2 & x^2-y^2\end{vmatrix}\mathrm{d}S$$

$$=-\frac{4}{\sqrt{3}}\iint_{\Sigma}(x+y+z)\mathrm{d}S$$

$$=-\frac{4}{\sqrt{3}}\cdot\frac{3}{2}\iint_{\Sigma}\mathrm{d}S=-2\sqrt{3}\iint_{D_{xy}}\sqrt{3}\mathrm{d}x\mathrm{d}y=-6\sigma_{xy},$$

其中 D_{xy} 为 Σ 在 xOy 平面上的投影区域，σ_{xy} 为 D_{xy} 的面积，因

$$\sigma_{xy}=1-2\times\frac{1}{8}=\frac{3}{4}$$

故

$$I=-\frac{9}{2}.$$

例 10.30　利用斯托克斯公式计算空间曲线积分 $\oint_L z^2\mathrm{d}x+xy\mathrm{d}y+yz\mathrm{d}z$，其中 L 为上半球面 $z=\sqrt{a^2-x^2-y^2}$ 与柱面 $x^2+y^2=ay$ 的交线，其方向与上半球面的下侧组成右手系(图 10.35).

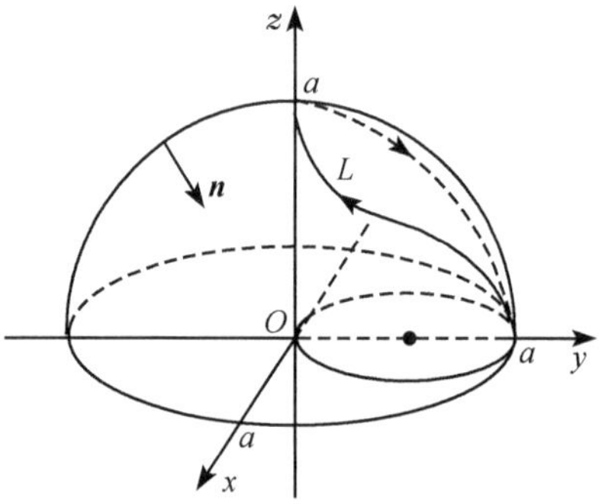

图 10.35

解　由斯托克斯公式得

$$\oint_L z^2\mathrm{d}x+xy\mathrm{d}y+yz\mathrm{d}z$$

$$=\iint_S\begin{vmatrix}\mathrm{d}y\mathrm{d}z & \mathrm{d}z\mathrm{d}x & \mathrm{d}x\mathrm{d}y\\ \dfrac{\partial}{\partial x} & \dfrac{\partial}{\partial y} & \dfrac{\partial}{\partial z}\\ z^2 & xy & yz\end{vmatrix}$$

$$=\iint_S z\mathrm{d}y\mathrm{d}z+2z\mathrm{d}z\mathrm{d}x+y\mathrm{d}x\mathrm{d}y,$$

其中 S 为上半球面被柱面截下的部分，取下侧. S 在 xOy 平面上的投影区域 D_{xy} 是圆心在 y 轴上的点 $\left(0,\frac{a}{2},0\right)$ 处、半径为 $\frac{a}{2}$ 的圆，圆周方程为 $r=a\sin\theta(0\leqslant\theta\leqslant\pi)$. 由上半球面方程 $z=\sqrt{a^2-x^2-y^2}$ 知

$$z_x=\frac{-x}{\sqrt{a^2-x^2-y^2}},\quad z_y=\frac{-y}{\sqrt{a^2-x^2-y^2}}.$$

因为上半球面取下侧，所以

$$\oint_L z^2\mathrm{d}x+xy\mathrm{d}y+yz\mathrm{d}z$$

$$=\iint_S z\mathrm{d}y\mathrm{d}z+2z\mathrm{d}z\mathrm{d}x+y\mathrm{d}x\mathrm{d}y$$

$$=-\iint_{D_{xy}}\Bigg[\sqrt{a^2-x^2-y^2}\cdot\frac{-(-x)}{\sqrt{a^2-x^2-y^2}}+2\sqrt{a^2-x^2-y^2}$$

$$\cdot \frac{-(-y)}{\sqrt{a^2-x^2-y^2}}+y\cdot 1\Bigg]\mathrm{d}x\mathrm{d}y$$

$$=-\iint_{D_{xy}}(x+3y)\mathrm{d}x\mathrm{d}y$$

$$=-3\iint_{D_{xy}}y\mathrm{d}x\mathrm{d}y=-\frac{3}{8}\pi a^3.$$

10.7.2 空间曲线积分与路径无关的条件

利用斯托克斯公式,可推得空间曲线积分与路径无关的条件.

首先应当指出,空间曲线积分与路径无关相当于沿任意闭曲线的曲线积分为零.关于空间曲线积分在什么条件下与路径无关的问题,有以下结论.

定理 10.12 设空间区域 G 是一维单连通域,函数 $P(x,y,z)$,$Q(x,y,z)$,$R(x,y,z)$在 G 内具有一阶连续偏导数,则空间积分$\oint_\Gamma P\mathrm{d}x+Q\mathrm{d}y+R\mathrm{d}z$ 在 G 内与路径无关(或沿 G 内任意闭曲线的曲线积分为零)的充分必要条件是

$$\frac{\partial P}{\partial y}=\frac{\partial Q}{\partial x},\quad \frac{\partial Q}{\partial z}=\frac{\partial R}{\partial y},\quad \frac{\partial R}{\partial x}=\frac{\partial P}{\partial z}$$

在 G 内恒成立.

定理 10.13 设区域 G 是空间一维单连通区域,函数 $P(x,y,z)$,$Q(x,y,z)$,$R(x,y,z)$在 G 内具有一阶连续偏导数,则表达式 $P\mathrm{d}x+Q\mathrm{d}y+R\mathrm{d}z$ 在 G 内成为某一函数 $u(x,y,z)$的全微分的充分必要条件是

$$\frac{\partial P}{\partial y}=\frac{\partial Q}{\partial x},\quad \frac{\partial Q}{\partial z}=\frac{\partial R}{\partial y},\quad \frac{\partial R}{\partial x}=\frac{\partial P}{\partial z}$$

在 G 内恒成立.此时,这函数(不计一常数之差)可用下式求出:

$$u(x,y,z)=\int_{(x_0,y_0,z_0)}^{(x,y,z)}P\mathrm{d}x+Q\mathrm{d}y+R\mathrm{d}z$$

或用定积分表示为

$$u(x,y,z)=\int_{x_0}^{x}P(x,y_0,z_0)\mathrm{d}x+\int_{y_0}^{y}Q(x,y,z_0)\mathrm{d}y+\int_{z_0}^{z}R(x,y,z)\mathrm{d}z.$$

其中 $M_0(x_0,y_0,z_0)$为 G 内某一定点,点 $M(x,y,z)\in G$(图 10.36).

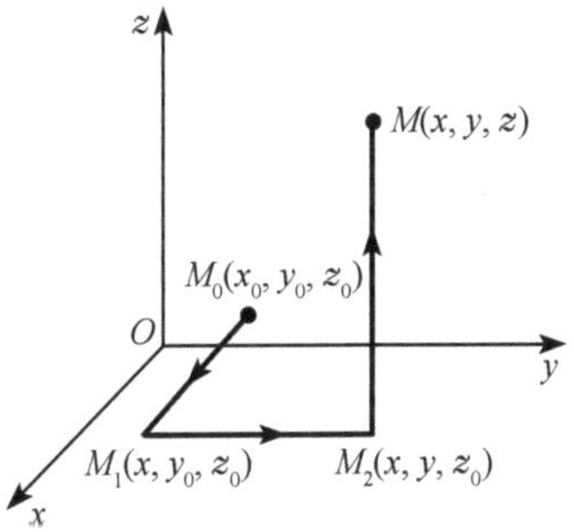

图 10.36

10.7.3　环流量与旋度

设有向量场

$$\boldsymbol{A}(x,y,z)=P(x,y,z)\boldsymbol{i}+Q(x,y,z)\boldsymbol{j}+R(x,y,z)\boldsymbol{k},$$

其中函数 P,Q,R 均连续，Γ 为 A 的定义域内的一条分段光滑的有向闭曲线，$\boldsymbol{\tau}$ 为 Γ 在点 (x,y,z) 处的单位切向量，则积分

环流量与旋度

$$\oint_{\Gamma}\boldsymbol{A}\cdot\boldsymbol{\tau}\mathrm{d}s$$

称为向量场 A 沿有向闭曲线 Γ 的**环流量**.

由两类曲线积分的关系，环流量又可表达为

$$\oint_{\Gamma}\boldsymbol{A}\cdot\boldsymbol{\tau}\mathrm{d}s=\oint_{\Gamma}\boldsymbol{A}\cdot\mathrm{d}\boldsymbol{r}=\oint_{\Gamma}P\mathrm{d}x+Q\mathrm{d}y+R\mathrm{d}z.$$

例 10.31　求向量场 $\boldsymbol{A}=(x^2-y)\boldsymbol{i}+4z\boldsymbol{j}+x^2\boldsymbol{k}$ 沿闭曲线 Γ 的环流量，其中 Γ 为锥面 $z=\sqrt{x^2+y^2}$ 和平面 $z=2$ 的交线，从 z 轴正向看 Γ 为逆时针方向.

解　Γ 的向量方程为

$$\boldsymbol{r}=2\cos\theta\boldsymbol{i}+2\sin\theta\boldsymbol{j}+2\boldsymbol{k},\quad 0\leqslant\theta\leqslant 2\pi.$$

于是

$$\boldsymbol{A}=(x^2-y)\boldsymbol{i}+4z\boldsymbol{j}+x^2\boldsymbol{k}=(4\cos^2\theta-2\sin\theta)\boldsymbol{i}+8\boldsymbol{j}+4\cos^2\theta\boldsymbol{k},$$

$$\mathrm{d}\boldsymbol{r}=(-2\sin\theta\mathrm{d}\theta)\boldsymbol{i}+(2\cos\theta\mathrm{d}\theta)\boldsymbol{j},$$

$$\oint_{\Gamma}\boldsymbol{A}\cdot\boldsymbol{\tau}\mathrm{d}s=\oint_{\Gamma}\boldsymbol{A}\cdot\mathrm{d}\boldsymbol{r}=\int_0^{2\pi}(-8\cos^2\theta\sin\theta+4\sin^2\theta+16\cos\theta)\mathrm{d}\theta=4\pi.$$

类似于由向量场 $\boldsymbol{A}$ 的通量可以引出向量场 $\boldsymbol{A}$ 在一点的通量密度（即散度）一样，由向量场 A 沿一闭曲线的环流量可引出向量场 $\boldsymbol{A}$ 在一点的环量密度或旋度. 它是一个向量，定义如下：

设有一向量场

$$\boldsymbol{A}(x,y,z)=P(x,y,z)\boldsymbol{i}+Q(x,y,z)\boldsymbol{j}+R(x,y,z)\boldsymbol{k},$$

其中函数 P,Q,R 均具有一阶连续偏导数，则向量

$$\left(\frac{\partial R}{\partial y}-\frac{\partial Q}{\partial z}\right)\boldsymbol{i}+\left(\frac{\partial P}{\partial z}-\frac{\partial R}{\partial x}\right)\boldsymbol{j}+\left(\frac{\partial Q}{\partial x}-\frac{\partial P}{\partial y}\right)\boldsymbol{k}$$

称为向量场 $\boldsymbol{A}$ 的**旋度**，记作 $\mathrm{rot}\boldsymbol{A}$，即

$$\mathrm{rot}\boldsymbol{A}=\left(\frac{\partial R}{\partial y}-\frac{\partial Q}{\partial z}\right)\boldsymbol{i}+\left(\frac{\partial P}{\partial z}-\frac{\partial R}{\partial x}\right)\boldsymbol{j}+\left(\frac{\partial Q}{\partial x}-\frac{\partial P}{\partial y}\right)\boldsymbol{k}.$$

利用向量微分算子 ∇，向量场 $\boldsymbol{A}$ 的旋度 $\mathrm{rot}\boldsymbol{A}$ 可表示为 $\nabla\times\boldsymbol{A}$，即

$$\mathrm{rot}\boldsymbol{A}=\nabla\times\boldsymbol{A}=\begin{vmatrix}\boldsymbol{i} & \boldsymbol{j} & \boldsymbol{k}\\ \dfrac{\partial}{\partial x} & \dfrac{\partial}{\partial y} & \dfrac{\partial}{\partial z}\\ P & Q & R\end{vmatrix}.$$

如果向量场 $\boldsymbol{A}$ 的旋度 $\mathrm{rot}\boldsymbol{A}$ 处处为零,则称向量场 $\boldsymbol{A}$ 为**无旋场**. 而一个无源、无旋的向量场称为**调和场**. 调和场是物理学中另一类重要的向量场,这种场与调和函数有密切的联系.

例 10.32 求向量场 $\boldsymbol{A}=(x^2-y)\boldsymbol{i}+4z\boldsymbol{j}+x^2\boldsymbol{k}$ 的旋度.

解

$$\mathrm{rot}\boldsymbol{A}=\nabla\times\boldsymbol{A}=\begin{vmatrix}\boldsymbol{i} & \boldsymbol{j} & \boldsymbol{k}\\ \dfrac{\partial}{\partial x} & \dfrac{\partial}{\partial y} & \dfrac{\partial}{\partial z}\\ x^2-y & 4z & x^2\end{vmatrix}=-4\boldsymbol{i}-2x\boldsymbol{j}+\boldsymbol{k}.$$

设斯托克斯公式中的有向曲面 Σ 在点 (x,y,z) 处的单位法向量为

$$\boldsymbol{n}=\cos\alpha\boldsymbol{i}+\cos\beta\boldsymbol{j}+\cos\gamma\boldsymbol{k},$$

则

$$\mathrm{rot}\boldsymbol{A}\cdot\boldsymbol{n}=(\nabla\times\boldsymbol{A})\cdot\boldsymbol{n}=\begin{vmatrix}\cos\alpha & \cos\beta & \cos\gamma\\ \dfrac{\partial}{\partial x} & \dfrac{\partial}{\partial y} & \dfrac{\partial}{\partial z}\\ P & Q & R\end{vmatrix}.$$

于是,斯托克斯公式可以写成下面的向量形式

$$\iint_{\Sigma}\mathrm{rot}\boldsymbol{A}\cdot\boldsymbol{n}\mathrm{d}S=\oint_{\Gamma}\boldsymbol{A}\cdot\boldsymbol{\tau}\mathrm{d}s$$

或

$$\iint_{\Sigma}(\mathrm{rot}\boldsymbol{A})_n\mathrm{d}S=\oint_{\Gamma}A_{\tau}\mathrm{d}s.$$

斯托克斯公式的物理意义是,向量场 $\boldsymbol{A}$ 沿有向闭曲线 Γ 的环流量等于向量场 $\boldsymbol{A}$ 的旋度通过曲面 Σ 的通量,这里 Γ 的正向与 Σ 的侧应符合右手法则.

最后从力学角度来对 $\mathrm{rot}\boldsymbol{A}$ 的含义做些解释.

设有刚体绕定轴 l 转动,角速度为 $\boldsymbol{\omega}$,M 为刚体内任意一点. 在定轴 l 上任取一点 O 为坐标原点,作空间直角坐标系,使 z 轴与定轴 l 重合,则 $\boldsymbol{\omega}=\omega\boldsymbol{k}$,而点 M 可用向量 $\boldsymbol{r}=\overrightarrow{OM}=(x,y,z)$ 来确定. 由力学知道,点 M 的线速度 $\boldsymbol{v}$ 可表示为

$$\boldsymbol{v}=\boldsymbol{\omega}\times\boldsymbol{r}.$$

由此有

$$\boldsymbol{v}=\begin{vmatrix}\boldsymbol{i} & \boldsymbol{j} & \boldsymbol{k}\\ 0 & 0 & \omega\\ x & y & z\end{vmatrix}=(-\omega y,\omega x,0),$$

而

$$\mathrm{rot}\boldsymbol{v}=\begin{vmatrix}\boldsymbol{i} & \boldsymbol{j} & \boldsymbol{k}\\ \dfrac{\partial}{\partial x} & \dfrac{\partial}{\partial y} & \dfrac{\partial}{\partial z}\\ -\omega y & \omega x & 0\end{vmatrix}=(0,0,2\omega)=2\boldsymbol{\omega}.$$

从速度场 $\boldsymbol{v}$ 的旋度与旋转角速度的这个关系，可见"旋度"这一名词的由来.

习题 10.7

1. 利用斯托克斯公式，计算下列曲线积分：

(1) $\oint_\Gamma y\mathrm{d}x+z\mathrm{d}y+x\mathrm{d}z$，其中 Γ 为圆周 $x^2+y^2+z^2=a^2$，$x+y+z=0$，若从 x 轴的正向看去，这圆周是取逆时针方向；

(2) $\oint_\Gamma (y-z)\mathrm{d}x+(z-x)\mathrm{d}y+(x-y)\mathrm{d}z$，其中 Γ 为椭圆 $x^2+y^2=a^2$，$\frac{x}{a}+\frac{z}{b}=1(a>0,b>0)$，若从 x 轴正向看去，这椭圆是取逆时针方向；

(3) $\oint_\Gamma 3y\mathrm{d}x-xz\mathrm{d}y+yz^2\mathrm{d}z$，其中 Γ 为圆周 $x^2+y^2=2z$，$z=2$，若从 z 轴正向看去，此圆周是取逆时针方向；

(4) $\oint_\Gamma 2y\mathrm{d}x+3x\mathrm{d}y-z^2\mathrm{d}z$，其中 Γ 为圆周 $x^2+y^2+z^2=9$，$z=0$，若从 z 轴正向看去，此圆周是取逆时针方向.

2. 求下列向量场 $\boldsymbol{A}$ 的旋度：

(1) $\boldsymbol{A}=(2z-3y)\boldsymbol{i}+(3x-z)\boldsymbol{j}+(y-2x)\boldsymbol{k}$；

(2) $\boldsymbol{A}=(z+\sin y)\boldsymbol{i}-(z-x\cos y)\boldsymbol{j}$；

(3) $\boldsymbol{A}=x^2\sin y\boldsymbol{i}+y^2\sin(xz)\boldsymbol{j}+xy\sin(\cos z)\boldsymbol{k}$；

3. 利用斯托克斯公式把曲面积分 $\iint_\Sigma \mathrm{rot}\boldsymbol{A}\cdot\boldsymbol{n}\mathrm{d}S$ 化为曲线积分，并计算积分值，其中 $\boldsymbol{A}$，Σ 及 $\boldsymbol{n}$ 分别如下：

(1) $\boldsymbol{A}=y^2\boldsymbol{i}+xy\boldsymbol{j}+xz\boldsymbol{k}$，$\Sigma$ 为上半球面 $z=\sqrt{1-x^2-y^2}$ 的上侧，$\boldsymbol{n}$ 为 Σ 的单位法向量；

(2) $\boldsymbol{A}=(y-z)\boldsymbol{i}+yz\boldsymbol{j}-xz\boldsymbol{k}$，$\Sigma$ 为立方体 $\{(x,y,z)\mid 0\leqslant x\leqslant 2,0\leqslant y\leqslant 2,0\leqslant z\leqslant 2\}$ 的表面外侧去掉 xOy 面上的那个底面，$\boldsymbol{n}$ 为 Σ 的单位法向量；

4. 求下列向量场 $\boldsymbol{A}$ 沿闭曲线 Γ（从 z 轴正向看 Γ 依逆时针方向）的环流量：

(1) $\boldsymbol{A}=-y\boldsymbol{i}+x\boldsymbol{j}+c\boldsymbol{k}$（$c$ 为常数），Γ 为圆周 $x^2+y^2=1$，$z=0$；

(2) $\boldsymbol{A}=(x-z)\boldsymbol{i}+(x^3+yz)\boldsymbol{j}-3xy^2\boldsymbol{k}$，其中 Γ 为圆周 $z=2-\sqrt{x^2+y^2}$，$z=0$.

5. 设 $u=u(x,y,z)$ 具有二阶连续偏导数. 求 $\mathrm{rot}(\mathbf{grad}\,u)$.

6. 求力 $\boldsymbol{F}=y\boldsymbol{i}+z\boldsymbol{j}+x\boldsymbol{k}$ 沿有向闭曲线 Γ 所做的功，其中 Γ 为平面 $x+y+z=1$ 被三个坐标面所截成的三角形的整个边界，从 z 轴正向看去，沿顺时针方向.

7. 用斯托克斯公式计算积分：

$\int_{L^+}(y^2+z^2)\mathrm{d}x+(z^2+x^2)\mathrm{d}y+(x^2+y^2)\mathrm{d}z$，其中曲线 L 为球面 $z=\sqrt{2Rx-x^2-y^2}$ 与柱面 $x^2+y^2=2rx(0<r<R,z>0)$ 的交线，且 L^+ 与球面上侧成右手系.

第 11 章　无 穷 级 数

无穷级数是高等数学的一个重要组成部分，它是表示函数、研究函数的性质以及进行数值计算的一种工具. 本章先讨论常数项级数，介绍无穷级数的一些基本内容，然后讨论函数项级数，着重讨论如何将函数展开成幂级数和三角级数的问题.

11.1　常数项级数的概念和性质

11.1.1　常数项级数的概念

人们认识事物在数量方面的特性，往往有一个由近似到精确的过程. 在这种认识过程中，会遇到由有限个数量相加到无穷多个数量相加的问题.

例如，计算半径为 R 的圆面积 A，具体做法如下：作圆的内接正六边形，算出这六边形的面积 a_1，它是圆面积 A 的一个粗糙的近似值. 为了比较准确地计算出 A 的值，这里以这个正六边形的每一边为底分别作一个顶点在圆周上的等腰三角形(图 11.1)，算出这六个等腰三角形的面积之和 a_2. 那么 a_1+a_2(即内接正十二边形的面积)就是 A 的一个较好的近似值. 同样地，在此正十二边形的每一边上分别做一个顶点在圆周上的等腰三角形，算出这十二个等腰三角形的面积之和 a_3. 那么 $a_1+a_2+a_3$(即内接正二十四边形的面积)是 A 的一个更好的近似值. 如此继续下去，内接正 3×2^n 边形的面积就逐步逼近圆面积：

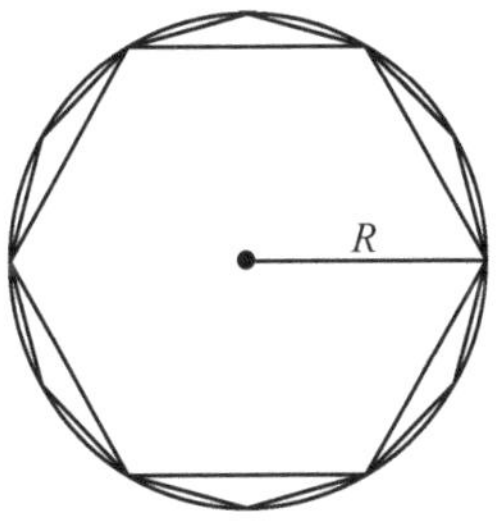

图 11.1

$$A\approx a_1,\quad A\approx a_1+a_2,\quad A\approx a_1+a_2+a_3,\quad \cdots,\quad A\approx a_1+a_2+\cdots+a_n.$$

如果内接正多边形的边数无限增多，即 n 无限增大，则和 $a_1+a_2+\cdots+a_n$ 的极限就是所要求的圆面积 A. 这时和式中的项数无限增多，于是出现了无穷多个数量依次相加的数学式子.

一般地，如果给定一个数列

$$u_1, u_2, u_3, \cdots, u_n, \cdots,$$

则由这数列构成的表达式

$$u_1+u_2+u_3+\cdots+u_n+\cdots$$

常数项级数的概念

叫做(常数项)**无穷级数**，简称(常数项)**级数**，记为 $\sum\limits_{n=1}^{\infty}u_n$，即

$$\sum_{n=1}^{\infty} u_n = u_1 + u_2 + u_3 + \cdots + u_n + \cdots,$$

其中第 n 项 u_n 叫做**级数的一般项**.

上述级数的定义只是一个形式上的定义,怎样理解无穷级数中无穷多个数量相加呢?联系上面关于计算圆面积的例子,可以从有限项的和出发,观察它们的变化趋势,由此来理解无穷多个数量相加的定义.作(常数项)级数的前 n 项的和

$$s_n = u_1 + u_2 + \cdots + u_n = \sum_{i=1}^{n} u_i,$$

s_n 称为**级数的部分和**.当 n 依次取 $1,2,3,\cdots$时,它们构成一个新的数列

$$s_1 = u_1, \quad s_2 = u_1 + u_2, \quad s_3 = u_1 + u_2 + u_3, \quad \cdots,$$

$$s_n = u_1 + u_2 + \cdots + u_n, \cdots.$$

根据这个数列有没有极限,下面引进无穷级数的收敛与发散的概念.

定义 11.1 如果级数 $\sum\limits_{n=1}^{\infty} u_n$ 的部分和数列$\{s_n\}$有极限 s,即

$$\lim_{n\to\infty} s_n = s,$$

则称**无穷级数** $\sum\limits_{n=1}^{\infty} u_n$ **收敛**,这时极限 s 叫做**级数的和**,并写成

$$s = u_1 + u_2 + \cdots + u_n + \cdots;$$

如果$\{s_n\}$没有极限,则称**无穷级数** $\sum\limits_{n=1}^{\infty} u_n$ **发散**.

显然,当级数收敛时,其部分和 s_n 是级数和 s 的近似值,它们之间的差值

$$r_n = s - s_n = u_{n+1} + u_{n+2} + \cdots$$

叫做**级数的余项**.用近似值 s_n 代替和 s 所产生的误差是这个余项的绝对值,即误差是$|r_n|$.

从上述定义可知,级数与数列极限有着紧密的联系.给定级数 $\sum\limits_{n=1}^{\infty} u_n$,就有部分和数列 $\left\{s_n = \sum\limits_{i=1}^{n} u_i\right\}$;反之,给定数列$\{s_n\}$,就有以$\{s_n\}$为部分和数列的级数

$$s_1 + (s_2 - s_1) + \cdots + (s_n - s_{n-1}) + \cdots$$

$$= s_1 + \sum_{n=2}^{\infty}(s_n - s_{n-1}) = \sum_{n=1}^{\infty} u_n,$$

其中 $u_1 = s_1$;$u_n = s_n - s_{n-1}(n \geqslant 2)$.按定义,级数 $\sum\limits_{n=1}^{\infty} u_n$ 与数列$\{s_n\}$同时收敛或同时发散,且在收敛时,有

$$\sum_{n=1}^{\infty} u_n = \lim_{n\to\infty} s_n,$$

即

$$\sum_{n=1}^{\infty} u_n = \lim_{n\to\infty}\sum_{i=1}^{n} u_i.$$

例 11.1 讨论级数

$$\sum_{k=1}^{\infty}(-1)^{k-1} = 1-1+1-1+\cdots+(-1)^{n-1}+\cdots$$

的收敛性.

解 考察此级数的部分和数列

$$s_1 = 1,\quad s_2 = 0,$$
$$s_3 = 1,\quad s_4 = 0,$$
$$\cdots$$
$$s_{2n-1} = 1,\quad s_{2n} = 0,$$
$$\cdots$$

显然当 $n\to\infty$ 时, s_n 的极限不存在,因此级数 $\sum\limits_{k=1}^{\infty}(-1)^{k-1}$ 发散.

例 11.2 讨论级数 $\sum\limits_{n=1}^{\infty}\ln\left(1+\dfrac{1}{n}\right)$ 的收敛性.

解 此级数的前 n 项部分和为

$$\begin{aligned} s_n &= \sum_{k=1}^{n}\ln\left(1+\frac{1}{k}\right) = \sum_{k=1}^{n}[\ln(1+k)-\ln k] \\ &= \ln(n+1)\to+\infty\ (n\to\infty), \end{aligned}$$

因此,级数 $\sum\limits_{n=1}^{\infty}\ln\left(1+\dfrac{1}{n}\right)$ 发散.

例 11.3 讨论级数 $\sum\limits_{n=1}^{\infty}\dfrac{1}{n(n+1)}$ 的收敛性.

解 前 n 项部分和为

$$\begin{aligned} s_n &= \frac{1}{1\cdot 2}+\frac{1}{2\cdot 3}+\cdots+\frac{1}{n(n+1)} \\ &= \left(1-\frac{1}{2}\right)+\left(\frac{1}{2}-\frac{1}{3}\right)+\cdots+\left(\frac{1}{n}-\frac{1}{n+1}\right) \\ &= 1-\frac{1}{n+1}. \end{aligned}$$

因为

$$\lim_{n\to\infty}s_n = \lim_{n\to+\infty}\left(1-\frac{1}{n+1}\right) = 1,$$

所以级数 $\sum\limits_{n=1}^{\infty}\dfrac{1}{n(n+1)}$ 收敛,其和为 1,即

$$\sum_{n=1}^{\infty}\frac{1}{n(n+1)}=1.$$

例 11.4　讨论**等比级数(几何级数)**

$$\sum_{n=1}^{\infty}aq^{n-1}=a+aq+aq^2+\cdots+aq^{n-1}+\cdots$$

$(a\neq 0)$的收敛性,其中 q 称为**公比**.

解　(1) 当公比 $q=1$ 时,级数化为

$$a+a+\cdots+a+\cdots,$$

它的前 n 项部分和

$$s_n=a+a+\cdots+a=na\to\infty,\quad n\to\infty,$$

因此级数发散.

当 $q=-1$ 时,级数化为

$$a-a+a-a+\cdots+(-1)^{n-1}a+\cdots,$$

级数发散.

(2) 当 $|q|\neq 1$ 时,级数的前 n 项部分和为

$$s_n=a+aq+aq^2+\cdots+aq^{n-1}=a\frac{1-q^n}{1-q}.$$

当 $|q|<1$ 时

$$\lim_{n\to\infty}s_n=\lim_{n\to\infty}a\frac{1-q^n}{1-q}=\frac{a}{1-q},$$

级数收敛,其和为$\frac{a}{1-q}$.

当 $|q|>1$ 时,$s_n\to\infty(n\to\infty)$,级数发散.

综合起来,得到下述结论:

当公比 q 的绝对值 $|q|<1$ 时,等比级数 $\sum\limits_{n=1}^{\infty}aq^{n-1}$ 收敛,其和为$\frac{a}{1-q}$;当 $|q|\geqslant 1$ 时,等比级数 $\sum\limits_{n=1}^{\infty}aq^{n-1}$ 发散.

11.1.2　级数的基本性质

根据无穷级数收敛、发散以及和的概念,可以得出收敛级数的几个基本性质.

定理 11.1　若级数 $\sum\limits_{k=1}^{\infty}u_k$ 收敛,c 为任一常数,则级数 $\sum\limits_{k=1}^{\infty}cu_k$ 也收敛,且

$$\sum_{k=1}^{\infty}cu_k=c\sum_{k=1}^{\infty}u_k.$$

常数项级数的基本性质

证　设 $s_n=u_1+u_2+\cdots+u_n$,则由条件知,极限 $\lim\limits_{n\to\infty}s_n$ 存在,设为

s,即$\lim\limits_{n\to\infty}s_n=s$.

设级数 $\sum\limits_{k=1}^{\infty}cu_k$ 的前 n 项部分和为 σ_n,则

$$\begin{aligned}\sigma_n&=cu_1+cu_2+\cdots+cu_n\\&=c(u_1+u_2+\cdots+u_n)\\&\to cs\,(n\to\infty),\end{aligned}$$

因此级数$\sum\limits_{k=1}^{\infty}cu_k$ 收敛,其和为 $cs=c\sum\limits_{k=1}^{\infty}u_k$.

推论 11.1 若级数 $\sum\limits_{k=1}^{\infty}u_k$ 发散,常数 $c\neq 0$,则级数$\sum\limits_{k=1}^{\infty}cu_k$ 也发散.

定理 11.2 若级数 $\sum\limits_{k=1}^{\infty}u_k$ 与$\sum\limits_{k=1}^{\infty}v_k$ 收敛,则级数$\sum\limits_{k=1}^{\infty}(u_k\pm v_k)$ 也收敛,且

$$\sum_{k=1}^{\infty}(u_k\pm v_k)=\sum_{k=1}^{\infty}u_k\pm\sum_{k=1}^{\infty}v_k.$$

证 设 $\sum\limits_{k=1}^{\infty}u_k=A$, $\sum\limits_{k=1}^{\infty}v_k=B$, 即

$$\lim_{n\to\infty}\sum_{k=1}^{n}u_k=A,\quad \lim_{n\to\infty}\sum_{k=1}^{n}v_k=B,$$

则

$$\begin{aligned}\lim_{n\to\infty}\sum_{k=1}^{n}(u_k\pm v_k)&=\lim_{n\to\infty}\Big(\sum_{k=1}^{n}u_k\pm\sum_{k=1}^{n}v_k\Big)\\&=\lim_{n\to\infty}\sum_{k=1}^{n}u_k\pm\lim_{n\to\infty}\sum_{k=1}^{n}v_k=A\pm B,\end{aligned}$$

即

$$\sum_{k=1}^{\infty}(u_k\pm v_k)=\sum_{k=1}^{\infty}u_k\pm\sum_{k=1}^{\infty}v_k.$$

定理 11.1,11.2 说明,**收敛级数具有与有穷和相同的线性性质**.

定理 11.3 在级数前面加上(或去掉)有限项,不影响级数的敛散性.

证 考虑两个级数

$$u_1+u_2+\cdots+u_n+\cdots$$

与

$$a_1+a_2+\cdots+a_l+u_1+u_2+\cdots+u_n+\cdots,$$

下面级数是在上面级数的前面加上 l 项后所得到的. 设 σ_n 与 s_n 分别表示两级数的前 n 项部分和,则显然有

$$s_{n+l}=(a_1+a_2+\cdots+a_l)+\sigma_n.$$

因为$(a_1+a_2+\cdots+a_l)$是一个与 n 无关的常数,所以当 $n\to\infty$时,s_{n+l}与 σ_n 同时有极限或同时无极限,从而级数同时收敛或同时发散.

同理可证,去掉级数前面的有限项也不影响级数的收敛性.

推论 11.2　在级数中任意加上、去掉或改变有限项不改变级数的敛散性.

定理 11.4　将收敛级数的项任意加括号后所成的级数仍然收敛,且其和不变(这个性质也称为**无穷和的结合律**).

证　设收敛级数

$$s=u_1+u_2+\cdots+u_n+\cdots$$

任意加括号后所成的级数为

$$(u_1+\cdots+u_{i_1})+(u_{i_1+1}+\cdots+u_{i_2})+\cdots+(u_{i_{n-1}+1}+\cdots+u_{i_n})+\cdots,$$

并设原级数部分和数列为$\{s_n\}$,则新级数的部分和数列为

$$s_{i_1},s_{i_2},\cdots,s_{i_n},\cdots,$$

它是数列$\{s_n\}$的一个子数列,因此与$\{s_n\}$有相同的极限 s.

推论 11.3　若加括号后的级数发散,则原来的级数必发散.

定理 11.4 说明,对收敛级数可以任意加括号. 但是请注意,收敛级数不能任意去括号. 例如,级数

$$(1-1)+(1-1)+\cdots+(1-1)+\cdots$$

收敛,而去括号后所成的级数

$$1-1+1-1+\cdots+1-1+\cdots$$

却发散.

定理 11.5　若级数 $\sum\limits_{k=1}^{\infty}u_k$ 收敛,则一般项 u_n 趋于零,即$\lim\limits_{n\to\infty}u_n=0$.

证　设 $\sum\limits_{k=1}^{\infty}u_k=s$, 即$\lim\limits_{n\to\infty}s_n=s$,则

$$\begin{aligned}\lim_{n\to\infty}u_n&=\lim_{n\to\infty}(s_n-s_{n-1})=\lim_{n\to\infty}s_n-\lim_{n\to\infty}s_{n-1}\\&=s-s=0.\end{aligned}$$

本定理可以用来判断某些级数的发散性. 例如,级数 $\sum\limits_{k=1}^{\infty}(-1)^{k-1}$ 发散,因为它的一般项 $u_n=(-1)^{n-1}$不趋于零.

注 11.1　一般项趋于零仅仅是级数 $\sum\limits_{k=1}^{\infty}u_k$ 收敛的必要条件,而不是充分条件. 例如,级数

$$\sum_{n=1}^{\infty}\ln\left(1+\frac{1}{n}\right)$$

的一般项 $\ln\left(1+\dfrac{1}{n}\right)\to0(n\to\infty)$,但该级数却是发散的.

11.1.3 柯西收敛原理(柯西准则)

怎样判别一个级数是否收敛呢？下面的柯西收敛原理给出了判别级数收敛性的充分必要条件.

定理 11.6(判别级数收敛性的柯西收敛原理) 级数 $\sum\limits_{k=1}^{\infty} u_k$ 收敛的充分必要条件是任给 $\varepsilon>0$,存在 $N>0$,使得当 $n>N$ 时,对于任意正整数 p,不等式

$$\left|\sum_{k=n+1}^{n+p} u_k\right|<\varepsilon, \quad p=1,2,\cdots$$

都成立.

证 设 $s_n=\sum\limits_{k=1}^{n} u_k$ 为级数 $\sum\limits_{k=1}^{\infty} u_k$ 的前 n 项部分和. 由判断数列收敛性的柯西准则知,数列 $\{s_n\}$ 收敛的充要条件是任给 $\varepsilon>0$,存在 $N>0$,使得当 $m,n>N$ 时,恒有

$$|s_n-s_m|<\varepsilon.$$

显然,可改写为当 $n>N$ 时,有

$$|s_{n+p}-s_n|<\varepsilon, \quad p=1,2,\cdots,$$

即当 $n>N$ 时,有

$$\left|\sum_{k=n+1}^{n+p} u_k\right|<\varepsilon, \quad p=1,2,\cdots.$$

例 11.5 利用柯西收敛原理证明调和级数

$$\sum_{n=1}^{\infty} \frac{1}{n}=1+\frac{1}{2}+\frac{1}{3}+\cdots+\frac{1}{n}+\cdots$$

发散.

证 考虑此级数的一段

$$\frac{1}{n+1}+\cdots+\frac{1}{n+n}=\frac{1}{n+1}+\cdots+\frac{1}{2n}.$$

显然

$$\left|\frac{1}{n+1}+\cdots+\frac{1}{2n}\right|>\left|\frac{1}{2n}+\frac{1}{2n}+\cdots+\frac{1}{2n}\right|=\frac{1}{2}.$$

这表明,不论 n 多么大,调和级数的这一段的绝对值都不可能任意小,从而由柯西收敛原理知,调和级数发散.

例 11.6 利用柯西审敛原理判定级数 $\sum\limits_{n=1}^{\infty} \frac{1}{n^2}$ 的收敛性.

解 因为对任意正整数 p,都有

$$\begin{aligned}&|u_{n+1}+u_{n+2}+\cdots+u_{n+p}|\\=&\frac{1}{(n+1)^2}+\frac{1}{(n+2)^2}+\cdots+\frac{1}{(n+p)^2}\end{aligned}$$

$$
\begin{aligned}
&<\frac{1}{n(n+1)}+\frac{1}{(n+1)(n+2)}+\cdots+\frac{1}{(n+p-1)(n+p)}\\
&=\left(\frac{1}{n}-\frac{1}{n+1}\right)+\left(\frac{1}{n+1}-\frac{1}{n+2}\right)+\cdots+\left(\frac{1}{n+p-1}-\frac{1}{n+p}\right)\\
&=\frac{1}{n}-\frac{1}{n+p}<\frac{1}{n},
\end{aligned}
$$

所以对于任意给定的正数 ε，取正整数 $N\geqslant\frac{1}{\varepsilon}$，则当 $n>N$ 时，对任何正整数 p，都有

$$|u_{n+1}+u_{n+2}+\cdots+u_{n+p}|<\varepsilon$$

成立. 按柯西收敛原理，级数 $\sum_{n=1}^{\infty}\frac{1}{n^2}$ 收敛.

习题 11.1

1. 根据级数收敛与发散的定义判定下列级数的收敛性：

(1) $\sum_{n=1}^{\infty}(\sqrt{n+1}-\sqrt{n})$;

(2) $\frac{1}{1\cdot 3}+\frac{1}{3\cdot 5}+\frac{1}{5\cdot 7}+\cdots+\frac{1}{(2n-1)(2n+1)}+\cdots$;

(3) $\sin\frac{\pi}{6}+\sin\frac{2\pi}{6}+\cdots+\sin\frac{n\pi}{6}+\cdots$;

(4) $\sum_{n=1}^{\infty}(\sqrt{n+2}-2\sqrt{n+1}+\sqrt{n})$;

(5) $\left(\frac{1}{5}-\frac{1}{6}\right)+\left(\frac{1}{5^2}-\frac{1}{6^2}\right)+\cdots+\left(\frac{1}{5^n}-\frac{1}{6^n}\right)+\cdots$;

(6) $\frac{1}{1\cdot 6}+\frac{1}{6\cdot 11}+\cdots+\frac{1}{(5n-4)(5n+1)}+\cdots$.

2. 判定下列级数的收敛性：

(1) $-\frac{8}{9}+\frac{8^2}{9^2}-\frac{8^3}{9^3}+\cdots+(-1)^n\frac{8^n}{9^n}+\cdots$;

(2) $\frac{1}{3}+\frac{1}{6}+\frac{1}{9}+\cdots+\frac{1}{3n}+\cdots$;

(3) $\frac{1}{3}+\frac{1}{\sqrt{3}}+\frac{1}{\sqrt[3]{3}}+\cdots+\frac{1}{\sqrt[n]{3}}+\cdots$;

(4) $\frac{3}{2}+\frac{3^2}{2^2}+\frac{3^3}{2^3}+\cdots+\frac{3^n}{2^n}+\cdots$;

(5) $\left(\frac{1}{2}+\frac{1}{3}\right)+\left(\frac{1}{2^2}+\frac{1}{3^2}\right)+\left(\frac{1}{2^3}+\frac{1}{3^3}\right)+\cdots+\left(\frac{1}{2^n}+\frac{1}{3^n}\right)+\cdots$;

(6) $\frac{8^3}{9}+\frac{8^4}{9^2}+\frac{8^5}{9^3}+\cdots$;

(7) $\cos\frac{\pi}{1}+\cos\frac{\pi}{2}+\cdots+\cos\frac{\pi}{n}+\cdots$；

(8) $1+\frac{2^2}{2!}+\frac{3^3}{3!}+\cdots+\frac{n^n}{n!}+\cdots$；

(9) $\frac{2}{3}+\frac{3}{4}+\frac{4}{5}+\frac{5}{6}+\cdots$；

(10) $1+\frac{2}{3}+\frac{3}{5}+\frac{4}{7}+\frac{5}{9}+\cdots$；

(11) $\frac{\ln 2}{2}+\frac{\ln^2 2}{2^2}+\frac{\ln^3 2}{2^3}+\cdots$；

(12) $0.001+\sqrt{0.001}+\sqrt[3]{0.001}+\cdots+\sqrt[n]{0.001}+\cdots$；

(13) $\sum\limits_{n=1}^{\infty}\frac{1}{\sqrt[n]{n}}$；

(14) $1-\frac{1}{2}+\frac{1}{3^2}-\frac{1}{4}+\frac{1}{5^2}-\frac{1}{6}+\frac{1}{7^2}-\cdots$.

3. 利用柯西审敛原理判定下列级数的收敛性：

(1) $\sum\limits_{n=1}^{\infty}\frac{(-1)^{n+1}}{n}$；

(2) $1+\frac{1}{2}-\frac{1}{3}+\frac{1}{4}+\frac{1}{5}-\frac{1}{6}+\cdots$；

(3) $\sum\limits_{n=1}^{\infty}\frac{\sin nx}{2^n}$；

(4) $\sum\limits_{n=1}^{\infty}\frac{1}{n}\cos\frac{1}{n}$；

(5) $\sum\limits_{n=1}^{\infty}\sin\frac{n\pi}{2}$.

4. 若级数 $\sum\limits_{n=1}^{\infty}u_n$ 的部分和 S_{2n}, S_{2n+1} 都收敛到 A，证明：此级数收敛.

5. 若级数 $\sum\limits_{n=1}^{\infty}u_n$ 收敛，级数 $\sum\limits_{n=1}^{\infty}v_n$ 发散，问：级数 $\sum\limits_{n=1}^{\infty}(u_n\pm v_n)$ 是否收敛？

6. 若级数 $\sum\limits_{k=1}^{\infty}a_k$ 与 $\sum\limits_{k=1}^{\infty}b_k$ 都收敛，且 $a_k\leqslant u_k\leqslant b_k(k=1,2,\cdots)$，求证：级数 $\sum\limits_{k=1}^{\infty}u_k$ 收敛.

7. 设有数列 $\{x_n\}$. 证明：若级数 $\sum\limits_{n=1}^{\infty}|x_n-x_{n+1}|$ 收敛，则数列 $\{x_n\}$ 收敛.

8. 证明：若级数 $\sum\limits_{n=1}^{\infty}a_n$ 收敛，且 $a_n\geqslant a_{n+1}\geqslant 0(n=1,2,\cdots)$，则 $\lim\limits_{n\to+\infty}na_n=0$.

11.2 常数项级数的审敛法

11.2.1 正项级数及其审敛法

柯西收敛原理在理论研究上十分重要，但是对于具体的级数，应用起来并不方便. 因此,还需要建立一些便于应用的判别法.

定义 11.2 若级数的每一项都是非负的,则称此级数为**正项级数**.

定理 11.7 正项级数 $\sum_{k=1}^{\infty} u_k$ 收敛的充分必要条件是部分和数列 $\{s_n\}$ 有上界.

证 必要性 设 $\sum_{k=1}^{\infty} u_k$ 收敛于 s,即

$$\lim_{n\to\infty} s_n = s,$$

则数列 $\{s_n\}$ 有上界.

充分性 设 $\{s_n\}$ 有上界,由于

$$u_k \geqslant 0, \quad k = 1,2,\cdots,$$

因此数列 $\{s_n\}$ 单调上升. 于是由单调有界数列必有极限的定理知,极限 $\lim\limits_{n\to\infty} s_n$ 存在,即级数 $\sum_{k=1}^{\infty} u_k$ 收敛.

定理 11.8(比较判别法) 设两个正项级数 $\sum_{n=1}^{\infty} u_n$ 与 $\sum_{n=1}^{\infty} v_n$ 的相应项之间满足不等式

$$u_n \leqslant v_n, \quad n = 1,2,\cdots,$$

则

比较判别法

(1) 若级数 $\sum_{n=1}^{\infty} v_n$ 收敛,则级数 $\sum_{n=1}^{\infty} u_n$ 也收敛;

(2) 若级数 $\sum_{n=1}^{\infty} u_n$ 发散,则级数 $\sum_{n=1}^{\infty} v_n$ 也发散.

证 设

$$s_n = u_1 + u_2 + \cdots + u_n,$$
$$\sigma_n = v_1 + v_2 + \cdots + v_n,$$

则由条件知

$$s_n \leqslant \sigma_n, \quad n = 1,2,\cdots.$$

(1) 若 $\sum_{n=1}^{\infty} v_n$ 收敛,则 $\{\sigma_n\}$ 有上界,从而 $\{s_n\}$ 也有上界,所以 $\sum_{n=1}^{\infty} u_n$ **收敛**.

(2) 若 $\sum_{n=1}^{\infty} u_n$ 发散,则 $\{s_n\}$ 无上界,从而 $\{\sigma_n\}$ 也无上界,所以 $\sum_{n=1}^{\infty} v_n$ **发散**.

例 11.7 正项级数 $\sum_{n=1}^{\infty} \sin\frac{\pi}{2^n}$ 收敛. 事实上,有不等式

$$\sin\frac{\pi}{2^n} \leqslant \frac{\pi}{2^n}, \quad n = 1,2,\cdots,$$

而等比级数 $\sum_{n=1}^{\infty}\frac{\pi}{2^n}$ 收敛，于是级数 $\sum_{n=1}^{\infty}\sin\frac{\pi}{2^n}$ 收敛.

例 11.8 证明级数 $\sum_{n=1}^{\infty}\frac{1}{\sqrt{n(n+1)}}$ 是发散的.

证 因为 $n(n+1)<(n+1)^2$，所以 $\frac{1}{\sqrt{n(n+1)}}>\frac{1}{n+1}$. 而级数

$$\sum_{n=1}^{\infty}\frac{1}{n+1}=\frac{1}{2}+\frac{1}{3}+\cdots+\frac{1}{n+1}+\cdots$$

是发散的，根据比较判别法可知所给级数也是发散的.

定理 11.9（比较判别法的极限形式） 设 $\sum_{n=1}^{\infty}u_n$ 与 $\sum_{n=1}^{\infty}v_n$ 都是正项级数，

(1) 如果 $\lim\limits_{n\to\infty}\frac{u_n}{v_n}=l\,(0\leqslant l<+\infty)$，且级数 $\sum_{n=1}^{\infty}v_n$ 收敛，则级数 $\sum_{n=1}^{\infty}u_n$ 也收敛；

(2) 如果 $\lim\limits_{n\to\infty}\frac{u_n}{v_n}=l>0$ 或 $\lim\limits_{n\to\infty}\frac{u_n}{v_n}=+\infty$，且级数 $\sum_{n=1}^{\infty}v_n$ 发散，则级数 $\sum_{n=1}^{\infty}u_n$ 发散.

证 (1) 由极限定义可知，对 $\varepsilon=1$，存在正整数 N，当 $n>N$ 时，有

$$\frac{u_n}{v_n}<l+1,$$

即 $u_n<(l+1)v_n$. 而级数 $\sum_{n=1}^{\infty}v_n$ 收敛，根据比较判别法知，级数 $\sum_{n=1}^{\infty}u_n$ 收敛.

(2) 可知 $\lim\limits_{n\to\infty}\frac{v_n}{u_n}=\frac{1}{l}$ 或 $\lim\limits_{n\to\infty}\frac{v_n}{u_n}=0$，反设级数 $\sum_{n=1}^{\infty}u_n$ 收敛，就推出级数 $\sum_{n=1}^{\infty}v_n$ 收敛. 与题设矛盾，所以级数 $\sum_{n=1}^{\infty}u_n$ 发散.

例 11.9 讨论级数 $\sum_{n=1}^{\infty}\frac{2n-1}{n^3+10}$ 的敛散性.

解 因为 $\lim\limits_{n\to\infty}\frac{2n-1}{n^3+10}\Big/\frac{1}{n^2}=2>0$，而级数 $\sum_{n=1}^{\infty}\frac{1}{n^2}$ 收敛，所以级数 $\sum_{n=1}^{\infty}\frac{2n-1}{n^3+10}$ 收敛.

例 11.10 正项级数 $\sum_{n=1}^{\infty}\sin\frac{\pi}{n}$ 发散，这是因为

$$\lim_{n\to\infty}\frac{\sin\frac{\pi}{n}}{\frac{1}{n}}=\pi>0,$$

而调和级数 $\sum_{n=1}^{\infty}\frac{1}{n}$ 发散.

定理 11.10(达朗贝尔判别法或比值判别法)　设正项级数 $\sum_{n=1}^{\infty}u_n$ 的每一项都不是零,且满足

$$\lim_{n\to\infty}\frac{u_{n+1}}{u_n}=l,$$

则

(1) 当 $l<1$ 时,级数 $\sum_{n=1}^{\infty}u_n$ 收敛;

(2) 当 $l>1$ $\left(\text{或}\lim_{n\to\infty}\frac{u_{n+1}}{u_n}=+\infty\right)$ 时,级数 $\sum_{n=1}^{\infty}u_n$ 发散.

达朗贝尔判别法和柯西判别法

证　(1) 当 $l<1$ 时,则存在正数 ε_0,使得

$$l+\varepsilon_0=q<1.$$

又因为 $\lim_{n\to\infty}\frac{u_{n+1}}{u_n}=l$,所以对于 $\varepsilon_0>0$,存在 N,使得当 $n\geqslant N$ 时,有

$$\left|\frac{u_{n+1}}{u_n}-l\right|<\varepsilon_0,$$

从而

$$\frac{u_{n+1}}{u_n}<l+\varepsilon_0=q,$$

或

$$u_{n+1}<qu_n,\quad n\geqslant N.$$

于是

$$\begin{aligned}&u_{N+1}<qu_N,\\&u_{N+2}<qu_{N+1}<q^2u_N,\\&u_{N+3}<qu_{N+2}<q^3u_N,\\&\cdots\\&u_{N+k}<\cdots<q^ku_N,\end{aligned}$$

即级数

$$\sum_{k=1}^{\infty}u_{N+k}=u_{N+1}+u_{N+2}+\cdots+u_{N+k}+\cdots$$

的各项分别小于等比级数

$$\sum_{k=1}^{\infty}u_Nq^k=u_Nq+u_Nq^2+\cdots+u_Nq^k+\cdots$$

的对应项,而 $\sum_{k=1}^{\infty}u_Nq^k$ 收敛,因此级数 $\sum_{k=1}^{\infty}u_{N+k}$ 收敛,进而 $\sum_{n=1}^{\infty}u_n$ 收敛.

(2) 当 $l>1$ 时,存在正数 ε_1,使得

$$l-\varepsilon_1>1.$$

由$\lim\limits_{n\to\infty}\frac{u_{n+1}}{u_n}=l$知，对于$\varepsilon_1>0$，存在$N$，使得当$n\geqslant N$时，有

$$\left|\frac{u_{n+1}}{u_n}-l\right|<\varepsilon_1,$$

从而

$$\frac{u_{n+1}}{u_n}>l-\varepsilon_1>1,$$

或

$$u_{n+1}>u_n,\quad n\geqslant N.$$

于是

$$\begin{aligned}&u_{N+1}>u_N,\\&u_{N+2}>u_{N+1}>u_N,\\&\cdots\end{aligned}$$

即

$$u_n>u_N>0,\quad n>N,$$

因此一般项u_n不可能趋于零，从而级数$\sum\limits_{n=1}^{\infty}u_n$发散. $\lim\limits_{n\to\infty}\frac{u_{n+1}}{u_n}=+\infty$时类似可证.

注 11.2 当$l=1$时，不能用此方法确定敛散性. 事实上，收敛级数$\sum\limits_{n=1}^{\infty}\frac{1}{n^2}$和发散级数$\sum\limits_{n=1}^{\infty}\frac{1}{n}$都满足$\lim\limits_{n\to\infty}\frac{u_{n+1}}{u_n}=1$.

例 11.11 证明级数

$$1+\frac{1}{1}+\frac{1}{1\cdot 2}+\frac{1}{1\cdot 2\cdot 3}+\cdots+\frac{1}{(n-1)!}+\cdots$$

是收敛的，并估计以级数的部分和s_n近似代替和s所产生的误差.

解 因为

$$\lim_{n\to\infty}\frac{u_{n+1}}{u_n}=\lim_{n\to\infty}\frac{(n-1)!}{n!}=\lim_{n\to\infty}\frac{1}{n}=0<1,$$

根据比值审敛法可知所给级数收敛.

以此级数的部分和s_n近似代替级数和s所产生的误差为

$$\begin{aligned}|r_n|&=\frac{1}{n!}+\frac{1}{(n+1)!}+\frac{1}{(n+2)!}+\cdots\\&=\frac{1}{n!}\left(1+\frac{1}{n+1}+\frac{1}{(n+1)(n+2)}+\cdots\right)\\&<\frac{1}{n!}\left(1+\frac{1}{n}+\frac{1}{n^2}+\cdots\right)\end{aligned}$$

$$=\frac{1}{n!}\frac{1}{1-\frac{1}{n}}=\frac{1}{(n-1)(n-1)!}.$$

例 11.12 判定级数

$$\frac{1}{10}+\frac{1\cdot 2}{10^2}+\frac{1\cdot 2\cdot 3}{10^3}+\cdots+\frac{n!}{10^n}+\cdots$$

的收敛性.

解 因为

$$\frac{u_{n+1}}{u_n}=\frac{(n+1)!}{10^{n+1}}\cdot\frac{10^n}{n!}=\frac{n+1}{10},$$

$$\lim_{n\to\infty}\frac{u_{n+1}}{u_n}=\lim_{n\to\infty}\frac{n+1}{10}=\infty.$$

根据比值判别法可知所给级数发散.

例 11.13 证明:级数 $\sum\limits_{n=1}^{\infty}\frac{(n!)^2}{(2n)!}$ 收敛.

证 设 $u_n=\frac{(n!)^2}{(2n)!}$,则

$$\lim_{n\to\infty}\frac{u_{n+1}}{u_n}=\lim_{n\to\infty}\frac{[(n+1)!]^2}{[2(n+1)]!}\cdot\frac{(2n)!}{(n!)^2}$$

$$=\lim_{n\to\infty}\frac{n+1}{2(2n+1)}=\frac{1}{4}<1,$$

由比值判别法知,级数收敛.

例 11.14 讨论级数 $\sum\limits_{n=1}^{\infty}\frac{a^n\cdot n!}{n^n}(a>0)$ 的收敛性.

解 设 $u_n=\frac{a^n\cdot n!}{n^n}$,则

$$\lim_{n\to\infty}\frac{u_{n+1}}{u_n}=\lim_{n\to\infty}\frac{a^{n+1}\cdot(n+1)!}{(n+1)^{n+1}}\cdot\frac{n^n}{a^n\cdot n!}$$

$$=a\lim_{n\to\infty}\left(\frac{n}{n+1}\right)^n=\frac{a}{\mathrm{e}}.$$

由比值判别法知,

当 $\frac{a}{\mathrm{e}}<1$ 即 $a<\mathrm{e}$ 时,级数 $\sum\limits_{n=1}^{\infty}\frac{a^n\cdot n!}{n^n}$ 收敛;

当 $\frac{a}{\mathrm{e}}>1$ 即 $a>\mathrm{e}$ 时,级数 $\sum\limits_{n=1}^{\infty}\frac{a^n\cdot n!}{n^n}$ 发散;

当 $\frac{a}{\mathrm{e}}=1$ 即 $a=\mathrm{e}$ 时,由于数列 $\left\{\left(\frac{n+1}{n}\right)^n\right\}=\left\{\left(1+\frac{1}{n}\right)^n\right\}$ 单调递增,即数列 $\left\{\frac{u_{n+1}}{u_n}\right\}=\left\{\mathrm{e}\cdot\left(\frac{n}{n+1}\right)^n\right\}$ 单调递减,且 $\lim\limits_{n\to\infty}\frac{u_{n+1}}{u_n}=1$,因此有 $\frac{u_{n+1}}{u_n}\geqslant 1$,即有

$$u_{n+1} \geqslant u_n \geqslant \cdots \geqslant u_1 = \mathrm{e},$$

从而一般项 u_n 不趋于零，级数发散.

注 11.3 由级数 $\sum\limits_{n=1}^{\infty} \frac{2^n \cdot n!}{n^n}$ 收敛知，其一般项应趋于零，即有

$$\lim_{n\to\infty} \frac{2^n \cdot n!}{n^n} = 0.$$

这就提供了一种利用级数收敛性求数列极限的方法.

定理 11.11（柯西判别法或根值判别法） 设正项级数 $\sum\limits_{n=1}^{\infty} u_n$ 满足

$$\lim_{n\to\infty} \sqrt[n]{u_n} = l,$$

则

(1) 当 $l<1$ 时，级数 $\sum\limits_{n=1}^{\infty} u_n$ 收敛；

(2) 当 $l>1$（或 $\lim\limits_{n\to\infty} \sqrt[n]{u_n}=+\infty$）时，级数 $\sum\limits_{n=1}^{\infty} u_n$ 发散.

例 11.15 讨论级数 $\sum\limits_{n=1}^{\infty} \frac{n^2}{\left(n+\frac{1}{n}\right)^n}$ 的敛散性.

解 因为

$$\lim_{n\to\infty} \sqrt[n]{u_n} = \lim_{n\to\infty} \frac{(\sqrt[n]{n})^2}{n+\frac{1}{n}} = 0 < 1,$$

所以级数 $\sum\limits_{n=1}^{\infty} \frac{n^2}{\left(n+\frac{1}{n}\right)^n}$ 收敛.

例 11.16 讨论级数 $\sum\limits_{n=1}^{\infty} \frac{x^n}{3^n}(x>0)$ 的敛散性.

解 因为

$$\lim_{n\to\infty} \sqrt[n]{u_n} = \lim_{n\to\infty} \frac{x}{3} = \frac{x}{3},$$

根据根值判别法知，当 $\frac{x}{3}<1$，即 $0<x<3$ 时，级数 $\sum\limits_{n=1}^{\infty} \frac{x^n}{3^n}(x>0)$ 收敛；当 $\frac{x}{3}>1$，即 $x>3$ 时，此级数发散；当 $\frac{x}{3}=1$，即 $x=3$ 时，级数化为

$$\sum_{n=1}^{\infty} 1 = 1+1+\cdots+1+\cdots,$$

级数发散.

例 11.17　判定级数 $\sum_{n=1}^{\infty} \frac{2+(-1)^n}{2^n}$ 的收敛性.

证

$$\lim_{n\to\infty} \sqrt[n]{u_n} = \lim_{n\to\infty} \frac{1}{2} \sqrt[n]{2+(-1)^n} = \frac{1}{2},$$

因此,根据根值判别法知所给级数收敛.

定理 11.12(柯西积分判别法)　设 $\sum_{n=1}^{\infty} u_n$ 为正项级数.若存在一个定义在区间$[1,+\infty)$上的单调递减的非负值函数 $f(x)$,满足

$$u_n = f(n),\quad n=1,2,\cdots,$$

则级数 $\sum_{n=1}^{\infty} u_n$ 收敛的充分必要条件是反常积分$\int_1^{+\infty} f(x)\mathrm{d}x$ 收敛(图 11.2).

柯西积分判别法

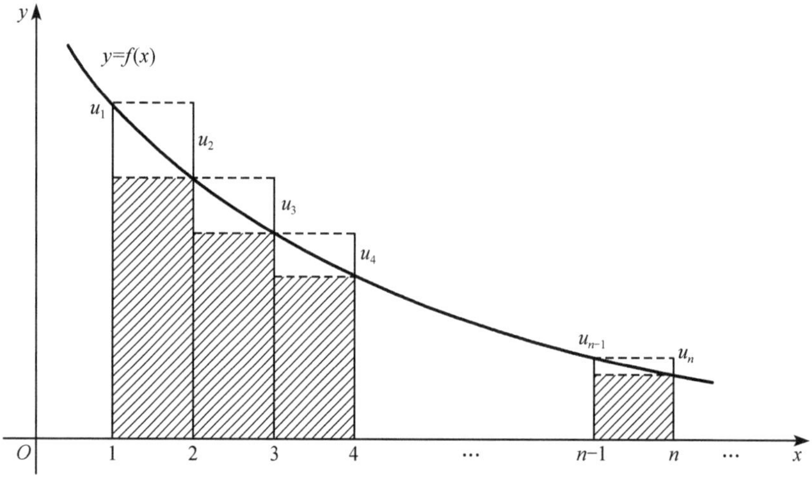

图 11.2

证　当 $x\in[k-1,k]$$(k=2,3,\cdots,n)$时,由

$$0 \leqslant f(k) \leqslant f(x) \leqslant f(k-1)$$

知

$$\int_{k-1}^{k} f(k)\mathrm{d}x \leqslant \int_{k-1}^{k} f(x)\mathrm{d}x \leqslant \int_{k-1}^{k} f(k-1)\mathrm{d}x,$$

即

$$u_k = f(k) \leqslant \int_{k-1}^{k} f(x)\mathrm{d}x \leqslant f(k-1) = u_{k-1},$$

从而

$$\sum_{k=2}^{n} u_k \leqslant \sum_{k=2}^{n} \int_{k-1}^{k} f(x)\mathrm{d}x \leqslant \sum_{k=2}^{n} u_{k-1},$$

即

$$\sum_{k=2}^{n} u_k \leqslant \int_{1}^{n} f(x)\mathrm{d}x \leqslant \sum_{k=2}^{n} u_{k-1} = \sum_{k=1}^{n-1} u_k.$$

若级数$\sum_{k=1}^{\infty} u_k$收敛，则其部分和数列$\left\{\sum_{k=1}^{n} u_k\right\}$有上界，从而$\left\{\sum_{k=1}^{n-1} u_k\right\}$有上界，设其上界为$M$，于是对任意自然数$n$，有

$$\int_{1}^{n} f(x)\mathrm{d}x \leqslant M.$$

考虑积分$\int_{1}^{A} f(x)\mathrm{d}x(A > 1$，为任意实数). 由$f(x) \geqslant 0$知

$$\int_{1}^{A} f(x)\mathrm{d}x \leqslant \int_{1}^{[A]+1} f(x)\mathrm{d}x \leqslant M.$$

又由于$\int_{1}^{A} f(x)\mathrm{d}x$是$A$的单调递增函数，因此当$A \to +\infty$时存在极限值，即$\int_{1}^{+\infty} f(x)\mathrm{d}x$收敛.

反过来，若$\int_{1}^{+\infty} f(x)\mathrm{d}x$收敛，则$\sum_{k=2}^{n} u_k$有界，所以正项级数$\sum_{k=1}^{\infty} u_k$收敛.

例 11.18 证明：p级数$\sum_{n=1}^{\infty} \frac{1}{n^p}(p > 0)$当$p > 1$时收敛，当$p \leqslant 1$时发散.

证 由$u_n = \frac{1}{n^p}$知，可设$f(x) = \frac{1}{x^p}$，于是$f(n) = u_n$. 显然$f(x)$当$x \geqslant 1$时是单调递减的非负值函数. 考虑无穷积分

$$\int_{1}^{+\infty} \frac{1}{x^p}\mathrm{d}x.$$

当$p=1$时

$$\int_{1}^{+\infty} \frac{1}{x^p}\mathrm{d}x = \lim_{A \to +\infty} \int_{1}^{A} \frac{1}{x}\mathrm{d}x = \lim_{A \to +\infty} \ln A = +\infty,$$

因此调和级数$\sum_{n=1}^{\infty} \frac{1}{n}$发散.

当$p \neq 1$时

$$\int_{1}^{+\infty} \frac{1}{x^p}\mathrm{d}x = \lim_{A \to +\infty} \int_{1}^{A} x^{-p}\mathrm{d}x = \lim_{A \to +\infty} \frac{1}{1-p} x^{1-p} \Big|_{1}^{A}$$

$$= \begin{cases} \lim\limits_{A \to +\infty} \dfrac{1}{1-p}(A^{1-p} - 1) = +\infty, & p < 1, \\ \lim\limits_{A \to +\infty} \dfrac{1}{1-p}\left(\dfrac{1}{A^{p-1}} - 1\right) = \dfrac{1}{p-1}, & p > 1. \end{cases}$$

因此级数 $\sum_{n=1}^{\infty}\frac{1}{n^p}(p>0)$ 当 $p>1$ 时收敛,当 $p\leqslant 1$ 时发散.

例 11.19 讨论级数 $\sum_{n=1}^{\infty}\frac{b^n}{n^a}(a>0,b>0)$ 的敛散性.

解 因为

$$\lim_{n\to\infty}\frac{u_{n+1}}{u_n}=\lim_{n\to\infty}\frac{b^{n+1}}{(n+1)^a}\cdot\frac{n^a}{b^n}=b\lim_{n\to\infty}\left(\frac{n}{n+1}\right)^a=b,$$

由比值判别法知,当 $b<1$ 时,级数 $\sum_{n=1}^{\infty}\frac{b^n}{n^a}$ 收敛;当 $b>1$ 时,级数发散;当 $b=1$ 时,级数化为 $\sum_{n=1}^{\infty}\frac{1}{n^a}$,当 $a>1$ 时,级数收敛,当 $a\leqslant 1$ 时,级数发散.

例 11.20 讨论下列级数的敛散性:

(1) $\sum_{n=3}^{\infty}\frac{1}{n(\ln n)^p}(p>0)$; (2) $\sum_{n=3}^{\infty}\frac{1}{\ln(n!)}$.

解 (1) 由 $u_n=\frac{1}{n(\ln n)^p}$ 知,可设

$$f(x)=\frac{1}{x(\ln x)^p},\quad p>0.$$

当 $x\geqslant 3$ 时,$f(x)$ 是非负递减函数,且

$$\int_3^{+\infty}\frac{1}{x(\ln x)^p}\mathrm{d}x=\begin{cases}\ln(\ln x)\Big|_3^{+\infty}=+\infty, & p=1,\\ \frac{1}{1-p}(\ln x)^{1-p}\Big|_3^{+\infty}=+\infty, & p<1,\\ \frac{1}{1-p}\cdot\frac{1}{(\ln x)^{p-1}}\Big|_3^{+\infty}=\frac{1}{p-1}\cdot\frac{1}{(\ln 3)^{p-1}}, & p>1,\end{cases}$$

于是,级数 $\sum_{n=3}^{\infty}\frac{1}{n(\ln n)^p}(p>0)$ 当 $0<p\leqslant 1$ 时发散;当 $p>1$ 时收敛.

(2) 当 $n\geqslant 3$ 时,有

$$\ln(n!)=\ln 2+\ln 3+\cdots+\ln n<n\ln n,$$

即

$$\frac{1}{\ln(n!)}>\frac{1}{n\ln n}>0,\quad n\geqslant 3.$$

级数 $\sum_{n=3}^{\infty}\frac{1}{n\ln n}$ 发散,因此由比较判别法知,级数 $\sum_{n=3}^{\infty}\frac{1}{\ln(n!)}$ 发散.

例 11.21 判定级数 $\sum_{n=1}^{\infty}\ln\left(1+\frac{1}{n^2}\right)$ 的收敛性.

解 因$\lim\limits_{n\to\infty}\dfrac{\ln\left(1+\dfrac{1}{n^2}\right)}{\dfrac{1}{n^2}}=1$，而$\sum\limits_{n=1}^{\infty}\dfrac{1}{n^2}$收敛，故$\sum\limits_{n=1}^{\infty}\ln\left(1+\dfrac{1}{n^2}\right)$收敛.

例 11.22 判定级数$\sum\limits_{n=1}^{\infty}\sqrt{n+1}\left(1-\cos\dfrac{\pi}{n}\right)$的收敛性.

解 因$\lim\limits_{n\to\infty}\dfrac{\sqrt{n+1}\left(1-\cos\dfrac{\pi}{n}\right)}{n^{\frac{3}{2}}}=\dfrac{\pi^2}{2}$，而$\sum\limits_{n=1}^{\infty}\dfrac{1}{n^{\frac{3}{2}}}$收敛，故$\sum\limits_{n=1}^{\infty}\sqrt{n+1}\left(1-\cos\dfrac{\pi}{n}\right)$收敛.

11.2.2 交错级数及其审敛法

定义 11.3 正项、负项交替出现的级数称为交错级数，不失一般性，下面来研究

$$\sum_{n=1}^{\infty}(-1)^{n-1}u_n=u_1-u_2+u_3-u_4+\cdots+(-1)^{n-1}u_n+\cdots,$$

其中$u_n>0(n=1,2,\cdots)$.

关于交错级数，有一个比较简单而又常用的判别法.

定理 11.13（莱布尼茨判别法） 若交错级数

$$\sum_{n=1}^{\infty}(-1)^{n-1}u_n=u_1-u_2+u_3-u_4+\cdots+(-1)^{n-1}u_n+\cdots,$$

其中$u_n>0(n=1,2,\cdots)$，且满足

(1) $u_1\geqslant u_2\geqslant\cdots\geqslant u_n\geqslant u_{n+1}\geqslant\cdots$；

(2) $\lim\limits_{n\to\infty}u_n=0$，

则级数$\sum\limits_{n=1}^{\infty}(-1)^{n-1}u_n$收敛，其和$s\leqslant u_1$，且余项的绝对值$|r_n|\leqslant u_{n+1}$.

交错级数

证 设s_n为级数$\sum\limits_{n=1}^{\infty}(-1)^{n-1}u_n$的前$n$项部分和. 为了证明级数收敛，即$\lim\limits_{n\to\infty}s_n$存在，下面来证明$\lim\limits_{n\to\infty}s_{2n}=\lim\limits_{n\to\infty}s_{2n+1}$.

由条件(1)知

$$s_{2(n+1)}=s_{2n}+(u_{2n+1}-u_{2n+2})\geqslant s_{2n},$$

即$\{s_{2n}\}$单调递增. 又因为

$$s_{2n}=u_1-(u_2-u_3)-(u_4-u_5)-\cdots-(u_{2n-2}-u_{2n-1})-u_{2n}\leqslant u_1,$$

所以数列$\{s_{2n}\}$单调递增且有上界，从而极限$\lim\limits_{n\to\infty}s_{2n}$存在，设为$s$.

再看数列$\{s_{2n+1}\}$. 由条件(2)知

$$\lim_{n\to\infty}s_{2n+1}=\lim_{n\to\infty}(s_{2n}+u_{2n+1})$$

$$= \lim_{n\to\infty} s_{2n} + \lim_{n\to\infty} u_{2n+1}$$
$$= s + 0 = s,$$

因此$\lim\limits_{n\to\infty} s_n = s$,即级数收敛.

显然

$$s = \lim_{n\to\infty} s_{2n} \leqslant u_1.$$

最后,易知余项

$$r_n = \pm (u_{n+1} - u_{n+2} + \cdots),$$

其绝对值

$$|r_n| = u_{n+1} - u_{n+2} + \cdots$$

也是一个交错级数,并且显然满足定理中的两个条件,因此其和不超过第一项,即

$$|r_n| \leqslant u_{n+1}.$$

例 11.23 交错级数

$$\sum_{n=1}^{\infty} (-1)^{n-1} \frac{1}{n} = 1 - \frac{1}{2} + \frac{1}{3} - \frac{1}{4} + \cdots + (-1)^{n-1} \frac{1}{n} + \cdots$$

收敛. 事实上,$u_n = \dfrac{1}{n}$,显然

$$u_n > u_{n+1} = \frac{1}{n+1}, \quad \lim_{n\to\infty} u_n = \lim_{n\to\infty} \frac{1}{n} = 0,$$

即满足定理 11.13 中的条件. 易知,其和 $s<1$. 如果取前 n 项的和

$$s_n = 1 - \frac{1}{2} + \frac{1}{3} - \cdots + (-1)^{n-1} \frac{1}{n}$$

作为 s 的近似值,所产生的误差$|r_n| \leqslant \dfrac{1}{n+1}$.

例 11.24 讨论级数 $\sum\limits_{n=1}^{\infty} (-1)^n \dfrac{n+2}{n+1} \cdot \dfrac{1}{\sqrt{n}}$ 的收敛性.

解 设 $u_n = \dfrac{n+2}{n+1} \cdot \dfrac{1}{\sqrt{n}}$, 可证 $u_n > u_{n+1}$ $(n = 1, 2, \cdots)$. 且 $\lim\limits_{n\to\infty} u_n = \lim\limits_{n\to\infty} \dfrac{n+2}{n+1} \cdot \dfrac{1}{\sqrt{n}} = 0$,于是根据莱布尼茨判别法知, 级数$\sum\limits_{n=1}^{\infty} (-1)^n \dfrac{n+2}{n+1} \cdot \dfrac{1}{\sqrt{n}}$ 收敛.

11.2.3 绝对收敛与条件收敛

现在讨论一般的级数

$$u_1 + u_2 + \cdots + u_n + \cdots,$$

它的各项为任意实数. 如果级数$\sum\limits_{n=1}^{\infty} u_n$ 各项的绝对值所构成的正项级数$\sum\limits_{n=1}^{\infty} |u_n|$ 收

敛，则称级数 $\sum_{n=1}^{\infty} u_n$ **绝对收敛**；如果级数 $\sum_{n=1}^{\infty} u_n$ 收敛，而级数 $\sum_{n=1}^{\infty} |u_n|$ 发散，则称级数 $\sum_{n=1}^{\infty} u_n$ **条件收敛**. 容易知道，级数 $\sum_{n=1}^{\infty} (-1)^{n-1}\frac{1}{n^2}$ 是绝对收敛级数，而级数 $\sum_{n=1}^{\infty} (-1)^{n-1}\frac{1}{n}$ 是条件收敛级数.

级数绝对收敛与收敛有以下重要关系.

定理 11.14 如果级数 $\sum_{n=1}^{\infty} u_n$ 绝对收敛，则级数 $\sum_{n=1}^{\infty} u_n$ 必定收敛.

证 令

$$v_n = \frac{1}{2}(u_n + |u_n|), \quad n = 1,2,\cdots.$$

显然 $v_n \geqslant 0$，且 $v_n \leqslant |u_n| (n=1,2,\cdots)$. 因级数 $\sum_{n=1}^{\infty} |u_n|$ 收敛，故由比较判别法知道，级数 $\sum_{n=1}^{\infty} v_n$ 收敛，从而级数 $\sum_{n=1}^{\infty} 2v_n$ 也收敛. 而 $u_n = 2v_n - |u_n|$，由收敛级数的基本性质可知

$$\sum_{n=1}^{\infty} u_n = \sum_{n=1}^{\infty} 2v_n - \sum_{n=1}^{\infty} |u_n|,$$

所以级数 $\sum_{n=1}^{\infty} u_n$ 收敛.

上述证明中引入的级数 $\sum_{n=1}^{\infty} v_n$，其一般项

$$v_n = \frac{1}{2}(u_n + |u_n|) = \begin{cases} u_n, & u_n > 0, \\ 0, & u_n \leqslant 0, \end{cases}$$

可见级数 $\sum_{n=1}^{\infty} v_n$ 是把级数 $\sum_{n=1}^{\infty} u_n$ 中的负项换成零而得的，它也就是级数 $\sum_{n=1}^{\infty} u_n$ 中的全体正项所构成的级数. 类似可知，令

$$w_n = \frac{1}{2}(|u_n| - u_n),$$

则 $\sum_{n=1}^{\infty} w_n$ 为级数 $\sum_{n=1}^{\infty} u_n$ 中全体负项的绝对值所构成的级数. 如果级数 $\sum_{n=1}^{\infty} u_n$ 绝对收敛，则级数 $\sum_{n=1}^{\infty} v_n$ 与 $\sum_{n=1}^{\infty} w_n$ 都收敛；如果级数条件收敛，则级数 $\sum_{n=1}^{\infty} v_n$ 与 $\sum_{n=1}^{\infty} w_n$ 都发散.

对于一般的级数 $\sum_{n=1}^{\infty} u_n$，如果用正项级数的收敛性判别法判定级数 $\sum_{n=1}^{\infty} |u_n|$

收敛,则此级数收敛.这就使得一大类级数的收敛性判定问题,转化成为正项级数的收敛性判定问题.

一般说来,如果级数 $\sum_{n=1}^{\infty}|u_n|$ 发散,不能断定级数 $\sum_{n=1}^{\infty}u_n$ 也发散.但是,如果用比值判别法或根值判别法根据 $\lim_{n\to\infty}\left|\frac{u_{n+1}}{u_n}\right|=\rho>1$ 或 $\lim_{n\to\infty}\sqrt[n]{|u_n|}=\rho>1$ 判定级数 $\sum_{n=1}^{\infty}|u_n|$ 发散,则 $\sum_{n=1}^{\infty}u_n$ 必定发散.这是因为从 $\rho>1$ 可知 $|u_n|$ 不趋于零 $(n\to\infty)$,从而 u_n 不趋于零 $(n\to\infty)$,因此级数 $\sum_{n=1}^{\infty}u_n$ 是发散的.

绝对收敛与条件收敛

例 11.25 讨论级数 $\sum_{n=1}^{\infty}\frac{\sin n}{n^2}$ 的收敛性.

解 $\left|\frac{\sin n}{n^2}\right|\leqslant\frac{1}{n^2}$,而级数 $\sum_{n=1}^{\infty}\frac{1}{n^2}$ 收敛,因此级数 $\sum_{n=1}^{\infty}\left|\frac{\sin n}{n^2}\right|$ 收敛,从而级数 $\sum_{n=1}^{\infty}\frac{\sin n}{n^2}$ 收敛.

例 11.26 讨论级数 $\sum_{n=1}^{\infty}\frac{x^n}{2^n\cdot n}$ 的敛散性,其中 x 为实数.

解 由

$$\left|\frac{u_{n+1}}{u_n}\right|=\frac{|x|^{n+1}}{2^{n+1}(n+1)}\cdot\frac{2^n\cdot n}{|x|^n}=\frac{|x|}{2}\cdot\frac{n}{n+1}$$

得

$$\lim_{n\to+\infty}\left|\frac{u_{n+1}}{u_n}\right|=\frac{|x|}{2}.$$

于是

当 $\frac{|x|}{2}<1$,即 $|x|<2$ 时,级数 $\sum_{n=1}^{\infty}\frac{x^n}{2^n\cdot n}$ 绝对收敛,从而收敛.

当 $\frac{|x|}{2}>1$,即 $|x|>2$ 时,级数 $\sum_{n=1}^{\infty}\frac{x^n}{2^n\cdot n}$ 发散.

当 $x=2$ 时,原级数化为 $\sum_{n=1}^{\infty}\frac{1}{n}$,显然发散.

当 $x=-2$ 时,原级数化为 $\sum_{n=1}^{\infty}(-1)^n\frac{1}{n}$,级数收敛.

例 11.27 判定级数 $\sum\limits_{n=1}^{\infty}(-1)^n \frac{1}{2^n}\left(1+\frac{1}{n}\right)^{n^2}$ 的收敛性.

解 $\sqrt[n]{\left|(-1)^n \frac{1}{2^n}\left(1+\frac{1}{n}\right)^{n^2}\right|} \to \frac{e}{2}\,(n\to\infty)$,而$\frac{e}{2}>1$,所以级数发散.

11.2.4 绝对收敛级数的性质

定理 11.15 绝对收敛级数经改变项的位置后构成的级数也收敛,且与原级数有相同的和(即绝对收敛级数具有可交换性).

证 (1) 先证定理对于收敛的正项级数是正确的.

设级数

$$u_1+u_2+\cdots+u_n+\cdots$$

为收敛的正项级数,其部分和为 s_n,和为 s. 并设级数

$$u_1^*+u_2^*+\cdots+u_n^*+\cdots$$

为改变项的位置后构成的级数,其部分和为 s_n^*.

对于任何 n,当它固定后,取 m 足够大,使 $u_1^*, u_2^*, \cdots, u_n^*$ 各项都出现在 $s_m=u_1+u_2+\cdots+u_m$ 中,于是得

$$s_n^* \leqslant s_m \leqslant s,$$

所以,单调增加的数列$\{s_n^*\}$不超过定数 s,可知$\lim\limits_{n\to\infty}s_n^*$ 存在,即级数 $\sum\limits_{n=1}^{\infty}u_n^*$ 收敛,且

$$\lim_{n\to\infty}s_n^* = s^* \leqslant s.$$

另一方面,如果把原来级数$\sum\limits_{n=1}^{\infty}u_n$ 看成是级数$\sum\limits_{n=1}^{\infty}u_n^*$ 改变项的位置后所成的级数,又有

$$s \leqslant s^*,$$

所以

$$s = s^*.$$

(2) 再证定理对一般的绝对收敛级数是正确的.

设级数$\sum\limits_{n=1}^{\infty}|u_n|$ 收敛. 已得

$$u_n = 2v_n - |u_n|,$$

绝对收敛级数的性质

而 $\sum\limits_{n=1}^{\infty}v_n$ 是收敛的正项级数. 故有

$$\sum_{n=1}^{\infty}u_n = \sum_{n=1}^{\infty}(2v_n - |u_n|) = \sum_{n=1}^{\infty}2v_n - \sum_{n=1}^{\infty}|u_n|.$$

若级数 $\sum\limits_{n=1}^{\infty}u_n$ 改变项的位置后的级数为$\sum\limits_{n=1}^{\infty}u_n^*$,则相应的$\sum\limits_{n=1}^{\infty}v_n$ 变为$\sum\limits_{n=1}^{\infty}v_n^*$,$\sum\limits_{n=1}^{\infty}|u_n|$

变为$\sum\limits_{n=1}^{\infty}|u_n^*|$,所以

$$\sum_{n=1}^{\infty}u_n^* = \sum_{n=1}^{\infty}2v_n^* - \sum_{n=1}^{\infty}|u_n^*| = \sum_{n=1}^{\infty}2v_n - \sum_{n=1}^{\infty}|u_n| = \sum_{n=1}^{\infty}u_n.$$

证毕.

两个有穷和相乘时,只需逐项相乘,然后相加,下面所要讨论的问题是两个收敛级数(即两个无穷和)能不能相乘.在什么条件下,可以像两个有穷和的乘法那样进行?

设$\sum\limits_{k=1}^{\infty}u_k = s$,$\sum\limits_{k=1}^{\infty}v_k = \sigma$为两个收敛级数,仿照有穷和的乘法,写出所有可能的乘积

$$u_iv_j,\quad i,j=1,2,\cdots,$$

把它们排列成表:

	v_1	v_2	v_3	$\cdots$	v_j	$\cdots$
u_1	u_1v_1	u_1v_2	u_1v_3	$\cdots$	u_1v_j	$\cdots$
u_2	u_2v_1	u_2v_2	u_2v_3	$\cdots$	u_2v_j	$\cdots$
u_3	u_3v_1	u_3v_2	u_3v_3	$\cdots$	u_3v_j	$\cdots$
$\vdots$	$\vdots$	$\vdots$	$\vdots$		$\vdots$	
u_i	u_iv_1	u_iv_2	u_iv_3	$\cdots$	u_iv_j	$\cdots$
$\vdots$	$\vdots$	$\vdots$	$\vdots$		$\vdots$	

这些乘积可按各种不同的顺序相加,最常用的有两种方法,一种是按对角线相加,称为**对角线法**(图 11.3).

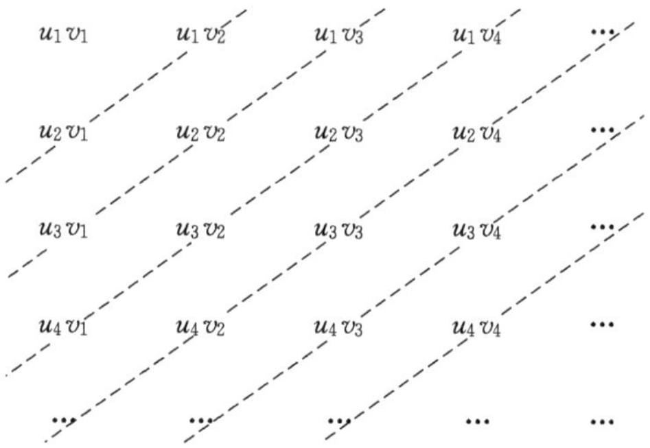

图 11.3

这样相加所得到的级数称为$\sum\limits_{k=1}^{\infty}u_k$**与**$\sum\limits_{k=1}^{\infty}v_k$**的柯西乘积**,记作

$$\sum_{n=1}^{\infty}a_n = u_1v_1 + (u_1v_2 + u_2v_1) + (u_1v_3 + u_2v_2 + u_3v_1)$$

$$+\cdots+(u_1v_n+u_2v_{n-1}+\cdots+u_nv_1)+\cdots$$

其通项为

$$a_n=u_1v_n+u_2v_{n-1}+\cdots+u_nv_1,\quad n=1,2,\cdots.$$

另一种是按正方形法相加(图 11.4).

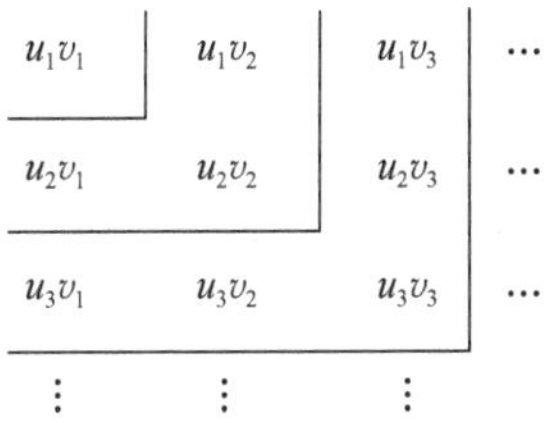

图 11.4

这样得到的级数是

$$\sum_{n=1}^{\infty}b_n=u_1v_1+(u_1v_2+u_2v_2+u_2v_1)+(u_1v_3+u_2v_3+u_3v_3+u_3v_2+u_3v_1)+\cdots,$$

其通项为

$$b_n=u_1v_n+u_2v_n+\cdots+u_nv_n+u_nv_{n-1}+u_nv_{n-2}+\cdots+u_nv_1,\quad n=1,2,\cdots.$$

现在的问题是在什么条件下,这两个级数都收敛,并且它们的和等于 $s\cdot\sigma$.

定理 11.16 若级数 $\sum\limits_{k=1}^{\infty}u_k=s$,$\sum\limits_{k=1}^{\infty}v_k=\sigma$ 都绝对收敛,则它们各项的乘积 $u_iv_j(i,j=1,2,\cdots)$ 按任意次序相加后所成的级数绝对收敛,且其和为 $s\cdot\sigma$.

证 设所有乘积 $u_iv_j(i,j=1,2,\cdots)$ 按任意一种次序相加后得到的级数是 $\sum\limits_{k=1}^{\infty}w_k$. 先证它绝对收敛. 为此,只需证其部分和数列 $\left\{\sum\limits_{k=1}^{n}|w_k|\right\}$ 有界. 记作

$$w_1=u_{k_1}v_{l_1},\quad w_2=u_{k_2}v_{l_2},\quad \cdots,\quad w_n=u_{k_n}v_{l_n},$$

且令 $m=\max\{k_1,k_2,\cdots,k_n;l_1,l_2,\cdots,l_n\}$,则显然有

$$\sum_{k=1}^{n}|w_k|\leqslant\left(\sum_{k=1}^{m}|u_k|\right)\left(\sum_{k=1}^{m}|v_k|\right).$$

因为级数 $\sum\limits_{k=1}^{\infty}u_k$ 和 $\sum\limits_{k=1}^{\infty}v_k$ 都绝对收敛,所以部分和数列 $\left(\sum\limits_{k=1}^{m}|u_k|\right)$ 和 $\left(\sum\limits_{k=1}^{m}|v_k|\right)$ 都有界,从而 $\left\{\sum\limits_{k=1}^{n}|w_k|\right\}$ 有界. 于是证明了级数 $\sum\limits_{k=1}^{\infty}w_k$ 绝对收敛.

再证 $\sum\limits_{k=1}^{\infty}w_k=s\cdot\sigma$. 只需证明按某一种固定方法将各项 $u_iv_j(i,j=1,2,\cdots)$ 相加后所得级数收敛到 $s\cdot\sigma$. 为简单起见,考虑用正方形法所得到的级数

$$\sum_{k=1}^{\infty}b_k=\sum_{k=1}^{\infty}(u_1v_k+u_2v_k+\cdots+u_kv_k+u_kv_{k-1}+u_kv_{k-2}+\cdots+u_kv_1).$$

易知

$$\sum_{k=1}^{n}b_k=\left(\sum_{k=1}^{n}u_k\right)\left(\sum_{k=1}^{n}v_k\right),$$

令 $n\to\infty$,便得到

$$\lim_{n\to\infty}\sum_{k=1}^{n}b_k=\lim_{n\to\infty}\left(\sum_{k=1}^{n}u_k\right)\left(\sum_{k=1}^{n}v_k\right)$$

$$=\left(\lim_{n\to\infty}\sum_{k=1}^{n} u_k\right)\left(\lim_{n\to\infty}\sum_{k=1}^{n} v_k\right)=s\cdot\sigma,$$

即$\sum_{k=1}^{\infty} b_k = s\cdot\sigma$.

习题 11.2

1. 用比较审敛法或极限形式的比较审敛法判定下列级数的收敛性:

(1) $1+\frac{1}{3}+\frac{1}{5}+\cdots+\frac{1}{(2n-1)}+\cdots$;

(2) $1+\frac{1+2}{1+2^2}+\frac{1+3}{1+3^2}+\cdots+\frac{1+n}{1+n^2}+\cdots$;

(3) $\frac{1}{2\cdot 5}+\frac{1}{3\cdot 6}+\cdots+\frac{1}{(n+1)(n+4)}+\cdots$;

(4) $\sin\frac{\pi}{2}+\sin\frac{\pi}{2^2}+\sin\frac{\pi}{2^3}+\cdots+\sin\frac{\pi}{2^n}+\cdots$;

(5) $\sum_{n=1}^{\infty}\frac{1}{1+a^n}\ (a>0)$.

2. 用比较判别法讨论下列正项级数的敛散性:

(1) $\sum_{n=1}^{\infty}\frac{10}{n^2-n+1}$; (2) $\sum_{n=1}^{\infty}\frac{1}{\sqrt{n^2+n}}$;

(3) $\sum_{n=1}^{\infty}\frac{1}{\sqrt{n}+1}$; (4) $\sum_{n=1}^{\infty}\frac{2+(-1)^n}{2^n}$;

(5) $\sum_{n=1}^{\infty}\frac{1}{\sqrt{n^4+1}}$; (6) $\frac{1}{1}+\frac{1}{\sqrt[3]{2}}+\frac{1}{\sqrt[3]{3}}+\cdots+\frac{1}{\sqrt[3]{n}}+\cdots$;

(7) $\frac{2}{1}+\frac{2}{2^2}+\frac{2}{3^3}+\cdots+\frac{2}{n^n}+\cdots$; (8) $\frac{4}{2\cdot 3}+\frac{8}{3\cdot 4}+\frac{12}{4\cdot 5}+\cdots+\frac{4n}{(n+1)(n+2)}+\cdots$;

(9) $\frac{3}{2\cdot 3\cdot 4}+\frac{5}{3\cdot 4\cdot 5}+\frac{7}{4\cdot 5\cdot 6}+\cdots+\frac{2n+1}{(n+1)(n+2)(n+3)}+\cdots$;

(10) $\frac{1}{3}+\frac{1}{5}+\frac{1}{7}+\cdots+\frac{1}{2n+1}+\cdots$; (11) $\sum_{n=1}^{\infty}\frac{n^{n-1}}{(2n^2+n+1)^{\frac{n+1}{2}}}$;

(12) $\sum_{n=1}^{\infty} n\tan\frac{1}{2^n}$.

3. 用比值审敛法判定下列级数的收敛性:

(1) $\frac{3}{1\cdot 2}+\frac{3^2}{2\cdot 2^2}+\frac{3^3}{3\cdot 2^3}+\cdots+\frac{3^n}{n\cdot 2^n}+\cdots$; (2) $\sum_{n=1}^{\infty}\frac{n^2}{3^n}$; (3) $\sum_{n=1}^{\infty} n\tan\frac{\pi}{2^{n+1}}$.

4. 用根值审敛法判定下列级数的收敛性:

(1) $\sum_{n=1}^{\infty}\left(\frac{n}{2n+1}\right)^n$; (2) $\sum_{n=1}^{\infty}\frac{1}{[\ln(n+1)]^n}$; (3) $\sum_{n=1}^{\infty}\left(\frac{n}{3n-1}\right)^{2n-1}$;

(4) $\sum_{n=1}^{\infty}\left(\frac{b}{a_n}\right)^n$,其中 $a_n\to a(n\to\infty)$,a_n,b,a 均为正数.

5. 判定下列级数的收敛性：

(1) $\frac{3}{4}+2\left(\frac{3}{4}\right)^2+3\left(\frac{3}{4}\right)^3+\cdots+n\left(\frac{3}{4}\right)^n+\cdots$；

(2) $\frac{1^4}{1!}+\frac{2^4}{2!}+\frac{3^4}{3!}+\cdots+\frac{n^4}{n!}+\cdots$；

(3) $\sum\limits_{n=1}^{\infty}\frac{n+1}{n(n+2)}$；

(4) $\sum\limits_{n=1}^{\infty}2^n\sin\frac{\pi}{3^n}$；

(5) $\sqrt{2}+\sqrt{\frac{3}{2}}+\cdots+\sqrt{\frac{n+1}{n}}+\cdots$；

(6) $\frac{1}{a+b}+\frac{1}{2a+b}+\cdots+\frac{1}{na+b}+\cdots(a>0,b>0)$；

(7) $\sum\limits_{n=1}^{\infty}\frac{1}{n\sqrt[n]{n}}$；

(8) $\sum\limits_{n=1}^{\infty}\frac{(n!)^2}{2n^2}$；

(9) $\sum\limits_{n=1}^{\infty}\frac{n\cos^2\frac{n\pi}{3}}{2^n}$；

(10) $\sum\limits_{n=2}^{\infty}\frac{1}{\ln^{10}n}$；

(11) $\sum\limits_{n=1}^{\infty}\frac{a^n}{n^s}(a>0,s>0)$； (12) $\frac{1}{1\cdot 2}+\frac{1}{3\cdot 2^3}+\frac{1}{5\cdot 2^5}+\cdots$；

(13) $\frac{3}{2}+\frac{3^2}{2\cdot 2^2}+\frac{3^3}{3\cdot 2^3}+\frac{3^4}{4\cdot 2^4}+\cdots$；

(14) $\sum\limits_{n=1}^{\infty}\frac{n}{2^n}\cos^2\frac{\pi}{3n}$； (15) $\sum\limits_{n=1}^{\infty}\frac{(n!)^2}{2^{n^2}}$；

(16) $\sum\limits_{n=1}^{\infty}\frac{n^2}{\left(2+\frac{1}{n}\right)^n}$； (17) $\sum\limits_{n=1}^{\infty}(\sqrt{2}-\sqrt[3]{2})(\sqrt{2}-\sqrt[5]{2})\cdots(\sqrt{2}-\sqrt[2n+1]{2})$；

(18) $\sum\limits_{n=1}^{\infty}\frac{1}{\sqrt[3]{n^4+4}}$； (19) $\sum\limits_{n=1}^{\infty}\frac{\ln n}{n^{1+\alpha}}(\alpha>0)$；

(20) $\sum\limits_{n=3}^{\infty}\frac{1}{n(\ln\ln n)^{\alpha}}(\alpha>0)$； (21) $\sum\limits_{n=3}^{\infty}\frac{1}{n(\ln n)^{\alpha}(\ln\ln n)^{\beta}}(\alpha>0,\beta>0)$.

6. 判定下列级数是否收敛，如果收敛，是绝对收敛还是条件收敛.

(1) $1-\frac{1}{\sqrt{2}}+\frac{1}{\sqrt{3}}-\frac{1}{\sqrt{4}}+\cdots$；

(2) $\sum\limits_{n=1}^{\infty}(-1)^{n-1}\frac{n}{3^{n-1}}$；

(3) $\frac{1}{3}\cdot\frac{1}{2}-\frac{1}{3}\cdot\frac{1}{2^2}+\frac{1}{3}\cdot\frac{1}{2^3}-\frac{1}{3}\cdot\frac{1}{2^4}+\cdots$；

(4) $\frac{1}{\ln 2}-\frac{1}{\ln 3}+\frac{1}{\ln 4}-\frac{1}{\ln 5}+\cdots$；

(5) $\sum_{n=1}^{\infty}(-1)^{n+1}\frac{2^{n^2}}{n!}$;

(6) $\sum_{n=1}^{\infty}(-1)^{n}\frac{1}{n^p}$;

(7) $\sum_{n=1}^{\infty}(-1)^{n+1}\frac{\sin\frac{\pi}{n+1}}{\pi^{n+1}}$;

(8) $\sum_{n=1}^{\infty}(-1)^{n}\ln\frac{n+1}{n}$;

(9) $\sum_{n=1}^{\infty}(-1)^{n}\frac{(n+1)!}{n^{n+1}}$;

(10) $1-\frac{1}{3^2}+\frac{1}{5^2}-\frac{1}{7^2}+\cdots$;

(11) $1-\frac{1}{3}+\cdots+(-1)^{n+1}\frac{1}{2n-1}+\cdots$;

(12) $\sum_{n=1}^{\infty}(-1)^{n+1}\frac{n!}{2^{n^2}}$; (13) $\sum_{n=1}^{\infty}(-1)^{\frac{n(n-1)}{2}}\frac{n^{10}}{2^n}$;

(14) $\sum_{n=1}^{\infty}(-1)^{n+1}\frac{\ln n}{n}$;

(15) $\sum_{n=1}^{\infty}(-1)^{n+1}\sin\frac{x}{n}(x\neq 0)$; (16) $\sum_{n=1}^{\infty}\frac{(-1)^{n+1}}{n^{\alpha}(\ln n)^{\beta}}(\alpha>0,\beta>0)$;

(17) $\sum_{n=1}^{\infty}\frac{(-1)^n}{n-\ln n}$; (18) $\sum_{n=2}^{\infty}\frac{(-1)^n\sqrt{n}}{n-1}$;

(19) $1+\frac{1}{2}+\frac{1}{3}-\frac{1}{4}-\frac{1}{5}-\frac{1}{6}+\frac{1}{7}+\frac{1}{8}+\frac{1}{9}-\cdots$.

7. 下列级数中 x 在什么范围内收敛？是绝对收敛还是条件收敛？在什么范围内发散？

(1) $\sum_{n=1}^{\infty}\frac{x^n}{n3^n}$; (2) $\sum_{n=1}^{\infty}\frac{n^2}{\left(2+\frac{1}{n}\right)^n}\cdot\frac{x^n}{x+1}(x\neq-1)$;

(3) $\sum_{n=2}^{\infty}\frac{x^2+3}{x^n\ln n}$; (4) $\sum_{n=1}^{\infty}\frac{(-1)^n}{(n+x)^p}$;

(5) $\sum_{n=1}^{\infty}\frac{x^n}{(1+x)(1+x^2)\cdots(1+x^n)}$; (6) $\sum_{n=1}^{\infty}\frac{x^n}{1+x^{2n}}$;

(7) $\sum_{n=1}^{\infty}\frac{(-1)^n}{2n-1}\left(\frac{1-x}{1+x}\right)^n$.

8. 设正项级数 $\sum_{n=1}^{\infty}u_n$ 和 $\sum_{n=1}^{\infty}v_n$ 都收敛，证明：级数 $\sum_{n=1}^{\infty}(u_n+v_n)^2$ 也收敛.

9. 设级数 $\sum_{n=1}^{\infty}u_n$ 收敛，且 $\lim\limits_{n\to\infty}\frac{v_n}{u_n}=1$. 问：级数 $\sum_{n=1}^{\infty}v_n$ 是否也收敛？试说明理由.

10. 若正项级数 $\sum_{n=1}^{\infty}a_n$ 与 $\sum_{n=1}^{\infty}b_n$ 都发散，问：下列级数是否发散？

(1) $\sum_{n=1}^{\infty}\max(a_n,b_n)$; (2) $\sum_{n=1}^{\infty}\min(a_n,b_n)$.

11. 若正项级数 $\sum_{n=1}^{\infty} u_n$ 收敛,证明:级数 $\sum_{n=1}^{\infty} u_n^2$ 亦收敛.反之不成立,举出例子.

12. 若 $\lim_{n\to\infty} na_n = a \neq 0$,证明:级数 $\sum_{n=1}^{\infty} a_n$ 发散.

13. 设 $\{a_k\}$,$\{b_k\}$ 为两个数列,令 $s_n = \sum_{i=1}^{n} b_i$,那么

(1) 若 s_n 有界,级数 $\sum_{k=1}^{\infty}(a_{k+1}-a_k)$ 绝对收敛,且 $a_n \to 0(n\to+\infty)$,证明:级数 $\sum_{k=1}^{\infty} a_k b_k$ 收敛;

(2) 若级数 $\sum_{k=1}^{\infty} b_k$ 与 $\sum_{k=1}^{\infty} |a_{k+1}-a_k|$ 收敛,证明:级数 $\sum_{k=1}^{\infty} a_k b_k$ 收敛.

14. 设 $\{na_n\}$ 收敛,证明:级数 $\sum_{n=1}^{\infty} a_n$ 收敛的充要条件是级数 $\sum_{n=1}^{\infty} n(a_n - a_{n+1})$ 收敛.

15. 求极限

$$\lim_{n\to\infty} \frac{1}{n} \sum_{k=1}^{n} \frac{1}{3^k}\left(1+\frac{1}{k}\right)^{k^2}.$$

16. 设 $|x|<1$,$|y|<1$,证明

$$\sum_{k=1}^{\infty}(x^{k-1}+x^{k-2}y+\cdots+xy^{k-2}+y^{k-1}) = \frac{1}{(1-x)(1-y)}.$$

17. 证明 $\sum_{n=0}^{\infty} \frac{x^n}{n!} \sum_{n=0}^{\infty} \frac{y^n}{n!} = \sum_{n=0}^{\infty} \frac{(x+y)^n}{n!}$.

11.3 幂 级 数

11.3.1 函数项级数的概念

阿贝尔定理

如果给定一个定义在区间 I 上的函数列

$$u_1(x), u_2(x), u_3(x), \cdots, u_n(x), \cdots,$$

则由这函数列构成的表达式

$$u_1(x)+u_2(x)+u_3(x)+\cdots+u_n(x)+\cdots$$

称为定义在区间 I 上的(**函数项**)**无穷级数**,简称(**函数项**)**级数**.

对于每一个确定的值 $x_0 \in I$,函数项级数成为常数项级数

$$u_1(x_0)+u_2(x_0)+u_3(x_0)+\cdots+u_n(x_0)+\cdots$$

这个级数可能收敛也可能发散.如果级数收敛,就称点 x_0 是函数项级数的**收敛点**;如果级数发散,就称点 x_0 是函数项级数的**发散点**.函数项级数的收敛点的全体称为它的**收敛域**,发散点的全体称为它的**发散域**.

对应于收敛域内的任意一个数 x,函数项级数成为一收敛的常数项级数,因而有一确定的和 s.这样,在收敛域上,函数项级数的和是 x 的函数 $s(x)$,通常称 $s(x)$ 为函数项级数的**和函数**,这函数的定义域就是级数的收敛域,并写成

$$s(x) = u_1(x)+u_2(x)+u_3(x)+\cdots+u_n(x)+\cdots$$

把函数项级数的前 n 项的部分和记作 $s_n(x)$，则在收敛域上有

$$\lim_{n\to\infty} s_n(x) = s(x).$$

记 $r_n(x)=s(x)-s_n(x)$，$r_n(x)$ 叫做**函数项级数的余项**(当然，只有 x 在收敛域上 $r_n(x)$ 才有意义)，并有

$$\lim_{n\to\infty} r_n(x) = 0.$$

11.3.2　幂级数及其收敛性

每一项都是幂函数的级数

$$\sum_{n=0}^{\infty} a_n(t-t_0)^n = a_0 + a_1(t-t_0) + a_2(t-t_0)^2 + \cdots + a_n(t-t_0)^n + \cdots$$

称为**幂级数**，其中常数 $a_n(n=0,1,2,\cdots)$ 称为**幂级数的系数**. 作变换 $t-t_0=x$，则级数化为

$$\sum_{n=0}^{\infty} a_n x^n = a_0 + a_1 x + a_2 x^2 + \cdots + a_n x^n + \cdots.$$

因为由此级数不难推知上面级数的性质，所以下面主要讨论这样的幂级数. 容易了解，任何幂级数至少有一个收敛点 $x=0$. 为了研究幂级数的收敛域的特点，先看三个例子.

例 11.28　级数 $\sum\limits_{n=1}^{\infty} \dfrac{x^n}{n!}$ 在任意点 $x \in (-\infty, +\infty)$ 处收敛.

事实上，当 $x=0$ 时，级数收敛；当 $x\neq 0$ 时，

$$\lim_{n\to\infty}\left|\frac{u_{n+1}}{u_n}\right| = \lim_{n\to\infty}\left|\frac{x^{n+1}}{(n+1)!}\cdot\frac{n!}{x^n}\right| = \lim_{n\to\infty}\frac{|x|}{n+1} = 0 < 1,$$

于是由达朗贝尔判别法知，级数 $\sum\limits_{n=1}^{\infty} \dfrac{x^n}{n!}$ 收敛.

例 11.29　级数 $\sum\limits_{n=1}^{\infty} (n!)x^n$ 只在一个点 $x=0$ 处收敛.

事实上，当 $x\neq 0$ 时，

$$\lim_{n\to\infty}\left|\frac{u_{n+1}}{u_n}\right| = \lim_{n\to\infty}\left|\frac{(n+1)!x^{n+1}}{n!x^n}\right| = \lim_{n\to\infty}(n+1)|x| = +\infty,$$

于是由达朗贝尔判别法知，此级数发散.

例 11.30　级数 $\sum\limits_{n=1}^{\infty} \dfrac{x^n}{n}$ 在区间 $[-1,1)$ 内收敛.

事实上，当 $x=0$ 时，级数收敛；当 $x\neq 0$ 时，

$$\lim_{n\to\infty}\left|\frac{u_{n+1}}{u_n}\right| = \lim_{n\to\infty}\left|\frac{x^{n+1}}{(n+1)}\cdot\frac{n}{x^n}\right|$$

$$=\lim_{n\to\infty}\frac{n|x|}{n+1}=|x|,$$

由达朗贝尔判别法知，当$|x|<1$时级数收敛，当$|x|>1$级数发散. 当$x=1$时，级数化为调和级数$\sum_{n=1}^{\infty}\frac{1}{n}$，它是发散的；当$x=-1$时，级数化为

$$\sum_{n=1}^{\infty}\frac{(-1)^n}{n},$$

由莱布尼茨判别法知，级数收敛.

这三个例子代表了幂级数收敛域的以下三种情形：

(1) 收敛域为整个实数轴$(-\infty,+\infty)$；

(2) 收敛域由一个点$x=0$组成；

(3) 收敛域是一个对称的有限区间(端点处要另行讨论).

下面的引理和定理将说明：对于一般的幂级数$\sum_{n=0}^{\infty}a_nx^n$，其收敛域必是这三种情形之一.

引理 11.1(阿贝尔第一定理) 若幂级数在点$x_1(\neq 0)$处收敛，则对于满足不等式

$$|x|<|x_1|$$

的一切点x，幂级数绝对收敛；若幂级数在点$x_2(\neq 0)$处发散，则对于满足不等式

$$|x|>|x_2|$$

的一切点x，幂级数发散.

证 首先，设$\sum_{n=0}^{\infty}a_nx^n$在点$x_1(\neq 0)$处收敛，即数项级数$\sum_{n=0}^{\infty}a_nx_1^n$收敛，则其一般项必趋于零，即有

$$\lim_{n\to\infty}a_nx_1^n=0,$$

因而数列$\{a_nx_1^n\}$有界，即存在常数$M>0$，使得

$$|a_nx_1^n|\leqslant M,\quad n=0,1,2,\cdots.$$

当$|x|<|x_1|$时，对于$n=0,1,2,\cdots$有

$$|a_nx^n|=|a_nx_1^n|\cdot\left|\frac{x}{x_1}\right|^n\leqslant M\left|\frac{x}{x_1}\right|^n,\quad n=0,1,2,\cdots,$$

而$\left|\frac{x}{x_1}\right|<1$，等比级数$\sum_{n=0}^{\infty}M\left|\frac{x}{x_1}\right|^n$收敛，于是由比较判别法知，级数$\sum_{n=0}^{\infty}|a_nx^n|$收敛，即$\sum_{n=0}^{\infty}a_nx^n$绝对收敛.

其次，设$\sum_{n=0}^{\infty}a_nx_2^n$发散，要证$\sum_{n=0}^{\infty}a_nx^n$对于一切满足

$$|x|>|x_2|$$

的点 x 都发散. 用反证法，若有一点 x_0 满足 $|x_0|>|x_2|$，而级数 $\sum_{n=0}^{\infty}a_nx_0^n$ 收敛，则由上面的证明知，级数 $\sum_{n=0}^{\infty}a_nx_2^n$ 绝对收敛，从而收敛，矛盾. 于是引理得证.

这个引理说明：当幂级数既有非零的收敛点又有发散点时，它的收敛点和发散点必分成互相隔离的两部分，它们各自密集地排列在实数轴上. 如果从原点（这是收敛点）出发，在实数轴上等距离地向远离原点的两个方向走，那么首先碰到的必是收敛点，然后才是发散点. 并且，只要碰到一个发散点后，就永远不会再碰到一个收敛点. 这样，收敛点集与发散点集之间，必有分界点 P,P'. 这两个点关于原点对称，它们可能是收敛点，也可能是发散点（图 11.5）.

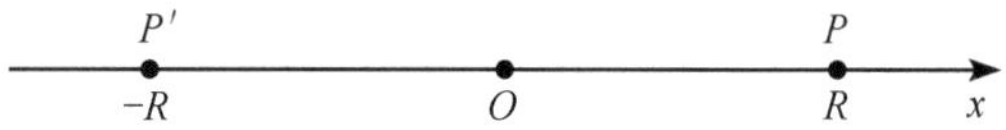

图 11.5

由以上直观分析，可得下面定理.

定理 11.17　如果幂级数既有非零的收敛点，又有发散点，那么必存在唯一确定的正数 R，使得

(1) 当 $|x|<R$ 时，幂级数绝对收敛；

(2) 当 $|x|>R$ 时，幂级数发散.

定义 11.4　上面定理 11.17 中的正数 R 称为幂级数的**收敛半径**，区间 $(-R,R)$ 称为幂级数的**收敛区间**.

当幂级数在整个区间 $(-\infty,+\infty)$ 上都收敛时，则规定收敛半径 $R=+\infty$；当幂级数只在一个点 $x=0$ 处收敛时，则规定收敛半径 $R=0$.

下面给出根据幂级数的系数来求收敛半径的公式.

定理 11.18　若幂级数 $\sum_{n=0}^{\infty}a_nx^n$ 的相邻两项系数之比满足条件

$$\lim_{n\to\infty}\left|\frac{a_{n+1}}{a_n}\right|=\rho,$$

则

(1) 当 $0<\rho<+\infty$ 时，收敛半径 $R=\frac{1}{\rho}$；

(2) 当 $\rho=0$ 时，收敛半径 $R=+\infty$；

(3) 当 $\rho=+\infty$ 时，收敛半径 $R=0$.

收敛半径

证　记 $u_n=a_nx^n$，则由条件知

$$\lim_{n\to\infty}\left|\frac{u_{n+1}}{u_n}\right|=\lim_{n\to\infty}\left|\frac{a_{n+1}x^{n+1}}{a_nx^n}\right|$$

$$=\lim_{n\to\infty}\left|\frac{a_{n+1}}{a_n}\right|\cdot|x|=\rho|x|.$$

于是由达朗贝尔判别法知：

(1) 当 $0<\rho<+\infty$时，若 $\rho|x|<1$，即 $|x|<\frac{1}{\rho}$，则幂级数 $\sum\limits_{n=0}^{\infty}a_nx^n$ 收敛；若 $\rho|x|>1$，即 $|x|>\frac{1}{\rho}$，则幂级数 $\sum\limits_{n=0}^{\infty}a_nx^n$ 发散，因此收敛半径 $R=\frac{1}{\rho}$.

(2) 当 $\rho=0$ 时，则对任何实数 x，有 $\rho|x|=0<1$，从而幂级数 $\sum\limits_{n=0}^{\infty}a_nx^n$ 收敛，因此收敛半径 $R=+\infty$.

(3) 当 $\rho=+\infty$时，对任何 $x\neq0$ 都有 $\rho|x|=+\infty$，从而幂级数 $\sum\limits_{n=0}^{\infty}a_nx^n$ 发散，因此收敛半径 $R=0$.

例 11.31 求幂级数 $\sum\limits_{n=1}^{\infty}\frac{(-2)^n}{n}x^n$ 的收敛半径和收敛域.

解 由

$$\lim_{n\to\infty}\left|\frac{a_{n+1}}{a_n}\right|=\lim_{n\to\infty}\left|\frac{(-2)^{n+1}}{n+1}\cdot\frac{n}{(-2)^n}\right|$$
$$=\lim_{n\to\infty}\frac{2n}{n+1}=2$$

知，收敛半径 $R=\frac{1}{2}$，收敛区间为$\left(-\frac{1}{2},\frac{1}{2}\right)$. 再考察端点：

当 $x=-\frac{1}{2}$时，级数化为 $\sum\limits_{n=1}^{\infty}\frac{1}{n}$，因此发散；

当 $x=\frac{1}{2}$时，级数化为 $\sum\limits_{n=1}^{\infty}(-1)^n\frac{1}{n}$，由莱布尼茨判别法知其收敛.

综上得到原级数的收敛域为$\left(-\frac{1}{2},\frac{1}{2}\right]$.

例 11.32 求幂级数

$$x+2x^3+2^2x^5+\cdots+2^{n-1}x^{2n-1}+\cdots$$

的收敛半径和收敛域.

解 考虑级数 $\sum\limits_{n=1}^{\infty}u_n$，其中 $u_n=2^{n-1}x^{2n-1}$，$u_{n+1}=2^nx^{2n+1}$，则

$$\lim_{n\to\infty}\left|\frac{u_{n+1}}{u_n}\right|=\lim_{n\to\infty}2|x|^2=2|x|^2,$$

于是由达朗贝尔判别法知：

当 $2|x|^2<1$ 即 $|x|<\frac{1}{\sqrt{2}}$时，级数 $\sum\limits_{n=1}^{\infty}u_n$ 绝对收敛，即原级数绝对收敛；

当 $2|x|^2>1$ 即 $|x|>\frac{1}{\sqrt{2}}$ 时,级数 $\sum\limits_{n=1}^{\infty}u_n$ 发散,即原级数发散;

当 $x=-\frac{1}{\sqrt{2}}$ 时,级数的一般项为

$$u_n=2^{n-1}\left(-\frac{1}{\sqrt{2}}\right)^{2n-1}=-\frac{\sqrt{2}}{2},$$

所以原级数发散;

同理知,原级数在 $x=\frac{1}{\sqrt{2}}$ 处也发散.

综上得原级数的收敛域为 $\left(-\frac{1}{\sqrt{2}},\frac{1}{\sqrt{2}}\right)$.

有时利用达朗贝尔判别法求收敛半径并不很方便,则可以使用柯西判别法. 例如,对于级数

$$\sum_{n=1}^{\infty}(-1)^n\left(1-\frac{2}{n}\right)^{n^2}(x+1)^n,$$

记 $u_n=(-1)^n\left(1-\frac{2}{n}\right)^{n^2}(x+1)^n$,则

$$\lim_{n\to\infty}\sqrt[n]{|u_n|}=\lim_{n\to\infty}\left(1-\frac{2}{n}\right)^n\cdot|x+1|=\frac{1}{e^2}|x+1|.$$

由柯西判别法知,当 $\frac{1}{e^2}|x+1|<1$,即 $-1-e^2<x<-1+e^2$ 时,级数绝对收敛;当 $\frac{1}{e^2}|x+1|>1$ 时,级数发散.

再讨论端点:

当 $x=-1+e^2$ 时,原级数化为

$$\sum_{n=1}^{\infty}(-1)^n\left(1-\frac{2}{n}\right)^{n^2}e^{2n},$$

其一般项不趋于零,因此级数发散;

当 $x=-1-e^2$ 时,原级数化为

$$\sum_{n=1}^{\infty}\left(1-\frac{2}{n}\right)^{n^2}e^{2n},$$

显然也发散.

综上所述,原级数的收敛域为 $(-1-e^2,-1+e^2)$.

例 11.33　求幂级数 $\sum\limits_{n=1}^{\infty}\frac{(x-1)^n}{2^n\cdot n}$ 的收敛域.

解　令 $t=x-1$,上述级数变为

$$\sum_{n=1}^{\infty} \frac{t^n}{2^n \cdot n}.$$

因为

$$\rho = \lim_{n\to\infty}\left|\frac{a_{n+1}}{a_n}\right| = \lim_{n\to\infty}\frac{2^n \cdot n}{2^{n+1}(n+1)} = \frac{1}{2},$$

所以收敛半径 $R=2$. 收敛区间为 $|t|<2$,即 $-1<x<3$.

当 $x=3$ 时,级数变为 $\sum\limits_{n=1}^{\infty}\frac{1}{n}$,此级数发散;当 $x=-1$ 时,级数变为 $\sum\limits_{n=1}^{\infty}\frac{(-1)^n}{n}$,此级数收敛. 因此原级数的收敛域为 $[-1,3)$.

11.3.3 幂级数的运算

设幂级数

$$a_0+a_1x+a_2x^2+\cdots+a_nx^n+\cdots$$

及

$$b_0+b_1x+b_2x^2+\cdots+b_nx^n+\cdots$$

分别在区间 $(-R,R)$ 及 $(-R',R')$ 内收敛,对于这两个幂级数,可以进行下列四则运算:

加法

$$\begin{aligned}&(a_0+a_1x+a_2x^2+\cdots+a_nx^n+\cdots)+(b_0+b_1x+b_2x^2+\cdots+b_nx^n+\cdots)\\=&(a_0+b_0)+(a_1+b_1)x+(a_2+b_2)x^2+\cdots+(a_n+b_n)x^n+\cdots.\end{aligned}$$

减法

$$\begin{aligned}&(a_0+a_1x+a_2x^2+\cdots+a_nx^n+\cdots)-(b_0+b_1x+b_2x^2+\cdots+b_nx^n+\cdots)\\=&(a_0-b_0)+(a_1-b_1)x+(a_2-b_2)x^2+\cdots+(a_n-b_n)x^n+\cdots.\end{aligned}$$

根据收敛级数的基本性质,上面两式在 $(-R,R)$ 与 $(-R',R')$ 中较小的区间内成立.

乘法

$$\begin{aligned}&(a_0+a_1x+a_2x^2+\cdots+a_nx^n+\cdots)\cdot(b_0+b_1x+b_2x^2+\cdots+b_nx^n+\cdots)\\=&a_0b_0+(a_0b_1+a_1b_0)x+(a_0b_2+a_1b_1+a_2b_0)x^2+\cdots\\&+(a_0b_n+a_1b_{n-1}+\cdots+a_nb_0)x^n+\cdots.\end{aligned}$$

这是两个幂级数的**柯西乘积**. 可以证明上式在 $(-R,R)$ 与 $(-R',R')$ 中较小的区间内成立.

除法

$$\frac{a_0+a_1x+a_2x^2+\cdots+a_nx^n+\cdots}{b_0+b_1x+b_2x^2+\cdots+b_nx^n+\cdots}=c_0+c_1x+c_2x^2+\cdots+c_nx^n+\cdots,$$

其中假设 $b_0\neq 0$. 为了决定系数 $c_0,c_1,c_2,\cdots,c_n,\cdots$,可以将级数 $\sum\limits_{n=0}^{\infty}b_nx^n$ 与 $\sum\limits_{n=0}^{\infty}c_nx^n$

相乘,并令乘积中各项的系数分别等于级数$\sum\limits_{n=0}^{\infty} a_n x^n$中同次幂的系数,即得

$$a_0 = b_0 c_0,$$
$$a_1 = b_1 c_0 + b_0 c_1,$$
$$a_2 = b_2 c_0 + b_1 c_1 + b_0 c_2,$$
$$\cdots$$

由这些方程就可以依次求出 $c_0, c_1, c_2, \cdots, c_n, \cdots$.

相除后所得的幂级数 $\sum\limits_{n=0}^{\infty} c_n x^n$ 的收敛区间可能比原来两级数的收敛区间小得多.

幂级数的运算　　幂级数求和

关于幂级数的和函数有下列重要性质:

性质 11.1　幂级数 $\sum\limits_{n=0}^{\infty} a_n x^n$ 的和函数 $s(x)$在其收敛域 I 上连续.

性质 11.2　幂级数 $\sum\limits_{n=0}^{\infty} a_n x^n$ 的和函数 $s(x)$在其收敛域 I 上可积,并有逐项积分公式

$$\int_0^x s(x)\mathrm{d}x = \int_0^x \Big[\sum_{n=0}^{\infty} a_n x^n\Big]\mathrm{d}x = \sum_{n=0}^{\infty}\int_0^x a_n x^n \mathrm{d}x$$
$$= \sum_{n=0}^{\infty} \frac{a_n}{n+1} x^{n+1}, \quad x \in I,$$

逐项积分后所得到的幂级数和原级数有相同的收敛半径.

性质 11.3　幂级数 $\sum\limits_{n=0}^{\infty} a_n x^n$ 的和函数 $s(x)$在其收敛区间$(-R,R)$内可导,且有逐项求导公式

$$s'(x) = \Big(\sum_{n=0}^{\infty} a_n x^n\Big)' = \sum_{n=0}^{\infty} (a_n x^n)' = \sum_{n=1}^{\infty} n a_n x^{n-1}, \quad |x| < R,$$

逐项求导后所得到的幂级数和原级数有相同的收敛半径.

反复应用上述结论,可知幂级数 $\sum\limits_{n=0}^{\infty} a_n x^n$ 的和函数 $s(x)$在其收敛区间$(-R,R)$内具有任意阶导数.

例 11.34 求幂级数 $\sum\limits_{n=0}^{\infty}\dfrac{x^n}{n+1}$ 的和函数.

解 先求收敛域. 由

$$\lim_{n\to\infty}\left|\frac{a_{n+1}}{a_n}\right|=\lim_{n\to\infty}\frac{n+1}{n+2}=1,$$

得收敛半径 $R=1$.

在端点 $x=-1$ 处,幂级数为 $\sum\limits_{n=0}^{\infty}\dfrac{(-1)^n}{n+1}$,是收敛的交错级数;在端点 $x=1$ 处,幂级数为 $\sum\limits_{n=0}^{\infty}\dfrac{1}{n+1}$,是发散的. 因此收敛域为 $I=[-1,1)$.

设和函数为 $s(x)$,即

$$s(x)=\sum_{n=0}^{\infty}\frac{x^n}{n+1},\quad x\in[-1,1).$$

于是

$$xs(x)=\sum_{n=0}^{\infty}\frac{x^{n+1}}{n+1}.$$

逐项求导,并由

$$\frac{1}{1-x}=1+x+x^2+\cdots+x^n+\cdots,\quad -1<x<1,$$

得

$$[xs(x)]'=\sum_{n=0}^{\infty}\left(\frac{x^{n+1}}{n+1}\right)'=\sum_{n=0}^{\infty}x^n=\frac{1}{1-x},\quad |x|<1.$$

对上式从 0 到 x 积分,得

$$xs(x)=\int_0^x\frac{1}{1-x}\mathrm{d}x=-\ln(1-x),\quad -1\leqslant x<1.$$

于是,当 $x\neq 0$ 时,有 $s(x)=-\dfrac{1}{x}\ln(1-x)$.

而 $s(0)$ 可由 $s(0)=a_0=1$ 得出,也可由和函数的连续性得到,即

$$s(0)=\lim_{x\to 0}s(x)=\lim_{x\to 0}\left[-\frac{1}{x}\ln(1-x)\right]=1.$$

故

$$s(x)=\begin{cases}-\dfrac{1}{x}\ln(1-x), & x\in[-1,0)\cup(0,1),\\ 1, & x=0.\end{cases}$$

例 11.35 利用幂级数的和函数求下列数项级数的和:

(1) $\sum\limits_{n=1}^{\infty}\dfrac{2n}{3^n}$; (2) $\sum\limits_{n=1}^{\infty}\dfrac{n(n+1)}{2^n}$.

解　(1) 易知此级数收敛，且有

$$\sum_{n=1}^{\infty}\frac{2n}{3^n}=\frac{2}{3}\sum_{n=1}^{\infty}n\cdot\left(\frac{1}{3}\right)^{n-1}.$$

级数$\sum_{n=1}^{\infty}n\cdot\left(\frac{1}{3}\right)^{n-1}$可看作幂级数$\sum_{n=1}^{\infty}nx^{n-1}$在点$x=\frac{1}{3}$处的值，因此只需设法求出幂级数$\sum_{n=1}^{\infty}nx^{n-1}$的和.

考虑熟知的等比级数$\sum_{n=1}^{\infty}x^n$，即

$$\frac{x}{1-x}=x+x^2+\cdots+x^n+\cdots,\quad x\in(-1,1),$$

两边求导，得

$$\frac{1}{(1-x)^2}=1+2x+\cdots+nx^{n-1}+\cdots,\quad x\in(-1,1),$$

即

$$\sum_{n=1}^{\infty}nx^{n-1}=\frac{1}{(1-x)^2},\quad x\in(-1,1).$$

令$x=\frac{1}{3}$，得

$$\sum_{n=1}^{\infty}n\left(\frac{1}{3}\right)^{n-1}=\frac{1}{\left(1-\frac{1}{3}\right)^2}=\frac{9}{4}.$$

从而

$$\sum_{n=1}^{\infty}\frac{2n}{3^n}=\frac{2}{3}\sum_{n=1}^{\infty}n\left(\frac{1}{3}\right)^{n-1}=\frac{2}{3}\times\frac{9}{4}=\frac{3}{2}.$$

(2) 考虑幂级数$\sum_{n=1}^{\infty}\frac{n(n+1)}{2^n}x^{n-1}$，由达朗贝尔判别法知，当$|x|<2$时，它是收敛的，而数项级数$\sum_{n=1}^{\infty}\frac{n(n+1)}{2^n}$正是此幂级数在$x=1$时的值，因此只需求出幂级数的和函数. 设和函数为$s(x)$，则

$$s(x)=\sum_{n=1}^{\infty}\frac{n(n+1)}{2^n}x^{n-1}=\sum_{n=1}^{\infty}\frac{n+1}{2^n}\cdot nx^{n-1},\quad |x|<2.$$

两边求积分，得

$$\sigma(x)=\int_0^x s(t)\mathrm{d}t=\sum_{n=1}^{\infty}\frac{n+1}{2^n}\int_0^x nt^{n-1}\mathrm{d}t$$

$$=\sum_{n=1}^{\infty}\frac{1}{2^n}(n+1)x^n,\quad |x|<2.$$

两边再求积分,得

$$\begin{aligned}\int_0^x \sigma(t)\mathrm{d}t &= \sum_{n=1}^{\infty}\frac{1}{2^n}\int_0^x (n+1)t^n\mathrm{d}t \\ &= \sum_{n=1}^{\infty}\frac{1}{2^n}x^{n+1} = 2\sum_{n=1}^{\infty}\left(\frac{x}{2}\right)^{n+1} \\ &= 2\cdot\frac{\left(\frac{x}{2}\right)^2}{1-\frac{x}{2}} = \frac{x^2}{2-x},\quad |x|<2.\end{aligned}$$

两边求导,得

$$\sigma(x) = \left(\frac{x^2}{2-x}\right)' = \frac{4x-x^2}{(2-x)^2},\quad |x|<2.$$

两边再求导,得

$$s(x) = \sigma'(x) = \left[\frac{4x-x^2}{(2-x)^2}\right]' = \frac{8}{(2-x)^3},\quad |x|<2.$$

令 $x=1$,得所求数项级数的和

$$\sum_{n=1}^{\infty}\frac{n(n+1)}{2^n} = s(1) = 8.$$

习题 11.3

1. 求下列幂级数的收敛区间:

(1) $x+2x^2+3x^3+\cdots+nx^n+\cdots$;

(2) $1-x+\frac{x^2}{2^2}+\cdots+(-1)^n\frac{x^n}{n^2}+\cdots$;

(3) $\frac{x}{2}+\frac{x^2}{2\cdot 4}+\frac{x^3}{2\cdot 4\cdot 6}+\cdots+\frac{x^n}{2\cdot 4\cdot\cdots\cdot(2n)}+\cdots$;

(4) $\frac{x}{1\cdot 3}+\frac{x^2}{2\cdot 3^2}+\frac{x^3}{3\cdot 3^3}+\cdots+\frac{x^n}{n\cdot 3^n}+\cdots$;

(5) $\frac{2}{2}x+\frac{2^2}{5}x^2+\frac{2^3}{10}x^3+\cdots+\frac{2^n}{n^2+1}x^n+\cdots$;

(6) $\sum_{n=1}^{\infty}(-1)^n\frac{x^{2n+1}}{2n+1}$;

(7) $\sum_{n=1}^{\infty}\frac{2n-1}{2^n}x^{2n-2}$;

(8) $\sum_{n=1}^{\infty}\frac{(x-5)^n}{\sqrt{n}}$;

(9) $\sum_{n=1}^{\infty}\frac{3^n+5^n}{n}x^n$;

(10) $\sum_{n=1}^{\infty}\left(1+\frac{1}{n}\right)^{n^2}x^n$;

(11) $\sum_{n=1}^{\infty}n(x+1)^n$;

(12) $\sum_{n=1}^{\infty}\frac{n}{2^n}x^{2n}$.

2. 求下列级数的收敛区间,并讨论在端点是否收敛:

(1) $x+\frac{x^2}{\sqrt{2}}+\frac{x^3}{\sqrt{3}}+\cdots$;　(2) $x+x^4+x^9+x^{16}+\cdots$;

(3) $\sum_{n=1}^{\infty}\frac{\ln(n+1)}{n+1}x^n$;　(4) $1-\frac{\theta^2}{2!}+\frac{\theta^4}{4!}-\frac{\theta^6}{6!}+\cdots$;

(5) $\sum_{n=1}^{\infty}\frac{1}{2^n}x^{n^2}$;　(6) $\frac{1}{2}ax+\frac{1}{5}a^2x^2+\frac{1}{10}a^3x^3+\cdots+\frac{1}{n^2+1}a^nx^n+\cdots(a>0)$;

(7) $\sum_{n=1}^{\infty}\frac{x^n}{a^n+b^n}(a>0,b>0)$;　(8) $\sum_{n=1}^{\infty}\left(1+\frac{1}{2}+\cdots+\frac{1}{n}\right)x^n$;

(9) $\sum_{n=1}^{\infty}\frac{(2n)!}{(n!)^2}x^n$;　(10) $\sum_{n=1}^{\infty}\frac{3^n+(-2)^n}{n}(x+1)^n$;

(11) $(2x+1)+\frac{1}{2}(2x+1)^2+\frac{1}{3}(2x+1)^3+\cdots$;

(12) $\ln x+(\ln x)^2+(\ln x)^3+\cdots$;

(13) $\sum_{n=1}^{\infty}\frac{n^2}{x^n}$;　(14) $\sum_{n=0}^{\infty}\frac{1}{2n+1}\left(\frac{1-x}{1+x}\right)^n$.

3. 设幂级数 $\sum_{n=0}^{\infty}a_nx^n$ 与 $\sum_{n=0}^{\infty}b_nx^n$ 的收敛半径分别为 R_1 与 R_2,当 $R_1<R_2$ 时,求 $\sum_{n=0}^{\infty}(a_n+b_n)x^n$ 的收敛半径;若 $R_1=R_2$,能否求收敛半径?

4. 求下列幂级数的和函数:

(1) $\sum_{n=1}^{\infty}\frac{2n-1}{2^n}x^{2(n-1)}$;　(2) $\sum_{n=1}^{\infty}\frac{(-1)^{n-1}}{2n-1}x^{2n-1}$;

(3) $\sum_{n=1}^{\infty}n(x-1)^n$;　(4) $\sum_{n=1}^{\infty}\frac{x^n}{n(n+1)}$.

5. 利用逐项求导或逐项积分,求下列级数的和函数:

(1) $\sum_{n=1}^{\infty}nx^{n-1}$;

(2) $\sum_{n=1}^{\infty}\frac{x^{4n+1}}{4n+1}$;

(3) $x+\frac{x^3}{3}+\frac{x^5}{5}+\cdots+\frac{x^{2n-1}}{2n-1}+\cdots$;

(4) $\sum_{n=1}^{\infty}n(n+1)x^n$;

(5) $\sum_{n=1}^{\infty}\frac{(-1)^{n-1}}{n(2n-1)}x^{2n}$;

(6) $\sum\limits_{n=0}^{\infty}\frac{(2n+1)}{n!}x^{2n}$.

6. 设 $f(x)=\sum\limits_{n=0}^{\infty}a_nx^n(|x|<R)$,证明

$$a_n=\frac{1}{n!}f^{(n)}(0),\quad n=0,1,2,\cdots.$$

7. 证明函数 $y=\sum\limits_{n=0}^{\infty}\frac{x^n}{(n!)^2}$ 满足方程 $xy''+y'-y=0$.

11.4 函数展开成幂级数

当一个幂级数 $\sum\limits_{n=0}^{\infty}a_n(x-x_0)^n$ 的收敛半径 $R>0$ 时,则在收敛区间 (x_0-R,x_0+R) 内,该幂级数收敛到它的和函数 $s(x)$,即

$$s(x)=\sum_{n=0}^{\infty}a_n(x-x_0)^n,\quad x\in(x_0-R,x_0+R),$$

并且具有可以逐项积分和逐项求导等性质.

由于幂级数的这些性质对研究函数有着重要作用,那么,对于一个已知函数 $f(x)$ 来说,在某个区间上是否可以用幂级数来表示?就是说,是否能找到这样一个幂级数,它在某区间内收敛,且其和恰好就是给定的函数 $f(x)$. 如果能找到这样的幂级数,就说此幂级数在该区间内就表达了函数 $f(x)$.

假设函数 $f(x)$ 在点 x_0 的某邻域 $U(x_0)$ 内能展开成幂级数,即有

$$f(x)=a_0+a_1(x-x_0)+a_2(x-x_0)^2+\cdots+a_n(x-x_0)^n+\cdots,\quad x\in U(x_0),$$

那么,根据和函数的性质,可知 $f(x)$ 在 $U(x_0)$ 内应具有任意阶导数,且

$$f^{(n)}(x)=n!a_n+(n+1)!a_{n+1}(x-x_0)+\frac{(n+2)!}{2!}a_{n+2}(x-x_0)^2+\cdots,$$

由此可得

$$f^{(n)}(x_0)=n!a_n,$$

于是

$$a_n=\frac{1}{n!}f^{(n)}(x_0),\quad n=0,1,2,\cdots.$$

这就表明,如果函数 $f(x)$ 有幂级数展开式,那么该幂级数必为

$$f(x_0)+f'(x_0)(x-x_0)+\frac{f''(x_0)}{2!}(x-x_0)^2+\cdots+\frac{f^{(n)}(x_0)}{n!}(x-x_0)^n+\cdots$$

$$=\sum_{n=0}^{\infty}\frac{f^{(n)}(x_0)}{n!}(x-x_0)^n$$

而展开式必为

$$f(x)=\sum_{n=0}^{\infty}\frac{f^{(n)}(x_0)}{n!}(x-x_0)^n,\quad x\in U(x_0).$$

定义 11.5　若函数 $f(x)$ 在点 $x=x_0$ 处具有任意阶导数，则称幂级数

$$\sum_{n=0}^{\infty}\frac{f^{(n)}(x_0)}{n!}(x-x_0)^n$$

$$=f(x_0)+f'(x_0)(x-x_0)+\frac{f''(x_0)}{2!}(x-x_0)^2+\cdots+\frac{f^{(n)}(x_0)}{n!}(x-x_0)^n+\cdots$$

为函数 $f(x)$ 在点 $x=x_0$ 处的**泰勒级数**，可记作

$$f(x)\sim\sum_{n=0}^{\infty}\frac{f^{(n)}(x_0)}{n!}(x-x_0)^n.$$

当 $x_0=0$ 时，称为**麦克劳林级数**.

定义 11.6　若函数 $f(x)$ 在点 $x=x_0$ 处具有任意阶导数，且在含有点 x_0 的某个区间 I 内可以表示成它的泰勒级数，即等式

$$f(x)=\sum_{n=0}^{\infty}\frac{f^{(n)}(x_0)}{n!}(x-x_0)^n,\quad x\in I$$

成立，则称 $f(x)$ 在区间 I 内可展开成(或能表示为)它的**泰勒级数**.

定理 11.19　设函数 $f(x)$ 在点 x_0 的某一邻域 $U(x_0)$ 内具有各阶导数，则 $f(x)$ 在该邻域内能展开成泰勒级数的充分必要条件是在该邻域内 $f(x)$ 的泰勒公式中的余项 $R_n(x)$ 当 $n\to\infty$ 时的极限为零，即

$$\lim_{n\to\infty}R_n(x)=0,\quad x\in U(x_0).$$

证　$f(x)$ 的 n 阶泰勒公式为

$$f(x)=p_n(x)+R_n(x),$$

其中

$$p_n(x)=f(x_0)+f'(x_0)(x-x_0)+\frac{f''(x_0)}{2!}(x-x_0)^2+\cdots+\frac{f^{(n)}(x_0)}{n!}(x-x_0)^n$$

叫做函数 $f(x)$ 的 **n 次泰勒多项式**，而

$$R_n(x)=f(x)-p_n(x)$$

就是定理中所指的余项.

由于 n 次泰勒多项式 $p_n(x)$ 就是级数的前 $n+1$ 项部分和，根据级数收敛的定义，即有

$$\sum_{n=0}^{\infty}\frac{1}{n!}f^{(n)}(x_0)(x-x_0)^n=f(x),\quad x\in U(x_0)$$

$$\Leftrightarrow\lim_{n\to\infty}p_n(x)=f(x),\quad x\in U(x_0)$$

$$\Leftrightarrow\lim_{n\to\infty}[f(x)-p_n(x)]=0,\quad x\in U(x_0)$$

$$\Leftrightarrow \lim_{n\to\infty} R_n(x) = 0, \quad x \in U(x_0).$$

下面主要介绍函数的麦克劳林展开式,即 $x_0=0$ 时的泰勒展开式.

由以上讨论可知,将已知函数 $f(x)$展开成麦克劳林级数的一般步骤为:

(1) 计算出在点 $x_0=0$ 处的函数值 $f(0)$及各阶导数值 $f^{(n)}(0)(n=1,2,\cdots)$,写出 $f(x)$的麦克劳林级数,即

$$f(x) \sim \sum_{n=0}^{\infty} \frac{f^{(n)}(0)}{n!} x^n = f(0) + f'(0)x + \frac{1}{2!} f''(0)x^2 + \cdots + \frac{1}{n!} f^{(n)}(0)x^n + \cdots;$$

(2) 求出此级数的收敛区间$(-R,R)$;

(3) 对于收敛区间$(-R,R)$内任一点 x,考察余项 $R_n(x)$当 $n\to\infty$时是否以 0 为极限. 若$\lim\limits_{n\to\infty} R_n(x)=0$,则可写出等式

$$f(x) = \sum_{n=0}^{\infty} \frac{f^{(n)}(0)}{n!} x^n, \quad x \in (-R,R),$$

这就是 $f(x)$的麦克劳林级数展开式.

函数展开为幂级数　　函数展开成幂级数举例　　函数展开成幂级数举例(续)

例 11.36 试将 e^x 展开为麦克劳林级数.

解 容易写出 e^x 的麦克劳林级数

$$e^x \sim 1 + \frac{x}{1!} + \frac{x^2}{2!} + \cdots + \frac{x^n}{n!} + \cdots,$$

且右端级数的收敛区间为$(-\infty,+\infty)$.

再看此级数是否收敛到 e^x.

对于任意固定的 $x\in(-\infty,+\infty)$,由不等式

$$|R_n(x)| = \left| \frac{e^{\theta x}}{(n+1)!} x^{n+1} \right| \leqslant \frac{e^{|x|}}{(n+1)!} |x|^{n+1}, \quad 0<\theta<1$$

知$\lim\limits_{n\to\infty} R_n(x)=0$,因此有等式

$$e^x = 1 + \frac{x}{1!} + \frac{x^2}{2!} + \cdots + \frac{x^n}{n!} + \cdots, \quad x \in (-\infty,+\infty).$$

这就是 e^x 的麦克劳林展开式.

如果在 $x=0$ 附近,用级数的部分和(即多项式)近似代替 e^x,那么随着项数的增加,它们就越来越接近于 e^x,如图 11.6 所示.

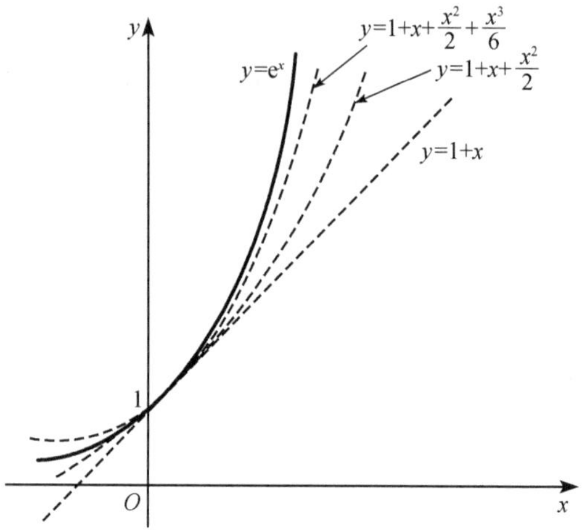

图 11.6

例 11.37　写出 $\sin x, \cos x$ 的麦克劳林展开式.

解　设 $f(x)=\sin x$,则

$$f^{(n)}(x)=(\sin x)^{(n)}=\sin\left(x+\frac{n\pi}{2}\right),\quad n=1,2,\cdots,$$

因此

$$f(0)=0,\quad f'(0)=1,\quad f''(0)=-1,\cdots,$$
$$f^{(2n-1)}(0)=(-1)^{n-1},\quad f^{(2n)}(0)=0,\cdots.$$

于是得到麦克劳林级数

$$\sin x\sim x-\frac{x^3}{3!}+\frac{x^5}{5!}-\cdots+(-1)^{n-1}\frac{x^{2n-1}}{(2n-1)!}+\cdots,$$

由达朗贝尔判别法知,右端级数的收敛区间为$(-\infty,+\infty)$.

再看此级数在$(-\infty,+\infty)$内是否收敛到 $\sin x$.

由 $R_n(x)=(-1)^n\frac{\cos\theta x}{(2n+1)!}x^{2n+1}(0<\theta<1)$知,对于任意 $x\in(-\infty,+\infty)$,有

$$|R_n(x)|\leqslant\frac{1}{(2n+1)!}|x|^{2n+1},$$

因此$\lim\limits_{n\to\infty}R_n(x)=0$,从而得到麦克劳林展开式

$$\sin x=x-\frac{x^3}{3!}+\frac{x^5}{5!}-\cdots+(-1)^{n-1}\frac{x^{2n-1}}{(2n-1)!}+\cdots,\quad x\in(-\infty,+\infty).$$

同理得

$$\cos x=1-\frac{x^2}{2!}+\frac{x^4}{4!}-\cdots+(-1)^n\frac{x^{2n}}{(2n)!}+\cdots,\quad x\in(-\infty,+\infty).$$

注 11.4　也可由 $\sin x$ 及其展开式通过逐项求导得到 $\cos x$ 的展开式.

例 11.38 将函数 $f(x)=(1+x)^m$ 展开成 x 的幂级数,其中 m 为任意实数.

解 $f(x)$的各阶导数为

$$f'(x)=m(1+x)^{m-1},$$
$$f''(x)=m(m-1)(1+x)^{m-2},$$
$$\cdots$$
$$f^{(n)}(x)=m(m-1)(m-2)\cdots(m-n+1)(1+x)^{m-n},$$
$$\cdots$$

所以

$$f(0)=1,\quad f'(0)=m,\quad f''(0)=m(m-1),\quad \cdots,$$
$$f^{(n)}(0)=m(m-1)\cdots(m-n+1),$$
$$\cdots$$

于是得级数

$$1+mx+\frac{m(m-1)}{2!}x^2+\cdots+\frac{m(m-1)\cdots(m-n+1)}{n!}x^n+\cdots.$$

该级数相邻两项的系数之比的绝对值

$$\left|\frac{a_{n+1}}{a_n}\right|=\left|\frac{m-n}{n+1}\right|\to 1,\quad n\to\infty,$$

因此,对于任意实数 m,此级数在开区间$(-1,1)$内收敛.

为了避免直接研究余项,设此级数在开区间$(-1,1)$内收敛到函数 $F(x)$,即

$$F(x)=1+mx+\frac{m(m-1)}{2!}x^2+\cdots+\frac{m(m-1)\cdots(m-n+1)}{n!}x^n+\cdots,\quad -1<x<1,$$

下面证明 $F(x)=(1+x)^m(-1<x<1)$.

对 $F(x)$逐项求导,得

$$F'(x)=m\left[1+\frac{m-1}{1}x+\cdots+\frac{(m-1)\cdots(m-n+1)}{(n-1)!}x^{n-1}+\cdots\right],$$

两边各乘以$(1+x)$,并把含有 $x^n(n=1,2,\cdots)$的两项合并起来.根据恒等式

$$\frac{(m-1)\cdots(m-n+1)}{(n-1)!}+\frac{(m-1)\cdots(m-n)}{n!}=\frac{m(m-1)\cdots(m-n+1)}{n!},\quad n=1,2,\cdots,$$

可得

$$\begin{aligned}&(1+x)F'(x)\\&=m\left[1+mx+\frac{m(m-1)}{2!}x^2+\cdots+\frac{m(m-1)\cdots(m-n+1)}{n!}x^n+\cdots\right]\\&=mF(x),\quad -1<x<1.\end{aligned}$$

现在令

$$\varphi(x)=\frac{F(x)}{(1+x)^m},$$

于是 $\varphi(0)=F(0)=1$,且

$$\begin{aligned}\varphi'(x)&=\frac{(1+x)^mF'(x)-m(1+x)^{m-1}F(x)}{(1+x)^{2m}}\\&=\frac{(1+x)^{m-1}[(1+x)F'(x)-mF(x)]}{(1+x)^{2m}}=0,\end{aligned}$$

所以 $\varphi(x)=c$(常数). 但是 $\varphi(0)=1$,从而 $\varphi(x)=1$,即

$$F(x)=(1+x)^m.$$

因此在区间$(-1,1)$内有展开式

$$\begin{aligned}(1+x)^m=&1+mx+\frac{m(m-1)}{2!}x^2+\cdots\\&+\frac{m(m-1)\cdots(m-n+1)}{n!}x^n+\cdots,\quad -1<x<1.\end{aligned}$$

展开式在区间的端点是否成立要看 m 的数值而定.

此公式叫做**二项展开式**. 特别地,当 m 为正整数时,级数为 x 的 m 次多项式,这就是代数学中的**二项式定理**.

对应于 $m=\frac{1}{2},-\frac{1}{2}$ 的二项式展开式分别为

$$\sqrt{1+x}=1+\frac{1}{2}x-\frac{1}{2\cdot 4}x^2+\frac{1\cdot 3}{2\cdot 4\cdot 6}x^3-\frac{1\cdot 3\cdot 5}{2\cdot 4\cdot 6\cdot 8}x^4+\cdots,\quad -1\leqslant x\leqslant 1,$$

$$\frac{1}{\sqrt{1+x}}=1-\frac{1}{2}x+\frac{1\cdot 3}{2\cdot 4}x^2-\frac{1\cdot 3\cdot 5}{2\cdot 4\cdot 6}x^3+\frac{1\cdot 3\cdot 5\cdot 7}{2\cdot 4\cdot 6\cdot 8}x^4-\cdots,\quad -1<x\leqslant 1.$$

例 11.39 将函数 $f(x)=\ln(1+x)$展开成 x 的幂级数.

解 已知

$$\frac{1}{1+x}=\sum_{n=0}^{\infty}(-1)^nx^n,\quad -1<x<1.$$

两边从 0 到 x 积分,可得

$$\ln(1+x)=\sum_{n=0}^{\infty}\frac{(-1)^n}{n+1}x^{n+1}=\sum_{n=1}^{\infty}\frac{(-1)^{n-1}}{n}x^n,\quad -1<x\leqslant 1.$$

例 11.40 将函数 $f(x)=a^x$ 展开成 x 的幂级数.

解 $a^x=\mathrm{e}^{x\ln a}=\sum\limits_{n=0}^{\infty}\frac{(\ln a)^n}{n!}x^n,\quad -\infty<x<+\infty.$

例 11.41 将函数 $f(x)=\arctan x$ 展开成 x 的幂级数.

解 已知

$$\frac{1}{1+x}=\sum_{n=0}^{\infty}(-1)^n x^n, \quad -1<x<1,$$

所以

$$\frac{1}{1+x^2}=\sum_{n=0}^{\infty}(-1)^n x^{2n}, \quad -1<x<1.$$

对上式从 0 到 x 积分,可得

$$\arctan x=\sum_{n=0}^{\infty}\frac{(-1)^n}{2n+1}x^{2n+1}, \quad -1\leqslant x\leqslant 1.$$

在上式中令 $x=1$,可得

$$\frac{\pi}{4}=1-\frac{1}{3}+\frac{1}{5}-\cdots+(-1)^{n-1}\frac{1}{2n-1}+\cdots.$$

例 11.42 将函数 $f(x)=(1-x)\ln(1+x)$ 展开成 x 的幂级数.

解 由

$$\ln(1+x)=\sum_{n=1}^{\infty}\frac{(-1)^{n-1}}{n}x^n, \quad -1<x\leqslant 1$$

得

$$\begin{aligned}
f(x)&=(1-x)\sum_{n=1}^{\infty}\frac{(-1)^{n-1}}{n}x^n\\
&=\sum_{n=1}^{\infty}\frac{(-1)^{n-1}}{n}x^n-\sum_{n=1}^{\infty}\frac{(-1)^{n-1}}{n}x^{n+1}\\
&=\sum_{n=1}^{\infty}\frac{(-1)^{n-1}}{n}x^n-\sum_{n=2}^{\infty}\frac{(-1)^{n}}{n-1}x^n\\
&=x+\sum_{n=2}^{\infty}\frac{(-1)^{n-1}(2n-1)}{n(n-1)}x^n, \quad -1<x\leqslant 1.
\end{aligned}$$

例 11.43 将函数 $f(x)=\ln x$ 展开成 $(x-2)$ 的幂级数.

解

$$\begin{aligned}
\ln x&=\ln(2+x-2)=\ln 2\left(1+\frac{x-2}{2}\right)\\
&=\ln 2+\ln\left(1+\frac{x-2}{2}\right)\\
&=\ln 2+\frac{1}{2}(x-2)-\frac{1}{2}\cdot\frac{1}{2^2}(x-2)^2+\frac{1}{3}\cdot\frac{1}{2^3}(x-2)^3\\
&\quad+\cdots+(-1)^{n-1}\frac{1}{n}\cdot\frac{1}{2^n}(x-2)^n+\cdots, \quad 0<x\leqslant 4.
\end{aligned}$$

例 11.44 将函数 $f(x)=\sin x$ 展开成 $\left(x-\frac{\pi}{4}\right)$ 的幂级数.

解　因为

$$\begin{aligned}\sin x&=\sin\left[\frac{\pi}{4}+\left(x-\frac{\pi}{4}\right)\right]\\&=\sin\frac{\pi}{4}\cos\left(x-\frac{\pi}{4}\right)+\cos\frac{\pi}{4}\sin\left(x-\frac{\pi}{4}\right)\\&=\frac{1}{\sqrt{2}}\left[\cos\left(x-\frac{\pi}{4}\right)+\sin\left(x-\frac{\pi}{4}\right)\right],\end{aligned}$$

并且有

$$\cos\left(x-\frac{\pi}{4}\right)=1-\frac{\left(x-\frac{\pi}{4}\right)^2}{2!}+\frac{\left(x-\frac{\pi}{4}\right)^4}{4!}-\cdots,\quad -\infty<x<+\infty,$$

$$\sin\left(x-\frac{\pi}{4}\right)=\left(x-\frac{\pi}{4}\right)-\frac{\left(x-\frac{\pi}{4}\right)^3}{3!}+\frac{\left(x-\frac{\pi}{4}\right)^5}{5!}-\cdots,\quad -\infty<x<+\infty,$$

所以

$$\sin x=\frac{1}{\sqrt{2}}\left[1+\left(x-\frac{\pi}{4}\right)-\frac{\left(x-\frac{\pi}{4}\right)^2}{2!}-\frac{\left(x-\frac{\pi}{4}\right)^3}{3!}+\cdots\right],\quad -\infty<x<+\infty.$$

例 11.45　将函数 $f(x)=\dfrac{1}{x^2+4x+3}$展开成$(x-1)$的幂级数.

解　因为

$$\begin{aligned}f(x)&=\frac{1}{x^2+4x+3}=\frac{1}{(x+1)(x+3)}=\frac{1}{2(1+x)}-\frac{1}{2(3+x)}\\&=\frac{1}{4\left(1+\frac{x-1}{2}\right)}-\frac{1}{8\left(1+\frac{x-1}{4}\right)},\end{aligned}$$

并且有

$$\frac{1}{4\left(1+\frac{x-1}{2}\right)}=\frac{1}{4}\sum_{n=0}^{\infty}\frac{(-1)^n}{2^n}(x-1)^n,\quad -1<x<3,$$

$$\frac{1}{8\left(1+\frac{x-1}{4}\right)}=\frac{1}{8}\sum_{n=0}^{\infty}\frac{(-1)^n}{4^n}(x-1)^n,\quad -3<x<5,$$

所以

$$f(x)=\frac{1}{x^2+4x+3}=\sum_{n=0}^{\infty}(-1)^n\left(\frac{1}{2^{n+2}}-\frac{1}{2^{2n+3}}\right)(x-1)^n,\quad -1<x<3.$$

例 11.46　求函数 $f(x)=\dfrac{\ln(1-x)}{1-x}$的麦克劳林展开式.

解 因为

$$\frac{1}{1-x}=1+x+x^2+\cdots+x^n+\cdots,\quad -1<x<1,$$

$$\ln(1-x)=-x-\frac{x^2}{2}-\frac{x^3}{3}-\cdots-\frac{x^{n+1}}{n+1}-\cdots,\quad -1\leqslant x<1.$$

在区间(−1,1)内,以上两级数可以相乘,得

$$\frac{\ln(1-x)}{1-x}=\sum_{n=0}^{\infty}c_nx^n,$$

其中

$$c_n=\sum_{k=0}^{n}a_kb_{n-k}=-\left(1+\frac{1}{2}+\frac{1}{3}+\cdots+\frac{1}{n}\right),$$

于是有展开式

$$\frac{\ln(1-x)}{1-x}=-\sum_{n=0}^{\infty}\left(1+\frac{1}{2}+\frac{1}{3}+\cdots+\frac{1}{n}\right)x^n,\quad -1<x<1.$$

习题 11.4

1. 求函数 $f(x)=\cos x$ 的泰勒级数,并验证它在整个数轴上收敛于此函数.

2. 将下列函数展开成 x 的幂级数,并求展开式成立的区间:

(1) $\operatorname{sh}x=\dfrac{e^x-e^{-x}}{2}$; (2) $\ln(a+x)(a>0)$;

(3) $\sin^2x$; (4) $(1+x)\ln(1+x)$; (5) $\dfrac{x}{\sqrt{1+x^2}}$.

3. 将下列函数展开成 $(x-1)$ 的幂级数,并求展开式成立的区间:

(1) $\sqrt{x^3}$; (2) $\lg x$.

4. 将函数 $f(x)=\cos x$ 展开成 $\left(x+\dfrac{\pi}{3}\right)$ 的幂级数.

5. 将函数 $f(x)=\dfrac{1}{x}$ 展开成 $(x-3)$ 的幂级数.

6. 将函数 $f(x)=\dfrac{1}{x^2+3x+2}$ 展开成 $(x+4)$ 的幂级数.

7. 将下列函数展开成 x 的幂级数:

(1) $\ln(x+\sqrt{x^2+1})$; (2) $\dfrac{1}{(2-x)^2}$.

8. 求下列数项级数的和:

(1) $\displaystyle\sum_{n=1}^{\infty}\frac{n^2}{n!}$; (2) $\displaystyle\sum_{n=0}^{\infty}(-1)^n\frac{n+1}{(2n+1)!}$.

9. 利用某些函数的已知展开式求下列函数在 $x=0$ 处的幂级数展开式，并确定收敛范围：

(1) $a^x (a>0)$；　(2) $\int_0^x e^{-t^2}\,dt$；

(3) $\dfrac{1}{a-x}(a\neq 0)$；

(4) $\ln(a+x)(a>0)$；　(5) $\cos^2 x$；

(6) $\sin^3 x$；　(7) $\sin\left(\dfrac{\pi}{4}+x\right)$；

(8) $\ln(1+x-2x^2)$；　(9) $\dfrac{x}{1+x-2x^2}$；

(10) $\dfrac{1}{2}\arctan x+\dfrac{1}{4}\ln\dfrac{1+x}{1-x}$.

10. 求下列函数在指定点的幂级数展开式，并求其收敛范围：

(1) x^2+2x+1，在 $x=1$ 处；　(2) $\cos x$，在 $x=-\dfrac{\pi}{3}$ 处；

(3) e^x，在 $x=1$ 处；　(4) $\dfrac{1}{x}$，在 $x=3$ 处.

11. 将 $\dfrac{d}{dx}\left(\dfrac{e^x-1}{x}\right)$ 展开为 x 的幂级数，并证明

$$\sum_{n=1}^{\infty}\frac{n}{(n+1)!}=1.$$

11.5　函数的幂级数展开式的应用

11.5.1　近似计算

有了函数的幂级数展开式，就可用它来进行近似计算，即在展开式有效的区间上，函数值可以近似地利用这个级数按精确度要求计算出来.

近似计算

例 11.47　计算 $\sqrt[5]{240}$ 的近似值，要求误差不超过 0.0001.

解　因为

$$\sqrt[5]{240}=\sqrt[5]{243-3}=3\left(1-\frac{1}{3^4}\right)^{1/5},$$

所以在二项展开式中取 $m=\dfrac{1}{5}$，$x=-\dfrac{1}{3^4}$，即得

$$\sqrt[5]{240}=3\left(1-\frac{1}{5}\cdot\frac{1}{3^4}-\frac{1\cdot 4}{5^2\cdot 2!}\cdot\frac{1}{3^8}-\frac{1\cdot 4\cdot 9}{5^3\cdot 3!}\cdot\frac{1}{3^{12}}-\cdots\right).$$

这个级数收敛很快. 取前两项的和作为 $\sqrt[5]{240}$ 的近似值，其误差为

$$|r_2|=3\left(\frac{1\cdot 4}{5^2\cdot 2!}\cdot\frac{1}{3^8}+\frac{1\cdot 4\cdot 9}{5^3\cdot 3!}\cdot\frac{1}{3^{12}}+\frac{1\cdot 4\cdot 9\cdot 14}{5^4\cdot 4!}\cdot\frac{1}{3^{16}}+\cdots\right)$$

$$< 3\cdot\frac{1\cdot 4}{5^2\cdot 2!}\cdot\frac{1}{3^8}\left[1+\frac{1}{81}+\left(\frac{1}{81}\right)^2+\cdots\right]$$

$$=\frac{6}{25}\cdot\frac{1}{3^8}\cdot\frac{1}{1-\frac{1}{81}}=\frac{1}{25\cdot 27\cdot 40}<\frac{1}{20000}.$$

于是取近似式为

$$\sqrt[5]{240}\approx 3\left(1-\frac{1}{5}\cdot\frac{1}{3^4}\right)\approx 2.9926.$$

例 11.48 利用 $\sin x\approx x-\frac{x^3}{3!}$求 $\sin 9^\circ$的近似值,并估计误差.

解 首先把角度化成弧度,即

$$9^\circ=\frac{\pi}{180}\times 9\text{rad}=\frac{\pi}{20}\text{rad},$$

从而

$$\sin\frac{\pi}{20}\approx\frac{\pi}{20}-\frac{1}{3!}\left(\frac{\pi}{20}\right)^3.$$

其次估计这个近似值的精确度. 在 $\sin x$ 的幂级数展开式中令 $x=\frac{\pi}{20}$,得

$$\sin\frac{\pi}{20}=\frac{\pi}{20}-\frac{1}{3!}\left(\frac{\pi}{20}\right)^3+\frac{1}{5!}\left(\frac{\pi}{20}\right)^5-\frac{1}{7!}\left(\frac{\pi}{20}\right)^7+\cdots.$$

等式右端是一个收敛的交错级数,且各项的绝对值单调减少. 取它的前两项之和作为 $\sin\frac{\pi}{20}$的近似值,其误差为

$$|r_n|\leqslant\frac{1}{5!}\left(\frac{\pi}{20}\right)^5<\frac{1}{120}\cdot(0.2)^5<\frac{1}{300000}.$$

因此取

$$\frac{\pi}{20}\approx 0.157080,\quad \frac{1}{3!}\left(\frac{\pi}{20}\right)^3\approx 0.000646,$$

于是得

$$\sin 9^\circ\approx 0.15643,$$

这时误差不超过 10^{-5}.

例 11.49 计算 ln2 的近似值,要求误差不超过 0.0001.

解 因为

$$\ln 2=1-\frac{1}{2}+\frac{1}{3}-\cdots+(-1)^n\frac{1}{n+1}+\cdots,$$

上式右端为交错级数. 若取前 n 项之和作为 ln2 的近似值,要使误差 $|r_n|\leqslant\frac{1}{n+1}<0.0001$,需取 $n=10000$,计算量太大. 因此需要另外找一个收敛得较快的级数来计

算 ln2.

为此,将两个级数

$$\ln(1+x)=x-\frac{x^2}{2}+\frac{x^3}{3}-\frac{x^4}{4}+\frac{x^5}{5}-\cdots,\quad -1<x\leqslant 1,$$

$$\ln(1-x)=-x-\frac{x^2}{2}-\frac{x^3}{3}-\frac{x^4}{4}-\frac{x^5}{5}-\cdots,\quad -1\leqslant x<1$$

相减,得

$$\ln\frac{1+x}{1-x}=2\left(x+\frac{x^3}{3}+\frac{x^5}{5}+\cdots\right),\quad -1<x<1.$$

令$\frac{1+x}{1-x}=2$,即 $x=\frac{1}{3}$,得

$$\ln 2=2\left[\frac{1}{3}+\frac{1}{3\cdot 3^3}+\frac{1}{5\cdot 3^5}+\cdots+\frac{1}{(2n-1)3^{2n-1}}+\cdots\right],$$

若取近似公式

$$\ln 2\approx 2\left[\frac{1}{3}+\frac{1}{3\cdot 3^3}+\frac{1}{5\cdot 3^5}+\cdots+\frac{1}{(2n-1)3^{2n-1}}\right],$$

则误差 R_n 可估计如下:

$$\begin{aligned}0<R_n&=2\left[\frac{1}{(2n+1)3^{2n+1}}+\frac{1}{(2n+3)3^{2n+3}}+\frac{1}{(2n+5)3^{2n+5}}+\cdots\right]\\&<2\,\frac{1}{(2n+1)3^{2n+1}}\left(1+\frac{1}{3^2}+\frac{1}{3^4}+\cdots\right)\\&=\frac{2}{(2n+1)3^{2n+1}}\cdot\frac{1}{1-\frac{1}{3^2}}\\&=\frac{1}{4(2n+1)3^{2n-1}},\end{aligned}$$

令$\frac{1}{4(2n+1)3^{2n-1}}<0.0001$,得 $n=4$,此时

$$R_4<\frac{1}{4\cdot 9\cdot 3^7}=\frac{1}{78732}<\frac{1}{10000},$$

于是

$$\ln 2\approx 2\left[\frac{1}{3}+\frac{1}{3\cdot 3^2}+\frac{1}{5\cdot 3^5}+\frac{1}{7\cdot 3^7}\right]\approx 0.6931.$$

例 11.50　求定积分$\int_0^1\frac{\sin x}{x}\mathrm{d}x$ 的近似值,精确到 0.0001.

解　由 $\sin x$ 的麦克劳林展开式知

$$\frac{\sin x}{x}=1-\frac{x^2}{3!}+\frac{x^4}{5!}-\frac{x^6}{7!}+\cdots,\quad -\infty<x<+\infty.$$

逐项积分,得

$$\int_0^1 \frac{\sin x}{x}\mathrm{d}x=\int_0^1\left(1-\frac{x^2}{3!}+\frac{x^4}{5!}-\frac{x^6}{7!}+\cdots\right)\mathrm{d}x$$
$$=1-\frac{1}{3\cdot 3!}+\frac{1}{5\cdot 5!}-\frac{1}{7\cdot 7!}+\cdots+\frac{(-1)^{n-1}}{(2n-1)(2n-1)!}+\cdots.$$

若取右端级数的前 n 项之和作为近似值,则可令误差

$$|R_n|\leqslant\frac{1}{(2n+1)\cdot(2n+1)!}<0.0001,$$

解得 $n=3$,此时

$$|R_3|\leqslant\frac{1}{7\cdot 7!}<\frac{1}{30000},$$

于是

$$\int_0^1\frac{\sin x}{x}\mathrm{d}x\approx 1-\frac{1}{3\cdot 3!}+\frac{1}{5\cdot 5!}\approx 0.9461.$$

例 11.51 求定积分 $\frac{2}{\sqrt{\pi}}\int_0^{\frac{1}{2}}\mathrm{e}^{-x^2}\mathrm{d}x$ 的近似值,精确到 $0.0001\left(取\frac{1}{\sqrt{\pi}}\approx 0.56419\right)$.

解 将 e^x 的幂级数展开式中的 x 换成 $-x^2$,就得到被积函数的幂级数展开式

$$\mathrm{e}^{-x^2}=1+\frac{(-x^2)}{1!}+\frac{(-x^2)^2}{2!}+\frac{(-x^2)^3}{3!}+\cdots$$
$$=\sum_{n=0}^{\infty}(-1)^n\frac{x^{2n}}{n!},\quad -\infty<x<+\infty.$$

逐项积分,得

$$\frac{2}{\sqrt{\pi}}\int_0^{\frac{1}{2}}\mathrm{e}^{-x^2}\mathrm{d}x=\frac{2}{\sqrt{\pi}}\int_0^{\frac{1}{2}}\left[\sum_{n=0}^{\infty}\frac{(-1)^n}{n!}x^{2n}\right]\mathrm{d}x$$
$$=\frac{2}{\sqrt{\pi}}\sum_{n=0}^{\infty}\frac{(-1)^n}{n!}\int_0^{\frac{1}{2}}x^{2n}\mathrm{d}x$$
$$=\frac{1}{\sqrt{\pi}}\left(1-\frac{1}{2^2\cdot 3}+\frac{1}{2^4\cdot 5\cdot 2!}-\frac{1}{2^6\cdot 7\cdot 3!}+\cdots\right).$$

取前四项的和作为近似值,其误差为

$$|r_4|\leqslant\frac{1}{\sqrt{\pi}}\frac{1}{2^8\cdot 9\cdot 4!}<\frac{1}{90000},$$

所以

$$\frac{2}{\sqrt{\pi}}\int_0^{\frac{1}{2}}\mathrm{e}^{-x^2}\mathrm{d}x\approx\frac{1}{\sqrt{\pi}}\left(1-\frac{1}{2^2\cdot 3}+\frac{1}{2^4\cdot 5\cdot 2!}-\frac{1}{2^6\cdot 7\cdot 3!}\right),$$

即

$$\frac{2}{\sqrt{\pi}}\int_0^{\frac{1}{2}}\mathrm{e}^{-x^2}\mathrm{d}x\approx 0.5205.$$

11.5.2　微分方程的幂级数解法

这里简单介绍一阶微分方程和二阶齐次线性微分方程的幂级数解法.

为求一阶微分方程

$$\frac{\mathrm{d}y}{\mathrm{d}x}=f(x,y)$$

满足初始条件 $y|_{x=x_0}=y_0$ 的特解，如果其中函数 $f(x,y)$ 是 $(x-x_0)$，$(y-y_0)$ 的多项式，即

微分方程的幂级数解法

$$f(x,y)=a_{00}+a_{10}(x-x_0)+a_{01}(y-y_0)+\cdots+a_{lm}(x-x_0)^l(y-y_0)^m.$$

那么可以设所求特解可展开为 $x-x_0$ 的幂级数，即

$$y=y_0+a_1(x-x_0)+a_2(x-x_0)^2+\cdots+a_n(x-x_0)^n+\cdots,$$

其中 $a_1,a_2,\cdots,a_n,\cdots$ 为待定的系数. 把它代入方程后用比较系数法求解原问题.

例 11.52　利用幂级数求解初值问题

$$\begin{cases}y'=x+y^2,\\ y(0)=0\end{cases}$$

(求到五次多项式).

解　设方程有幂级数解

$$y=a_0+a_1x+a_2x^2+\cdots+a_nx^n+\cdots.$$

由初始条件知 $a_0=0$，因此

$$y=a_1x+a_2x^2+\cdots+a_nx^n+\cdots,$$

$$y'=a_1+2a_2x+3a_3x^2+\cdots+na_nx^{n-1}+\cdots.$$

将 y 和 y' 代入方程，得

$$\begin{aligned}&a_1+2a_2x+3a_3x^2+\cdots+na_nx^{n-1}+\cdots\\ =&x+(a_1x+a_2x^2+\cdots+a_nx^n+\cdots)^2\\ =&x+a_1^2x^2+2a_1a_2x^3+(a_2^2+2a_1a_3)x^4+\cdots,\end{aligned}$$

比较系数，得

$$\begin{cases}a_1=0,\\ 2a_2=1,\\ 3a_3=a_1^2,\\ 4a_4=2a_1a_2,\\ 5a_5=a_2^2+2a_1a_3,\\ \cdots,\end{cases}$$

解得

$$a_1=0,\quad a_2=\frac{1}{2},\quad a_3=0,\quad a_4=0,\quad a_5=\frac{1}{5}(a_2^2+2a_1a_3)=\frac{1}{20},\quad \cdots,$$

于是初值问题的解为

$$y=\frac{1}{2}x^2+\frac{1}{20}x^5+\cdots.$$

关于二阶齐次线性方程

$$y''+P(x)y'+Q(x)y=0$$

用幂级数求解的问题,有如下定理.

定理 11.20 如果方程中的系数 $P(x)$ 与 $Q(x)$ 可在 $-R<x<R$ 内展开为 x 的幂级数,那么在 $-R<x<R$ 内,方程必有形如

$$y=\sum_{n=0}^{\infty}a_nx^n$$

的解.

例 11.53 求解初值问题

$$\begin{cases}y''=xy,\\ y(0)=0,\quad y'(0)=1.\end{cases}$$

解 设方程有幂级数解

$$y=a_0+a_1x+a_2x^2+\cdots+a_nx^n+\cdots.$$

于是

$$y'=a_1+2a_2x+3a_3x^2+\cdots+na_nx^{n-1}+\cdots,$$
$$y''=2a_2+3\cdot 2a_3x+\cdots+n(n-1)a_nx^{n-2}+\cdots.$$

将 y 和 y'' 代入方程,得

$$\begin{aligned}&2a_2+3\cdot 2a_3x+\cdots+n(n-1)a_nx^{n-2}+\cdots\\ =&a_0x+a_1x^2+\cdots+a_{n-3}x^{n-2}+\cdots,\end{aligned}$$

两端比较系数,得

$$\begin{cases}2a_2=0,\\ 3\cdot 2a_3=a_0,\\ \cdots\\ n(n-1)a_n=a_{n-3},\\ \cdots,\end{cases}\Rightarrow\begin{cases}a_2=0,\\ a_3=\dfrac{a_0}{3\cdot 2},\\ \cdots\\ a_n=\dfrac{a_{n-3}}{n(n-1)},\\ \cdots,\end{cases}$$

于是得递推公式

$$a_n=\frac{a_{n-3}}{n(n-1)},\quad n=3,4,5,\cdots.$$

由 $a_2=0$ 知

$$a_5=a_8=\cdots=a_{3k+2}=0,\quad k=1,2,\cdots.$$

将初始条件代入 y 和 y',得 $a_0=0,a_1=1$,从而

$$a_{3k}=0,\quad k=1,2,\cdots.$$

只剩下

$$a_1 = 1,$$

$$a_4 = \frac{a_1}{4 \cdot 3} = \frac{1}{4 \cdot 3},$$

$$a_7 = \frac{a_4}{7 \cdot 6} = \frac{1}{7 \cdot 6 \cdot 4 \cdot 3},$$

$$\cdots$$

$$a_{3k+1} = \frac{1}{(3k+1)(3k)(3k-2)(3k-3) \cdot \cdots \cdot 7 \cdot 6 \cdot 4 \cdot 3} \quad (k = 1, 2, \cdots).$$

于是得初值问题的幂级数解

$$y = x + \sum_{k=1}^{\infty} \frac{x^{3k+1}}{(3k+1)(3k)(3k-2)(3k-3) \cdot \cdots \cdot 7 \cdot 6 \cdot 4 \cdot 3}.$$

11.5.3　欧拉公式

考虑复数项级数

$$\sum_{n=1}^{\infty} z_n = z_1 + z_2 + \cdots + z_n + \cdots,$$

其中 $z_n = a_n + \mathrm{i}b_n (n = 1, 2, \cdots)$ 为复数. 若各项的实部所组成的级数 $\sum\limits_{n=1}^{\infty} a_n$ 收敛到 A，同时各项的虚部所组成的级数 $\sum\limits_{n=1}^{\infty} b_n$ 收敛到 B，则称**复数项级数** $\sum\limits_{n=1}^{\infty} z_n$ **收敛**，其和为 $A + \mathrm{i}B$，记作

$$\sum_{n=1}^{\infty} z_n = \sum_{n=1}^{\infty} (a_n + \mathrm{i}b_n) = A + \mathrm{i}B.$$

若级数 $\sum\limits_{n=1}^{\infty} z_n$ 各项的模所组成的正项级数

$$\sum_{n=1}^{\infty} |z_n|$$

欧拉公式

收敛，则称级数 $\sum\limits_{n=1}^{\infty} z_n$ **绝对收敛**. 因为 $|a_n| \leqslant |z_n|$，$|b_n| \leqslant |z_n|$，所以由比较判别

法知，当复数项级数 $\sum_{n=1}^{\infty} z_n$ 绝对收敛时，级数 $\sum_{n=1}^{\infty} a_n$ 与 $\sum_{n=1}^{\infty} b_n$ 都绝对收敛，从而也收敛，因此 $\sum_{n=1}^{\infty} z_n$ 收敛. 这也就是说，复数项级数 $\sum_{n=1}^{\infty} z_n$ 绝对收敛时，必定是收敛的.

现在考虑一个具体的复数项级数

$$\sum_{n=0}^{\infty} \frac{z^n}{n!} = 1 + z + \frac{z^2}{2!} + \cdots + \frac{z^n}{n!} + \cdots,$$

其中 $z = x + \mathrm{i}y$. 显然正项级数

$$\sum_{n=0}^{\infty} \left| \frac{z^n}{n!} \right| = \sum_{n=0}^{\infty} \frac{|z|^n}{n!}$$

对任意复数 z 收敛，因而复数项级数 $\sum_{n=0}^{\infty} \frac{z^n}{n!}$ 收敛. 那么，它的和函数是什么呢?

已知当 $z=x$ 为实数时，有

$$\mathrm{e}^x = \sum_{n=0}^{\infty} \frac{x^n}{n!} = 1 + x + \frac{x^2}{2!} + \cdots + \frac{x^n}{n!} + \cdots, \quad |x| < +\infty,$$

因此当 $z = x + \mathrm{i}y$ 为复数时，定义级数的和函数为 e^z，即

$$\mathrm{e}^z = \sum_{n=0}^{\infty} \frac{z^n}{n!} = 1 + z + \frac{z^2}{2!} + \cdots + \frac{z^n}{n!} + \cdots, \quad |z| < +\infty.$$

当 $z = \mathrm{i}x$ 为纯虚数时，有

$$\begin{aligned}
\mathrm{e}^{\mathrm{i}x} &= \sum_{n=0}^{\infty} \frac{(\mathrm{i}x)^n}{n!} = 1 + (\mathrm{i}x) + \frac{(\mathrm{i}x)^2}{2!} + \cdots + \frac{(\mathrm{i}x)^n}{n!} + \cdots \\
&= \left(1 - \frac{x^2}{2!} + \frac{x^4}{4!} - \cdots + (-1)^n \frac{x^{2n}}{(2n)!} + \cdots\right) \\
&\quad + \mathrm{i}\left(x - \frac{x^3}{3!} + \frac{x^5}{5!} - \cdots + (-1)^n \frac{x^{2n+1}}{(2n+1)!} + \cdots\right) \\
&= \cos x + \mathrm{i}\sin x \quad (|x| < +\infty),
\end{aligned}$$

这就是**欧拉公式**.

在上式中，将 x 换为 $-x$，得

$$\mathrm{e}^{-\mathrm{i}x} = \cos x - \mathrm{i}\sin x.$$

两式相加，减，便得到

$$\cos x = \frac{\mathrm{e}^{\mathrm{i}x} + \mathrm{e}^{-\mathrm{i}x}}{2}, \quad \sin x = \frac{\mathrm{e}^{\mathrm{i}x} - \mathrm{e}^{-\mathrm{i}x}}{2\mathrm{i}},$$

这也叫做**欧拉公式**.

习题 11.5

1. 试用幂级数求下列各微分方程的解：

(1) $y' - xy - x = 1$;

(2) $y''+xy'+y=0$;

(3) $(1-x)y'=x^2-y$.

2. 试用幂级数求下列方程满足所给初始条件的特解：

(1) $y'=y^2+x^3, y|_{x=0}=\frac{1}{2}$;

(2) $(1-x)y'+y=1+x, y|_{x=0}=0$.

3. 利用欧拉公式将函数 $e^x\cos x$ 展开成 x 的幂级数.

11.6 傅里叶级数

11.6.1 三角级数　三角函数系的正交性

周期函数反映了客观世界中的周期运动.

正弦函数是一种常见而简单的周期函数. 例如，描述简谐振动的函数

$$y = A\sin(\omega t+\varphi)$$

就是一个以 $\frac{2\pi}{\omega}$ 为周期的正弦函数，其中 y 表示动点的位置；t 表示时间；A 为振幅；ω 为角频率；φ 为初相.

在实际问题中，除了正弦函数外，还会遇到非正弦函数的周期函数，它们反映了较复杂的周期运动，如电子技术中常用的周期为 T 的矩形波(图 11.7)，就是一个非正弦周期函数的例子.

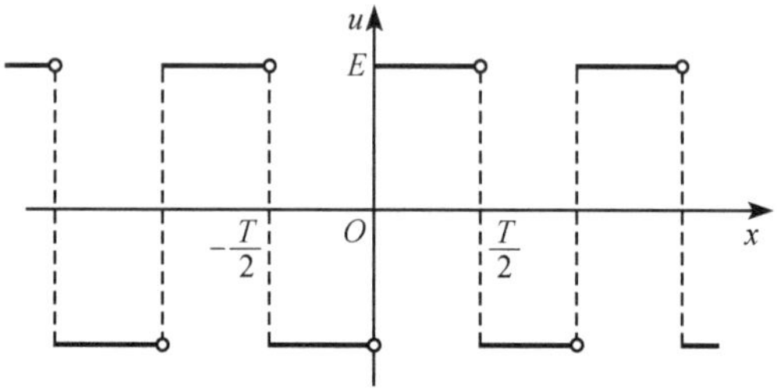

图 11.7

函数展开成傅里叶级数

如何深入研究非正弦周期函数呢？联系到前面介绍过的用函数的幂级数展开式表示与讨论函数，也可以将周期函数展开成由简单的周期函数，如三角函数组成的级数. 具体地说，将周期为 $T=\frac{2\pi}{\omega}$ 的周期函数用一系列以 T 为周期的正弦函数 $A_n\sin(n\omega t+\varphi_n)$ 组成的级数来表示，记作

$$f(t) = A_0+\sum_{n=1}^{\infty}A_n\sin(n\omega t+\varphi_n),$$

其中 $A_0, A_n, \varphi_n (n=1,2,3,\cdots)$ 都为常数.

将周期函数按上述方式展开,它的物理意义是很明确的,这就是把一个比较复杂的周期运动看成是许多不同频率的简谐振动的叠加.在电工学上,这种展开称为**谐波分析**.常数项 A_0 称为 $f(t)$ 的**直流分量**;$A_1\sin(\omega t+\varphi_1)$ 称为**一次谐波**(又叫做**基波**);而 $A_2\sin(2\omega t+\varphi_2)$,$A_3\sin(3\omega t+\varphi_3)$,…依次称为**二次谐波**,**三次谐波**等.

为了以后讨论方便,将正弦函数 $A_n\sin(n\omega t+\varphi_n)$ 按三角公式变形,得

$$A_n\sin(n\omega t+\varphi_n)=A_n\sin\varphi_n\cos n\omega t+A_n\cos\varphi_n\sin n\omega t,$$

并且令 $\frac{a_0}{2}=A_0, a_n=A_n\sin\varphi_n, b_n=A_n\cos\varphi_n, \omega=\frac{\pi}{l}$(即 $T=2l$),则右端的级数就可以改写为

$$\frac{a_0}{2}+\sum_{n=1}^{\infty}\left(a_n\cos\frac{n\pi t}{l}+b_n\sin\frac{n\pi t}{l}\right).$$

形如上式的级数叫做**三角级数**,其中 $a_0, a_n, b_n (n=1,2,3,\cdots)$ 都是常数.

令 $\frac{\pi t}{l}=x$,上式成为

$$\frac{a_0}{2}+\sum_{n=1}^{\infty}(a_n\cos nx+b_n\sin nx),$$

这就把以 $2l$ 为周期的三角级数转换成以 2π 为周期的三角级数.

在三角级数的讨论中,要用到三角函数系

$$\{1,\cos x,\sin x,\cos 2x,\sin 2x,\cdots,\cos nx,\sin nx,\cdots\}$$

的一个重要性质.

定理 11.21 三角函数系中任意两个不同函数的乘积在区间 $[-\pi,\pi]$ 上的积分为零,即

$$\int_{-\pi}^{\pi}1\cdot\sin nx\,\mathrm{d}x=0,\quad \int_{-\pi}^{\pi}1\cdot\cos nx\,\mathrm{d}x=0,\quad n=1,2,\cdots,$$

$$\int_{-\pi}^{\pi}\sin mx\cdot\cos nx\,\mathrm{d}x=0,\quad m,n=1,2,\cdots,$$

$$\int_{-\pi}^{\pi}\sin mx\cdot\sin nx\,\mathrm{d}x=0,\quad m\neq n;m,n=1,2,\cdots,$$

$$\int_{-\pi}^{\pi}\cos mx\cdot\cos nx\,\mathrm{d}x=0,\quad m\neq n;m,n=1,2,\cdots.$$

证

$$\begin{aligned}\int_{-\pi}^{\pi}\cos mx\cdot\cos nx\,\mathrm{d}x&=\frac{1}{2}\int_{-\pi}^{\pi}[\cos(m-n)x+\cos(m+n)x]\mathrm{d}x\\&=\frac{1}{2}\left[\frac{\sin(m-n)x}{m-n}+\frac{\sin(m+n)x}{m+n}\right]\Bigg|_{-\pi}^{\pi}=0,\\&\quad m\neq n;m,n=1,2,\cdots.\end{aligned}$$

其余的类似可证.

上述性质称为**三角函数系在区间$[-\pi,\pi]$上的正交性.**

此外还容易验证

$$\int_{-\pi}^{\pi} 1^2 \mathrm{d}x = 2\pi,\quad \int_{-\pi}^{\pi} \cos^2 nx \mathrm{d}x = \pi,\quad \int_{-\pi}^{\pi} \sin^2 nx \mathrm{d}x = \pi,\quad n = 1,2,\cdots.$$

11.6.2　函数展开成傅里叶级数

设 $f(x)$是以 2π 为周期的函数,假定 $f(x)$在区间$[-\pi,\pi]$上可以展开成三角级数

$$f(x) = \frac{a_0}{2} + \sum_{n=1}^{\infty} (a_n \cos nx + b_n \sin nx),$$

在假定可以逐项积分的条件下,下面来确定展开式的系数.

首先确定 a_0. 由

$$\int_{-\pi}^{\pi} f(x) \mathrm{d}x = \int_{-\pi}^{\pi} \frac{a_0}{2} \mathrm{d}x + \sum_{n=1}^{\infty} \left(a_n \int_{-\pi}^{\pi} \cos nx \mathrm{d}x + b_n \int_{-\pi}^{\pi} \sin nx \mathrm{d}x \right) = a_0 \pi + 0,$$

从而

$$a_0 = \frac{1}{\pi} \int_{-\pi}^{\pi} f(x) \mathrm{d}x.$$

然后确定 $a_n(n=1,2,\cdots)$. 由

$$\begin{aligned} &\int_{-\pi}^{\pi} f(x) \cos nx \mathrm{d}x \\ =&\frac{a_0}{2} \int_{-\pi}^{\pi} \cos nx \mathrm{d}x + \sum_{k=1}^{\infty} \left(a_k \int_{-\pi}^{\pi} \cos kx \cdot \cos nx \mathrm{d}x + b_k \int_{-\pi}^{\pi} \sin kx \cdot \cos nx \mathrm{d}x \right) \\ =&a_n \int_{-\pi}^{\pi} \cos^2 nx \mathrm{d}x = a_n \pi, \end{aligned}$$

从而

$$a_n = \frac{1}{\pi} \int_{-\pi}^{\pi} f(x) \cos nx \mathrm{d}x,\quad n = 1,2,\cdots.$$

再确定 $b_n(n=1,2,\cdots)$. 由

$$\int_{-\pi}^{\pi} f(x) \sin nx \mathrm{d}x = b_n \int_{-\pi}^{\pi} \sin^2 nx \mathrm{d}x = b_n \pi,$$

从而

$$b_n = \frac{1}{\pi} \int_{-\pi}^{\pi} f(x) \sin nx \mathrm{d}x,\quad n = 1,2,\cdots.$$

于是得到公式

$$\begin{cases} a_n = \dfrac{1}{\pi} \displaystyle\int_{-\pi}^{\pi} f(x) \cos nx \mathrm{d}x, & n = 0,1,2,\cdots, \\ b_n = \dfrac{1}{\pi} \displaystyle\int_{-\pi}^{\pi} f(x) \sin nx \mathrm{d}x, & n = 1,2,\cdots, \end{cases}$$

此公式称为**欧拉-傅里叶公式**. 区间$[-\pi,\pi]$有时也可改为$[0,2\pi]$. 事实上，基于函数的周期性，确定这些系数时，可在任何一个长度为周期 2π 的区间上积分.

函数展开成傅里叶级数举例

定义 11.7 若 $f(x)$以 2π 为周期，则上式确定的系数 $a_0, a_n, b_n(n=1,2,\cdots)$称为 $f(x)$**的傅里叶系数**(或**傅氏系数**)，用它们作系数的三角级数

$$\frac{a_0}{2}+\sum_{n=1}^{\infty}(a_n\cos nx+b_n\sin nx)$$

称为 $f(x)$**的傅里叶级数**(或**傅氏级数**)，可记作

$$f(x)\sim\frac{a_0}{2}+\sum_{n=1}^{\infty}(a_n\cos nx+b_n\sin nx).$$

一个定义在$(-\infty,+\infty)$上周期为 2π 的函数 $f(x)$，如果它在一个周期上可积，则一定可以作出 $f(x)$的傅里叶级数. 然而，函数 $f(x)$的傅里叶级数是否一定收敛? 如果它收敛，它是否一定收敛于函数 $f(x)$? 一般说来，这两个问题的答案都不是肯定的. 那么，$f(x)$在怎样的条件下，它的傅里叶级数不仅收敛，而且收敛于 $f(x)$? 也就是说，$f(x)$满足什么条件可以展开成傅里叶级数?

定理 11.22(收敛定理，狄利克雷充分条件) 设 $f(x)$是周期为 2π 的周期函数，如果它满足：

(1) 在一个周期内连续或只有有限个第一类间断点，

(2) 在一个周期内至多只有有限个极值点，

则 $f(x)$的傅里叶级数收敛，并且当 x 是 $f(x)$的连续点时，级数收敛于 $f(x)$；当 x 是 $f(x)$的间断点时，级数收敛于

$$\frac{1}{2}[f(x^-)+f(x^+)].$$

收敛定理说明：只要函数在$[-\pi,\pi]$上至多有有限个第一类间断点，并且不做无限次振动，函数的傅里叶级数在连续点处就收敛于该点的函数值，在间断点处收敛于该点左极限与右极限的算术平均值. 可见，函数展开成傅里叶级数的条件比展开成幂级数的条件低得多. 记

$$C=\left\{x \mid f(x)=\frac{1}{2}[f(x^-)+f(x^+)]\right\},$$

在 C 上就成立 $f(x)$的傅里叶级数展开式

$$f(x)=\frac{a_0}{2}+\sum_{n=1}^{\infty}(a_n\cos nx+b_n\sin nx),\quad x\in C.$$

例 11.54　设 $f(x)$ 以 2π 为周期，且在 $[-\pi,\pi)$ 内有表达式

$$f(x)=\begin{cases}0, & -\pi\leqslant x<0,\\ E, & 0\leqslant x<\pi,\end{cases}$$

其中 $E>0$，为常数(图 11.8). 求 $f(x)$ 的傅里叶级数，并讨论其在 $[-\pi,\pi]$ 上的收敛情况.

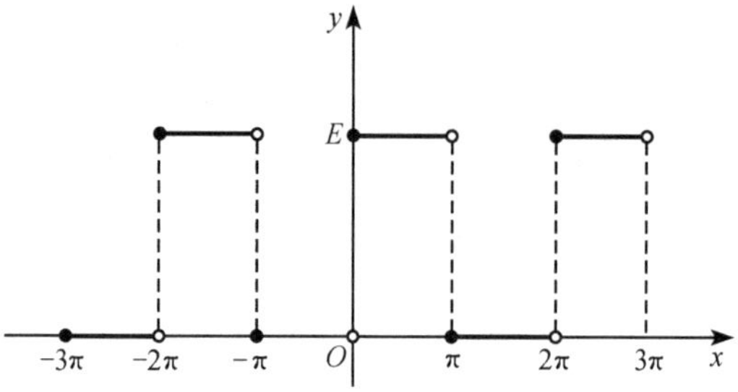

图 11.8

解　这个周期函数在无线电技术中常会遇到，它表示矩形波.

$$a_0=\frac{1}{\pi}\int_{-\pi}^{\pi}f(x)\mathrm{d}x=\frac{1}{\pi}\int_{-\pi}^{\pi}E\mathrm{d}x=E,$$

$$a_n=\frac{1}{\pi}\int_{-\pi}^{\pi}f(x)\cos nx\,\mathrm{d}x=\frac{1}{\pi}\int_{-\pi}^{\pi}E\cos nx\,\mathrm{d}x$$

$$=\frac{E}{\pi}\cdot\frac{1}{n}\sin nx\Big|_0^{\pi}=0,\quad n=1,2,\cdots,$$

$$b_n=\frac{1}{\pi}\int_{-\pi}^{\pi}f(x)\sin nx\,\mathrm{d}x=\frac{1}{\pi}\int_{-\pi}^{\pi}E\sin nx\,\mathrm{d}x$$

$$=\frac{-E}{n\pi}\cos nx\Big|_0^{\pi}=-\frac{E}{n\pi}(\cos n\pi-1)$$

$$=\frac{E}{n\pi}[1-(-1)^n]$$

$$=\begin{cases}\dfrac{2E}{(2k-1)\pi}, & n=2k-1,\\ 0, & n=2k\end{cases}\quad k=1,2,\cdots.$$

于是得 $f(x)$ 的傅氏级数

$$f(x)\sim\frac{a_0}{2}+\sum_{n=1}^{\infty}(a_n\cos nx+b_n\sin nx)$$

$$=\frac{E}{2}+E\sum_{n=1}^{\infty}\frac{1-(-1)^n}{n\pi}\sin nx$$

$$=\frac{E}{2}+\frac{2E}{\pi}\left(\sin x+\frac{1}{3}\sin 3x+\frac{1}{5}\sin 5x+\cdots\right).$$

因为 $f(x)$在$[-\pi,\pi]$上满足狄利克雷条件,所以傅氏级数的收敛函数

$$s(x)=\frac{E}{2}+\frac{2E}{\pi}\left(\sin x+\frac{1}{3}\sin 3x+\frac{1}{5}\sin 5x+\cdots\right)$$
$$=\begin{cases}0, & -\pi<x<0,\\ E, & 0<x<\pi,\\ \dfrac{E}{2}, & x=0,\pm\pi.\end{cases}$$

$f(x)$在$[-\pi,\pi]$上的傅氏展开式

$$f(x)=\frac{E}{2}+\frac{2E}{\pi}\left(\sin x+\frac{1}{3}\sin 3x+\frac{1}{5}\sin 5x+\frac{1}{7}\sin 7x+\cdots\right),\quad 0<|x|<\pi.$$

上式右端第一项$\frac{E}{2}$表示矩形波 $f(x)$的直流分量,$\frac{2E}{\pi}\sin x$ 表示基波,$\frac{2E}{\pi}\sin 3x$,$\frac{2E}{\pi}\sin 5x$,…依次表示三次谐波,五次谐波,….

利用函数的傅氏展开式,可以得到一些有用的结果. 例如,当 $x=\frac{\pi}{2}$时,由上式得

$$E=\frac{E}{2}+\frac{2E}{\pi}\left(\sin\frac{\pi}{2}+\frac{1}{3}\sin\frac{3}{2}\pi+\frac{1}{5}\sin\frac{5}{2}\pi+\frac{1}{7}\sin\frac{7}{2}\pi+\cdots\right)$$
$$=\frac{E}{2}+\frac{2E}{\pi}\left(1-\frac{1}{3}+\frac{1}{5}-\frac{1}{7}+\cdots\right),$$

从而得到一个交错级数的和

$$\frac{\pi}{4}=1-\frac{1}{3}+\frac{1}{5}-\frac{1}{7}+\cdots.$$

例 11.55 设 $f(x)$是周期为 2π 的周期函数,它在$[-\pi,\pi)$上的表达式为

$$f(x)=\begin{cases}x, & -\pi\leqslant x<0,\\ 0, & 0\leqslant x<\pi.\end{cases}$$

将 $f(x)$展开成傅里叶级数.

解 所给函数满足收敛定理的条件,它在点 $x=(2k+1)\pi(k=0,\pm1,\pm2,\cdots)$处不连续. 因此,$f(x)$的傅里叶级数在 $x=(2k+1)\pi$ 处收敛于

$$\frac{f(\pi^-)+f(-\pi^+)}{2}=\frac{0-\pi}{2}=-\frac{\pi}{2}.$$

在连续点 $x(x\neq(2k+1)\pi)$处收敛于 $f(x)$. 和函数的图形如图 11.9 所示.

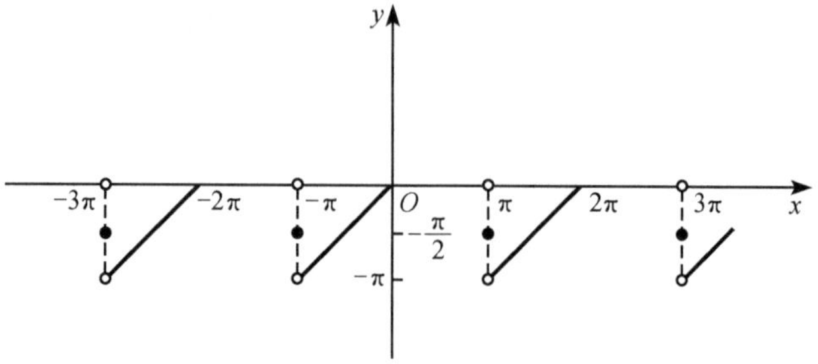

图 11.9

计算傅里叶系数如下：

$$a_n=\frac{1}{\pi}\int_{-\pi}^{\pi}f(x)\cos nx\,dx=\frac{1}{\pi}\int_{-\pi}^{0}x\cos nx\,dx$$

$$=\frac{1}{\pi}\left[\frac{x\sin nx}{n}+\frac{\cos nx}{n^2}\right]_{-\pi}^{0}$$

$$=\frac{1}{n^2\pi}(1-\cos n\pi)$$

$$=\begin{cases}\dfrac{2}{n^2\pi}, & n=1,3,5,\cdots,\\ 0, & n=2,4,6,\cdots;\end{cases}$$

$$a_0=\frac{1}{\pi}\int_{-\pi}^{\pi}f(x)\,dx=\frac{1}{\pi}\int_{-\pi}^{0}x\,dx=-\frac{\pi}{2};$$

$$b_n=\frac{1}{\pi}\int_{-\pi}^{\pi}f(x)\sin nx\,dx=\frac{1}{\pi}\int_{-\pi}^{0}x\sin nx\,dx$$

$$=\frac{1}{\pi}\left[-\frac{x\cos nx}{n}+\frac{\sin nx}{n^2}\right]_{-\pi}^{0}$$

$$=-\frac{\cos n\pi}{n}=\frac{(-1)^{n+1}}{n}.$$

$f(x)$的傅里叶级数展开式为

$$f(x)=-\frac{\pi}{4}+\left(\frac{2}{\pi}\cos x+\sin x\right)$$

$$-\frac{1}{2}\sin 2x+\left(\frac{2}{3^2\pi}\cos 3x+\frac{1}{3}\sin 3x\right)$$

$$-\frac{1}{4}\sin 4x+\left(\frac{2}{5^2\pi}\cos 5x+\frac{1}{5}\sin 5x\right)-\cdots$$

$$=-\frac{\pi}{4}+\frac{2}{\pi}\sum_{k=1}^{\infty}\frac{1}{(2k-1)^2}\cos(2k-1)x$$

$$+\sum_{n=1}^{\infty}\frac{(-1)^{n-1}}{n}\sin nx,\quad -\infty<x<+\infty;\ x\neq\pm\pi,\pm 3\pi,\cdots.$$

应该注意,如果函数 $f(x)$只在$[-\pi,\pi]$上有定义,并且满足收敛定理的条件,那么 $f(x)$也可以展开成傅里叶级数.事实上,可在$[-\pi,\pi)$或$(-\pi,\pi]$外补充函数 $f(x)$的定义,使它拓广成周期为 2π 的周期函数 $F(x)$.按这种方式拓广函数的定义域的过程称为**周期延拓**.再将 $F(x)$展开成傅里叶级数.最后限制 x 在$(-\pi,\pi)$内,此时 $F(x)\equiv f(x)$,这样便得到 $f(x)$的傅里叶级数展开式.根据收敛定理,这级数在区间端点 $x=\pm\pi$ 处收敛于$\dfrac{f(\pi^-)+f(-\pi^+)}{2}$.

例 11.56 将函数

$$u(t)=E\left|\sin\frac{t}{2}\right|,\quad -\pi\leqslant t\leqslant\pi$$

展开成傅里叶级数,其中 E 是正常数.

解 所给函数在区间$[-\pi,\pi]$上满足收敛定理的条件,并且拓广为周期函数时,它在每一点 t 处都连续(图 11.10),因此拓广的周期函数的傅里叶级数在$[-\pi,\pi]$上收敛于 $u(t)$.

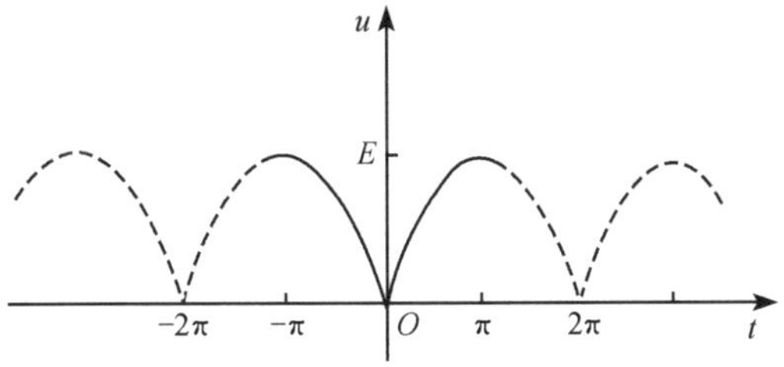

图 11.10

计算傅里叶系数如下:

$$\begin{aligned}a_n&=\frac{1}{\pi}\int_{-\pi}^{\pi}u(t)\cos nt\,\mathrm{d}t=\frac{E}{\pi}\int_{-\pi}^{\pi}\left|\sin\frac{t}{2}\right|\cos nt\,\mathrm{d}t\\&=\frac{2E}{\pi}\int_{0}^{\pi}\sin\frac{t}{2}\cos nt\,\mathrm{d}t\\&=-\frac{4E}{(4n^2-1)\pi},\quad n=0,1,2,\cdots.\end{aligned}$$

$$b_n=\frac{E}{\pi}\int_{-\pi}^{\pi}\left|\sin\frac{t}{2}\right|\sin nt\,\mathrm{d}t=0,\quad n=1,2,3,\cdots.$$

$u(t)$的傅里叶级数展开式为

$$u(t)=\frac{4E}{\pi}\left(\frac{1}{2}-\sum_{n=1}^{\infty}\frac{1}{4n^2-1}\cos nt\right),\quad -\pi\leqslant t\leqslant\pi.$$

11.6.3　正弦级数和余弦级数

对于周期为 2π 的函数 $f(x)$，它的傅里叶系数计算公式为

$$a_n=\frac{1}{\pi}\int_{-\pi}^{\pi}f(x)\cos nx\,\mathrm{d}x,\quad n=0,1,2,\cdots,$$

$$b_n=\frac{1}{\pi}\int_{-\pi}^{\pi}f(x)\sin nx\,\mathrm{d}x,\quad n=1,2,3,\cdots.$$

当 $f(x)$ 为奇函数时，$f(x)\cos nx$ 是奇函数，$f(x)\sin nx$ 是偶函数，故

$$a_n=0,\quad n=0,1,2,\cdots,$$

$$b_n=\frac{2}{\pi}\int_{0}^{\pi}f(x)\sin nx\,\mathrm{d}x,\quad n=1,2,3,\cdots,$$

即知奇函数的傅里叶级数是只含正弦项的正弦级数

$$\sum_{n=1}^{\infty}b_n\sin nx.$$

当 $f(x)$ 为偶函数时，$f(x)\cos nx$ 是偶函数，$f(x)\sin nx$ 是奇函数，故

$$a_n=\frac{2}{\pi}\int_{0}^{\pi}f(x)\cos nx\,\mathrm{d}x,\quad n=0,1,2,\cdots,$$

$$b_n=0,\quad n=1,2,3,\cdots,$$

即知偶函数的傅里叶级数是只含常数项和余弦项的余弦级数

$$\frac{a_0}{2}+\sum_{n=1}^{\infty}a_n\cos nx.$$

正弦级数和余弦级数　　　　正弦级数和余弦级数(续)

例 11.57　求函数

$$f(x)=\begin{cases}-1, & -\pi<x<0,\\ 0, & x=0,\pm\pi,\\ 1, & 0<x<\pi\end{cases}$$

在$[-\pi,\pi]$上的傅氏展开式.

解　这个函数只在$[-\pi,\pi]$上有定义，可将 $f(x)$ 按周期 2π 拓广到$(-\infty,+\infty)$上，得到周期延拓 $g(x)$. 如图 11.11 所示.

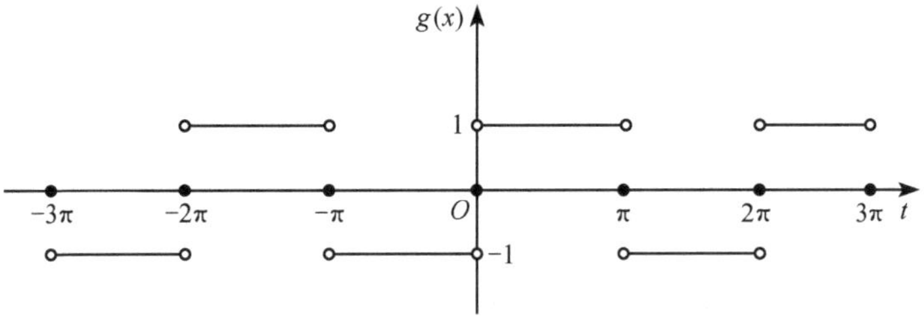

图 11.11

$g(x)$满足狄利克雷条件,因此可在$(-\infty,+\infty)$上作傅氏展开.又因为$g(x)$为奇函数,所以

$$a_n=0,\quad n=0,1,2,\cdots,$$

$$b_n=\frac{2}{\pi}\int_0^{\pi}g(x)\sin nx\,\mathrm{d}x=\frac{2}{\pi}\int_0^{\pi}f(x)\sin nx\,\mathrm{d}x$$

$$=\begin{cases}\dfrac{4}{(2k-1)\pi}, & n=2k-1,\\ 0, & n=2k,\end{cases}\quad k=1,2,\cdots,$$

于是得到$g(x)$的傅氏级数

$$g(x)\sim\sum_{n=1}^{\infty}b_n\sin nx$$

$$=\frac{4}{\pi}\sum_{k=1}^{\infty}\frac{1}{2k-1}\sin(2k-1)x$$

$$=\frac{4}{\pi}\left(\sin x+\frac{1}{3}\sin 3x+\frac{1}{5}\sin 5x+\cdots\right).$$

若限制在区间$[-\pi,\pi]$上讨论,则左端$g(x)$即$f(x)$.

因为$f(x)$在$(-\pi,0)$及$(0,\pi)$内连续,且在间断点$x=0$处有

$$\frac{f(0+0)+f(0-0)}{2}=\frac{1-1}{2}=0=f(0),$$

所以由收敛定理知,此傅氏级数在整个区间$(-\pi,\pi)$内处处收敛到$f(x)$本身,在端点$x=\pm\pi$处,有$f(\pm\pi)=0$,而傅氏级数的和

$$S(\pm\pi)=\frac{f(-\pi+0)+f(\pi-0)}{2}$$

$$=\frac{-1+1}{2}=0=f(\pm\pi),$$

于是得到$f(x)$在$[-\pi,\pi]$上的傅氏展开式

$$f(x)=\frac{4}{\pi}\left(\sin x+\frac{1}{3}\sin 3x+\frac{1}{5}\sin 5x+\frac{1}{7}\sin 7x+\cdots\right),\quad -\pi\leqslant x\leqslant \pi.$$

图 11.12 表示此傅氏级数的部分和在$(-\pi,\pi)$内逐渐接近于函数 $f(x)$的情形.

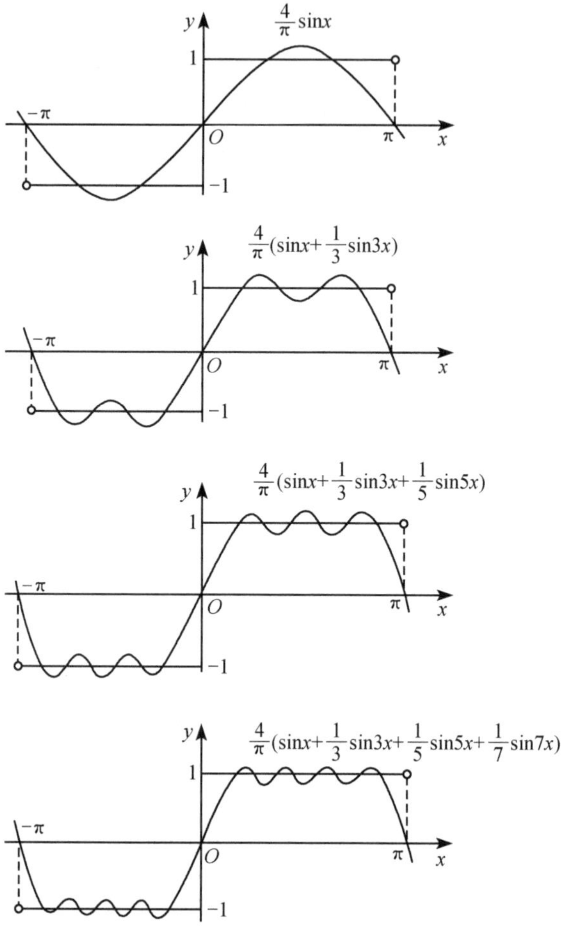

图 11.12

例 11.58　试将函数 $f(x)=\pi^2-x^2$ 在区间$[-\pi,\pi]$上作傅氏展开,并求交错级数 $\sum_{n=1}^{\infty}(-1)^{n-1}\frac{1}{n^2}$ 的和.

解　将 $f(x)$按周期 2π 延拓到$(-\infty,+\infty)$上,得到周期延拓 $g(x)$(图 11.13).

可将 $g(x)$在$(-\infty,+\infty)$上作傅氏展开.

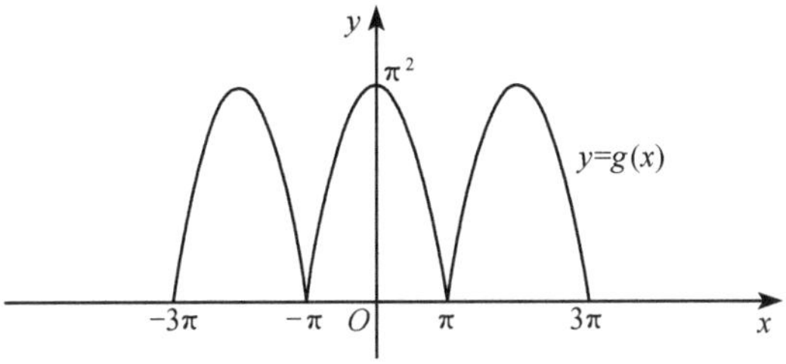

图 11.13

因为 $g(x)$ 为偶函数,所以

$$b_n=0,\quad n=1,2,\cdots,$$

$$a_0=\frac{2}{\pi}\int_0^{\pi}(\pi^2-x^2)\mathrm{d}x=\frac{4}{3}\pi^2,$$

$$\begin{aligned}a_n&=\frac{2}{\pi}\int_0^{\pi}(\pi^2-x^2)\cos nx\,\mathrm{d}x\\&=-\frac{2}{\pi}\int_0^{\pi}x^2\cos nx\,\mathrm{d}x\\&=(-1)^{n-1}\frac{4}{n^2},\quad n=1,2,\cdots,\end{aligned}$$

由收敛定理知,连续函数 $g(x)$ 在 $(-\infty,+\infty)$ 上的傅氏展开式为

$$g(x)=\frac{2}{3}\pi^2+4\sum_{n=1}^{\infty}(-1)^{n-1}\frac{1}{n^2}\cos nx,\quad -\infty<x<+\infty,$$

若限制在区间 $[-\pi,\pi]$ 上,便有 $g(x)=f(x)$,于是得到 $f(x)$ 的展开式

$$f(x)=\frac{2}{3}\pi^2+4\sum_{n=1}^{\infty}(-1)^{n-1}\frac{1}{n^2}\cos nx,\quad -\pi\leqslant x\leqslant\pi.$$

又令 $x=0$,则由 $f(0)=\pi^2$ 得

$$\pi^2=\frac{2}{3}\pi^2+4\sum_{n=1}^{\infty}(-1)^{n-1}\frac{1}{n^2},$$

即有

$$\frac{\pi^2}{12}=\sum_{n=1}^{\infty}(-1)^{n-1}\frac{1}{n^2}.$$

例 11.59 设 $f(x)$ 是周期为 2π 的周期函数,它在 $[-\pi,\pi)$ 上的表达式为 $f(x)=x$,将 $f(x)$ 展开成傅里叶级数.

解 首先,所给函数满足收敛定理的条件,它在点

$$x=(2k+1)\pi\quad(k=0,\pm1,\pm2,\cdots)$$

处不连续. 因此 $f(x)$ 的傅里叶级数在点 $x=(2k+1)\pi$ 处收敛于

$$\frac{f(\pi^-)+f(-\pi^+)}{2}=\frac{\pi+(-\pi)}{2}=0,$$

在连续点 $x(x\neq(2k+1)\pi)$ 处收敛于 $f(x)$. 和函数的图形如图 11.14 所示.

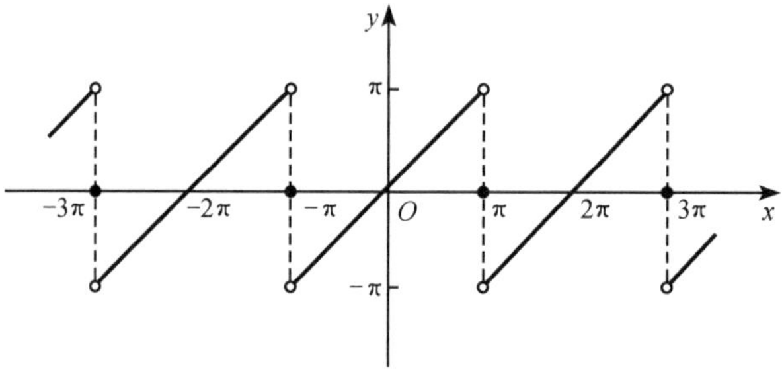

图 11.14

其次,若不计 $x=(2k+1)\pi(k=0,\pm1,\pm2,\cdots)$,则 $f(x)$ 是周期为 2π 的奇函数.

$$a_n=0,\quad n=0,1,2,\cdots,$$

$$b_n=\frac{2}{\pi}\int_0^{\pi}f(x)\sin nx\,\mathrm{d}x=\frac{2}{\pi}\int_0^{\pi}x\sin nx\,\mathrm{d}x$$

$$=\frac{2}{n}(-1)^{n+1},\quad n=1,2,3,\cdots.$$

所以 $f(x)$ 的傅里叶级数展开式为

$$f(x)=2\sum_{n=1}^{\infty}\frac{(-1)^{n+1}}{n}\sin nx,\quad -\infty<x<+\infty, x\neq\pm\pi,\pm3\pi,\cdots.$$

例 11.60　设 $f(x)$ 是周期为 2π 的周期函数,它在 $[-\pi,\pi)$ 上的表达式为 $f(x)=|x|$,将 $f(x)$ 展开成傅里叶级数.

解　所给函数满足收敛定理的条件,它在整个数轴上连续(图 11.15),因此 $f(x)$ 的傅里叶级数处处收敛于 $f(x)$.

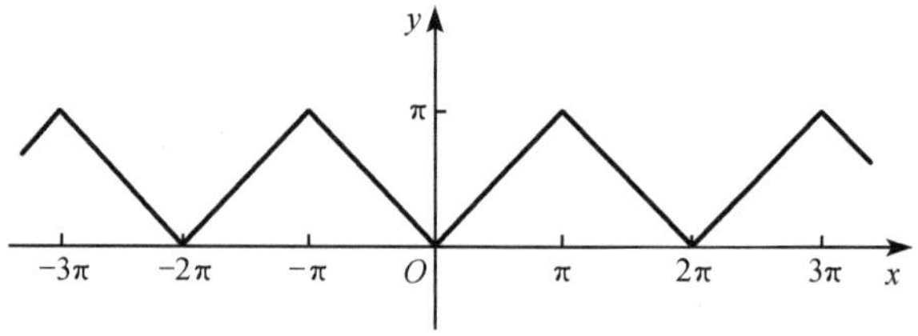

图 11.15

因为 $f(x)$是偶函数,所以

$$b_n = 0,$$

$$a_n = \frac{2}{\pi}\int_0^{\pi} f(x)\cos nx\,\mathrm{d}x$$

$$= \frac{2}{\pi}\int_0^{\pi} x\cos nx\,\mathrm{d}x$$

$$= \begin{cases} -\dfrac{4}{\pi n^2}, & n = 1,3,5,\cdots, \\ 0, & n = 2,4,6,\cdots; \end{cases}$$

$$a_0 = \frac{2}{\pi}\int_0^{\pi} f(x)\mathrm{d}x = \frac{2}{\pi}\int_0^{\pi} x\mathrm{d}x = \pi.$$

所以 $f(x)$的傅里叶级数展开式为

$$f(x) = \frac{\pi}{2} - \frac{4}{\pi}\sum_{k=1}^{\infty}\frac{1}{(2k-1)^2}\cos(2k-1)x, \quad -\infty < x < +\infty.$$

在上式中令 $x=0$,便得

$$\sum_{k=1}^{\infty}\frac{1}{(2k-1)^2} = \frac{\pi^2}{8}.$$

设

$$\sigma = 1 + \frac{1}{2^2} + \frac{1}{3^2} + \frac{1}{4^2} + \cdots,$$

$$\sigma_1 = 1 + \frac{1}{3^2} + \frac{1}{5^2} + \cdots\left(= \frac{\pi^2}{8}\right),$$

$$\sigma_2 = \frac{1}{2^2} + \frac{1}{4^2} + \frac{1}{6^2} + \cdots,$$

$$\sigma_3 = 1 - \frac{1}{2^2} + \frac{1}{3^2} - \frac{1}{4^2} + \cdots.$$

因为

$$\sigma_2 = \frac{\sigma}{4} = \frac{\sigma_1 + \sigma_2}{4},$$

所以

$$\sigma_2 = \frac{\sigma_1}{3} = \frac{\pi^2}{24},$$

$$\sigma = \sigma_1 + \sigma_2 = \frac{\pi^2}{8} + \frac{\pi^2}{24} = \frac{\pi^2}{6},$$

$$\sigma_3 = 2\sigma_1 - \sigma = \frac{\pi^2}{4} - \frac{\pi^2}{6} = \frac{\pi^2}{12}.$$

在实际应用(如研究某种波动问题,热的传导、扩散问题)中,有时还需要把定义在区间[0,π]上的函数 $f(x)$展开成正弦级数或余弦级数.

根据前面讨论的结果,这类展开问题可以按如下的方法解决:设函数 $f(x)$ 定义在区间 $[0,\pi]$ 并且满足收敛定理的条件,在开区间 $(-\pi,0)$ 内补充函数 $f(x)$ 的定义,得到定义在 $(-\pi,\pi]$ 上的函数 $F(x)$,使它在 $(-\pi,\pi)$ 上成为奇函数(偶函数).按这种方式拓广函数定义域的过程称为**奇延拓**(**偶延拓**).然后将奇延拓(偶延拓)后的函数展开成傅里叶级数,这个级数必定是正弦级数(余弦级数).再限制 x 在 $(0,\pi]$ 上,此时 $F(x)\equiv f(x)$,这样便得到 $f(x)$ 的正弦级数(余弦级数)展开式.

例 11.61　将函数

$$f(x)=\begin{cases}\cos x, & 0\leqslant x<\dfrac{\pi}{2},\\ 0, & \dfrac{\pi}{2}\leqslant x\leqslant\pi\end{cases}$$

分别展开成正弦级数和余弦级数.

解　先展开成正弦级数.为此对函数 $f(x)$ 做奇延拓(图 11.16).

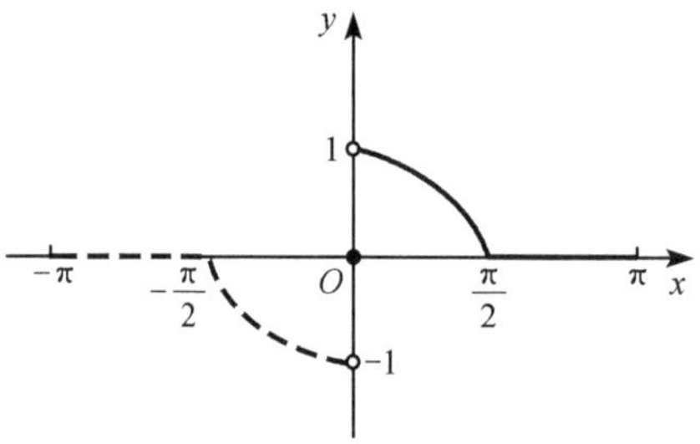

图 11.16

$$b_n=\frac{2}{\pi}\int_0^{\pi}f(x)\sin nx\,\mathrm{d}x=\frac{2}{\pi}\int_0^{\frac{\pi}{2}}\cos x\sin nx\,\mathrm{d}x$$

$$=\frac{2}{\pi(n^2-1)}\left(n-\sin\frac{n\pi}{2}\right),\quad n=2,3,\cdots.$$

$$b_1=\frac{2}{\pi}\int_0^{\pi}f(x)\sin x\mathrm{d}x=\frac{2}{\pi}\int_0^{\frac{\pi}{2}}\cos x\sin x\mathrm{d}x=\frac{1}{\pi}.$$

所以 $f(x)$ 的正弦级数展开式为

$$f(x)=\frac{1}{\pi}\left[\sin x+2\sum_{n=2}^{\infty}\frac{1}{n^2-1}\left(n-\sin\frac{n\pi}{2}\right)\sin nx\right],\quad 0<x\leqslant\pi.$$

再展开成余弦级数.为此对函数 $f(x)$ 做偶延拓(图 11.17).

$$a_n=\frac{2}{\pi}\int_0^{\pi}f(x)\cos nx\,\mathrm{d}x=\frac{2}{\pi}\int_0^{\frac{\pi}{2}}\cos x\cos nx\,\mathrm{d}x$$

$$=\begin{cases}0, & n=2k-1,\\ \dfrac{2(-1)^{k-1}}{\pi(4k^2-1)}, & n=2k.\end{cases}$$

$$a_1=\frac{2}{\pi}\int_0^{\frac{\pi}{2}}\cos^2x\mathrm{d}x=\frac{1}{2}.$$

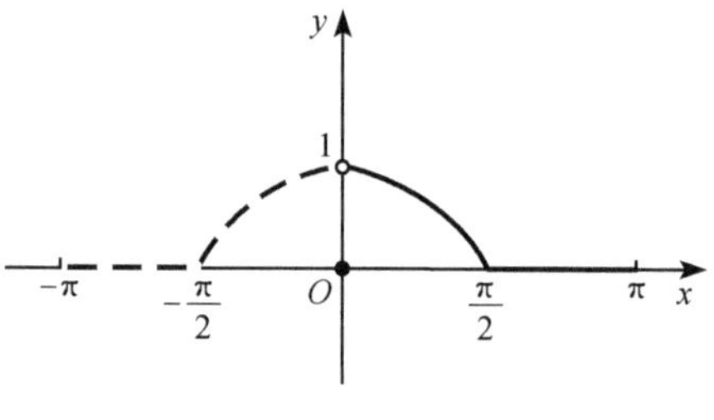

图 11.17

所以 $f(x)$ 的余弦级数展开式为

$$f(x)=\frac{1}{\pi}+\frac{1}{2}\cos x+\frac{2}{\pi}\sum_{k=1}^{\infty}\frac{(-1)^{k-1}}{4k^2-1}\cos 2kx,\quad 0\leqslant x\leqslant\pi.$$

习题 11.6

1. 下列周期函数 $f(x)$ 的周期为 2π,试将 $f(x)$ 展开成傅里叶级数:

(1) $f(x)=3x^2+1(-\pi\leqslant x<\pi)$；

(2) $f(x)=e^{2x}(-\pi\leqslant x<\pi)$；

(3) $f(x)=\begin{cases}bx, & -\pi\leqslant x<0,\\ ax, & 0\leqslant x<\pi(a,b\text{ 为常数,且 }a>b>0).\end{cases}$

2. 将下列函数 $f(x)$ 展开成傅里叶级数：

(1) $f(x)=2\sin\dfrac{x}{3}(-\pi\leqslant x<\pi)$；

(2) $f(x)=\begin{cases}e^x, & -\pi\leqslant x<0,\\ 1, & 0\leqslant x\leqslant\pi.\end{cases}$

3. 将函数 $f(x)=\cos\dfrac{x}{2}(-\pi\leqslant x\leqslant\pi)$ 展开成傅里叶级数.

4. 设 $f(x)$ 是周期为 2π 的周期函数，它在 $[-\pi,\pi)$ 上的表达式为

$$f(x)=\begin{cases}-\dfrac{\pi}{2}, & -\pi\leqslant x<-\dfrac{\pi}{2},\\ x, & -\dfrac{\pi}{2}\leqslant x<\dfrac{\pi}{2},\\ \dfrac{\pi}{2}, & \dfrac{\pi}{2}\leqslant x<\pi,\end{cases}$$

将 $f(x)$ 展开成傅里叶级数.

5. 将函数 $f(x)=\dfrac{\pi-x}{2}(0\leqslant x\leqslant\pi)$ 展开成正弦级数.

6. 将函数 $f(x)=2x^2(0\leqslant x\leqslant\pi)$ 分别展开成正弦级数和余弦级数.

7. 设周期函数 $f(x)$ 的周期为 2π. 证明：

(1) 如果 $f(x-\pi)=-f(x)$，则 $f(x)$ 的傅里叶系数 $a_0=0,a_{2k}=0,b_{2k}=0(k=1,2,\cdots)$；

(2) 如果 $f(x-\pi)=f(x)$，则 $f(x)$ 的傅里叶系数 $a_{2k+1}=0,b_{2k+1}=0(k=0,1,2,\cdots)$；

8. 将函数

$$f(x)=\begin{cases}1, & 0\leqslant x\leqslant h,\\ 0, & h<x\leqslant\pi\end{cases}$$

分别展开成正弦级数和余弦级数.

9. 试将图 11.18 的周期性三角波展开为傅氏级数.

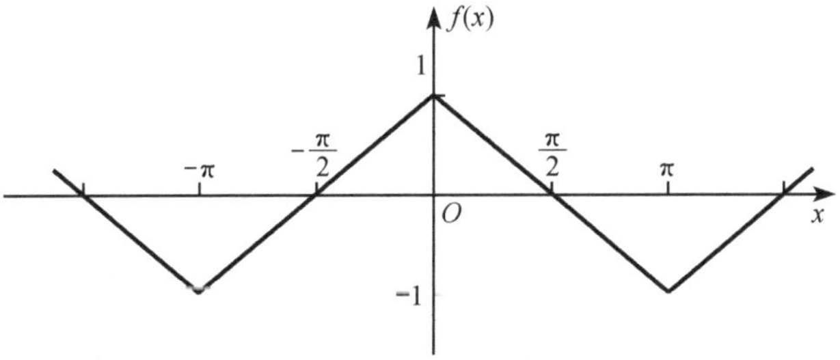

图 11.18

10. 在指定区间上把下列函数展开成傅氏级数：

(1) $f(x)=\begin{cases}0, & -\pi\leqslant x<0,\\ x, & 0\leqslant x\leqslant\pi;\end{cases}$

(2) $f(x)=\sin^4 x, x\in[-\pi,\pi]$;

(3) $f(x)=e^{ax}\,(a\neq 0), x\in[-\pi,\pi]$;

(4) $f(x)=x^2, x\in[-\pi,\pi]$;

(5) $f(x)=x^2, x\in[0,2\pi]$.

11.7 一般周期函数的傅里叶级数

前面讨论的周期函数都是以 2π 为周期的. 但是实际问题中所遇到的周期函数,它的周期不一定是 2π. 下面讨论周期为 $2l$ 的周期函数的傅里叶级数.

定理 11.23 设周期为 $2l$ 的周期函数 $f(x)$满足收敛定理的条件,则它的傅里叶级数展开式为

$$f(x)=\frac{a_0}{2}+\sum_{n=1}^{\infty}\left(a_n\cos\frac{n\pi x}{l}+b_n\sin\frac{n\pi x}{l}\right),\quad x\in C,$$

其中

$$a_n=\frac{1}{l}\int_{-l}^{l}f(x)\cos\frac{n\pi x}{l}\mathrm{d}x,\quad n=0,1,2,\cdots,$$

$$b_n=\frac{1}{l}\int_{-l}^{l}f(x)\sin\frac{n\pi x}{l}\mathrm{d}x,\quad n=1,2,3,\cdots,$$

$$C=\left\{x\mid f(x)=\frac{1}{2}[f(x^-)+f(x^+)]\right\}$$

当 $f(x)$为奇函数时

$$f(x)=\sum_{n=1}^{\infty}b_n\sin\frac{n\pi x}{l},\quad x\in C,$$

其中

$$b_n=\frac{2}{l}\int_{0}^{l}f(x)\sin\frac{n\pi x}{l}\mathrm{d}x,\quad n=1,2,3,\cdots.$$

当 $f(x)$为偶函数时

$$f(x)=\frac{a_0}{2}+\sum_{n=1}^{\infty}a_n\cos\frac{n\pi x}{l},\quad x\in C,$$

其中

$$a_n=\frac{2}{l}\int_{0}^{l}f(x)\cos\frac{n\pi x}{l}\mathrm{d}x,\quad n=0,1,2,3,\cdots.$$

证 作变量代换 $z=\frac{\pi x}{l}$,于是区间 $-l\leqslant x\leqslant l$ 就变换成 $-\pi\leqslant z\leqslant\pi$. 设函数 $f(x)=f\left(\frac{lz}{\pi}\right)=F(z)$,从而 $F(z)$是周期为 2π 的周期函数,并且它满足收敛定理

的条件,将 $F(z)$ 展开成傅里叶级数

$$F(z)=\frac{a_0}{2}+\sum_{n=1}^{\infty}(a_n\cos nz+b_n\sin nz),$$

其中

$$a_n=\frac{1}{\pi}\int_{-\pi}^{\pi}F(z)\cos nz\,dz;\quad b_n=\frac{1}{\pi}\int_{-\pi}^{\pi}F(z)\sin nz\,dz.$$

在以上式子中令 $z=\frac{\pi x}{l}$,并注意到 $F(z)=f(x)$,于是有

$$f(x)=\frac{a_0}{2}+\sum_{n=1}^{\infty}\left(a_n\cos\frac{n\pi x}{l}+b_n\sin\frac{n\pi x}{l}\right),$$

而且

$$a_n=\frac{1}{l}\int_{-l}^{l}f(x)\cos\frac{n\pi x}{l}dx,\quad b_n=\frac{1}{l}\int_{-l}^{l}f(x)\sin\frac{n\pi x}{l}dx.$$

类似地,可以证明定理的其余部分.

例 11.62 试将函数 $f(x)=x^2$ 在区间[-1,1]上展开成傅氏级数.

解 首先,将函数作周期延拓,使之在整个数轴上有定义,且周期为 2(图 11.19).

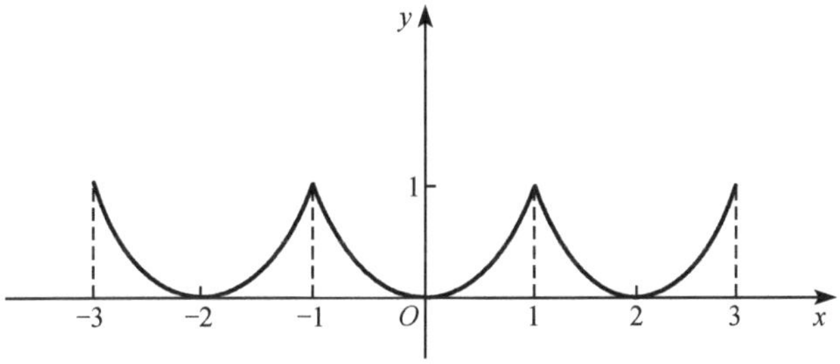

图 11.19

$$a_0=\frac{1}{l}\int_{-l}^{l}f(x)dx=\frac{2}{l}\int_{0}^{l}f(x)dx=2\int_{0}^{1}x^2dx=\frac{2}{3},$$

$$a_n=\frac{1}{l}\int_{-l}^{l}f(x)\cos\frac{n\pi}{l}x\,dx=\frac{2}{l}\int_{0}^{l}x^2\cos\frac{n\pi}{l}x\,dx$$

$$=(-1)^n\frac{4}{n^2\pi^2},\quad n=1,2,\cdots,$$

$$b_n=0,\quad n=1,2,\cdots,$$

从而得到 $f(x)$ 在[-1,1]上的傅氏级数

$$f(x)\sim\frac{a_0}{2}+\sum_{n=1}^{\infty}a_n\cos n\pi x$$

$$=\frac{1}{3}-\frac{4}{\pi^2}\left(\frac{\cos\pi x}{1^2}-\frac{\cos 2\pi x}{2^2}+\frac{\cos 3\pi x}{3^2}-\cdots\right).$$

因为 $f(x)=x^2$ 在 $[-1,1]$ 上连续，且在端点处此级数的和为

$$S(\pm 1)=\frac{1}{2}[f(-1+0)+f(1-0)]=\frac{1+1}{2}=1,$$

正好等于函数值 $f(\pm 1)$，所以由收敛定理知

$$x^2=\frac{1}{3}-\frac{4}{\pi^2}\left(\frac{\cos\pi x}{1^2}-\frac{\cos 2\pi x}{2^2}+\frac{\cos 3\pi x}{3^2}-\cdots\right),\quad -1\leqslant x\leqslant 1.$$

当 $x=0$ 时，得到

$$0=\frac{1}{3}-\frac{4}{\pi^2}\left(1-\frac{1}{2^2}+\frac{1}{3^2}-\frac{1}{4^2}+\cdots\right),$$

即

$$\frac{\pi^2}{12}=1-\frac{1}{2^2}+\frac{1}{3^2}-\frac{1}{4^2}+\cdots+(-1)^{n+1}\frac{1}{n^2}+\cdots.$$

例 11.63　交流电压 $E(t)=E\sin\omega t$ 经过半波整流后，只剩下正压. 试将图 11.20 中半波整流电压函数 $E(t)$ 展开为傅氏级数. 已知在周期区间 $\left[-\frac{T}{2},\frac{T}{2}\right]=\left[-\frac{\pi}{\omega},\frac{\pi}{\omega}\right]$ 上，$E(t)$ 的表达式为

$$E(t)=\begin{cases}0, & -\frac{\pi}{\omega}\leqslant t<0,\\ E\sin\omega t, & 0\leqslant t<\frac{\pi}{\omega}.\end{cases}$$

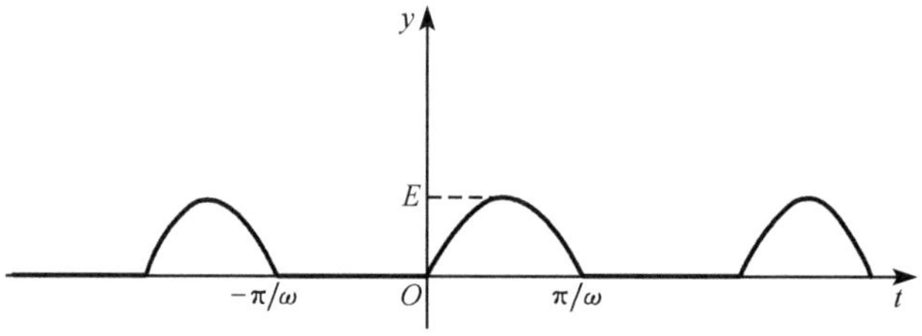

图 11.20

解　在这里，周期 $T=\frac{2\pi}{\omega}=2l$，因此 $l=\frac{\pi}{\omega}$，于是

$$a_0=\frac{1}{l}\int_{-l}^{l}f(t)\,\mathrm{d}t=\frac{\omega}{\pi}\int_{-\pi/\omega}^{\pi/\omega}f(t)\,\mathrm{d}t$$

$$=\frac{\omega}{\pi}\int_{0}^{\pi/\omega}E\sin\omega t\,\mathrm{d}t=\frac{2E}{\pi},$$

$$a_n=\frac{1}{l}\int_{-l}^{l}f(t)\cos\frac{n\pi}{l}t\,\mathrm{d}t$$

$$= \frac{\omega}{\pi}\int_0^{\pi/\omega} E\sin\omega t \cdot \cos n\omega t\,dt$$

$$= \begin{cases} 0, & n = 2k+1, \\ \dfrac{2E}{(1-4k^2)\pi}, & n = 2k \end{cases} \quad k = 1,2,\cdots,$$

$$b_n = \frac{1}{l}\int_{-l}^{l} f(t)\sin\frac{n\pi}{l}t\,dt$$

$$= \frac{\omega}{\pi}\int_0^{\pi/\omega} E\sin\omega t \cdot \sin n\omega t\,dt = 0, \quad n = 2,3,\cdots.$$

当 $n=1$ 时，有

$$a_1 = \frac{\omega}{\pi}\int_0^{\pi/\omega} E\sin\omega t \cdot \cos\omega t\,dt = 0,$$

$$b_1 = \frac{\omega}{\pi}\int_0^{\pi/\omega} E\sin\omega t \cdot \sin\omega t\,dt = \frac{E}{2}.$$

所以

$$E(t) = \frac{a_0}{2} + a_1\cos\omega t + b_1\sin\omega t + \sum_{n=2}^{\infty}(a_n\cos n\omega t + b_n\sin n\omega t)$$

$$= \frac{E}{\pi} + \frac{E}{2}\sin\omega t - \frac{2E}{\pi}\sum_{k=1}^{\infty}\frac{1}{4k^2-1}\cos k\omega t, \quad -\infty < x < +\infty,$$

其中$\frac{E}{\pi}$是直流分量，$\frac{E}{2}\sin\omega t$ 是基波，$-\frac{2E}{3\pi}\cos 2\omega t$ 是二次谐波，等等.

例 11.64 试将函数 $f(x)=x+1$ 在$[0,1]$上展开为正弦级数及余弦级数.

解 将 $f(x)$作奇延拓，再以 2 为周期延拓到$(-\infty,+\infty)$上(图 11.21).

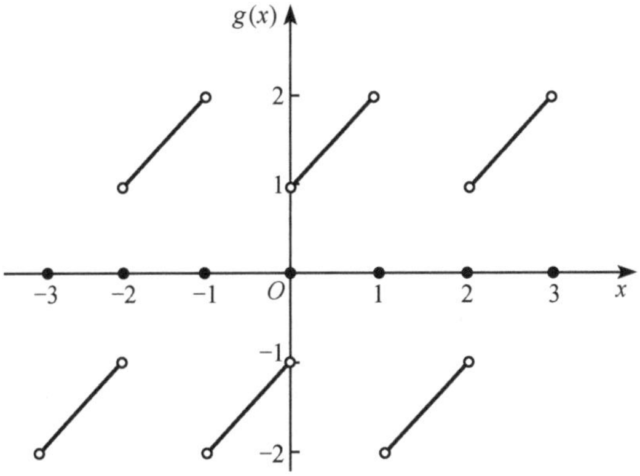

图 11.21

于是有

$$a_n = 0, \quad n = 0,1,2,\cdots,$$

$$b_n=\frac{2}{l}\int_0^l g(x)\sin\frac{n\pi}{l}x\,\mathrm{d}x=2\int_0^1 f(x)\sin n\pi x\,\mathrm{d}x$$

$$=2\int_0^1 (x+1)\sin n\pi x\,\mathrm{d}x$$

$$=\frac{2}{n\pi}[1-2(-1)^n],\quad n=1,2,\cdots.$$

从而得到正弦级数：

$$g(x)\sim\sum_{n=1}^{\infty}b_n\sin n\pi x=\frac{2}{\pi}\sum_{n=1}^{\infty}\frac{1-2(-1)^n}{n}\sin n\pi x.$$

于是

$$f(x)=\frac{2}{\pi}\sum_{n=1}^{\infty}\frac{1-2(-1)^n}{n}\sin n\pi x,\quad 0<x<1.$$

将 $f(x)$ 作偶延拓，再以 2 为周期延拓到 $(-\infty,+\infty)$ 上(图 11.22).

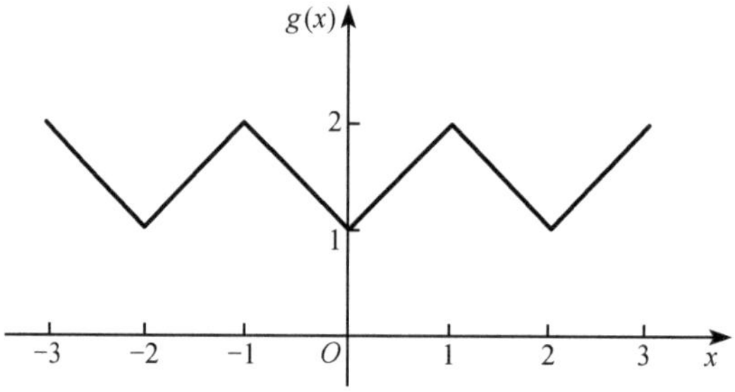

图 11.22

于是有

$$b_n=0,\quad n=1,2,\cdots,$$

$$a_0=\frac{2}{l}\int_0^l g(x)\mathrm{d}x=2\int_0^1 (x+1)\mathrm{d}x=3,$$

$$a_n=\frac{2}{l}\int_0^l g(x)\cos\frac{n\pi}{l}x\,\mathrm{d}x$$

$$=2\int_0^1 (x+1)\cos n\pi x\,\mathrm{d}x$$

$$=\begin{cases}-\dfrac{4}{(2k-1)^2\pi^2}, & n=2k-1,\\ 0, & n=2k.\end{cases}\quad k=1,2,\cdots.$$

从而得到余弦级数

$$g(x)\sim\frac{a_0}{2}+\sum_{n=1}^{\infty}a_n\cos n\pi x=\frac{3}{2}-\frac{4}{\pi^2}\sum_{k=1}^{\infty}\frac{1}{(2k-1)^2}\cos(2k-1)x.$$

于是

$$x+1=\frac{3}{2}-\frac{4}{\pi^2}\sum_{k=1}^{\infty}\frac{1}{(2k-1)^2}\cos(2k-1)x,\quad 0\leqslant x\leqslant 1.$$

例 11.65　设 $f(x)$ 是周期为 4 的周期函数，它在 $[-2,2)$ 上的表达式为

$$f(x)=\begin{cases}0, & -2\leqslant x<0,\\ h, & 0\leqslant x<2\end{cases}\qquad h\neq 0.$$

将 $f(x)$ 展开成傅里叶级数.

解

$$a_n=\frac{1}{2}\int_0^2 h\cos\frac{n\pi x}{2}\mathrm{d}x=0,\quad n\neq 0,$$

$$a_0=\frac{1}{2}\int_{-2}^0 0\mathrm{d}x+\frac{1}{2}\int_0^2 h\mathrm{d}x=h,$$

$$b_n=\frac{1}{2}\int_0^2 h\sin\frac{n\pi x}{2}\mathrm{d}x=\begin{cases}\dfrac{2h}{n\pi}, & n=1,3,5,\cdots,\\ 0, & n=2,4,6,\cdots.\end{cases}$$

所以

$$f(x)=\frac{h}{2}+\frac{2h}{\pi}\left(\sin\frac{\pi x}{2}+\frac{1}{3}\sin\frac{3\pi x}{2}+\frac{1}{5}\sin\frac{5\pi x}{2}+\cdots\right),$$
$$-\infty<x<+\infty;x\neq 0,\pm 2,\pm 4,\cdots$$

$f(x)$ 的傅里叶级数的和函数的图形如图 11.23 所示.

例 11.66　将图 11.24 所示函数

$$M(x)=\begin{cases}\dfrac{px}{2}, & 0\leqslant x<\dfrac{l}{2},\\ \dfrac{p(l-x)}{2}, & \dfrac{l}{2}\leqslant x\leqslant l\end{cases}$$

分别展开成正弦级数和余弦级数.

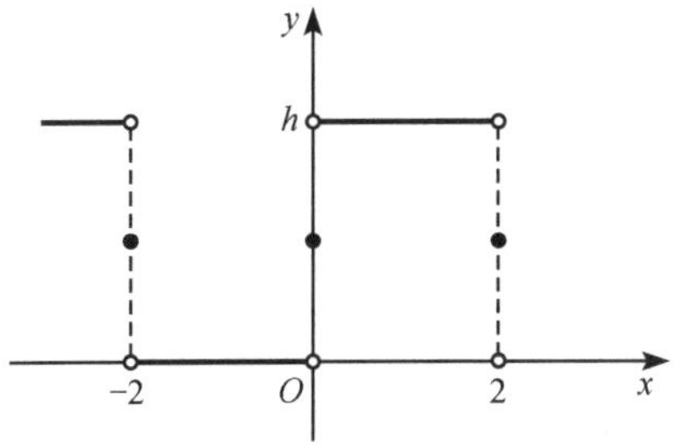

图 11.23

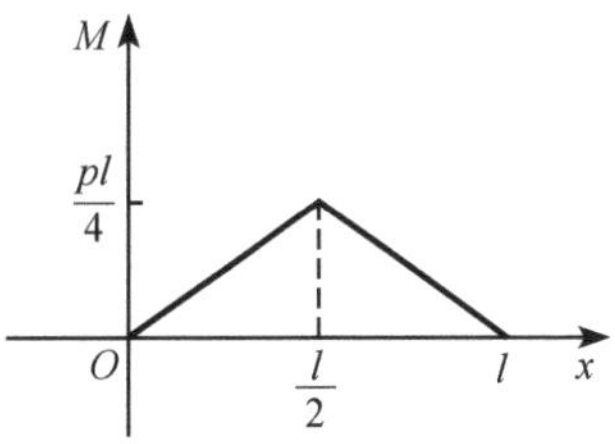

图 11.24

解　将 $M(x)$ 作奇延拓，

$$b_n=\frac{2}{l}\int_0^l M(x)\sin\frac{n\pi x}{l}\mathrm{d}x$$

$$= \frac{2}{l}\left[\int_0^{\frac{l}{2}} \frac{px}{2}\sin\frac{n\pi x}{l}\mathrm{d}x + \int_{\frac{l}{2}}^{l} \frac{p(l-x)}{2}\sin\frac{n\pi x}{l}\mathrm{d}x\right]$$

$$= \begin{cases} 0, & n = 2k; \\ \dfrac{2pl(-1)^{k-1}}{(2k-1)^2\pi^2}, & n = 2k-1. \end{cases}$$

所以

$$M(x) = \frac{2pl}{\pi^2}\sum_{k=1}^{\infty}\frac{(-1)^{k-1}}{(2k-1)^2}\sin\frac{(2k-1)\pi x}{l}, \quad 0 \leqslant x \leqslant l.$$

将 $M(x)$ 作偶延拓，

$$a_n = \frac{4}{l}\int_0^{\frac{l}{2}} M(x)\cos\frac{2n\pi x}{l}\mathrm{d}x$$

$$= \frac{4}{l}\int_0^{\frac{l}{2}} \frac{px}{2}\cos\frac{2n\pi}{l}\mathrm{d}x$$

$$= \begin{cases} 0, & n = 2,4,6,\cdots, \\ -\dfrac{pl}{n^2\pi^2}, & n = 1,3,5,\cdots, \end{cases}$$

$$a_0 = \frac{4}{l}\int_0^{\frac{l}{2}} \frac{px}{2}\mathrm{d}x = \frac{pl}{4},$$

所以

$$M(x) = \frac{pl}{8} - \frac{pl}{\pi^2}\sum_{k=1}^{\infty}\frac{1}{(2k-1)^2}\cos\frac{2(2k-1)\pi x}{l}, \quad 0 \leqslant x \leqslant l.$$

一般周期函数的傅里叶级数举例

习题 11.7

1. 将下列各周期函数展开成傅里叶级数(下面给出函数在一个周期内的表达式)：

(1) $f(x)=1-x^2\left(-\frac{1}{2}\leqslant x<\frac{1}{2}\right)$；

(2) $f(x)=\begin{cases} x, & -1\leqslant x<0, \\ 1, & 0\leqslant x<\frac{1}{2}, \\ -1, & \frac{1}{2}\leqslant x<1; \end{cases}$

(3) $f(x)=\begin{cases} 2x+1, & -3\leqslant x<0, \\ 1, & 0\leqslant x<3. \end{cases}$

2. 将下列函数分别展开成正弦函数和余弦函数：

(1) $f(x)=\begin{cases} x, & 0\leqslant x<\frac{l}{2}, \\ l-x, & \frac{l}{2}\leqslant x\leqslant l; \end{cases}$

(2) $f(x)=x^2(0\leqslant x\leqslant 2)$.

3. 将函数 $f(x)=\frac{\pi}{2}-x$ 在$[0,\pi]$上展成余弦级数,并讨论收敛情况.

4. 将函数 $f(x)=\cos\frac{x}{2}$ 在$[0,\pi]$上展成余弦级数,并讨论收敛情况.

5. 将函数 $f(x)=x^3$ 在$[0,\pi]$上展成正弦级数,并讨论收敛情况.

6. 将函数 $f(x)=\frac{\pi}{4}$ 在$[0,\pi]$上展成正弦级数,并由它推出:

(1) $1-\frac{1}{3}+\frac{1}{5}-\frac{1}{7}+\cdots=\frac{\pi}{4}$;

(2) $1+\frac{1}{5}-\frac{1}{7}-\frac{1}{11}+\frac{1}{13}+\frac{1}{17}+\cdots=\frac{\pi}{3}$;

(3) $1-\frac{1}{5}+\frac{1}{7}-\frac{1}{11}+\frac{1}{13}-\frac{1}{17}+\cdots=\frac{\sqrt{3}}{6}\pi$.

7. 全波整流的波形在一个周期内的表达式为

$$u(t)=\begin{cases}-U_{\mathrm{m}}\sin\omega t, & -\frac{T}{2}\leqslant t<0,\\ U_{\mathrm{m}}\sin\omega t, & 0\leqslant t<\frac{T}{2},\end{cases}$$

求出它的傅氏展开$\left(\text{其中 } T=\frac{2\pi}{\omega}\right)$.

习 题 答 案

第 8 章

习题 8.1

1. (1) 开集，无界集，导集：R^2，边界：$\{(x,y)\mid x=0$ 或 $y=0\}$；

   (2) 既非开集，又非闭集，有界集，导集：$\{(x,y)\mid 1\leqslant x^2+y^2\leqslant 4\}$，

   边界：$\{(x,y)\mid x^2+y^2=1\}\cup\{(x,y)\mid x^2+y^2=4\}$；

   (3) 开集，区域，无界集，导集：$\{(x,y)\mid y\geqslant x^2\}$，边界：$\{(x,y)\mid y=x^2\}$；

   (4) 闭集，有界集，导集：集合本身，

   边界：$\{(x,y)\mid x^2+(y-1)^2=1\}\cup\{(x,y)\mid x^2+(y-2)^2=4\}$.

2. $t^2f(x,y)$.

3. 略.

4. $(x+y)^{xy}+(xy)^{2x}$.

5. (1) $\{(x,y)\mid y^2-2x+1>0\}$；

   (2) $\{(x,y)\mid x+y>0,x-y>0\}$；

   (3) $\{(x,y)\mid x\geqslant 0,y\geqslant 0,x^2\geqslant y\}$；

   (4) $\{(x,y)\mid y-x>0,x\geqslant 0,x^2+y^2<1\}$；

   (5) $\{(x,y,z)\mid r^2<x^2+y^2+z^2\leqslant R^2\}$；

   (6) $\{(x,y,z)\mid x^2+y^2-z^2\geqslant 0,x^2+y^2\neq 0\}$；

   (7) $\{(x,y)\mid x\geqslant 0,y\geqslant 0\}$；

   (8) $\{(x,y)\mid x+y<0\}$；

   (9) $\{(x,y)\mid 1\leqslant x^2+y^2\leqslant 4\}$；

   (10) $\{(x,y)\mid |y|\leqslant |x|,x\neq 0\}$；

   (11) $\{(x,y)\mid |z|>\sqrt{x^2+y^2}\}$.

6. (1) 1； (2) ln2； (3) $-\dfrac{1}{4}$； (4) -2； (5) 2； (6) 0； (7) 2； (8) a； (9) 0；

   (10) 1； (11) 0； (12) 0； (13) 1； (14) ln2； (15) 1； (16) $\dfrac{10}{3}$.

7. 略.

8. $\{(x,y)\mid y^2=2x\}$.

9-10. 略.

11. $\{(x,y)\mid 0<x^2+y^2<1,y^2\leqslant 4x\}$，$\dfrac{\sqrt{2}}{\ln\dfrac{3}{4}}$.

12-16. 略.

习题 8.2

1. (1) $\frac{\partial z}{\partial x}=3x^2y-y^3,\frac{\partial z}{\partial y}=x^3-3xy^2$;

(2) $\frac{\partial s}{\partial u}=\frac{1}{v}-\frac{v}{u^2},\frac{\partial s}{\partial v}=\frac{1}{u}-\frac{u}{v^2}$;

(3) $\frac{\partial z}{\partial x}=\frac{1}{2x\sqrt{\ln(xy)}},\frac{\partial z}{\partial y}=\frac{1}{2y\sqrt{\ln(xy)}}$;

(4) $\frac{\partial z}{\partial x}=y[\cos(xy)-\sin(2xy)],\frac{\partial z}{\partial y}=x[\cos(xy)-\sin(2xy)]$;

(5) $\frac{\partial z}{\partial x}=\frac{2}{y}\csc\frac{2x}{y},\frac{\partial z}{\partial y}=-\frac{2x}{y^2}\csc\frac{2x}{y}$;

(6) $\frac{\partial z}{\partial x}=y^2(1+xy)^{y-1},\frac{\partial z}{\partial y}=(1+xy)^y\left[\ln(1+xy)+\frac{xy}{1+xy}\right]$;

(7) $\frac{\partial u}{\partial x}=\frac{y}{z}x^{\frac{y}{z}-1},\frac{\partial u}{\partial y}=\frac{1}{z}x^{\frac{y}{z}}\ln x,\frac{\partial u}{\partial z}=-\frac{y}{z^2}x^{\frac{y}{z}}\ln x$;

(8) $\frac{\partial u}{\partial x}=\frac{z(x-y)^{z-1}}{1+(x-y)^{2z}},\frac{\partial u}{\partial y}=-\frac{z(x-y)^{z-1}}{1+(x-y)^{2z}},\frac{\partial u}{\partial z}=\frac{(x-y)^z\ln(x-y)}{1+(x-y)^{2z}}$;

(9) $\frac{\partial z}{\partial x}=4x^3-8xy^2,\frac{\partial z}{\partial y}=4y^3-8x^2y$;

(10) $\frac{\partial z}{\partial x}=y+\frac{1}{y},\frac{\partial z}{\partial y}=x-\frac{x}{y^2}$;

(11) $\frac{\partial z}{\partial x}=\sin(x+y)+x\cos(x+y),\frac{\partial z}{\partial y}=x\cos(x+y)$;

(12) $\frac{\partial z}{\partial x}=\frac{y}{x^2+y^2},\frac{\partial z}{\partial y}=\frac{-x}{x^2+y^2}$;

(13) $\frac{\partial u}{\partial x}=\frac{z}{y}\left(\frac{x}{y}\right)^{z-1},\frac{\partial u}{\partial y}=-\frac{z}{y}\left(\frac{x}{y}\right)^z,\frac{\partial u}{\partial z}=\left(\frac{x}{y}\right)^z\ln\frac{x}{y}$;

(14) $\frac{\partial u}{\partial x}=z^{xy}y\ln z,\frac{\partial u}{\partial y}=z^{xy}x\ln z,\frac{\partial u}{\partial z}=xyz^{xy-1}$;

(15) $\frac{\partial u}{\partial x}=\frac{2x}{y\cos^2\frac{x^2}{y}},\frac{\partial u}{\partial y}=\frac{-x^2}{y^2\cos^2\frac{x^2}{y}}$.

2. (1) $z_x(x,1)=1,z_y(1,y)=\arcsin\frac{1}{\sqrt{y}}+\frac{1-y}{2y\sqrt{y-1}}$;

(2) $z_x(1,0)=0,z_y(0,1)=0$;

(3) $z_x(0,0)=1,z_y(1,1)=0$;

(4) 1,−1.

3-4. 略.

5. ρ.

6. 略.

7. $f_x(0,0)=f_y(0,0)=0$,当$(x,y)\neq(0,0)$时,

$$f_x(x,y)=\frac{y^3}{(x^2+y^2)^{\frac{3}{2}}},f_y(x,y)=\frac{x^3}{(x^2+y^2)^{\frac{3}{2}}}.$$

8-10. 略.

11. $f_{xx}(0,0)=f_{yy}(0,0)=0$.

12-13. 略.

14. $\frac{\pi}{4}$.

15. (1) $\frac{\partial^2 z}{\partial x^2}=12x^2-8y^2,\frac{\partial^2 z}{\partial y^2}=12y^2-8x^2,\frac{\partial^2 z}{\partial x\partial y}=-16xy$;

(2) $\frac{\partial^2 z}{\partial x^2}=\frac{2xy}{(x^2+y^2)^2},\frac{\partial^2 z}{\partial y^2}=-\frac{2xy}{(x^2+y^2)^2},\frac{\partial^2 z}{\partial x\partial y}=\frac{y^2-x^2}{(x^2+y^2)^2}$;

(3) $\frac{\partial^2 z}{\partial x^2}=y^x\ln^2 y,\frac{\partial^2 z}{\partial y^2}=x(x-1)y^{x-2},\frac{\partial^2 z}{\partial x\partial y}=y^{x-1}(1+x\ln y)$;

(4) $\frac{\partial^2 z}{\partial x^2}=-\frac{1}{(x+y^2)^2},\frac{\partial^2 z}{\partial y^2}=\frac{2(x-y^2)}{(x+y^2)^2},\frac{\partial^2 z}{\partial x\partial y}=-\frac{2y}{(x+y^2)^2}$;

(5) $\frac{\partial^2 u}{\partial x^2}=\frac{-2x}{(1+x^2)^2},\frac{\partial^2 u}{\partial y^2}=\frac{-2y}{(1+y^2)^2},\frac{\partial^2 u}{\partial x\partial y}=0$.

16. $f_{xx}(0,0,1)=2,f_{xz}(1,0,2)=2,f_{yz}(0,-1,0)=0,f_{zzx}(2,0,1)=0$.

17. $\frac{\partial^3 z}{\partial x^2\partial y}=0,\frac{\partial^3 z}{\partial x\partial y^2}=-\frac{1}{y^2}$.

18. $u_{x^3}=-12x\sin(x^2+y^2)-8x^3\cos(x^2+y^2),u_{y^3}=-12y\sin(x^2+y^2)-8y^3\cos(x^2+y^2)$.

19. $m!n!$.

20. 略.

21. $f_x(x,y)=\begin{cases}\frac{2xy^3}{(x^2+y^2)^2}, & x^2+y^2\neq 0,\\ 0, & x^2+y^2=0,\end{cases}$ $f_y(x,y)=\begin{cases}\frac{x^2(x^2-y^2)}{(x^2+y^2)^2}, & x^2+y^2\neq 0,\\ 0, & x^2+y^2=0.\end{cases}$

习题 8.3

1. (1) $\left(y+\frac{1}{y}\right)\mathrm{d}x+x\left(1-\frac{1}{y^2}\right)\mathrm{d}y$;

(2) $-\frac{1}{x}\mathrm{e}^{\frac{y}{x}}\left(\frac{y}{x}\mathrm{d}x-\mathrm{d}y\right)$;

(3) $-\frac{x}{(x^2+y^2)^{\frac{3}{2}}}(y\mathrm{d}x-x\mathrm{d}y)$;

(4) $yzx^{yz-1}\mathrm{d}x+zx^{yz}\ln x\mathrm{d}y+yx^{yz}\ln x\mathrm{d}z$;

(5) $mx^{m-1}y^n\mathrm{d}x+nx^my^{n-1}\mathrm{d}y$;

(6) $\frac{x\mathrm{d}x+y\mathrm{d}y}{\sqrt{x^2+y^2}}$;

(7) $\frac{(x^2+y^2)\mathrm{d}z-2xz\mathrm{d}x-2yz\mathrm{d}y}{(x^2+y^2)^2}$;

(8) $\frac{-(x\mathrm{d}x+y\mathrm{d}y)}{(x^2+y^2)^{\frac{3}{2}}}$;

(9) $\frac{-(x\mathrm{d}x+y\mathrm{d}y+z\mathrm{d}z)}{\sqrt{R^2-x^2-y^2-z^2}}$.

2. (1) (0,0)处为 0,(1,1)处为$-4(\mathrm{d}x+\mathrm{d}y)$;

(2) (0,0)处为 0,$\left(\frac{\pi}{4},\frac{\pi}{4}\right)$处为 $\mathrm{d}x$;

(3) (0,1,2)处为$\frac{\mathrm{d}x+2\mathrm{d}y+12\mathrm{d}z}{9}$.

3. (1) 0.1; (2) 0.

4-5. 略.

6. $\frac{1}{3}\mathrm{d}x+\frac{2}{3}\mathrm{d}y$.

7. $\Delta z=-0.119,\mathrm{d}z=-0.125$.

8. $0.25e$.

9. 略.

习题 8.4

1. $\frac{\partial z}{\partial x}=4x,\frac{\partial z}{\partial y}=4y$.

2. $u_x=2xf'(x^2+y^2+z^2),u_{x^2}=4x^2f''(x^2+y^2+z^2)+2f'(x^2+y^2+z^2)$,

$u_{xy}=4xyf''(x^2+y^2+z^2)$.

3. $z_y=\left(-\frac{x}{y^2}\right)f_2'\left(x,\frac{x}{y}\right),z_{xy}=-\frac{x}{y^2}f_{12}''\left(x,\frac{x}{y}\right)-\frac{x}{y^3}f_{22}''\left(x,\frac{x}{y}\right)-\frac{1}{y^2}f_2'\left(x,\frac{x}{y}\right)$.

4. $3f_{11}''(x+y+z,x^2+y^2+z^2)+2(x+y+z)f_{12}''(x+y+z,x^2+y^2+z^2)$

$+2(x+y+z)f_{21}''(x+y+z,x^2+y^2+z^2)$

$+6f_2'(x+y+z,x^2+y^2+z^2)+4(x^2+y^2+z^2)f_{22}''(x+y+z,x^2+y^2+z^2)$.

5. $u_{ss}=f_{11}''e^{2s}\cos^2t+f_{12}''e^{2s}\sin t\cos t+f_1'e^s\cos t+f_2'e^s\sin t+f_{21}''e^{2s}\sin t\cos t+f_{22}''e^{2s}\sin^2t$.

$u_{tt}=-e^s[f_1'\cos t+f_2'\sin t]+e^{2s}[f_{11}''\sin^2t-f_{12}''\sin t\cos t-f_{21}''\sin t\cos t+f_{22}''\cos^2t]$.

6. $z_x=f_1'+f_2',z_{xy}=f_{11}''-f_{12}''+f_{21}''-f_{22}''$.

7. $\frac{-10xy}{(2x-y)^2}$.

8-10. 略.

11. $\frac{\lambda}{2}(x^2+y^2)+C$.

12. $c\left(\frac{x}{y}\right)^{\lambda}$.

13-14. 略.

15. (1) $f'(t)(\mathrm{d}x+\mathrm{d}y)$; (2) $\frac{1}{\sqrt{x^2+y^2}}f'(t)(x\mathrm{d}x+y\mathrm{d}y)$.

16-17. 略.

18. $\frac{\partial z}{\partial x}=\frac{2x}{y^2}\ln(3x-2y)+\frac{3x^2}{(3x-2y)y^2},\frac{\partial z}{\partial y}=-\frac{2x^2}{y^3}\ln(3x-2y)-\frac{2x^2}{(3x-2y)y^2}$.

19. $e^{\sin t-2t^3}(\cos t-6t^2)$.

20. $\frac{3(1-4t^2)}{\sqrt{1-(3t-4t^3)^2}}$.

21. $\dfrac{e^x(1+x)}{1+x^2e^{2x}}$.

22. $e^{ax}\sin x$.

23. 略.

24. (1) $\dfrac{\partial u}{\partial x}=2xf_1'+ye^{xy}f_2'$, $\dfrac{\partial u}{\partial y}=-2yf_1'+xe^{xy}f_2'$;

(2) $\dfrac{\partial u}{\partial x}=\dfrac{1}{y}f_1'$, $\dfrac{\partial u}{\partial y}=-\dfrac{x}{y^2}f_1'+\dfrac{1}{z}f_2'$, $\dfrac{\partial u}{\partial z}=-\dfrac{y}{z^2}f_2'$;

(3) $\dfrac{\partial u}{\partial x}=f_1'+yf_2'+yzf_3'$, $\dfrac{\partial u}{\partial y}=xf_2'+xzf_3'$, $\dfrac{\partial u}{\partial z}=xyf_3'$.

25-26. 略.

27. $\dfrac{\partial^2 z}{\partial x^2}=2f'+4x^2f''$, $\dfrac{\partial^2 z}{\partial x\partial y}=4xyf''$, $\dfrac{\partial^2 z}{\partial y^2}=2f'+4y^2f''$.

28. (1) $\dfrac{\partial^2 z}{\partial x^2}=y^2f_{11}''$, $\dfrac{\partial^2 z}{\partial x\partial y}=f_1'+y(xf_{11}''+f_{12}'')$, $\dfrac{\partial^2 z}{\partial y^2}=x^2f_{11}''+2xf_{12}''+f_{22}''$;

(2) $\dfrac{\partial^2 z}{\partial x^2}=f_{11}''+\dfrac{2}{y}f_{12}''+\dfrac{1}{y^2}f_{22}''$, $\dfrac{\partial^2 z}{\partial x\partial y}=-\dfrac{x}{y^2}\left(f_{12}''+\dfrac{1}{y}f_{22}''\right)-\dfrac{1}{y^2}f_2'$, $\dfrac{\partial^2 z}{\partial y^2}=\dfrac{2x}{y^3}f_2'+\dfrac{x^2}{y^4}f_{22}''$;

(3) $\dfrac{\partial^2 z}{\partial x^2}=2yf_2'+y^4f_{11}''+4xy^3f_{12}''+4x^2y^2f_{22}''$,

$\dfrac{\partial^2 z}{\partial x\partial y}=2yf_1'+2xf_2'+2xy^3f_{11}''+2x^3yf_{22}''+5x^2y^2f_{12}''$.

$\dfrac{\partial^2 z}{\partial y^2}=2xf_1'+4x^2y^2f_{11}''+4x^3yf_{12}''+x^4f_{22}''$;

(4) $\dfrac{\partial^2 z}{\partial x^2}=e^{x+y}f_3'-\sin xf_1'+\cos^2xf_{11}''+2e^{x+y}\cos xf_{13}''+e^{2(x+y)}f_{33}''$,

$\dfrac{\partial^2 z}{\partial x\partial y}=e^{x+y}f_3'-\cos x\sin yf_{12}''+e^{x+y}\cos xf_{13}''-e^{x+y}\sin yf_{32}''+e^{2(x+y)}f_{33}''$,

$\dfrac{\partial^2 z}{\partial y^2}=e^{x+y}f_3'-\cos yf_2'+\sin^2yf_{22}''-2e^{x+y}\sin yf_{23}''+e^{2(x+y)}f_{33}''$.

29. 略.

30. $\dfrac{du}{dt}=yx^{y-1}\varphi'(t)+x^y\ln x\psi'(t)$.

31. $f(y-x,z-x)$.

32. $f(xy)$.

33. $f(x+y)+g(x+3y)$.

34. $\dfrac{c_1}{\sqrt{x^2+y^2+z^2}}+c_2$.

35. $f(x+t)+g(x-t)$.

36. $au_{s^2}+2bu_{st}+cu_{t^2}-au_s-cu_t=0$.

37. $\dfrac{1}{\sqrt{x^2+y^2+z^2}}[\varphi(\sqrt{x^2+y^2+z^2}+t)+\psi(\sqrt{x^2+y^2+z^2}-t)]$.

38. $\dfrac{\partial z}{\partial \xi}=-\dfrac{\partial z}{\partial v}+\dfrac{\partial z}{\partial w}$, $\dfrac{\partial z}{\partial \eta}=\dfrac{\partial z}{\partial u}-\dfrac{\partial z}{\partial w}$, $\dfrac{\partial z}{\partial \zeta}=-\dfrac{\partial z}{\partial u}+\dfrac{\partial z}{\partial v}$.

39. $\frac{\partial^2 z}{\partial x\partial y}=xe^{2y}f''_{uu}+e^y f''_{uy}+xe^y f''_{xu}+f''_{xy}+e^y f'_u$.

习题 8.5

1. $\frac{y^2-e^x}{\cos y-2xy}$.

2. (1) $\frac{\partial z}{\partial x}=-\frac{x^{n-1}}{z^{n-1}},\frac{\partial z}{\partial y}=-\frac{y^{n-1}}{z^{n-1}}$； (2) $\frac{\partial z}{\partial x}=-1,\frac{\partial z}{\partial y}=-1$；

(3) $\frac{\partial z}{\partial x}=\frac{z}{x+z},\frac{\partial z}{\partial y}=\frac{z^2}{y(x+z)}$； (4) $\frac{\partial z}{\partial x}=\frac{z\ln z}{z\ln y-x},\frac{\partial z}{\partial y}=\frac{z^2}{xy-zy\ln y}$.

3. $z_x=\frac{yz}{z^2-xy},z_y=\frac{xz}{z^2-xy},z_{x^2}=\frac{-2xy^3z}{(z^2-xy)^3}$.

4. $e^z\frac{1}{(1-e^z)^3}$.

5. $z_y=-\frac{yz}{x^2-y^2},z_{y^2}=-\frac{x^2z}{(x^2-y^2)^2}$.

6. $z_x=-\frac{F'_1+F'_2+F'_3}{F'_3},z_y=-\frac{F'_2+F'_3}{F'_3}$.

7. (1) $\frac{-zf'_1\mathrm{d}x+f'_2\mathrm{d}y}{xf'_1+f'_2-1}$； (2) $\frac{(f'_3-f'_1)\mathrm{d}x+(f'_1-f'_2)\mathrm{d}y}{f'_3-f'_2}$；

(3) $\frac{(f'_1+f'_2+f'_3)\mathrm{d}x+(f'_2+f'_3)\mathrm{d}y}{-f'_3}$.

8. $z_x=-3uv,z_y=\frac{3}{2}(u+v)$.

9. $z_x=-\frac{x}{z}$.

10-12. 略.

13. 0,−1.

14. $\mathrm{d}u=\frac{(\sin v+x\cos v)\mathrm{d}x-(\sin u-x\cos v)\mathrm{d}y}{x\cos v+y\cos u}$,

$\mathrm{d}v=\frac{-(\sin v-y\cos u)\mathrm{d}x+(\sin u+y\cos u)\mathrm{d}y}{x\cos v+y\cos u}$.

15. $\frac{\mathrm{d}y}{\mathrm{d}x}=2\left(t+\frac{1}{t}\right),\frac{\mathrm{d}z}{\mathrm{d}x}=3\left(t^2+\frac{1}{t^2}+1\right),\frac{\mathrm{d}^2y}{\mathrm{d}x^2}=2,\frac{\mathrm{d}^2z}{\mathrm{d}x^2}=6\left(t+\frac{1}{t}\right)$.

16. $\frac{x+y}{x-y}$.

17. $\frac{\partial z}{\partial x}=\frac{yz-\sqrt{xyz}}{\sqrt{xyz}-xy},\frac{\partial z}{\partial y}=\frac{xz-2\sqrt{xyz}}{\sqrt{xyz}-xy}$.

18. $\frac{\partial z}{\partial x}=\frac{z}{x+z},\frac{\partial z}{\partial y}=\frac{z^2}{y(x+z)}$.

19-21. 略.

22. $\frac{2y^2ze^z-2xy^3z-y^2z^2e^z}{(e^z-xy)^3}$.

23. $\dfrac{z(z^4-2xyz^2-x^2y^2)}{(z^2-xy)^3}$.

24. (1) $\dfrac{\mathrm{d}y}{\mathrm{d}x}=-\dfrac{x(6z+1)}{2y(3z+1)},\dfrac{\mathrm{d}z}{\mathrm{d}x}=\dfrac{x}{3z+1}$； (2) $\dfrac{\mathrm{d}x}{\mathrm{d}z}=\dfrac{y-z}{x-y},\dfrac{\mathrm{d}y}{\mathrm{d}z}=\dfrac{z-x}{x-y}$；

(3) $\dfrac{\partial u}{\partial x}=\dfrac{-uf_1'(2yvg_2'-1)-f_2'g_1'}{(xf_1'-1)(2yvg_2'-1)-f_2'g_1'},\dfrac{\partial v}{\partial x}=\dfrac{g_1'(xf_1'+uf_1'-1)}{(xf_1'-1)(2yvg_2'-1)-f_2'g_1'}$；

(4) $\dfrac{\partial u}{\partial x}=\dfrac{\sin v}{e^u(\sin v-\cos v)+1},\dfrac{\partial u}{\partial y}=\dfrac{-\cos v}{e^u(\sin v-\cos v)+1}$,

$\dfrac{\partial v}{\partial x}=\dfrac{\cos v-e^u}{u[e^u(\sin v-\cos v)+1]},\dfrac{\partial v}{\partial y}=\dfrac{\sin v+e^u}{u[e^u(\sin v-\cos v)+1)]}$.

25. 略.

26. $\dfrac{\partial z}{\partial x}=(v\cos v-u\sin v)e^{-u},\dfrac{\partial z}{\partial y}=(u\cos v+v\sin v)e^{-u}$.

习题 8.6

1. 切线方程：$\dfrac{x-\left(\frac{\pi}{2}-1\right)}{1}=\dfrac{y-1}{1}=\dfrac{z-2\sqrt{2}}{\sqrt{2}}$，法平面方程：$x+y+\sqrt{2}z=\dfrac{\pi}{2}+4$.

2. 切线方程：$\dfrac{x-\frac{1}{2}}{1}=\dfrac{y-2}{-4}=\dfrac{z-1}{8}$，法平面方程：$2x-8y+16z=1$.

3. 切线方程：$\dfrac{x-x_0}{1}=\dfrac{y-y_0}{\frac{m}{y_0}}=\dfrac{z-z_0}{-\frac{1}{2z_0}}$，

法平面方程：$(x-x_0)+\dfrac{m}{y_0}(y-y_0)-\dfrac{1}{2z_0}(z-z_0)=0$.

4. 切线方程：$\dfrac{x-1}{16}=\dfrac{y-1}{9}=\dfrac{z-1}{-1}$，法平面方程：$16x+9y-z=24$.

5. $P_1(-1,1,-1),P_2\left(-\dfrac{1}{3},\dfrac{1}{9},-\dfrac{1}{27}\right)$.

6. 切平面方程：$x+2y-4=0$，法线方程：$\begin{cases}\dfrac{x-2}{1}=\dfrac{y-1}{2},\\ z=0.\end{cases}$

7. 切平面方程：$ax_0x+by_0y+cz_0z=1$，法线方程：$\dfrac{x-x_0}{ax_0}=\dfrac{y-y_0}{by_0}=\dfrac{z-z_0}{cz_0}$.

8. 切平面方程：$x-y+2z=\pm\sqrt{\dfrac{11}{2}}$.

9. $\cos\gamma=\dfrac{3}{\sqrt{22}}$.

10. 略.

11. 切线方程：$\begin{cases}x=a,\\ by-az=0,\end{cases}$法平面方程：$ay+bz=0$.

12. $(-3,-1,3),\dfrac{x+3}{1}=\dfrac{y+1}{3}=\dfrac{z-3}{1}$.

13. (1) $\dfrac{x-\frac{\sqrt{2}}{2}a\cos\beta}{-\cos\beta}=\dfrac{y-\frac{\sqrt{2}}{2}a\sin\beta}{-\sin\beta}=\dfrac{z-\frac{\sqrt{2}}{2}a}{1}$, $x\cos\beta+y\sin\beta-z=0$；

(2) $\dfrac{x-1}{1}=\dfrac{y-1}{1}=\dfrac{z-1}{2}$, $x+y+2z-4=0$；

(3) $\dfrac{x-1}{1}=\dfrac{y+2}{0}=\dfrac{z-1}{-1}$, $x-z=0$；

(4) $\dfrac{x-\frac{3}{4}a}{\sqrt{3}a}=\dfrac{y-\frac{\sqrt{3}}{4}b}{-b}=\dfrac{z-\frac{1}{4}c}{-\sqrt{3}c}$, $\sqrt{3}a\left(x-\frac{3}{4}a\right)-b\left(y-\frac{\sqrt{3}}{4}b\right)-\sqrt{3}c\left(z-\frac{1}{4}c\right)=0$.

14-15. 略.

16. $x+4y+6z=21$, $x+4y+6z=-21$.

17. $\beta=\arccos\dfrac{8}{\sqrt{77}}$.

习题 8.7

1. $1+2\sqrt{3}$.

2. $\dfrac{\partial z}{\partial l}=y\cos\alpha+x\cos\beta$, $\mathbf{grad}\ z=\{y,x\}$，最大的方向微商为 $\sqrt{x^2+y^2}$，最小的方向微商为 $-\sqrt{x^2+y^2}$.

3. $\dfrac{1}{(x_0-a)^2+(y_0-b)^2}\{y_0-b,-(x_0-a)\}$.

4. $4[-1+x_0(x_0-2y_0)+x_0^2y_0^2]\{y_0-x_0,-x_0y_0^2,x_0-x_0^2y_0\}$.

5. 最大方向微商$\sqrt{2}$，最小方向微商$-\sqrt{2}$.

6. $\mathbf{grad}\ r=\dfrac{1}{r}\{x,y,z\}$, $\mathbf{grad}\ \dfrac{1}{r}=-\dfrac{1}{r^3}\{x,y,z\}$.

7. $\dfrac{\sqrt{2}}{3}$.

8. $\dfrac{1}{ab}\sqrt{2(a^2+b^2)}$.

9. 5.

10. $\dfrac{11}{7}$.

11. $\dfrac{98}{13}$.

12. $\dfrac{6}{7}\sqrt{14}$.

13. $x_0+y_0+z_0$.

14. 略.

15. $\nabla u=\{3x^2-3yz,3y^2-3xz,3z^2-3xy\}$. (1) 曲面 $z^2=xy$ 上； (2) 平面 $x=y$ 上； (3) 直线 $x=y=z$ 上.

16. $\arccos\left(-\dfrac{8}{9}\right)$.

17. $\mathbf{grad}\, f(0,0,0)=3\boldsymbol{i}-2\boldsymbol{j}-6\boldsymbol{k}$, $\mathrm{grad} f(1,1,1)=6\boldsymbol{i}+3\boldsymbol{j}$.

18. 略.

19. 增加最快的方向为 $\boldsymbol{n}=\frac{1}{\sqrt{21}}(2\boldsymbol{i}-4\boldsymbol{j}+\boldsymbol{k})$,方向导数为 $\sqrt{21}$. 减少最快的方向为

$-\boldsymbol{n}=\frac{1}{\sqrt{21}}(-2\boldsymbol{i}+4\boldsymbol{j}-\boldsymbol{k})$,方向导数为 $-\sqrt{21}$.

20. $\frac{\partial f}{\partial l}=\cos\theta+\sin\theta$.　(1) $\theta=\frac{\pi}{4}$；　(2) $\theta=\frac{5\pi}{4}$；　(3) $\theta=\frac{3\pi}{4},\frac{7\pi}{4}$.

21. $\frac{\partial u}{\partial \boldsymbol{n}}=\frac{2}{\sqrt{\frac{x_0^2}{a^4}+\frac{y_0^2}{b^4}+\frac{z_0^2}{c^4}}}$.

习题 8.8

1. 极大值:$f(2,-2)=8$.

2. (1) 无极值；　(2) 极小值为 $f(1,1)=-1$；　(3) 极大值为 $f\left(\frac{\pi}{3},\frac{\pi}{6}\right)=\frac{3}{2}\sqrt{3}$；

(4) 极小值为 $f(1,1)=f(-1,-1)=-2$；　(5) 极小值为 $f(0,0)=0$.

3. (1) 方程决定两个函数

$z_1=2+\sqrt{4^2-(x-1)^2-(y-1)^2}$,　$z_2=2-\sqrt{4^2-(x-1)^2-(y-1)^2}$.

z_1 的最大值为 6,最小值为 2. z_2 的最大值为 2,最小值为 -2.

(2) 极小值 $f(-3-\sqrt{6},-3-\sqrt{6})=-4-2\sqrt{6}$. 极大值 $f(-3+\sqrt{6},-3+\sqrt{6})=-4+2\sqrt{6}$.

4. (1) 最小值 $-\frac{1}{ab}\sqrt{a^2+b^2}$,最大值 $\frac{1}{ab}\sqrt{a^2+b^2}$；　(2) 最小值 $\frac{a^2b^2}{\sqrt{a^2+b^2}}$；

(3) 最小值 $1-\frac{1}{\sqrt{2}}$,最大值 $1+\frac{1}{\sqrt{2}}$；　(4) 最小值 $-\frac{1}{3\sqrt{6}}$,最大值 $\frac{1}{3\sqrt{6}}$.

5. 极大值:$f(3,2)=36$.

6. 极小值:$f\left(\frac{1}{2},-1\right)=-\frac{e}{2}$.

7. 极大值:$z\left(\frac{1}{2},\frac{1}{2}\right)=\frac{1}{4}$.

8. 两边都是 $\frac{l}{\sqrt{2}}$ 时.

9. 长宽都是 $\sqrt[3]{2k}$,高为 $\frac{1}{2}\sqrt[3]{2k}$ 时.

10. $\left(\frac{8}{5},\frac{16}{5}\right)$.

11. $x=\frac{2}{3}a,\theta=\frac{\pi}{3}$.

12. 三边分别为 $\frac{1}{2}p,\frac{3}{4}p,\frac{3}{4}p$,绕边长为 $\frac{1}{2}p$ 的边旋转.

13. $\frac{7}{8}\sqrt{2}$.

14. $d=\dfrac{|Ax_0+By_0+Cz_0+D|}{\sqrt{A^2+B^2+C^2}}$.

15. 最近点$\left(9,\dfrac{1}{8},\dfrac{3}{8}\right)$,最远点$\left(-9,-\dfrac{1}{8},-\dfrac{3}{8}\right)$.

16. $\dfrac{c}{n}$.

17. 边长为$\dfrac{2p}{3}$,$\dfrac{p}{3}$,绕短边旋转.

18. 长宽高都为$\dfrac{2a}{\sqrt{3}}$.

19. 最大值$\sqrt{9+5\sqrt{3}}$,最小值$\sqrt{9-5\sqrt{3}}$.

20. 最热点$\left(-\dfrac{1}{2},\pm\dfrac{\sqrt{3}}{2}\right)$,最冷点$\left(\dfrac{1}{2},0\right)$.

21. 最热点$\left(\pm\dfrac{4}{3},-\dfrac{4}{3},-\dfrac{4}{3}\right)$.

22. $\left(\dfrac{4}{5},\dfrac{3}{5},\dfrac{35}{12}\right)$.

23. 切点$\left(\dfrac{a}{\sqrt{3}},\dfrac{b}{\sqrt{3}},\dfrac{c}{\sqrt{3}}\right)$,$V_{\min}=\dfrac{\sqrt{3}}{2}abc$.

24. 当 $p_1=80$,$p_2=120$ 时,最大总利润为 605.

25. (1) $g(x_0,y_0)=\sqrt{5x_0^2+5y_0^2-8x_0y_0}$; (2) 起点$(5,-5)$或$(-5,5)$.

第 9 章

习题 9.1

1. (1) $\iint_D(x+y)^2\mathrm{d}\sigma\geqslant\iint_D(x+y)^3\mathrm{d}\sigma$;

(2) $\iint_D(x+y)^3\mathrm{d}\sigma\geqslant\iint_D(x+y)^2\mathrm{d}\sigma$;

(3) $\iint_D\ln(x+y)\mathrm{d}\sigma\geqslant\iint_D[\ln(x+y)]^2\mathrm{d}\sigma$;

(4) $\iint_D[\ln(x+y)]^2\mathrm{d}\sigma\geqslant\iint_D\ln(x+y)\mathrm{d}\sigma$.

2. (1) $0\leqslant I\leqslant 2$; (2) $0\leqslant I\leqslant\pi^2$; (3) $2\leqslant I\leqslant 8$; (4) $36\pi\leqslant I\leqslant 100\pi$.

习题 9.2

1. (1) $\dfrac{8}{3}$; (2) $\dfrac{20}{3}$; (3) 1; (4) $-\dfrac{3\pi}{2}$; (5) $\dfrac{1}{2}\mathrm{e}^4-2\mathrm{e}$; (6) $\dfrac{1}{21}p^5$; (7) $(\mathrm{e}-1)^2$;

(8) $\pi-2$; (9) 0; (10) 0; (11) $\dfrac{32}{45}$; (12) $\dfrac{4}{3}$; (13) $\dfrac{2}{3}\pi-\dfrac{7}{8}\sqrt{3}$;

(14) $\pi(\cos\pi^2-\cos4\pi^2)$; (15) $\dfrac{2}{3}\pi R^3$; (16) $\dfrac{2}{3}R^3\left(\dfrac{\pi}{2}-\dfrac{2}{3}\right)$; (17) $\dfrac{25}{96}$; (18) $\dfrac{149}{144}$.

2. (1) $\dfrac{6}{55}$; (2) $\dfrac{64}{15}$; (3) $\mathrm{e}-\mathrm{e}^{-1}$; (4) $\dfrac{13}{6}$; (5) $\dfrac{3}{2}+\cos1+\sin1-\cos2-2\sin2$;

(6) $\pi^2-\frac{40}{9}$；(7) $\frac{\pi}{4}R^4+9\pi R^2$.

3. 略.

4. (1) $\int_0^4 dx\int_x^{2\sqrt{x}} f(x,y)dy, \int_0^4 dy\int_{\frac{y^2}{4}}^{y} f(x,y)dx$;

(2) $\int_{-r}^{r} dx\int_0^{\sqrt{r^2-x^2}} f(x,y)dy, \int_0^r dy\int_{-\sqrt{r^2-y^2}}^{\sqrt{r^2-y^2}} f(x,y)dx$;

(3) $\int_1^2 dx\int_{\frac{1}{x}}^{x} f(x,y)dy, \int_{\frac{1}{2}}^{1} dy\int_{\frac{1}{y}}^{2} f(x,y)dx+\int_1^2 dy\int_y^2 f(x,y)dx$;

(4) $\int_{-1}^{1} dx\int_{\sqrt{1-x^2}}^{\sqrt{4-x^2}} f(x,y)dy+\int_{-1}^{1} dx\int_{-\sqrt{4-x^2}}^{-\sqrt{1-x^2}} f(x,y)dy$

$+\int_{-2}^{-1} dx\int_{-\sqrt{4-x^2}}^{\sqrt{4-x^2}} f(x,y)dy+\int_1^2 dx\int_{-\sqrt{4-x^2}}^{\sqrt{4-x^2}} f(x,y)dy$,

$\int_1^2 dy\int_{-\sqrt{4-y^2}}^{\sqrt{4-y^2}} f(x,y)dx+\int_{-2}^{-1} dy\int_{-\sqrt{4-y^2}}^{\sqrt{4-y^2}} f(x,y)dx$

$+\int_{-1}^{1} dy\int_{-\sqrt{4-y^2}}^{-\sqrt{1-y^2}} f(x,y)dx+\int_{-1}^{1} dy\int_{\sqrt{1-y^2}}^{\sqrt{4-y^2}} f(x,y)dx$;

(5) $\int_0^2 dx\int_0^1 f(x,y)dy, \int_0^1 dy\int_0^2 f(x,y)dx$;

(6) $\int_0^1 dx\int_0^x f(x,y)dy, \int_0^1 dy\int_y^1 f(x,y)dx$;

(7) $\int_0^a dx\int_0^x f(x,y)dy+\int_a^{2a} dx\int_0^a f(x,y)dy+\int_{2a}^{3a} dx\int_{x-2a}^{a} f(x,y)dy$,

$\int_0^a dy\int_y^{y+2a} f(x,y)dx$;

(8) $\int_{-1}^{0} dx\int_0^{1+x} f(x,y)dy+\int_0^1 dx\int_0^{1-x} f(x,y)dy, \int_0^1 dy\int_{y-1}^{1-y} f(x,y)dx$;

(9) $\int_{-2}^{1} dx\int_{x^2}^{2-x} f(x,y)dy, \int_0^1 dy\int_{-\sqrt{y}}^{\sqrt{y}} f(x,y)dx+\int_1^4 dy\int_{-\sqrt{y}}^{2-y} f(x,y)dx$;

(10) $\int_{-\sqrt{2}}^{\sqrt{2}} dx\int_{x^2}^{4-x^2} f(x,y)dy, \int_0^2 dy\int_{-\sqrt{y}}^{\sqrt{y}} f(x,y)dx+\int_2^4 dy\int_{-\sqrt{4-y}}^{\sqrt{4-y}} f(x,y)dx$;

(11) $\int_0^1 dx\int_{\frac{1}{2}x}^{2x} f(x,y)dy+\int_1^2 dx\int_{\frac{1}{2}x}^{\frac{2}{x}} f(x,y)dy, \int_0^1 dy\int_{\frac{y}{2}}^{2y} f(x,y)dx+\int_1^2 dy\int_{\frac{y}{2}}^{\frac{2}{y}} f(x,y)dx$.

5. 略.

6. (1) $\int_0^1 dx\int_x^1 f(x,y)dy$；(2) $\int_0^4 dx\int_{\frac{x}{2}}^{\sqrt{x}} f(x,y)dy$；(3) $\int_{-1}^{1} dx\int_0^{\sqrt{1-x^2}} f(x,y)dy$.

(4) $\int_0^1 dy\int_{2-y}^{1+\sqrt{1-y^2}} f(x,y)dx$；(5) $\int_0^1 dy\int_{e^y}^{e} f(x,y)dx$;

(6) $\int_{-1}^{0} dy\int_{-2\arcsin y}^{\pi} f(x,y)dx+\int_0^1 dy\int_{\arcsin y}^{\pi-\arcsin y} f(x,y)dx$;

(7) $\int_{-2}^{0} dx\int_{2x+4}^{4-x^2} f(x,y)dy$；(8) $\int_0^2 dx\int_{\frac{1}{2}x}^{3-x} f(x,y)dy$;

(9) $\int_0^1 dy\int_0^{y^2} f(x,y)dx+\int_1^2 dy\int_0^{\sqrt{2y-y^2}} f(x,y)dx$；

(10) $\int_0^a dy\int_y^a f(x,y)dx$；　(11) $\int_0^1 dy\int_{\sqrt{y}}^{\sqrt[3]{y}} f(x,y)dx$；

(12) $\int_{-a}^0 dx\int_{-x}^a f(x,y)dy+\int_0^{\sqrt{a}} dx\int_{x^2}^a f(x,y)dy$；

(13) $\int_{-\frac{1}{4}}^0 dy\int_{-\sqrt{y+\frac{1}{4}}-\frac{1}{2}}^{\sqrt{y+\frac{1}{4}}-\frac{1}{2}} f(x,y)dx+\int_0^2 dy\int_{y-1}^{\sqrt{y+\frac{1}{4}}-\frac{1}{2}} f(x,y)dx$.

7-8. 略.

9. $\frac{3}{2}a^2\pi$.

10. $\frac{1}{2}\int_{-\frac{\pi}{2}}^{\frac{\pi}{2}}\cos^2\theta f(\tan\theta)d\theta$.

11. $\frac{1}{3}(b^3-a^3)\left(\frac{1}{\sqrt{1+\alpha^2}}-\frac{1}{\sqrt{1+\beta^2}}\right)$.

12. 0.

13. $\frac{\pi}{6a}$.

14. $\frac{\pi}{2}$.

15. $\frac{\sqrt{2}}{2}\pi$.

16. $\int_0^1 du\int_0^{+\infty} f\left[\frac{u}{1+v},\frac{uv}{1+v}\right]\frac{u}{(1+v)^2}dv$.

17. $\frac{1}{3}(b-a)(q-p)$.

18. $\frac{4}{3}$.

19. $\frac{7}{2}$.

20. $\frac{17}{6}$.

21. 6π.

22. (1) $\int_0^{2\pi} d\theta\int_0^a f(\rho\cos\theta,\rho\sin\theta)\rho d\rho$；

(2) $\int_{-\frac{\pi}{2}}^{\frac{\pi}{2}} d\theta\int_0^{2\cos\theta} f(\rho\cos\theta,\rho\sin\theta)\rho d\rho$；

(3) $\int_0^{2\pi} d\theta\int_a^b f(\rho\cos\theta,\rho\sin\theta)\rho d\rho$；

(4) $\int_0^{\frac{\pi}{2}} d\theta\int_0^{\frac{1}{\cos\theta+\sin\theta}} f(\rho\cos\theta,\rho\sin\theta)\rho d\rho$；

(5) $\int_0^{\frac{\pi}{4}} d\theta\int_0^{\sec\theta\tan\theta} f(\rho\cos\theta,\rho\sin\theta)\rho d\rho+\int_{\frac{\pi}{4}}^{\frac{3\pi}{4}} d\theta\int_0^{\csc\theta} f(\rho\cos\theta,\rho\sin\theta)\rho d\rho$

$+\int_{\frac{3\pi}{4}}^{\pi}d\theta\int_0^{\sec\theta\tan\theta}f(\rho\cos\theta,\rho\sin\theta)\rho d\rho$;

(6) $\int_{-\frac{\pi}{2}}^{\frac{\pi}{2}}d\theta\int_0^{a\cos\theta}f(r\cos\theta,r\sin\theta)rdr$;

(7) $\int_0^{\pi}d\theta\int_0^{b\sin\theta}f(r\cos\theta,r\sin\theta)rdr$;

(8) $\int_{\frac{\pi}{4}}^{\arctan 2}d\theta\int_{4\cos\theta}^{8\cos\theta}f(r\cos\theta,r\sin\theta)rdr$;

(9) $\int_0^{\frac{\pi}{4}}d\theta\int_0^{a\sin\theta}f(r\cos\theta,r\sin\theta)rdr+\int_{\frac{\pi}{4}}^{\frac{\pi}{2}}d\theta\int_0^{a\cos\theta}f(r\cos\theta,r\sin\theta)rdr$.

23. (1) $\int_0^{\frac{\pi}{4}}d\theta\int_0^{\sec\theta}f(\rho\cos\theta,\rho\sin\theta)\rho d\rho+\int_{\frac{\pi}{4}}^{\frac{\pi}{2}}d\theta\int_0^{\csc\theta}f(\rho\cos\theta,\rho\sin\theta)\rho d\rho$;

(2) $\int_{\frac{\pi}{4}}^{\frac{\pi}{3}}d\theta\int_0^{2\sec\theta}f(\rho)\rho d\rho$;

(3) $\int_0^{\frac{\pi}{2}}d\theta\int_{\frac{1}{\cos\theta+\sin\theta}}^{1}f(\rho\cos\theta,\rho\sin\theta)\rho d\rho$;

(4) $\int_0^{\frac{\pi}{4}}d\theta\int_{\sec\theta\tan\theta}^{\sec\theta}f(\rho\cos\theta,\rho\sin\theta)\rho d\rho$.

24. (1) $\frac{3}{4}\pi a^4$； (2) $\frac{1}{6}a^3[\sqrt{2}+\ln(1+\sqrt{2})]$； (3) $\sqrt{2}-1$； (4) $\frac{1}{8}\pi a^4$.

25. $f(x,y)=\sqrt{1-x^2-y^2}+\frac{8}{9\pi}-\frac{2}{3}$.

26. (1) $\pi(e^4-1)$； (2) $\frac{\pi}{4}(2\ln 2-1)$； (3) $\frac{3}{64}\pi^2$.

27. (1) $\frac{9}{4}$； (2) $\frac{\pi}{8}(\pi-2)$； (3) $14a^4$； (4) $\frac{2}{3}\pi(b^3-a^3)$.

28. $\frac{1}{40}\pi^5$.

29. $\frac{1}{3}R^3\arctan k$.

30. $\frac{3}{32}\pi a^4$.

31. (1) $\frac{\pi^4}{3}$； (2) $\frac{7}{3}\ln 2$； (3) $\frac{e-1}{2}$； (4) $\frac{1}{2}\pi ab$.

32. (1) $2\ln 3$； (2) $\frac{1}{8}$.

33-34. 略.

习题 9.3

1. (1) $\int_0^1 dx\int_0^{1-x}dy\int_0^{xy}f(x,y,z)dz$;

(2) $\int_{-1}^1 dx\int_{-\sqrt{1-x^2}}^{\sqrt{1-x^2}}dy\int_{x^2+y^2}^{1}f(x,y,z)dz$;

(3) $\int_{-1}^1 dx\int_{-\sqrt{1-x^2}}^{\sqrt{1-x^2}}dy\int_{x^2+2y^2}^{2-x^2}f(x,y,z)dz$;

(4) $\int_0^a dx\int_0^{b\sqrt{1-\frac{x^2}{a^2}}} dy\int_0^{\frac{xy}{c}} f(x,y,z)dz$.

2. (1) $\frac{59}{480}\pi R^5$； (2) 0； (3) $\frac{250}{3}\pi$； (4) $\frac{3}{4}-\ln 2$； (5) $\frac{1}{180}$； (6) $\frac{1}{364}$； (7) $\frac{1}{48}$；

(8) $\frac{1}{384}\pi^4-\frac{1}{8}\pi^2+1$； (9) $\frac{4}{15}\pi a^5(l+m+n)$； (10) $\frac{1}{6}\pi h^4$； (11) $\frac{16}{3}\pi$； (12) $\frac{8}{15}\pi a^5$；

(13) $\frac{2}{3}\pi[(a^2+h^2)^{\frac{3}{2}}-h^3-a^3]$； (14) $\frac{7}{12}\pi$； (15) $\frac{2}{15}a^5\left(\pi-\frac{16}{15}\right)$； (16) $\frac{32}{15}\pi$；

(17) $\frac{1}{5}\pi R^5(2-\sqrt{2})$； (18) $\frac{\pi}{48}R^6$； (19) $\frac{\pi}{10}$； (20) $\frac{4}{15}(b^5-a^5)\pi$；

(21) $\frac{4}{3}\pi a^2$； (22) $4\pi\left(\frac{1}{a}-\frac{1}{b}\right)$； (23) $\frac{7}{6}\pi a^4$； (24) $\frac{1}{4}\pi^2$； (25) $\frac{1}{4}\pi^2 abc$；

(26) $\frac{4}{3}\pi R^3(a+b+c)$.

3. (1) 单调递增； (2) 略.

4. $\frac{3}{2}$.

5. 略.

6. $\frac{1}{2}\left(\ln 2-\frac{5}{8}\right)$.

7. 0.

8. $\frac{\pi}{4}h^2R^2$.

9. (1) $\frac{4\pi}{5}$； (2) $\frac{7}{6}\pi a^4$.

10. (1) $\frac{1}{8}$； (2) 8π.

11. (1) $\frac{2}{3}ma^3$； (2) $2\pi abc\left(\frac{2}{3}\sqrt{2}-\frac{7}{12}\right)$； (3) $16a^3\left(1-\frac{\sqrt{2}}{2}\right)$.

12. (1) $\frac{32}{3}\pi$； (2) πa^3； (3) $\frac{\pi}{6}$； (4) $\frac{2}{3}\pi(5\sqrt{5}-4)$； (5) $\frac{15}{64}\pi a^3$； (6) $\frac{15}{64}\pi a^3$；

(7) $\frac{V_{上}}{V_{下}}=\frac{27}{37}$.

13. $\frac{2}{3}\pi a^3$.

14. $\frac{8\sqrt{2}-7}{6}\pi$.

15. $k\pi R^4$.

16. $\int_{-1}^1 dx\int_{x^2}^1 dy\int_0^{x^2+y^2} f(x,y,z)dz$.

习题 9.4

1. $2a^2(\pi-2)$.

2. (1) $2\pi a^2$； (2) $\frac{2}{3}\pi(2\sqrt{2}-1)$； (3) $\frac{2}{3}\pi a^2(2\sqrt{2}-1)$； (4) $24R^2(2-\sqrt{2})$；

(5) $\frac{\pi}{4}[\sqrt{2}+\ln(1+\sqrt{2})]$.

3. $\sqrt{2}\pi$.

4. $16R^2$.

5. $\frac{1}{2}\sqrt{a^2b^2+b^2c^2+c^2a^2}$.

6. (1) $\bar{x}=\frac{3}{5}x_0,\bar{y}=\frac{3}{8}y_0$； (2) $\bar{x}=0,\bar{y}=\frac{4b}{3\pi}$； (3) $\bar{x}=\frac{b^2+ab+a^2}{2(a+b)},\bar{y}=0$.

7. $\bar{x}=\frac{35}{48},\bar{y}=\frac{35}{54}$.

8. $\bar{x}=\frac{2}{5}a,\bar{y}=\frac{2}{5}a$.

9. (1) $\left(0,0,\frac{3}{4}\right)$； (2) $\left(0,0,\frac{3(A^4-a^4)}{8(A^3-a^3)}\right)$； (3) $\left(\frac{2}{5}a,\frac{2}{5}a,\frac{7}{30}a^2\right)$.

10. $\left(0,0,\frac{5}{4}R\right)$.

11. $\sqrt{\frac{2}{3}}R$.

12. $\left(0,0,\frac{3}{8}b\right)$.

13. 在中心轴距顶点$\frac{3}{4}h$处.

14. $m=\frac{3}{2}$,质心为$\left(\frac{5}{9},\frac{5}{9},\frac{5}{9}\right)$.

15. $\left\{0,0,-\frac{4}{17}R\right\}$.

16. (1) $I_y=\frac{1}{4}\pi a^3b$； (2) $I_x=\frac{72}{5},I_y=\frac{96}{7}$； (3) $I_x=\frac{1}{3}ab^3,I_y=\frac{1}{3}ba^3$.

17. $\frac{1}{12}Mh^2,\frac{1}{12}Mb^2(M=bh\mu)$.

18. (1) $\frac{8}{3}a^4$； (2) $\bar{x}=\bar{y}=0,\bar{z}=\frac{7}{15}a^2$； (3) $\frac{112}{45}a^6\rho$.

19. $\frac{1}{2}a^2M(M=\pi a^2h\rho)$.

20. $I=\frac{368}{105}\mu$.

21. $\frac{16}{3}\pi\rho$.

22. $\frac{4}{15}\pi R^5\rho$.

23. $\frac{1}{10}\pi ha^4$.

24. $\boldsymbol{F}=\left\{2G\mu\left(\ln\frac{R_2+\sqrt{R_2^2+a^2}}{R_1+\sqrt{R_1^2+a^2}}-\frac{R_2}{\sqrt{R_2^2+a^2}}+\frac{R_1}{\sqrt{R_1^2+a^2}}\right),0,\right.$

$\pi G a\mu\left(\frac{1}{\sqrt{R_2^2+a^2}}-\frac{1}{\sqrt{R_1^2+a^2}}\right)\Bigg\}$

25. $F_x=F_y=0, F_z=-2\pi G\rho[\sqrt{(h-a)^2+R^2}-\sqrt{R^2+a^2}+h]$.

26. $\boldsymbol{F}=\left\{0,\frac{4GmM}{\pi R^2}\left(\ln\frac{R+\sqrt{R^2+a^2}}{a}-\frac{R}{\sqrt{R^2+a^2}}\right),-\frac{2GmM}{R^2}\left(1-\frac{a}{\sqrt{R^2+a^2}}\right)\right\}$.

27. $\frac{4}{3}\pi k\mu\frac{R^3}{l^2}$.

28. $4\pi k\mu m(\sqrt{5}-2)$.

29. $\mu|_{r=0}=\frac{3M}{\pi R^3}$.

30. 略.

第 10 章

习题 10.1

1. (1) $I_x=\int_L y^2\mu(x,y)\mathrm{d}s, I_y=\int_L x^2\mu(x,y)\mathrm{d}s$;

(2) $\bar{x}=\frac{\int_L x\mu(x,y)\mathrm{d}s}{\int_L\mu(x,y)\mathrm{d}s},\bar{y}=\frac{\int_L y\mu(x,y)\mathrm{d}s}{\int_L\mu(x,y)\mathrm{d}s}$.

2. (1) $2\pi a^{2n+1}$; (2) $\sqrt{2}$; (3) $\frac{1}{12}(5\sqrt{5}+6\sqrt{2}-1)$; (4) $\mathrm{e}^a\left(2+\frac{\pi}{4}a\right)-2$;

(5) $\frac{\sqrt{3}}{2}(1-\mathrm{e}^{-2})$; (6) 9; (7) $\frac{256}{15}a^3$; (8) $2\pi^2a^3(1+2\pi^2)$; (9) $\frac{(2+t_0^2)^{\frac{3}{2}}-2\sqrt{2}}{3}$;

(10) $2a^2$; (11) $1+\sqrt{2}$; (12) $\pi\sqrt{a^2+b^2}\left(2a^2+\frac{8}{3}b^2\pi^2\right)$; (13) $\frac{4}{3}(2\sqrt{2}-1)$;

(14) $4a^{\frac{7}{3}}$; (15) $\frac{2\pi a^3}{3}$.

3. 力的大小为$\frac{2Gm_0\mu}{R}$,方向由圆心指向半圆弧的中点.

4. $\frac{a}{8}(3\sqrt{3}-1)+\frac{3}{16}a\ln\frac{3+2\sqrt{3}}{3}$.

5. 质心在扇形的对称轴上且与圆心距离$\frac{a\sin\varphi}{\varphi}$处.

6. (1) $I_z=\frac{2}{3}\pi a^2\sqrt{a^2+k^2}(3a^2+4\pi^2k^2)$;

(2) $\bar{x}=\frac{6ak^2}{3a^2+4\pi^2k^2},\bar{y}=\frac{-6\pi ak^2}{3a^2+4\pi^2k^2},\bar{z}=\frac{3k(\pi a^2+2\pi^3k^2)}{3a^2+4\pi^2k^2}$.

习题 10.2

1-2. 略.

3. (1) $-\frac{56}{15}$; (2) $-\frac{\pi}{2}a^3$; (3) 0; (4) -2π; (5) $\frac{k^3\pi^3}{3}-a^2\pi$; (6) 13; (7) $\frac{1}{2}$;

(8) $-\frac{14}{15}$； (9) 0； (10) ① 1；② $\frac{1}{2}$e；③ $\frac{3}{2}$；④ $\frac{1}{2}+\frac{1}{2}$e； (11) 0； (12) $\frac{\sqrt{2}}{16}\pi$；

(13) $\frac{1}{35}$.

4. (1) $\frac{1}{3}$； (2) $\frac{1}{12}$； (3) $\frac{17}{30}$； (4) $-\frac{1}{20}$.

5. (1) $\frac{5}{6}$； (2) $-\frac{1}{2}$.

6. (1) 2； (2) 2.

7. 0.

8. $\frac{3\pi a^{\frac{4}{3}}}{16}$.

9. $\frac{1}{35}$.

10. (1) 1； (2) 1.

11. $-\frac{8}{3}$.

12. 0.

13. $2a^2\pi(\cos\beta-\sin\beta)$.

14. 略.

15. (1) $\frac{34}{3}$； (2) 11； (3) 14； (4) $\frac{32}{3}$.

16. $-|F|R$.

17. $mg(z_2-z_1)$.

18. (1) $\int_L \frac{P(x,y)+Q(x,y)}{\sqrt{2}}\mathrm{d}s$； (2) $\int_L \frac{P(x,y)+2xQ(x,y)}{\sqrt{1+4x^2}}\mathrm{d}s$.

(3) $\int_L [yP(x,y)+(1-x)Q(x,y)]\mathrm{d}s$.

19. $\int_\Gamma \frac{P+2xQ+3yR}{\sqrt{1+4x^2+9y^2}}\mathrm{d}s$.

习题 10.3

1. (1) $\frac{1}{30}$； (2) 8.

2. (1) $\frac{3}{8}\pi a^2$； (2) 12π； (3) πa^2； (4) πab； (5) a^2.

3. $-\pi$.

4. (1) $-2\pi a^2$； (2) πa^2.

5. (1) $\frac{5}{2}$； (2) 236； (3) 5.

6. (1) 12； (2) 0； (3) $\frac{\pi^2}{4}$； (4) $\frac{\sin 2}{4}-\frac{7}{6}$； (5) $-2\pi ab$； (6) $\frac{1}{2}\pi a^4$； (7) -2；

(8) $\frac{1}{5}(1-\mathrm{e}^{\pi})$； (9) 1； (10) $\frac{\pi ma^2}{8}$.

7. 略.

8. $62,-291\frac{3}{5},244\frac{1}{5}$.

9. 略.

10. $u(x,y)=\frac{1}{3}x^3+x^2y+\frac{1}{5}y^5,\frac{23}{15}$.

11. 略.

12. $2S$,S 为 l 所围的面积.

13. $\frac{1}{2}\ln(x^2+y^2)$.

14. 略.

15. (1) 略; (2) $\frac{c}{d}-\frac{a}{b}$.

16. (1) $\frac{1}{2}x^2+2xy+\frac{1}{2}y^2$; (2) x^2y; (3) $-\cos2x\sin3y$;

(4) $x^3y+4x^2y^2-12e^y+12ye^y$; (5) $y^2\sin x+x^2\cos y$.

17. 略.

18. (1) $x^3+3x^2y^2+\frac{4}{3}y^3=C$; (2) $a^2x-x^2y-xy^2-\frac{1}{3}y^3=C$; (3) $xe^y-y^2=C$.

(4) $x\sin y+y\cos x=C$; (5) $xy-\frac{1}{3}x^3=C$; (6) 不是; (7) $\rho(1+e^{2\theta})=C$;

(8) 不是.

19. $\lambda=-1,u(x,y)=-\arctan\frac{y}{x^2}+C$.

20-21. 略.

习题 10.4

1. $I_x=\iint_\Sigma(y^2+z^2)\mu(x,y,z)\mathrm{d}S$.

2. (1) $\frac{13}{3}\pi$; (2) $\frac{149}{30}\pi$; (3) $\frac{111}{10}\pi$.

3. (1) $\frac{1+\sqrt{2}}{2}\pi$; (2) 9π.

4. (1) $4\sqrt{61}$; (2) $-\frac{243}{4}$; (3) $\pi a(a^2-h^2)$; (4) $2\pi\arctan\frac{H}{R}$;

(5) $(\sqrt{3}-1)\ln2+\frac{1}{2}(3-\sqrt{3})$.

5. $\frac{2\pi}{15}(6\sqrt{3}+1)$.

6. $\frac{4}{3}\mu_0\pi a^4$.

7. $\left(0,0,\frac{a}{2}\right)$.

8. $\pi^2[a\sqrt{1+a^2}+\ln(a+\sqrt{1+a^2})]$.

9. $\frac{1}{2}\pi a^4\cos^2\alpha\sin\alpha$.

10. $2\pi kR\left[\frac{1}{R}-\frac{1}{\sqrt{R^2+h^2}}\right]$.

习题 10.5

1. $\frac{8}{3}\pi R^3$.

2. $-\frac{\pi}{2}h^2$.

3. $\frac{1}{4}a^2b^2c$.

4. $acg(0)+abh(c)$.

5. (1) $\frac{2}{105}\pi R^7$； (2) $\frac{3}{2}\pi$； (3) $\frac{1}{2}$； (4) $\frac{1}{8}$； (5) $-\frac{\pi R^7}{28}$； (6) $4\pi R^3$；

(7) $\frac{4}{3}\pi R^3$； (8) $2\pi e^2$； (9) $4\pi abc\left(\frac{1}{a^2}+\frac{1}{b^2}+\frac{1}{c^2}\right)$； (10) 6π； (11) 0；

(12) πr^2R； (13) $\frac{1}{2}\pi c(b^2-a^2)$.

6. (1) $\iint_\Sigma\left(\frac{3}{5}P+\frac{2}{5}Q+\frac{2\sqrt{3}}{5}R\right)dS$； (2) $\iint_\Sigma\frac{2xP+2yQ+R}{\sqrt{1+4x^2+4y^2}}dS$.

习题 10.6

1. (1) $3a^4$； (2) $\frac{12}{5}\pi a^5$； (3) $\frac{2}{5}\pi a^5$； (4) 81π； (5) $\frac{3}{2}$； (6) $-\frac{9}{2}\pi$；

(7) $-\frac{1}{2}\pi h^4$； (8) $\frac{4}{15}\pi abc(a^2+b^2+c^2)$.

2. (1) $-\frac{\pi}{4}h^4$； (2) $2\pi R^3$； (3) $\frac{2}{15}$.

3. 略.

4. $4\pi R^2$.

5. (1) 4π； (2) 4π； (3) 0.

6. 略.

7. (1) 0； (2) $a^3\left(2-\frac{a^2}{6}\right)$； (3) 108π； (4) 3.

8. (1) $\mathrm{div}\,\mathbf{A}=2x+2y+2z$； (2) $\mathrm{div}\,\mathbf{A}=ye^{xy}-x\sin(xy)-2xz\sin(xz^2)$；

(3) $\mathrm{div}\,\mathbf{A}=2x$.

9-10. 略.

习题 10.7

1. (1) $-\sqrt{3}\pi a^2$； (2) $-2\pi a(a+b)$； (3) -20π； (4) 9π.

2. (1) $\mathrm{rot}\mathbf{A}=2\boldsymbol{i}+4\boldsymbol{j}+6\boldsymbol{k}$； (2) $\mathrm{rot}\mathbf{A}=\boldsymbol{i}+\boldsymbol{j}$；

(3) $\mathrm{rot}\mathbf{A}=[x\sin(\cos z)-xy^2\cos(xz)]\boldsymbol{i}-y\sin(\cos z)\boldsymbol{j}+[y^2z\cos(xz)-x^2\cos y]\boldsymbol{k}$.

3. (1) 0； (2) -4.

4. (1) 2π； (2) 12π.

5. 0.

6. $\frac{3}{2}$.

7. $2R\pi r^2$.

第 11 章

习题 11.1

1. (1) 发散； (2) 收敛； (3) 发散； (4) 收敛； (5) 收敛； (6) 收敛.

2. (1) 收敛； (2) 发散； (3) 发散； (4) 发散； (5) 收敛； (6) 收敛； (7) 发散；
   (8) 发散； (9) 发散； (10) 发散； (11) 收敛； (12) 发散； (13) 发散； (14) 发散.

3. (1) 收敛； (2) 发散； (3) 收敛； (4) 发散； (5) 发散.

4. 略.

5. 不收敛.

6-8. 略.

习题 11.2

1. (1) 发散； (2) 发散； (3) 收敛； (4) 收敛； (5) $a>1$ 时收敛，$a\leqslant 1$ 时发散.

2. (1) 收敛； (2) 发散； (3) 发散； (4) 收敛； (5) 收敛； (6) 发散； (7) 收敛；
   (8) 发散； (9) 收敛； (10) 发散； (11) 收敛； (12) 收敛.

3. (1) 发散； (2) 收敛； (3) 收敛.

4. (1) 收敛； (2) 收敛； (3) 收敛； (4) $b<a$ 时收敛，$b>a$ 时发散，$b=a$ 时不能肯定.

5. (1) 收敛； (2) 收敛； (3) 发散； (4) 收敛； (5) 发散； (6) 发散；
   (7) 发散； (8) 发散； (9) 收敛； (10) 发散；
   (11) $a<1$ 时收敛，$a>1$ 时发散，$a=1, s>1$ 时收敛，$a=1, s\leqslant 1$ 时发散；
   (12) 收敛； (13) 发散； (14) 收敛； (15) 收敛； (16) 收敛；
   (17) 收敛； (18) 收敛； (19) 收敛； (20) 发散；
   (21) $0<\alpha<1$ 或 $\alpha=1, 0<\beta\leqslant 1$ 时发散；$\alpha>1$ 或 $\alpha=1, \beta>1$ 时收敛.

6. (1) 条件收敛； (2) 绝对收敛； (3) 绝对收敛； (4) 条件收敛； (5) 发散；
   (6) $p>1$ 时绝对收敛，$0<p\leqslant 1$ 时条件收敛，$p\leqslant 0$ 时发散；
   (7) 绝对收敛； (8) 条件收敛； (9) 绝对收敛； (10) 绝对收敛； (11) 条件收敛；
   (12) 绝对收敛； (13) 绝对收敛； (14) 条件收敛； (15) 条件收敛；
   (16) $0<\alpha<1$ 或 $\alpha=1, \beta\leqslant 1$ 时条件收敛，$\alpha>1$ 或 $\alpha=1, \beta>1$ 时绝对收敛；
   (17) 条件收敛； (18) 条件收敛； (19) 条件收敛.

7. (1) 当 $|x|<3$ 时绝对收敛，当 $x=-3$ 时条件收敛，当 $|x|>3$ 或 $x=3$ 时发散；
   (2) 当 $|x|<2, x\neq -1$ 时绝对收敛，当 $|x|\geqslant 2$ 时发散；
   (3) 当 $|x|>1$ 时绝对收敛，当 $x=-1$ 时条件收敛，其他情况发散；
   (4) 当 $p>1, x\neq k(k=-1,-2,\cdots)$ 时绝对收敛，当 $0<p\leqslant 1, x\neq k(k=-1,-2,\cdots)$ 时条件收敛，当 $p\leqslant 0$ 时发散；
   (5) 当 $x\neq -1$ 时绝对收敛；
   (6) 当 $|x|\neq 1$ 时绝对收敛，当 $|x|=1$ 时发散；

(7) 当 $x>0$ 时绝对收敛，当 $x=0$ 时条件收敛，当 $x<0$ 时发散.

8. 略.

9. 不一定. 考虑级数 $\sum_{n=1}^{\infty}(-1)^n\frac{1}{\sqrt{n}}$ 及 $\sum_{n=1}^{\infty}\left((-1)^n\frac{1}{\sqrt{n}}+\frac{1}{n}\right)$.

10. (1) 发散；(2) 不一定.

11. $u_n=\frac{1}{n}$.

12-14. 略.

15. 0.

16-17. 略.

习题 11.3

1. (1) $(-1,1)$；(2) $(-1,1)$；(3) $(-\infty,+\infty)$；(4) $(-3,3)$；(5) $\left(-\frac{1}{2},\frac{1}{2}\right)$；

(6) $(-1,1)$；(7) $(-\sqrt{2},\sqrt{2})$；(8) $(4,6)$；(9) $\left(-\frac{1}{5},\frac{1}{5}\right)$；(10) $\left(-\frac{1}{\mathrm{e}},\frac{1}{\mathrm{e}}\right)$；

(11) $(-2,0)$；(12) $(-\sqrt{2},\sqrt{2})$.

2. (1) $[-1,1)$；(2) $(-1,1)$；(3) $[-1,1)$；(4) $(-\infty,+\infty)$；(5) $[-1,1]$；

(6) $\left[-\frac{1}{a},\frac{1}{a}\right]$；(7) $(-R,R),R=\max\{a,b\}$；(8) $(-1,1)$；(9) $\left[-\frac{1}{4},\frac{1}{4}\right)$；

(10) $\left[-\frac{4}{3},-\frac{2}{3}\right)$；(11) $[-1,0)$；(12) $\left(\frac{1}{\mathrm{e}},\mathrm{e}\right)$；(13) $|x|>1$；(14) $(0,+\infty)$.

3. 当 $R_1<R_2$ 时，收敛半径为 R_1；当 $R_1=R_2$ 时，收敛半径不能求.

4. (1) $s(x)=\frac{2+x^2}{(2-x^2)^2},(-\sqrt{2},\sqrt{2})$；(2) $s(x)=\arctan x,[-1,1]$；

(3) $s(x)=\frac{x-1}{(2-x)^2},(0,2)$；(4) $s(x)=\begin{cases}1+\left(\frac{1}{x}-1\right)\ln(1-x), & x\in[-1,0)\cup(0,1),\\ 0, & x=0,\\ 1, & x=1.\end{cases}$

5. (1) $\frac{1}{(1-x)^2}(-1<x<1)$；

(2) $\frac{1}{4}\ln\frac{1+x}{1-x}+\frac{1}{2}\arctan x-x(-1<x<1)$；

(3) $\frac{1}{2}\ln\frac{1+x}{1-x}(-1<x<1)$；

(4) $\frac{2x}{(1-x)^3},|x|<1$；

(5) $2x\arctan x-\ln(x^2+1),|x|\leqslant 1$；

(6) $(2x^2+1)\mathrm{e}^{x^2},|x|<+\infty$.

6-7. 略.

习题 11.4

1. $\cos x=\cos x_0+\cos\left(x_0+\frac{\pi}{2}\right)(x-x_0)+\cdots+\frac{\cos\left(x_0+\frac{n\pi}{2}\right)}{n!}(x-x_0)^n+\cdots,(-\infty,+\infty)$.

2. (1) $\frac{e^x-e^{-x}}{2}=\sum_{n=1}^{\infty}\frac{x^{2n-1}}{(2n-1)!},(-\infty,+\infty)$;

(2) $\ln(a+x)=\ln a+\sum_{n=1}^{\infty}(-1)^{n-1}\frac{1}{n}\left(\frac{x}{a}\right)^n,(-a,a]$;

(3) $\sin^2 x=\sum_{n=1}^{\infty}(-1)^{n-1}\frac{(2x)^{2n}}{2(2n)!},(-\infty,+\infty)$;

(4) $(1+x)\ln(1+x)=x+\sum_{n=2}^{\infty}\frac{(-1)^n x^n}{n(n-1)},(-1,1]$;

(5) $\frac{x}{\sqrt{1+x^2}}=x+\sum_{n=1}^{\infty}(-1)^n\frac{2(2n)!}{(n!)^2}\left(\frac{x}{2}\right)^{2n+1},[-1,1]$.

3. (1) $\sqrt{x^3}=1+\frac{3}{2}(x-1)+\sum_{n=0}^{\infty}(-1)^n\frac{(2n)!}{(n!)^2}\frac{3}{(n+1)(n+2)2^n}\left(\frac{x-1}{2}\right)^{n+2},[0,2]$.

(2) $\lg x=\frac{1}{\ln 10}\sum_{n=1}^{\infty}(-1)^{n-1}\frac{(x-1)^n}{n},(0,2]$.

4. $\cos x=\frac{1}{2}\sum_{n=0}^{\infty}(-1)^n\left[\frac{\left(x+\frac{\pi}{3}\right)^{2n}}{(2n)!}+\sqrt{3}\frac{\left(x+\frac{\pi}{3}\right)^{2n+1}}{(2n+1)!}\right],(-\infty,+\infty)$.

5. $\frac{1}{x}=\frac{1}{3}\sum_{n=0}^{\infty}(-1)^n\frac{(x-3)^n}{3^n},(0,6)$.

6. $\frac{1}{x^2+3x+2}=\sum_{n=0}^{\infty}\left(\frac{1}{2^{n+1}}-\frac{1}{3^{n+1}}\right)(x+4)^n,(-6,-2)$.

7. (1) $\ln(x+\sqrt{x^2+1})=x+\sum_{n=1}^{\infty}(-1)^n\frac{(2n-1)!!}{(2n)!!}\frac{x^{2n+1}}{2n+1},x\in[-1,1]$.

(2) $\frac{1}{(2-x)^2}=\sum_{n=1}^{\infty}\frac{n}{2^{n+1}}x^{n-1},x\in(-2,2)$.

8. (1) 2e; (2) $\frac{1}{2}(\cos 1+\sin 1)$.

9. (1) $\sum_{n=0}^{\infty}\frac{\ln^n a}{n!}x^n,\ |x|<+\infty$; (2) $\sum_{n=0}^{\infty}\frac{(-1)^n x^{2n+1}}{(2n+1)n!},\ |x|<+\infty$;

(3) $\sum_{n=0}^{\infty}\frac{1}{a^{n+1}}x^n,\ |x|<|a|$; (4) $\ln a+\sum_{n=1}^{\infty}(-1)^{n-1}\frac{1}{n}\left(\frac{x}{a}\right)^n,x\in(-a,a]$;

(5) $1+\sum_{n=1}^{\infty}(-1)^n\frac{1}{(2n)!}2^{2n-1}x^{2n},\ |x|<+\infty$;

(6) $\frac{3}{4}\sum_{n=1}^{\infty}(-1)^n\frac{1-3^{2n}}{(2n+1)!}x^{2n+1},\ |x|<+\infty$;

(7) $\frac{\sqrt{2}}{2}\sum_{n=0}^{\infty}(-1)^n\left[\frac{x^{2n}}{(2n)!}+\frac{x^{2n+1}}{(2n+1)!}\right],\ |x|<+\infty$;

(8) $\sum_{n=1}^{\infty}\frac{(-1)^{n-1}2^n-1}{n}x^n,x\in\left(-\frac{1}{2},\frac{1}{2}\right]$;

(9) $\frac{1}{3}\sum_{n=1}^{\infty}[1+(-1)^{n+1}2^n]x^n,\ |x|<\frac{1}{2}$;

(10) $\sum_{n=0}^{\infty} \frac{x^{4n+1}}{4n+1}$, $|x|<1$.

10. (1) $(x-1)^2+4(x-1)+4, |x|<+\infty$;

(2) $\frac{1}{2}\sum_{n=0}^{\infty}(-1)^n\left[\frac{\left(x+\frac{\pi}{3}\right)^{2n}}{(2n)!}+\sqrt{3}\frac{\left(x+\frac{\pi}{3}\right)^{2n+1}}{(2n+1)!}\right]$, $|x|<+\infty$;

(3) $e\sum_{n=0}^{\infty}\frac{(x-1)^n}{n!}$, $|x|<+\infty$;

(4) $\frac{1}{3}\sum_{n=0}^{\infty}(-1)^n\left(\frac{x-3}{3}\right)^n, x\in(0,6)$.

11. $\sum_{n=1}^{\infty}\frac{nx^{n-1}}{(n+1)!}$.

习题 11.5

1. (1) $y=Ce^{\frac{x^2}{2}}+\left[-1+x+\frac{1}{1\cdot 3}x^3+\cdots+\frac{x^{2n-1}}{1\cdot 3\cdot 5\cdots(2n-1)}+\cdots\right]$;

(2) $y=a_0 e^{-\frac{x^2}{2}}+a_1\left[x-\frac{1}{1\cdot 3}x^3+\frac{x^5}{1\cdot 3\cdot 5}-\cdots+(-1)^{n-1}\frac{x^{2n-1}}{1\cdot 3\cdot 5\cdots(2n-1)}+\cdots\right]$;

(3) $y=C(1-x)+x^3\left[\frac{1}{3}+\frac{1}{6}x+\frac{1}{10}x^2+\cdots+\frac{2}{(n+2)(n+3)}x^n+\cdots\right]$.

2. (1) $y=\frac{1}{2}+\frac{1}{4}x+\frac{1}{8}x^2+\frac{1}{16}x^3+\frac{9}{32}x^4+\cdots$;

(2) $y=x+\frac{1}{1\cdot 2}x^2+\frac{1}{2\cdot 3}x^3+\frac{1}{3\cdot 4}x^4+\cdots$.

3. $e^x\cos x=\sum_{n=0}^{\infty}2^{\frac{n}{2}}\cos\frac{n\pi}{4}\cdot\frac{x^n}{n!}, (-\infty,+\infty)$.

习题 11.6

1. (1) $f(x)=\pi^2+1+12\sum_{n=0}^{\infty}\frac{(-1)^n}{n^2}\cos nx, (-\infty,+\infty)$;

(2) $f(x)=\frac{e^{2\pi}-e^{-2\pi}}{\pi}\left[\frac{1}{4}+\sum_{n=1}^{\infty}\frac{(-1)^n}{n^2+4}(2\cos nx-n\sin nx)\right]$,

$(x\neq(2n+1)\pi, n=0,\pm1,\pm2,\cdots)$;

(3) $f(x)=\frac{a-b}{4}\pi+\sum_{n=1}^{\infty}\left\{\frac{[1-(-1)^n](b-a)}{n^2\pi}\cos nx+\frac{(-1)^{n-1}(a+b)}{n}\sin nx\right\}$,

$(x\neq(2n+1)\pi, n=0,\pm1,\pm2,\cdots)$;

2. (1) $2\sin\frac{x}{3}=\frac{18\sqrt{3}}{\pi}\sum_{n=1}^{\infty}(-1)^{n-1}\frac{n\sin nx}{9n^2-1}, (-\pi,\pi)$;

(2) $f(x)=\frac{1+\pi-e^{-\pi}}{2\pi}+\frac{1}{\pi}\sum_{n=1}^{\infty}\left\{\frac{1-(-1)^n e^{-\pi}}{1+n^2}\cos nx\right.$

$\left.+\left[\frac{-n+(-1)^n n e^{-\pi}}{1+n^2}+\frac{1}{n}(1-(-1)^n)\right]\sin nx\right\}, (-\pi,\pi)$.

3. $\cos\frac{x}{2}=\frac{2}{\pi}+\frac{4}{\pi}\sum_{n=1}^{\infty}\frac{(-1)^{n-1}}{4n^2-1}\cos nx, [-\pi,\pi]$.